Vorwort.

Die Gesetze vom 14. August 1910, die in Bayern auf dem Gebiete der direkten Steuern mit Wirksamkeit vom 1. Januar 1912 an eine gänzlichen Umwälzung herbeiführten, haben die Vorschriften über die Besteuerung des Gewerbebetriebs im Umherziehen unberührt gelassen. Art. 1 Abs. II Ziff. 2 des Gewerbesteuergesetzes vom 14. August 1910 hat das Gesetz vom $\frac{\text{10. März 1879}}{\text{20. Dezember 1897}}$, in nachstehendem kurz das Hausiersteuergesetz genannt, ausdrücklich aufrecht erhalten. Eine Änderung gegenüber dem seither geltenden Rechte bedeutet lediglich die Bestimmung in Art. 21 Abs. I des Warenhaussteuergesetzes vom 14. August 1910 (GVBl. S. 597), wonach vom 1. Januar 1912 an die Steuer für den Wanderlagerbetrieb den Gemeinden zufließt. Erwähnt seien hier auch noch die einschneidenden Änderungen, die sich auf dem Gebiete der Umlagengesetzgebung vollzogen haben.

Von den einschlägigen Bestimmungen wird bei den Erläuterungen zu den einzelnen Artikeln näher die Rede sein.

Da kein Gesetz mit dem Hausiersteuergesetz in so inniger Beziehung steht wie die Reichs-Gewerbeordnung, wurden die einschlägigen Bestimmungen von letzterer in der Vorbemerkung zu Art. 1 im Wortlaut wiedergegeben.

Ich glaube, die Brauchbarkeit der Handausgabe wesentlich dadurch erhöht zu haben, daß ich auf die Ausführungen in Dr. Robert von Landmanns Kommentar zur Gewerbeordnung, 6. Auflage, durch Angabe der bezüglichen Seiten verwiesen habe.

Weiter haben in der Handausgabe noch Aufnahme gefunden die einschlägigen Vorschriften der Reichs-Strafprozeßordnung und des bayerischen Ausführungsgesetzes hiezu (siehe die Vorbemerkung zu Art. 22), ferner im Anhang die wichtigsten Vollzugsvorschriften zum Hausiersteuergesetz sowie die Anweisung des K. Staatsministeriums des Innern vom 7. Februar 1898, MABl. 1898 Nr. 7.

Endlich wurde auch die neuere Literatur sowie die Rechtsprechung entsprechend berücksichtigt.

Ich hege die Hoffnung, daß das Büchlein nicht nur bei den Behörden der Finanzverwaltung, sondern auch bei jenen der inneren Verwaltung sowie bei den Gerichten eine beifällige Aufnahme findet.

Ingolstadt, Januar 1912.

Der Verfasser.

Inhaltsübersicht.

Abkürzungen.

a. a. O.	=	am angegebenen Orte.
AG.	=	Ausführungsgesetz.
ABl.	=	Amtsblatt.
Anw.	=	Anweisung des Ministeriums des Innern vom 7. Februar 1898 (Anhang X).
Art.	=	Artikel.
Bek. 1885	=	Ministerialbekanntmachung vom 8. Februar 1885 (Anhang VIII).
BlfFinW.	=	Blätter für das bayerische Finanzwesen.
SeuffBlfRA.	=	Blätter für Rechtsanwendung.
BGB.	=	Bürgerliches Gesetzbuch.
Breunig	=	Die bayerischen Staatssteuergesetze vom 14. August 1910 von Georg von Breunig.
ZPO.	=	Zivilprozeßordnung.
EG.	=	Einführungsgesetz.
eod.	=	eodem (ebenda).
FMBl.	=	Finanzministerialblatt.
FME.	=	Finanzministerialentschließung.
Fahrmbacher	=	Hausiersteuergesetz von Fahrmbacher, 2. Auflage.
GO.	=	Gewerbeordnung.
GVBl.	=	Gesetz- und Verordnungsblatt.
Henle	=	Die bayerischen Gemeindesteuergesetze vom 14. August 1910 von Julius Henle.
Instr.	=	Bekanntmachung vom 16. März 1879 (Anhang I).
Knobling	=	Hausiersteuergesetz von Knobling, 2. Auflage.
l. c.	=	loco citato (am angegebenen Orte).
Landmann	=	Gewerbeordnung von Dr. Robert von Landmann, 6. Auflage.
Löwe	=	Strafprozeßordnung von Löwe, 12. Auflage.
MABl.	=	Amtsblatt des K. Staatsministeriums des Innern.
OLG.[1]	=	Entscheidung des bayerischen Obersten Landesgerichts in Strafsachen.
OLG. München	=	Entscheidungen des Oberlandesgerichts München in Strafsachen.
Oppenhoff od. Opp.	=	Oppenhoff, Entscheidungen des preußischen Obertribunals in Strafsachen.
ObGH.	=	Oberster Gerichtshof.
Reger	=	Reger, Entscheidungen der Gerichts- und Verwaltungsbehörden.

---

[1]) Bei den Entscheidungen des Obersten Landesgerichts ohne Angabe der Fundstelle handelt es sich zumeist um autographierte Entscheidungen.

RG.	= Reichsgericht.
RGBl.	= Reichsgesetzblatt.
s.	= siehe.
StGB.	= Strafgesetzbuch.
StPO.	= Strafprozeßordnung.
StenB.	= Stenographischer Bericht.
Strutz	= Strutz, Die Besteuerung des Gewerbebetriebs im Umherziehen.
Stenglein . .	= Stenglein, Hausiersteuergesetz, 2. Auflage.
Tar. Nr. . . .	= Nummer des Steuertarifs.
VGH.	= Entscheidung des Verwaltungsgerichtshofs.
VV.	= Vollzugsvorschrift.
VollzBek. . .	= Vollzugsbekanntmachung.
Vorbem. . . .	= Die Vorbemerkung zu Art. 1.
VO.	= Verordnung.

Vorbemerkungen.

I.

1. Das Gesetz unterscheidet folgende Arten des Gewerbebetriebs im Umherziehen:

1. das Feilbieten von Waren (Hausierhandel),
2. das Ankaufen von Waren zum Wiederverkauf (Hausierhandel),
3. das Darbieten gewerblicher oder künstlerischer Leistungen oder Schaustellungen,
4. das Wanderlager.

(Art. 1 und Art. 15.)

2. Art. 1 des gegenwärtigen Gesetzes steht in enger Beziehung zu § 55 RGewO.

Beide Gesetzesbestimmungen werden im Nachstehenden zum Vergleich einander gegenüber gestellt.

Art. 1 Ges.

Wer außerhalb seines Wohnortes ohne Begründung einer gewerblichen Niederlassung und ohne vorgängige Bestellung, in eigener Person:

1. **Waren irgend einer Art außer selbstgewonnenen Erzeugnissen der Land- und Forstwirtschaft, des Garten- und Obstbaues, der Jagd und des Fischfangs feilbieten,[1]**
2. **Waren irgend einer Art bei anderen Personen als bei Kaufleuten oder an anderen Orten als in offenen Verkaufsstellen zum Wiederverkaufe ankaufen,**
3. **Warenbestellungen aufsuchen,**

§ 55 GewO.

Wer außerhalb des Gemeindebezirkes seines Wohnorts oder der durch besondere Anordnung der höheren Verwaltungsbehörde[2] dem Gemeindebezirke des Wohnorts gleichgestellten nächsten Umgebung desselben ohne Begründung einer gewerblichen Niederlassung und ohne vorgängige Bestellung in eigener Person

1. **Waren feilbieten,[1]**
2. **Warenbestellungen aufsuchen oder Waren bei anderen Personen als bei Kaufleuten, oder an anderen Orten als in offenen Verkaufsstellen zum Wiederverkauf ankaufen,**
3. **gewerbliche Leistungen anbieten,**

4. gewerbliche oder künstlerische Leistungen oder Schaustellungen, bei welchen ein höheres wissenschaftliches oder Kunstinteresse nicht obwaltet, darbieten
will, unterliegt der Steuer vom Gewerbebetrieb im Umherziehen nach den folgenden Bestimmungen, soweit nicht für den Betrieb von Wanderlagern in Art. 15 besondere Vorschriften gegeben sind.[6]

4. Musikaufführungen, Schaustellungen, theatralische Vorstellungen oder sonstige Lustbarkeiten, ohne daß ein höheres Interesse der Kunst oder der Wissenschaft dabei obwaltet, darbieten will,[8]
bedarf eines Wandergewerbescheins, soweit nicht für die in Ziffer 2 bezeichneten Fälle in Gemäßheit des § 44a eine Legitimationskarte genügt.[3]

In dem Falle der Ziffer 4 ist auch für den Marktverkehr (§ 64) ein Wandergewerbeschein erforderlich.[4 5 6 7]

1. Ziff. 1 von Art. 1 und von § 55 decken sich also nicht. Siehe hierüber unten Ziff. V Anm. 1 zu § 59 Ziff. 1 GewO., ferner Anm. 8e zu Art. 1.

2. Höhere Verwaltungsbehörde: Regierung, Kammer des Innern; § 1 der VO. vom 29. März 1892, GVBl. S. 61; Landmann S. 547. Über Gemeindebezirk s. Anm. 3 zu Art. 1.

3. Über Legitimationskarte s. unten Ziff. VI A und Art. 2 Ziff. 1.

4. Über Marktverkehr s. Ziff. VI B und Anm. 7 zu Art. 2.

5. Strafbestimmung: § 147 Ziff. 7 GewO.; siehe auch Abs. 2 eod.

6. Nach § 55 bedarf jeder, der in eigener Person ein Hausiergewerbe betreibt, eines Wandergewerbescheins; außerdem gemäß Art. 1 und 7 des gegenwärtigen Gesetzes eines Besteuerungsnachweises.
Ausnahmefälle: §§ 59 und 59a GewO. bzw. Art. 2 des gegenw. Ges.; ferner §§ 44 und 44a GewO. Siehe hierüber unten sub Ziff. V und VI; ferner Anm. 1 zu Art. 8 und Anm. 1 zu Art. 9.

7. Über Hausierbetrieb an Sonn- und Feiertagen s. unten S. 9.

8. Siehe auch §§ 60a und 61 Abs. 2 GewO., unten S. 16 und 18.

II.

Verbotene Gegenstände und verbotene Gewerbsarten.

Gewisse Waren und bestimmte Gewerbsarten sind vom Gewerbebetrieb im Umherziehen ausgeschlossen. Siehe Anw. des K. Staatsministeriums des Innern §§ 6 und 7 (Anhang Ziff. X). Einschlägig sind hier folgende Bestimmungen der GewO.

1. Ausgeschlossene Waren:

§ 56 GewO.

Beschränkungen, vermöge deren gewisse Waren von dem Feilhalten im stehenden Gewerbebetrieb ganz oder teilweise ausgeschlossen sind, gelten auch für deren Feilbieten im Umherziehen.[1]

Ausgeschlossen vom Ankauf oder Feilbieten im Umherziehen sind:[2]

1. geistige Getränke, soweit nicht das Feilbieten derselben von der Ortspolizeibehörde im Falle besonderen Bedürfnisses vorübergehend gestattet ist;[3]
2. gebrauchte Kleider, gebrauchte Wäsche, gebrauchte Betten, und gebrauchte Bettstücke,[4] insbesondere Bettfedern, Menschenhaare, Garnabfälle, Enden und Dräumen von Seide, Wolle, Leinen oder Baumwolle;[5]
3. Gold- und Silberwaren, Bruchgold und Bruchsilber, sowie Taschenuhren;[6]
4. Spielkarten;
5. Staats- und sonstige Wertpapiere, Lotterielose, Bezugs- und Anteilsscheine auf Wertpapiere und Lotterielose;
6. explosive Stoffe, insbesondere Feuerwerkskörper, Schießpulver und Dynamit;
7. solche mineralische und andere Öle, welche leicht entzündlich sind, insbesondere Petroleum, sowie Spiritus;
8. Stoß-, Hieb- und Schußwaffen;
9. Gifte und gifthaltige Waren, Arznei-[7] und Geheimmittel sowie Bruchbänder;
10. Bäume aller Art, Sträucher, Schnitt-, Wurzel-Reben, Futtermittel und Sämereien, mit Ausnahme von Gemüse- und Blumensamen;[8]
11. Schmucksachen, Bijouterien, Brillen und optische Instrumente.[9]

Ausgeschlossen vom Feilbieten und Aufsuchen von Bestellungen im Umherziehen sind ferner:[2]

12. Druckschriften, andere Schriften und Bildwerke, insofern sie in sittlicher oder religiöser Beziehung Ärgernis zu geben geeignet sind, oder mittels Zusicherung von Prämien oder Gewinnen vertrieben werden, oder in Lieferungen erscheinen, wenn nicht der Gesamtpreis auf jeder einzelnen Lieferung an einer in die Augen fallenden Stelle bestimmt verzeichnet ist.[10]

Wer Druckschriften, andere Schriften oder Bildwerke im Umherziehen feilbieten will, hat ein Verzeichnis derselben der zuständigen Verwaltungsbehörde seines Wohnorts zur Genehmigung vorzulegen. Die Genehmigung ist nur zu versagen, soweit das Verzeichnis Druckschriften, andere Schriften oder Bildwerke der vorbezeichneten Art enthält. Der Gewerbetreibende darf nur die in dem genehmigten Verzeichnis enthaltenen Druckschriften, anderen Schriften oder Bildwerke bei sich führen, und ist verpflichtet das Verzeichnis während der Ausübung des Gewerbebetriebs bei sich zu führen, auf Erfordern der zuständigen Behörden oder Beamten vorzuzeigen und, sofern er hierzu nicht imstande ist, auf deren Geheiß den Betrieb bis zur Herbeischaffung des Verzeichnisses einzustellen.[11]

1. Vgl. §§ 35 Abs. 2, 42b Abs. 3. Der Hausierer soll nicht günstiger behandelt werden als der stehende Gewerbebetrieb; Landmann S. 565; unten S. 7.

2. Abs. 2 handelt von Waren, die vom Ankauf oder Feilbieten im Umherziehen ausgeschlossen sind; Abs. 3 von Waren, die vom Feilbieten und Aufsuchen von Bestellungen ausgeschlossen sind. Das Aufsuchen von Bestellungen auf die in Abs. 2 bezeichneten Waren ist also nicht verboten. Siehe auch wegen der Handlungsreisenden Ziff. VI A unten. Der § 56 Abs. 2 gilt insbesondere auch für die Wanderlager; Landmann S. 565.

3. Das von der Ortspolizeibehörde erlaubte Feilbieten geistiger Getränke außerhalb der Wohnung des Gewerbetreibenden bei außergewöhnlichen Gelegenheiten ist der Hausiersteuer nicht unterworfen; Art. 2 Ziff. 3 des gegenwärtigen Gesetzes; dagegen ist ein Wandergewerbeschein erforderlich; § 60 Abs. 1 GewO. Ortspolizeibehörde: Gemeindebehörde; § 25 Abs. 2 der VO. vom 29. März 1892, GVBl. S. 61; Landmann S. 566 f.

Der Flaschenbierhandel im Umherziehen ist auf alle Fälle verboten.

4. Siehe Anm. 3 unten zum Steuertarif; Landmann S. 567.

5. Siehe Anm. 6 unten zum Steuertarif.

6. Siehe MinBek. vom 8. Februar 1885 Ziff. 4 (im Anhang); BRBek. vom 27. November 1896 unten Ziff. VI A 6. Gold- und Silberwaren dürfen im Umherziehen auch zum Wiederverkauf nicht angekauft werden.

Eine Ausnahme von § 56 Ziff. 3 ist durch § 44 Abs. 2 zugelassen; Landmann S. 567 f.; s. auch unten S. 21.

7. a) Über „Gifte" siehe VO. vom 16. Juni 1895, abgeändert durch VO. vom 26. Juni 1901, 13. März 1906, 14. Mai 1908; GVBl. 1895 S. 267, 1901 S. 469, 1906 S. 91 und 1908 S. 297.

b) Arzneimittel sind die in Beil. A zur KaisVO. vom 22. Oktober 1901 genannten Zubereitungen, wenn sie als Heilmittel feilgeboten werden, und die in der Beil. B a. a. O. bezeichneten Drogen und Chemikalien anzusehen, und zwar auch dann, wenn sie mit anderen Stoffen gemischt sind.

Das Verbot bezieht sich auch auf den Handel mit Tierarzneimitteln; Landmann S. 570.

Geheimmittel sind Mittel, deren Anbietung erfolgt, ohne daß die Bestandteile und das Mengenverhältnis der Zubereitung in gemeinverständlicher Weise angegeben sind, sog. Geheimmittel im engeren Sinne. Im weiteren Sinne versteht man darunter alle Heilmittel, Kräftigungsmittel und Apparate, die öffentlich angepriesen werden. Vgl. Landmann S. 103 und 570; ferner BayVO. vom 19. September 1903, GVBl. S. 479, abgeändert durch VO. vom 26. Juli 1907, GVBl. S. 593.

Das Verbot des Hausierhandels mit Geheimmitteln bezieht sich auch auf jene im weiteren Sinne.

Auch die öffentliche Ankündigung und Anpreisung von Geheimmitteln ist verboten; OLG. vom 14. Juni 1905, vom 15. Januar 1907, vom 28. Januar 1908; Landmann S. 104.

Über das Hausieren mit Futtermitteln siehe MinE. vom 28. März 1903, MABl. S. 123; Landmann S. 571.

Über den Handel mit Essigsäure s. KaisVO. vom 14. Juli 1908, RGBl. S. 475.

8. Siehe Landmann S. 571 f.

9. Auf den Wert der Schmucksachen kommt es nicht an; MinE. vom 6. Juli 1907, MinABl. S. 331.

10. Die in Ziff. 12 bezeichneten Arten von Druckschriften &c. sind sowohl vom Feilbieten als auch vom Aufsuchen von Bestellungen ausgeschlossen, dagegen nicht vom Ankauf. Siehe auch snb Ziff. VI A unten: § 44 Abs. 3 GewO.; Landmann S. 573 ff., 477 und 460. Zu den Bildwerken gehören auch die sog. Haussegen mit Uhr und Spielwerk; OLG. vom 20. April 1909 RevReg. Nr. 181/1909. Die Behörden, die das Druckschriftenverzeichnis zu genehmigen haben, sind die Bezirksämter bzw. Magistrate der unmittelbaren Städte, in München die Polizeidirektion; § 25 Abs. 1 VO. vom 29. März 1892, GVBl. S. 61; siehe insbesondere auch Anw. § 29 (Anhang); ferner Anm. 9 zum Steuertarif unten und S. 22 unten.

11. Strafbestimmungen: § 148 Ziff. 7a; bzw. zu Ziff. 6: § 146 Ziff. 4; zu Abs. 4: § 149 Ziff. 2.

2. Ausgeschlossene Leistungen:

§ 56a GewO.

Ausgeschlossen vom Gewerbebetrieb im Umherziehen sind ferner:

1. Die Ausübung der Heilkunde, insoweit der Ausübende für dieselbe nicht approbiert ist;[1]

2. Das Aufsuchen, sowie die Vermittlung von Darlehnsgeschäften und von Rückkaufsgeschäften ohne vorgängige Bestellung, ferner das Aufsuchen von Bestellungen auf Staats- und sonstige Wertpapiere, Lotterielose und Bezugs- und Anteilsscheine auf Wertpapiere und Lotterielose;[2]

3. das Aufsuchen von Bestellungen auf Branntwein und Spiritus bei Personen, in deren Gewerbebetrieb dieselben keine Verwendung finden;[3]

4. das Feilbieten von Waren sowie das Aufsuchen von Bestellungen auf Waren, wenn solche gegen Teilzahlungen unter dem Vorbehalte veräußert werden, daß der Veräußerer wegen Nichterfüllung der dem Erwerber obliegenden Verpflichtungen von dem Vertrage zurücktreten kann (§§ 1 und 6 des Gesetzes, betreffend die Abzahlungsgeschäfte, vom 16. Mai 1894).[4] [5]

1. Approbierte Personen, welche den Nachweis der Befähigung geliefert haben und demnach berechtigt sind, den Titel Arzt, Wundarzt, Zahnarzt zc. zu führen, fallen nicht unter § 56a Abs. 1; ebensowenig die bei diesen Personen als Diener zc. fungierenden Personen; auch die Kastration der Haustiere fällt nicht unter das Verbot; Landmann S. 578 und 556. Dagegen gehören hierher die Zahntechniker, die nichtapprobierten Ärzte, unter Umständen auch die Tätigkeit der Bruchbandagisten und der Hühneraugenoperateüre; Landmann S. 577 f.

Die bestellte Ausübung des Heilkunde wird von dem Verbot nicht getroffen.

2. Ziff. 2 bezweckt der Überhandnahme des Wuchers entgegenzutreten; Landmann S. 579.

3. Bei Wiederverkäufern und bei Gewerbetreibenden, welche Branntwein oder Spiritus in ihrem Gewerbebetrieb benötigen, ist das Aufsuchen von Bestellungen gestattet; Landmann S. 579.

4. Siehe Landmann S. 581.

5. Strafbestimmung: § 148 Ziff. 7a.

3. Bestimmungen des Bundesrats und der Landesregierungen:

§ 56 b GewO.

Der Bundesrat ist befugt, soweit ein Bedürfnis obwaltet, anzuordnen, daß und inwiefern der Ankauf oder das Feilbieten von einzelnen der im § 56 Abs. 2 ausgeschlossenen Waren im Umherziehen gestattet sein soll.[1] Die gleiche Befugnis steht den Landesregierungen für ihr Gebiet oder Teile desselben hinsichtlich der in § 56 Abs. 2 Ziffer 10 bezeichneten Gegenstände zu.[2]

Aus Gründen der öffentlichen Sicherheit sowie zur Abwehr und Unterdrückung von Seuchen kann durch Beschluß des Bundesrats und in dringenden Fällen durch Anordnung des Reichskanzlers nach Einvernehmen mit dem Ausschuß des Bundesrats für Handel und Verkehr für den Umfang des Reichs oder für Teile desselben bestimmt werden, daß und inwiefern außer den in den §§ 56 und 56 a aufgeführten Gegenständen und Leistungen auch noch andere Gegenstände und Leistungen auf bestimmte Dauer von dem Gewerbebetriebe im Umherziehen ausgeschlossen sein sollen. Die Anordnung ist dem Reichstage sofort, oder, wenn derselbe nicht versammelt ist, bei seinem nächsten Zusammentritte mitzuteilen. Dieselbe ist außer Kraft zu setzen, wenn der Reichstag die Zustimmung nicht erteilt.[3]

Durch die Landesregierungen kann das Umherziehen mit Zuchthengsten zur Deckung von Stuten untersagt werden.[4] Desgleichen kann zur Abwehr oder Unterdrückung von Seuchen der Handel mit Rindvieh, Schweinen Schafen, Ziegen oder Geflügel im Umherziehen Beschränkungen unterworfen oder auf bestimmte Dauer untersagt werden.[5 6 7 8]

1. Vgl. Bekanntmachung, betreffend die Gestattung des Feilbietens von Bier im Umherziehen, vom 17. Juli 1899, vom 29. Februar 1904 und vom 1. Juli 1908.

2. Zuständig ist auch heute noch das Ministerium des Innern; § 3 FormVO. vom 10. November 1904, GVBl. S. 567.

3. Siehe Landmann S. 583.

4. Siehe unten Anm. 10 zum Steuertarif.

5. §§ 17 ff. des Reichsviehseuchengesetzes vom $\left\{\frac{\text{23. Juni 1880}}{\text{1. Mai 1894}}\right.$; Bundesratsinstruktion vom 27. Juni 1895.*)

6. Strafbestimmung: § 148 Ziff. 7a GewO. bzw. § 66 RViehsG. und § 328 RStGB.

7. Über das Verbot des Handels mit Pfandscheinen vgl. MinBek. vom 11. Februar 1910, das Pfandleihgewerbe betreffend; GVBl. S. 83 (76).

8. Über das Verbot des Handels mit Papier, das dem zur Herstellung von Reichsbanknoten verwendeten gleich oder ähnlich ist, siehe RG. vom 2. Januar 1911, RGBl. S. 25.

---

*) Vom 1. Mai 1912 an gilt das Viehseuchengesetz vom 26. Juni 1909, RGBl. S. 519 und das bayerische AusfGes. hiezu vom 13. August 1910, GVBl. S. 615, mit Bundesrats-AusfVorschr. vom 7. Dezember 1911, RGBl. 1912 S. 3, bayer. VollzVO. vom 21. April 1912 und VollzBek. vom 27. April 1912, GVBl. S. 401 und 403. (Einschlägig sind § 17 des Ges., §§ 44, 45, 176, 180, 308 der bayer. VollzBek. Hierüber siehe Stengel, Viehseuchengesetz, München 1912.

4. Wanderauktionen.

§ 56c GewO.

Das Feilbieten von Waren im Umherziehen in der Art, daß dieselben versteigert oder im Wege des Glücksspiels oder der Ausspielung (Lotterie) abgesetzt werden, ist nicht gestattet. Ausnahmen von diesem Verbote dürfen von der zuständigen Behörde zugelassen werden, hinsichtlich der Wanderversteigerungen jedoch nur bei Waren, welche dem raschen Verderben ausgesetzt sind.

Öffentliche Ankündigungen des Gewerbebetriebs dürfen nur unter dem Namen des Gewerbetreibenden mit Hinzufügung seines Wohnorts erlassen werden. Wird für den Gewerbebetrieb eine Verkaufsstelle benutzt, so muß an derselben in einer für jedermann erkennbaren Weise ein den Namen und Wohnort des Gewerbetreibenden angebender Aushang angebracht werden. Dies gilt insbesondere von den Wanderlagern. [1, 2]

1. Siehe unten Anm. 18 zum Steuertarif und Art. 15.

2. Strafbestimmung: § 148 Ziff. 7b GewO.; §§ 284 f., 360 Ziff. 14 RStGB.

5. Hausieren am Sitz der gewerblichen Niederlassung.

Gegenstände, die nicht im Hausierwege angekauft und feilgeboten werden dürfen, dürfen auch im Gemeindebezirk der gewerblichen Niederlassung in der Regel nicht verkauft oder angekauft werden.

Auch bedürfen Ortsansässige zum Gewerbetrieb innerhalb des Gemeindebezirks unter Umständen einer besonderen Genehmigung.

Einschlägig sind hier die §§ 42a und 42b GewO.

§ 42a GewO.

Gegenstände, welche von dem Ankauf oder Feilbieten im Umherziehen ausgeschlossen sind, dürfen auch innerhalb des Gemeindebezirkes des Wohnorts oder der gewerblichen Niederlassung von Haus zu Haus oder auf öffentlichen Wegen, Straßen, Plätzen oder an anderen öffentlichen Orten nicht feilgeboten oder zum Wiederverkauf angekauft werden, mit Ausnahme von Bier und Wein in Fässern und Flaschen und vorbehaltlich des nach § 33 erlaubten Gewerbebetriebs. [1]

Die zuständige Landesregierung ist befugt, soweit ein Bedürfnis dazu obwaltet, anzuordnen, daß und inwiefern weitere Ausnahmen von diesem Verbote stattfinden sollen. [2]

Das Feilbieten geistiger Getränke kann von der Ortspolizeibehörde im Falle besonderen Bedürfnisses vorübergehend gestattet werden. [3, 4]

1. Vom Hausierbetriebe ausgeschlossene Gegenstände: § 56; cfr. Ziff. 1 oben; Landmann S. 445.

2. Siehe VO. vom 29. März 1892, GVBl. S. 61, über den Ausdruck „Landesregierung".

3. Vgl. Anw. § 30 Ziff. 1, ferner unten Art. 2 Ziff. 3 gegenwärtigen Gesetzes und Anm. 8 daselbst.

4. Strafbestimmung: § 148 Ziff. 5.

§ 42 b GewO.

Durch die höhere Verwaltungsbehörde[1] nach Anhörung der Gemeindebehörde oder durch Beschluß der Gemeindebehörde mit Genehmigung der höheren Verwaltungsbehörde kann für einzelne Gemeinden bestimmt werden, daß Personen, welche in dem Gemeindebezirk einen Wohnsitz oder eine gewerbliche Niederlassung besitzen und welche innerhalb des Gemeindebezirkes auf öffentlichen Wegen, Straßen, Plätzen oder an anderen öffentlichen Orten, oder ohne vorgängige Bestellung von Haus zu Haus

1. Waren feilbieten, oder
2. Waren bei anderen Personen als bei Kaufleuten oder solchen Personen, welche die Waren produzieren, oder an anderen Orten als in offenen Verkaufsstellen zum Wiederverkauf ankaufen, oder Warenbestellungen bei Personen, in deren Gewerbebetriebe Waren der angebotenen Art keine Verwendung finden, aufsuchen, oder
3. gewerbliche Leistungen, hinsichtlich deren dies nicht Landesgebrauch ist, anbieten wollen,

der Erlaubnis bedürfen. Diese Bestimmung kann auf einzelne Teile des Gemeindebezirkes sowie auf gewisse Gattungen von Waren und Leistungen beschränkt werden.[2]

Auf die Erteilung, Versagung und Zurücknahme der Erlaubnis finden die Vorschriften der §§ 57 bis 58 und 63 Absatz 1, und auf die Ausübung des Gewerbebetriebs die Vorschriften der §§ 60 b, 60 c, des § 60 d Abs. 1, 2 und des § 63 Abs. 2 entsprechende Anwendung.[3]

In betreff der im § 59 Ziffer 1 und 2 bezeichneten Erzeugnisse und Waren, auch wenn dieselben nicht zu den selbstgewonnenen oder selbstverfertigten gehören, ferner in betreff der Druckschriften, anderen Schriften und Bildwerke, insoweit der Gewerbebetrieb hiermit von Haus zu Haus stattfindet, sowie in betreff der vom Bundesrat in Gemäßheit des § 44 Absatz 2 gestatteten Ausnahmen darf der betreffende Gewerbetrieb in dem Gemeindebezirke des Wohnsitzes oder der gewerblichen Niederlassung von einer Erlaubnis nicht abhängig gemacht werden. In betreff der im § 59 Ziffer 1 und 2 bezeichneten Erzeugnisse und Waren kann jedoch der Gewerbebetrieb unter den im § 57 Ziffer 1 bis 4 erwähnten Voraussetzungen untersagt sowie nach Maßgabe des § 60 b Abs. 2 und des § 60 c Abs. 2 beschränkt und gemäß § 60 b Abs. 3 verboten werden. Auf die Untersagung dieses Gewerbebetriebs finden die Vorschriften des § 63 Absatz 1, auf die Beschränkung desselben die Vorschriften des § 63 Absatz 2 entsprechende Anwendung.

Die höhere Verwaltungsbehörde[1] ist befugt, die vom Bundesrate gemäß § 56 d getroffenen Bestimmungen auf diejenigen Ausländer entsprechend anzuwenden, welche innerhalb des Gemeindebezirkes ihres Wohnorts oder ihrer gewerblichen Niederlassung auf öffentlichen Wegen, Straßen, Plätzen oder an anderen öffentlichen Orten, oder ohne vorgängige Bestellung von Haus zu Haus eines der unter Ziffer 1 bis 3 bezeichneten Gewerbe betreiben wollen.[3]

Kinder unter vierzehn Jahren dürfen, auch wenn eine Bestimmung nach Absatz 1 nicht getroffen ist, auf öffentlichen Wegen, Straßen, Plätzen oder an öffentlichen Orten oder ohne vorgängige Bestellung von Haus zu Haus Gegenstände nicht feil bieten. In Orten, wo ein derartiges Feilbieten durch Kinder herkömmlich ist, darf die Ortspolizeibehörde ein solches für bestimmte Zeitabschnitte, welche in einem Kalenderjahre zusammen vier Wochen nicht überschreiten dürfen, gestatten.[4]

1. Höhere Verwaltungsbehörde: § 155 Abs. 2; in Bayern die K. Regierung, Kammer des Innern; § 1 der VO. vom 29. März 1892, GVBl. S. 61.

2. Eine derartige Bestimmung wurde z. B. von der K. Regierung von Oberbayern mit Wirksamkeit vom 1. Juni 1911 an getroffen; Entschl. vom 6. Mai 1911 Nr. 28078, KrABl. S. 63.

3. Ein förmlicher Erlaubnisschein ist auszufertigen. Vgl. Landmann S. 453, ferner § 20 der VO. vom 29. März 1892 über Rekurs.

4. Strafbestimmung: § 148 Ziff. 5 bzw. Ziff. 7 d.

6. Hausierbetrieb an Sonn- und Festtagen.

Hierüber bestimmt die GewO.:

§ 55 a GewO.

An Sonn- und Festtagen (§ 105 a Absatz 2) ist der Gewerbebetrieb im Umherziehen, soweit er unter § 55 Absatz 1 Ziffer 1 bis 3 fällt, sowie der Gewerbebetrieb der im § 42 b bezeichneten Personen verboten.[1 2]

Ausnahmen können von der unteren Verwaltungsbehörde zugelassen werden.[3] Der Bundesrat ist ermächtigt, über die Voraussetzungen und Bedingungen, unter denen Ausnahmen zugelassen werden dürfen, Bestimmungen zu erlassen.[4]

1. Der in § 55 Ziff. 4 bezeichnete Gewerbebetrieb darf also an Sonn- und Festtagen ausgeübt werden. Vgl. auch oben Ziff. 5 (§ 42 b).

2. Die Landesregierungen haben zu bestimmen, welche Tage als Festtage in Betracht kommen; § 105 a Abs. 2. Siehe auch Anw. § 5 Abs. 4, ferner AVO. vom 21. Mai 1897, die Feier der Sonn- und Festtage betr., GVBl. S. 197; Landmann S. 560. Das Landesrecht kann auf Grund des § 366 Ziff. 1 RStGB. weitergehende Beschränkungen anordnen. Vgl. Bek. vom 12. Mai 1912, die Verminderung der kath. Wochenfeiertage betr. (GVBl. S. 627).

3. Vgl. MinEntschl. vom 18. April 1892 Ziff. III, MinABl. S. 198. Die Ausnahmen können generell oder bestimmten Personen bewilligt werden.

4. Strafbestimmung: § 146 a GewO., § 366 Ziff. 1 RStGB.

[III.]

Hausierbetrieb der Ausländer.

I. Die GewO. bestimmt folgendes:

§ 56 d GewO.

Ausländern kann der Gewerbebetrieb im Umherziehen gestattet werden. Der Bundesrat ist befugt, die deshalb nötigen Bestimmungen zu treffen. [1 2 3]

1. Vgl. die unten abgedruckte Bekanntmachung, betreffend Ausführungsbestimmungen zur GewO., vom 27. November 1896, RGBl. S. 745.

2. Siehe weiter Anw. §§ 2 am Ende; 4 Ziff. 2; 5 Ziff. 3; 9; 10 am Ende; 17; 22 Abs. 6; 25; 29 Abs. 10; 30 Abs. 7; über den Hausierhandel im Grenzzollgebiet § 14 a. a. O. (Anhang); vgl. endlich Art. 3 des gegenwärtigen Gesetzes und die Anm. daselbst.

3. Zu bemerken ist, daß als Ausländer im Sinne vorstehender Bestimmung nur die Nichtdeutschen bzw. die Reisenden von nichtdeutschen Gewerbeunternehmungen in Betracht kommen.

II. Die Bekanntmachung des Bundesrats, betreffend Ausführungsbestimmungen zur GewO., vom 27. November 1896 bestimmt auf Grund der §§ 56 d und 60 Abs. 4 GewO. folgendes:

I.

. . . .

II.

Gewerbebetrieb der Ausländer im Umherziehen.

A. Im allgemeinen.

1.

Ausländer, welche ein Gewerbe im Umherziehen betreiben wollen, bedürfen eines Wandergewerbescheines.

Vgl. GewO. §§ 55 ff.

2.

Ausgenommen von der Vorschrift in Ziff. 1 sind solche Ausländer, welche ausschließlich den Verkauf roher Erzeugnisse der Land- und Forstwirtschaft, des Garten- und Obstbaues, der Geflügel- und Bienenzucht im gewöhnlichen Grenzverkehr betreiben wollen; der Gewerbebetrieb kann jedoch untersagt werden, wenn eine der Voraussetzungen der §§ 57 Ziff. 1 bis 4, 57 a oder 57 b Ziff. 2 bis 4 der Gewerbeordnung vorliegt.

Vgl. GewO. § 59 und B Nr. 1.

3.

Auf die Ausübung des Gewerbebetriebes im Umherziehen, ferner auf die Erteilung, Versagung und Zurücknahme des Wandergewerbescheines finden die Bestimmungen des Titels III der Gewerbeordnung Anwendung, soweit nachstehend nicht etwas anderes bestimmt ist.

Vgl. Nr. 6.

4.

Die Erteilung eines Wandergewerbescheines ist zu versagen, wenn ein Bedürfnis zur Ausstellung von Wandergewerbescheinen für Ausübung des betreffenden Gewerbes im Bezirke der Behörde nicht besteht, oder sobald für das Gewerbe, für welches der Schein nachgesucht wird, die den Verhältnissen des Verwaltungsbezirks der Behörde entsprechende Anzahl von Wandergewerbescheinen erteilt oder ausgedehnt worden ist (vgl. Ziff. 6).

Für das Gewerbe der Topfbinder, der Kesselflicker, der Händler mit Blech- und Drahtwaren und ähnlichen Gegenständen, der Drehorgelspieler und Dudelsackpfeifer darf ein Wandergewerbeschein außerdem nur solchen Personen erteilt werden, welche nachweislich in dem nächst vorangegangenen Kalenderjahre einen Wandergewerbeschein für dasselbe Gewerbe erhalten haben.

Zigeunern ist der Wandergewerbeschein stets zu versagen.

Abs. 2. Vgl. Nr. 9 Abs. 2.

5.

Ausländer, welche entweder das 25. Lebensjahr noch nicht überschritten haben, oder durch ihre Persönlichkeit zu erheblichen polizeilichen Bedenken Anlaß geben, sind zum Gewerbebetrieb im Umherziehen nicht zuzulassen.

Von dem Erfordernis der Vollendung des 25. Lebensjahres darf ausnahmsweise gegenüber solchen Ausländern abgesehen werden, welche nachweislich in dem nächst vorangegangenen Kalenderjahre einen Wandergewerbeschein für dasselbe Gewerbe erhalten haben.

Der erteilte Wandergewerbeschein kann zurückgenommen werden, wenn erhebliche polizeiliche Bedenken gegen die Persönlichkeit nachträglich sich ergeben.

Vgl. GewO. §§ 57a, 58. — Vgl. auch Nr. 9 Abs. 2.
Abs. 3. Vgl. Nr. 6 Abs. 2.

6.

Der Wandergewerbeschein berechtigt den Inhaber, nach Entrichtung der Landessteuern sein Gewerbe im Umherziehen in dem Bezirke derjenigen Behörde zu betreiben, welche den Wandergewerbeschein erteilt hat. Zu dem Gewerbebetriebe in einem anderen Bezirke ist die Ausdehnung des Wandergewerbescheines durch die zuständige Behörde dieses Bezirks erforderlich. Die Ausdehnung wird versagt, wenn ein Bedürfnis zur Ausübung des betreffenden Gewerbes in dem Bezirke der Behörde nicht besteht, oder sobald für die den Verhältnissen des Bezirks entsprechende Anzahl von Personen Wandergewerbescheine bereits erteilt oder auf den betreffenden Bezirk ausgedehnt sind.

Auf die Zurücknahme der Ausdehnung findet der § 58 der Gewerbeordnung sowie vorstehende Ziff. 5 Abs. 3 entsprechende Anwendung.

Das Recht, einen Ausländer aus dem Reichsgebiete auszuweisen, wird durch diese Bestimmungen nicht berührt.

7.

Der Mangel eines festen Wohnsitzes im Inlande (§ 57 b Ziff. 1 der Gewerbeordnung) ist Ausländern gegenüber als ein Grund zur Versagung des Wandergewerbescheines oder zur Versagung der Ausdehnung desselben nicht anzusehen.

8.

Sowohl die Ausstellung als auch die Ausdehnung eines Wandergewerbescheines kann für eine kürzere Dauer, als das Kalenderjahr, oder für bestimmte Tage während des Kalenderjahrs erfolgen.

9.

Die Wandergewerbescheine werden nach den unter III nachstehend bezeichneten Formularen ausgestellt.

Wenn einer der in Ziff. 4 Abs. 2 oder Ziff. 5 Abs. 2 bezeichneten Personen ein Wandergewerbeschein erteilt wird, so ist entweder der bisherige Schein zurückzufordern und zu vernichten, oder in demselben zu vermerken, daß für das neue Kalenderjahr ein neuer Schein ausgefertigt worden ist.

Formulare s. Anhang X am Schluß.

10.

Wer beim Gewerbebetriebe im Umherziehen andere Personen von Ort zu Ort mit sich führen will, bedarf der Erlaubnis derjenigen Behörde, welche den Wandergewerbeschein erteilt oder ausgedehnt hat. Die Erlaubnis wird in dem Wandergewerbescheine unter näherer Bezeichnung der Personen vermerkt.

Personen, welche den an die selbständigen Gewerbetreibenden zu stellenden Anforderungen nicht entsprechen, dürfen nicht mitgeführt werden. Diese Bestimmung findet auch auf die Mitführung eines Inländers durch einen ausländischen Gewerbetreibenden und eines Ausländers durch einen inländischen Gewerbetreibenden Anwendung.

Die Erlaubnis zur Mitführung von Personen anderen Geschlechts, mit Ausnahme der Ehegatten und der über 21 Jahre alten eigenen Kinder und Enkel, kann auch dann versagt werden, wenn keiner der aus Ziff. 3 bis 5 sich ergebenden Versagungsgründe vorliegt.

Vgl. Nr. 4 Abs. 2 und GewO. §§ 57 Ziff. 1—4, 57 a Ziff. 2 und 57 b.

11.

Die auf Grund der vorstehenden Bestimmungen getroffenen Verfügungen einschließlich der Versagung der Genehmigung des Druckschriftenverzeichnisses (§ 56 Abs. 4 der Gewerbeordnung) können nur im Wege der Beschwerde an die unmittelbar vorgesetzte Aufsichtsbehörde angefochten werden.

B. Der Geschäftsbetrieb der ausländischen Handlungsreisenden im besonderen.

1.

Auf Handlungsreisende, welche durch die in den Staatsverträgen vorgesehene Gewerbelegitimationskarte legitimiert sind finden die Bestimmungen der Staatsverträge Anwendung. Insoweit diese Handlungsreisenden Waren feilbieten, oder Waren bei anderen Personen als bei Kaufleuten oder solchen Personen, welche die Waren produzieren, oder an anderen Orten, als in offenen Verkaufsstellen aufkaufen, finden die vorstehenden Bestimmungen unter A auf sie Anwendung. Das gleiche gilt, wenn die Handlungsreisenden Bestellungen auf Waren ohne vorgängige ausdrückliche Aufforderung bei anderen Personen als bei Kaufleuten in deren Geschäftsräumen oder solchen Personen, in deren Geschäftsbetriebe Waren der angebotenen Art Verwendung finden, aufsuchen wollen, soweit es sich nicht um das Aufsuchen von Bestellungen auf Druckschriften, andere Schriften und Bildwerke oder auf die unter I 2 bezeichneten Waren*) handelt.

2.

Handlungsreisende, welche Staaten angehören, mit denen ein Abkommen wegen der Gewerbelegitimationskarten zwar nicht abgeschlossen, denen jedoch das Recht der Meistbegünstigung hinsichtlich des Gewerbebetriebes eingeräumt ist, bedürfen zum Geschäftsbetriebe im Inlande einer Gewerbelegitimationskarte nach dem unter I anliegenden Muster.

Die Gewerbelegitimationskarte berechtigt den Inhaber in dem ganzen Gebiete des Reichs, nach Entrichtung der Landessteuern, sofern in letzterer Hinsicht nicht ein anderes im Wege des Vertrages festgesetzt ist, zum Geschäftsbetriebe in demselben Umfange wie die unter Ziff. I genannten Handlungsreisenden.

Auf die Erteilung, Versagung und Zurücknahme der Gewerbelegitimationskarte finden die Bestimmungen des Titels III der Gewerbeordnung mit der Maßgabe entsprechende Anwendung, daß der Mangel eines festen Wohnsitzes im Inlande (§ 57 b der Gewerbeordnung) einen Grund zur Versagung der Gewerbelegitimationskarte nicht bildet, und daß die auf Grund dieser Bestimmungen getroffenen Verfügungen nur im Wege der Beschwerde an die unmittelbar vorgesetzte Aufsichtsbehörde angefochten werden können.

3.

Die aufgekauften Waren dürfen nur behufs deren Beförderung nach dem Bestimmungsorte mitgeführt werden; von den Waren, auf welche Bestellungen gesucht werden, dürfen nur Proben und Muster mitgeführt werden.

4.

Auf die Ausübung des Geschäftsbetriebes der ausländischen Handlungsreisenden (Ziff. 1 und 2) finden die Bestimmungen des Titels III der Gewerbeordnung entsprechende Anwendung.

Abschnitt III dieser Bekanntmachung trifft ausschließlich über die zur Anwendung kommenden Formulare Bestimmung. Abschnitt IV bestimmt (unter Aufhebung der Bekanntmachung vom 31. Oktober 1883) als Zeit des Inkrafttretens den 1. Januar 1897. Bezüglich der Formulare s. Anhang X unten und Beilagen hiezu.

*) Siehe unten S. 22.

IV.

A.

Subjektive Momente, die den Hausierhandel ausschließen.

Vgl. §§ 8 und 9 der Anw. (Anhang).

1. Persönliche Versagungsgründe.

Die GewO. bestimmt hierüber folgendes:

§ 57 GewO.

Der Wandergewerbeschein ist zu versagen:[1]

1. wenn der Nachsuchende mit einer abschreckenden oder ansteckenden Krankheit behaftet oder in einer abschreckenden Weise entstellt ist;

2. wenn er unter Polizeiaufsicht steht;

3. wenn er wegen strafbarer Handlungen aus Gewinnsucht, gegen das Eigentum, gegen die Sittlichkeit, wegen vorsätzlicher Angriffe auf das Leben und die Gesundheit der Menschen, wegen Land- oder Hausfriedensbruchs, wegen Widerstandes gegen die Staatsgewalt, wegen vorsätzlicher Brandstiftung, wegen Zuwiderhandlungen gegen Verbote oder Sicherungsmaßregeln, betreffend Einführung oder Verbreitung ansteckender Krankheiten oder Viehseuchen, zu einer Freiheitsstrafe von mindestens drei Monaten verurteilt ist, und seit Verbüßung der Strafe drei Jahre noch nicht verflossen sind;

4. wenn er wegen gewohnheitsmäßiger Arbeitsscheu, Bettelei, Landstreicherei, Trunksucht übel berüchtigt ist;

5. in dem Falle des § 55 Ziffer 4, sobald der den Verhältnissen des Verwaltungsbezirkes der zuständigen Verwaltungsbehörde entsprechenden Anzahl von Personen Wandergewerbescheine erteilt oder ausgedehnt sind (§ 60 Absatz 2).[1 2]

1. Siehe § 8 Ziff I, 5 der Anw. Bezüglich der Ausländer siehe oben Ziff. II A 4 der BRVO. oben S. 11; Landmann S. 597.

2. § 57 GewO. enthält die Fälle, in denen die Behörde die Erlaubnis versagen muß, §§ 57a und b die Fälle, in denen sie nach ihrem Ermessen die Erlaubnis versagen kann.

§ 57a GewO.

Der Wandergewerbeschein ist in der Regel zu versagen:[1]

1. wenn der Nachsuchende das fünfundzwanzigste Lebensjahr noch nicht vollendet hat.

Im Falle der Ziffer 1 ist dem Nachsuchenden der Wandergewerbeschein zu erteilen, wenn er der Ernährer einer Familie ist und bereits vier Jahre im Wandergewerbe tätig gewesen ist;

2. wenn er blind, taub oder stumm ist, oder an Geistesschwäche leidet.

1. Bezüglich der Ausländer s. oben S. 10f.

§ 57 b GewO.

Der Wandergewerbeschein darf außerdem nur dann versagt werden:
1. wenn der Nachsuchende im Inland einen festen Wohnsitz nicht hat;
2. wenn er wegen strafbarer Handlung aus Gewinnsucht, gegen das Eigentum, gegen die Sittlichkeit, wegen vorsätzlicher Angriffe auf das Leben und die Gesundheit der Menschen, wegen Hausfriedensbruchs, wegen Widerstandes gegen die Staatsgewalt, wegen vorsätzlicher Brandstiftung, wegen Zuwiderhandlungen gegen Verbote oder Sicherungsmaßregeln, betreffend Einführung oder Verbreitung ansteckender Krankheiten oder Viehseuchen, zu einer Freiheitsstrafe von mindestens einer Woche verurteilt ist, und seit der Verbüßung der Strafe fünf Jahre noch nicht verflossen sind.
3. wenn er wegen Verletzung der auf den Gewerbebetrieb im Umherziehen bezüglichen Vorschriften im Laufe der letzten drei Jahre wiederholt bestraft ist;
4. wenn er ein oder mehrere Kinder besitzt, für deren Unterhalt und, sofern sie im schulpflichtigen Alter stehen, für deren Unterricht nicht genügend gesorgt ist.

2. Zurücknahme des Wandergewerbescheins.

§ 58 GewO.

Der Wandergewerbeschein kann zurückgenommen werden, wenn sich ergibt, daß eine der im § 57 Ziffer 1 bis 4, § 57 a oder § 57 b bezeichneten Voraussetzungen entweder zur Zeit der Erteilung desselben bereits vorhanden gewesen, der Behörde aber unbekannt geblieben, oder erst nach Erteilung des Scheines eingetreten ist.[1]

1. Bezüglich der Ausländer s. oben S. 11.

B.

Freier Gewerbebetrieb; Wandergewerbeschein; Formalien; Steuerpflicht 2c.

1. Freier Gewerbebetrieb.

Einschlägig sind hier §§ 59 und 59 a GewO.; siehe hierüber unten Ziff. V.

2. Wandergewerbeschein. Steuerpflicht.

§ 60 GewO.

Der Wandergewerbeschein wird für die Dauer des Kalenderjahrs erteilt, er berechtigt den Inhaber, in dem ganzen Gebiete des Reiches[1] das bezeichnete Gewerbe nach Entrichtung der darauf haftenden Landessteuern[2] zu betreiben. Soweit nach § 56 Ziffer 1 das Feilbieten von geistigen Getränken im Falle besonderen Bedürfnisses vorübergehend gestattet wird, ist die räumliche und zeitliche Beschränkung dieser Erlaubnis im Wandergewerbeschein anzugeben.

Ein Wandergewerbeschein für den Betrieb der im § 55 Ziffer 4 bezeichneten Gewerbe gewährt die Befugnis zum Gewerbebetrieb in einem anderen, als dem Bezirke derjenigen Verwaltungsbehörde, welche ihn ausgestellt hat, nur dann, wenn er auf den anderen Bezirk von dessen Verwaltungsbehörde ausgedehnt ist. Sowohl die Ausstellung als auch die Ausdehnung eines derartigen Wandergewerbescheins kann für eine kürzere Dauer, als das Kalenderjahr, oder für bestimmte Tage während des Kalenderjahrs erfolgen. Die Ausdehnung ist zu versagen, sobald für die den Verhältnissen des Bezirkes entsprechende Anzahl von Personen Wandergewerbescheine bereits ausgestellt oder ausgedehnt sind.

Die Verwaltungsbehörde kann die von ihr bewilligte Ausdehnung nach Maßgabe des § 58 zurücknehmen.

Der Wandergewerbeschein enthält die Personalbeschreibung des Inhabers und die nähere Bezeichnung des Geschäftsbetriebs. Das Formular der Wandergewerbescheine bestimmt der Bundesrat. [3 4 5]

1. Der Schein gilt für den Umfang des Reiches; siehe jedoch § 60 Abs. 2; Landmann S. 611.

2. Hiedurch ist zum Ausdruck gebracht, daß der Wandergewerbeschein allein zur sofortigen Ausübung des Gewerbebetriebs im Umherziehen nicht berechtigt; Landmann S. 612.

3. Über Formulare siehe Ziff. III der BRVO. vom 27. November 1896, geändert laut Bek. vom 13. Januar 1909, RGBl. S. 259; ferner Anweisung §§ 17 und 32 (Anhang), teilweise geändert durch MinE. vom 8. Februar 1907, MABl. S. 106; s. Anhang X und Beilagen.

4. Strafbestimmungen: § 148 Ziff. 7 und 7c, § 149 Ziff. 3 und 4.

5. Siehe im übrigen über „Wandergewerbeschein" unten S. 70 ff.

§ 60 a GewO.

Wer die im § 55 Ziffer 4 bezeichneten Gewerbe an einem Orte von Haus zu Haus oder auf öffentlichen Wegen, Straßen, Plätzen oder an anderen öffentlichen Orten ausüben will, bedarf der vorgängigen Erlaubnis der Ortspolizeibehörde. [1 2]

1. Betrifft die Straßenmusikanten, Schausteller u. dgl.

2. Strafbestimmung: § 148 Ziff. 7 b.

§ 60 b GewO.

Minderjährigen Personen [1] kann in dem Wanderscheine die Beschränkung auferlegt werden, daß sie das Gewerbe nicht nach Sonnenuntergang, und minderjährigen Personen weiblichen Geschlechts kann außerdem die Beschränkung auferlegt werden, daß sie dasselbe nur auf öffentlichen Wegen, Straßen und Plätzen, nicht aber von Haus zu Haus betreiben dürfen.

Desgleichen kann von der Ortspolizeibehörde minderjährigen Personen verboten werden, daß sie innerhalb des Polizeibezirkes die im § 59 Ziffer 1 und 2 aufgeführten Gegenstände nach Sonnenuntergang, und minderjährigen Personen weiblichen Geschlechts, daß sie dieselben Gegenstände von Haus zu Haus feilbieten.

Das Feilbieten der im § 59 Ziffer 1 und 2 bezeichneten Gegenstände durch Kinder unter vierzehn Jahren kann von der Ortspolizeibehörde verboten werden.[2]

1. Über minderjährige Personen s. §§ 2 ff. BGB.
2. Strafbestimmung: § 148 Ziff. 7c bzw. Ziff. 7b.

3. Verhaltungsvorschriften: Mitführung des Wandergewerbescheines und Verbot der Abtretung desselben.

§ 60 c GewO.

Der Inhaber eines Wandergewerbescheins ist verpflichtet, diesen während der Ausübung des Gewerbebetriebs bei sich zu führen, auf Erfordern der zuständigen Behörden oder Beamten vorzuzeigen und, sofern er hierzu nicht imstande ist, auf deren Geheiß den Betrieb bis zur Herbeischaffung des Wandergewerbescheins einzustellen. Auf gleiches Erfordern hat er die von ihm geführten Waren vorzulegen.[1]

Zum Zweck des Gewerbebetriebs ist ohne vorgängige Erlaubnis der Eintritt in fremde Wohnungen sowie zur Nachtzeit das Betreten fremder Häuser und Gehöfte nicht gestattet.

Denselben Bestimmungen (Abs. 2) unterliegt das Feilbieten der im § 59 Ziffer 1 und 2 aufgeführten Gegenstände.[2]

1. Über zuständige Behörden s. unten Art. 11 und Anm. 2b hiezu.
2. Strafbestimmung zu Abs. 1: § 149 Abs. 1 Ziff. 2; zu Abs. 2: § 148 Ziff. 7b.

§ 60 d GewO.

Der Wandergewerbeschein darf einem Anderen nicht zur Benutzung überlassen werden.

Wer für einen Anderen ein Gewerbe im Umherziehen zu betreiben beabsichtigt, unterliegt für seine Person den Bestimmungen dieses Gesetzes.

Wenn mehrere Personen die im § 55 Ziffer 4 bezeichneten Gewerbe miteinander zu betreiben beabsichtigen, so kann auf ihren Antrag ein gemeinsamer Wandergewerbeschein für die Gesellschaft als solche ausgestellt werden, in welchem jedes einzelne Mitglied aufzuführen ist.[1] **Werden für die einzelnen Mitglieder besondere Wandergewerbescheine ausgestellt, so kann in die letzteren ein Vermerk aufgenommen werden, nach welchem dem Inhaber der Gewerbebetrieb nur im Verbande einer bestimmten Gesellschaft, oder einer Gesellschaft überhaupt, gestattet sein soll.**

Umherziehenden Schauspielergesellschaften wird der Wandergewerbeschein nur dann erteilt, wenn der Unternehmer die im § 32 vorgeschriebene Erlaubnis besitzt. In dem Wandergewerbescheine für den Unternehmer einer Schauspielergesellschaft ist ausdrücklich zu vermerken, daß der Gewerbetreibende als Unternehmer auftreten will.[2]

1. Über gemeinsamen Wandergewerbeschein s. Anm. 4b zu Art. 8 unten.
2. Strafbestimmung: § 148 Ziff. 5 bzw. Ziff. 7c.

4. Zuständigkeit zur Erteilung des Wandergewerbescheins.

§ 61 GewO.

Die Erteilung des Wandergewerbescheins erfolgt durch die für den Wohnort oder Aufenthaltsort des Nachsuchenden zuständige höhere Verwaltungsbehörde.[1] Die Verwaltungsbehörde des Aufenthaltsorts kann den Nachsuchenden an die Behörde seines Wohnorts verweisen.

In dem Falle des § 55 Ziffer 4 erfolgt die Erteilung des Wandergewerbescheins durch die höhere Verwaltungsbehörde, in deren Bezirke das Gewerbe betrieben werden soll.

Die Zurücknahme des Wandergewerbescheins erfolgt durch die für den Wohnort oder Aufenthaltsort des Inhabers zuständige höhere Verwaltungsbehörde.

1. Siehe unten die Anm. zu Art. 8.

5. Mitführung anderer Personen.

§ 62 GewO.

Wer beim Gewerbebetrieb im Umherziehen andere Personen von Ort zu Ort mit sich führen will, bedarf der Erlaubnis derjenigen Behörde, welche den Wandergewerbeschein erteilt hat, oder in deren Bezirke sich der Nachsuchende befindet. Die Erlaubnis wird in dem Wandergewerbeschein unter näherer Bezeichnung dieser Personen vermerkt.

Die Erlaubnis ist zu versagen, insoweit bei ihnen eine der im § 57 bezeichneten Voraussetzungen zutrifft; außerdem darf dieselbe nur dann versagt werden, insoweit eine der im § 57 a und § 57 b bezeichneten Voraussetzungen vorliegt. Die Zurücknahme der Erlaubnis erfolgt nach Maßgabe des § 58 durch eine für deren Erteilung zuständige Behörde.

Die Mitführung von Kindern unter vierzehn Jahren zu gewerblichen Zwecken ist verboten.

Die Erlaubnis zur Mitführung von Kindern, welche schulpflichtig sind, ist zu versagen und die bereits erteilte Erlaubnis zurückzunehmen, wenn nicht für einen ausreichenden Unterricht der Kinder gesorgt ist.

Die Erlaubnis zur Mitführung von Kindern unter vierzehn Jahren kann versagt und von der für die Erteilung derselben zuständigen Behörde zurückgenommen werden. Dasselbe gilt von der Erlaubnis zur Mitführung von Personen anderen Geschlechts mit Ausnahme der Ehegatten und der über vierzehn Jahre alten eigenen Kinder und Enkel.[1 2]

1. Über „Begleiter" s. unten Anm. 2 zu Art. 4.

2. Strafbestimmungen: §§ 148 Ziff. 6; 149 Ziff. 5; 148 Ziff. 7 d (Abs. 3).

6. Rekurs- und Beschwerdeverfahren.

§ 63 GewO.

Wird der Wandergewerbeschein versagt oder zurückgenommen, oder wird die erfolgte Ausdehnung desselben zurückgenommen, so ist dies dem

Beteiligten mittels schriftlichen Bescheids unter Angabe der Gründe zu eröffnen. Gegen den Bescheid ist der Rekurs zulässig, jedoch ohne aufschiebende Wirkung. Wegen des Verfahrens und der Behörden gelten die Vorschriften der §§ 20 und 21. Dasselbe gilt von der Versagung der Genehmigung des Druckschriftenverzeichnisses (§ 56 Abs. 4), von der Untersagung des Gewerbebetriebs gemäß § 59 a und der Versagung oder Zurücknahme der Erlaubnis in den Fällen des § 62 Abs. 2.

Die in Gemäßheit des § 57 Ziffer 5 erfolgte Versagung des Wandergewerbescheins, sowie die auf Grund des § 60 Abs. 2, der §§ 60 b und 62 Abs. 4, 5 getroffenen Verfügungen können nur im Wege der Beschwerde an die unmittelbar vorgesetzte Aufsichtsbehörde angefochten werden.

V.

Dem Hausierbetrieb freigegebene Sachen.

Gewisse Arten des Gewerbebetriebs im Umherziehen dürfen ohne Wandergewerbeschein betrieben werden. Einschlägig sind hier §§ 59 und 59 a GewO., letzterer hinsichtlich der Beschränkungen, denen der Gewerbebetrieb nach § 59 unterworfen ist. An § 59 Ziff. 1 schließt sich an Art. 1 Ziff. 1 (siehe hierüber Anm. 1 unten), an Ziff. 2—4 von § 59 Art. 2 Ziff. 3—5. Letztere Bestimmungen werden zum Vergleiche im Nachstehenden dem § 59 gegenübergestellt.

Art. 2 Ges.	§ 59 GewO.
Der Steuer vom G. i. U. sind nicht unterworfen:	Eines Wandergewerbescheines bedarf nicht:
3. Gewerbetreibende, welche außerhalb ihres Wohnortes bei öffentlichen Festen, Truppenzusamenziehungen oder anderen außergewöhnlichen Gelegenheiten solche Waren, hinsichtlich deren dies von den zuständigen Behörden gestattet ist, feilbieten,	1. wer selbstgewonnene oder rohe Erzeugnisse der Land- und Forstwirtschaft, des Garten- und Obstbaues, der Geflügel- und Bienenzucht sowie selbstgewonnene Erzeugnisse der Jagd und Fischerei feilbietet;[1]
4. Gewerbetreibende, welche selbstgewonnene Waren, hinsichtlich deren dies nach Landesgebrauch hergebracht ist, zu Wasser verfahren und vom Fahrzeuge aus feilbieten,	2. wer in der Umgegend seines Wohnorts bis zu 15 Kilometer Entfernung von demselben selbstverfertigte Waren, welche zu den Gegenständen des Wochenmarktverkehrs gehören, feilbietet oder gewerbliche Leistungen, hinsichtlich deren dies Landesgebrauch ist, anbietet;[2]
5. Gewerbetreibende, welche in nicht größerer Entfernung als fünfzehn Kilometer vom Wohnorte a) solche Verzehrungsgegenstände oder selbstverfertigte Waren,	3. wer selbstgewonnene Erzeugnisse oder selbstverfertigte Waren, hinsichtlich deren dies Landesgebrauch ist, zu Wasser anfährt

welche zu den Gegenständen des Wochenmarktsverkehrs gehören, feilbieten,

b) gewerbliche Leistungen, hinsichtlich deren dies landesüblich ist, anbieten,

c) das Musikergewerbe ausüben.

und von dem Fahrzeuge aus feilbietet;[2] [3]

wer bei öffentlichen Festen, Truppenzusammenziehungen oder anderen außergewöhnlichen Gelegenheiten mit Erlaubnis der Ortspolizeibehörde die von derselben zu bestimmenden Waren feilbietet.[2]

Die Landesregierungen können in weiterem Umfange den Gewerbebetrieb im Umherziehen mit Gegenständen des gemeinen Verbrauchs ohne Wandergewerbeschein innerhalb ihres Gebiets gestatten.[4]

1. Der Ziff. 1 von § 59 entspricht die Vorschrift in Art. 1 Ziff. 1, wonach „selbstgewonnene" Erzeugnisse der Landwirtschaft 2c. im Umherziehen feilgeboten werden dürfen, ohne der Hausiersteuer unterworfen zu sein. Von dergleichen „rohen" Erzeugnissen ist dagegen in Art. 1 Ziff. 1 nicht die Rede Obwohl diese ohne Wandergewerbeschein im Umherziehen feilgeboten werden dürfen, unterliegt dieser Gewerbebetrieb dennoch der Hausiersteuer. Siehe hierüber unten Anm. 8e zu Art. 1, ferner oben sub Ziff. I 2. — Wer rohe nicht selbstgewonnene Erzeugnisse der Jagd und Fischerei feilbietet, bedarf eines Wandergewerbescheines.

2. Zu Ziff. 2—4 von § 59 vgl. die bezüglichen Anm. zu Art. 2; über Gegenstände des Wochenmarktverkehrs unten Ziff. VI B.

3. Das Ankaufen der in Ziff. 3 bezeichneten Waren fällt nicht unter die Ausnahmebestimmung des § 59.

4. In Bayern ist den Inhabern von Molkereien gestattet, Butter und flüssige Molkereierzeugnisse innerhalb 15 km ohne Wandergewerbeschein feilzubieten und feilbieten zu lassen; MinE. vom 9. April 1910, MABl. S. 284.

§ 59a GewO.

In den Fällen des § 59 Ziffer 1 bis 3 kann der Gewerbebetrieb untersagt werden, wenn die Voraussetzungen des § 57 Ziffer 1 bis 4 vorliegen.[1] [2]

1. Rekurs: § 63.

2. Strafbestimmung: § 148 Ziff. 7.

VI.

Weitere Befreiungen von der Hausiersteuer.

A.

Der Geschäftsbetrieb der Handlungsreisenden.

Man versteht hierunter das Aufkaufen von Waren und das Aufsuchen von Warenbestellungen durch Personen, die im Inlande d. i. im Reichsgebiet ein stehendes Gewerbe betreiben, außerhalb des Gemeindebezirks ihrer gewerblichen Niederlassung. Zur Ausübung dieses Geschäftsbetriebs, der auch durch Reisende der betreffenden Gewerbetreibenden vorgenommen werden kann, ist ein Wandergewerbeschein nicht erforderlich: es genügt vielmehr eine Legitimationskarte.

Dieser Geschäftsbetrieb ist jedoch an verschiedene Voraussetzungen geknüpft, welche in §§ 44 und 44a GewO. des näheren bezeichnet sind. Die genannten Bestimmungen lauten:

§ 44 GewO.

Wer ein stehendes Gewerbe betreibt,[1] ist befugt, auch außerhalb des Gemeindebezirkes seiner gewerblichen Niederlassung persönlich oder durch in seinem Dienste stehende Reisende für die Zwecke seines Gewerbebetriebs Waren aufzukaufen und Bestellungen auf Waren zu suchen. Die Vorschrift gilt auch für Handlungsagenten, die ein stehendes Gewerbe betreiben, in Ansehung der Befugnis, als Vermittler oder Vertreter des Geschäftsherrn den Ankauf von Waren vorzunehmen oder Bestellungen auf Waren zu suchen.

Die aufgekauften Waren dürfen nur behufs deren Beförderung nach dem Bestimmungsorte mitgeführt werden; von den Waren, auf welche Bestellungen gesucht werden, dürfen nur Proben und Muster mitgeführt werden, soweit nicht der Bundesrat für bestimmte Waren, welche im Verhältnisse zu ihrem Umfang einen hohen Wert haben und übungsgemäß an die Wiederverkäufer im Stücke abgesetzt werden, zum Zwecke des Absatzes an Personen, welche damit Handel treiben, Ausnahmen zuläßt.[2]

Das Aufkaufen darf ferner nur bei Kaufleuten oder solchen Personen, welche die Ware produzieren, oder in offenen Verkaufsstellen erfolgen. Imgleichen darf das Aufsuchen von Bestellungen auf Waren, mit Ausnahme von Druckschriften, anderen Schriften und Bildwerken und, soweit nicht der Bundesrat noch für andere Waren oder Gegenden oder Gruppen von Gewerbetreibenden Ausnahmen zuläßt, ohne vorgängige ausdrückliche Aufforderung nur bei Kaufleuten in deren Geschäftsräumen, oder bei solchen Personen geschehen, in deren Geschäftsbetriebe Waren der angebotenen Art Verwendung finden.[3,4,5,6]

Hinsichtlich des Aufsuchens von Bestellungen auf Druckschriften, andere Schriften und Bildwerke finden die Vorschriften des § 56 Absatz 3 entsprechende Anwendung.[4,6,7]

1. Nur wer ein stehendes Gewerbe betreibt, besitzt die in § 44 bezeichneten Befugnisse. Derjenige, der ein stehendes Gewerbe nicht betreibt, bedarf eines Wandergewerbescheines. Siehe auch Landmann S. 468; ferner Anm. 2b zu Art. 2.

2. Vgl. die Ausführungsbestimmungen des Bundesrats vom 27. November 1896, unten Ziff. 6.

3. Das „Aufkaufen" darf nur zum Zwecke der Beförderung der Waren nach dem Bestimmungsort erfolgen und zwar ausschließlich bei Kaufleuten oder solchen Personen, welche die Waren produzieren, oder in offenen Verkaufsstellen.

4. Das „Aufsuchen von Warenbestellungen" kann auf Grund von Proben und Mustern geschehen a) bei jedermann, wenn eine ausdrück-

liche Aufforderung vorausgegangen ist; b) ohne derartige Aufforderung nur bei Kaufleuten in deren Geschäftsräumen oder bei solchen Personen, in deren Geschäftsbetrieb Waren der angebotenen Art Verwendung finden.

Unter Geschäftsräumen sind im allgemeinen die getrennt von der Wohnung befindlichen Komptoire, Werkstätten, Remisen, Lagerplätze der Kaufleute zu verstehen. Eine solche räumliche Trennung ist jedoch nicht durchaus erforderlich; denn auf dem Lande wird der Geschäftsraum und die Wohnung vielfach am selben Platze sein. Hier wie dort kann der Detailreisende einem Kaufmann Offerten in Waren aller Art machen, ganz gleichgültig, ob es Artikel sind, mit welchen der Kaufmann selbst handelt oder solche, die er für seinen Privatbedarf oder seine Familie braucht.

Die Frage, ob ein Kaufmann nur als Wiederverkäufer besucht werden darf, ist übrigens bestritten; s. OLG. vom 15. Juni 1907, BlfFW. 16, 122.

Unter Geschäftsbetrieb versteht man jede auf die Erzielung von Gewinn gerichtete Tätigkeit, auch die landwirtschaftliche; dagegen nicht die Hauswirtschaft; Landmann S. 476; OLG. vom 18. Juli 1911, 11, 264.

c) Was unter vorgängiger ausdrücklicher Aufforderung zu verstehen sei, darüber gehen die Ansichten auseinander. Jedenfalls muß die vorgängige Aufforderung auf das Bringen in der Art bestimmter Waren mitgerichtet sein. Eine einmalige Aufforderung, eine Generalvollmacht, ist nicht hinreichend, sondern es muß von Fall zu Fall eine derartige Aufforderung erlassen werden; Urteil des OLG. München vom 14. Oktober 1897, MABl. S. 498. Hienach liegt eine vorgängige ausdrückliche Aufforderung dann nicht vor, wenn eine Firma an ihre Privatkundschaft vorher gedruckte Formulare, enthaltend die Aufforderung zum Besuche, mit dem Ersuchen versendet, das Formular zu unterschreiben und zurückzuschicken, und wenn sie dann auf Grund dieser selbst erholten Aufforderung die betreffenden Personen behufs Entgegennahme von Bestellungen besucht; Erlaß des StMin. des Innern vom 16. November 1897 Nr. 4885. Ebenso ist eine vorgängige Aufforderung auch dann nicht vorhanden, wenn der Reisende vor seinem Eintritte in die Wohnung durch das Dienstpersonal bei der Herrschaft erst anfragen läßt, ob er Offerte machen dürfe und dann in der Tat die Erlaubnis zum Besuche erteilt wird. Siehe auch Landmann S. 476 und 477.

Ein Wandergewerbeschein ist auch in jenen Fällen erforderlich, in denen ein Reisender, welcher Bestellungen auf Waren bei der Privatkundschaft aufsucht, für welche dies im Gesetze oder vom Bundesrate ausnahmsweise zugelassen ist, seinen Geschäftsbetrieb bei dieser Gelegenheit auf andere, nicht unter die Ausnahmen fallenden Waren auszudehnen sucht; Verh. d. K. d. Abg. StenBer. 1897, IX, 539, 726.

5. Der Vertrieb von Druckschriften, anderen Schriften und Bildwerken ist von der einschränkenden Bestimmung des § 44 Abs. 3 Satz 2 ausgenommen; jedoch finden auf denselben die Vorschriften des § 56 Abs. 3 (siehe oben sub II, 1) Anwendung; Landmann S. 477; Anw. § 29 (Anhang).

Als Bildwerk ist alles bildlich (auch plastisch) Hergestellte anzusehen. Auch Stickereien (Haussegen) können Bildwerke sein; OLG. vom 26. August 1904, 5, 10 und 20. April 1909; BlfFinW. 17, 309. — Über das Aufsuchen von Bestellungen auf Druckschriften s. OLG. vom 3. November 1904, 5, 101; BlfFinW. 15, 62.

6. Von der einschränkenden Bestimmung des § 44 Abs. 3 Satz 2 sind zufolge BRVO. vom 27. November 1896 weiter folgende Geschäftsbetriebe ausgenommen:

Geschäftsbetrieb der Handlungsreisenden.

1. Gold- und Silberwarenfabrikanten und -Großhändler sind befugt, auf Grund der nach § 44 a erteilten Legitimationskarte auch außerhalb des Gemeindebezirks ihrer gewerblichen Niederlassung, sofern diese im Inlande liegt, persönlich oder durch in ihrem Dienste stehende Reisende Gold- und Silberwaren an Personen, die damit Handel treiben, feilzubieten und zu diesem Zwecke mit sich zu führen, vorausgesetzt, daß die Waren, welche sie feilbieten, übungsgemäß an die Wiederverkäufer im Stück abgesetzt werden. Dasselbe gilt von Taschenuhren-, Bijouterie- und Schildpattwarenfabrikanten und -Großhändlern, sowie von Gewerbetreibenden, welche mit Edelsteinen, Perlen, Kameen und Korallen Großhandel treiben.

(Siehe hiezu auch MinE. vom 24. Dezember 1883, Landmann S. 474).

2. Weinhändler sind befugt, auf Grund der nach § 44 a erteilten Legitimationskarte auch außerhalb des Gemeindebezirks ihrer gewerblichen Niederlassung, sofern diese im Inlande liegt, persönlich oder durch in ihrem Dienste stehende Reisende ohne vorgängige ausdrückliche Aufforderung Bestellungen auf Wein (Traubenwein einschließlich Schaumwein) bei anderen Personen zu suchen, als bei Kaufleuten oder solchen Personen, in deren Geschäftsbetriebe Waren der angebotenen Art Verwendung finden, sowie bei Kaufleuten an anderen Orten als in deren Geschäftsräumen. Das gleiche gilt für den Handel mit Erzeugnissen der Leinen- und Wäschefabrikation und mit Nähmaschinen.

Vgl. auch Ziff. II B Nr. 1, oben S. 12.

Laut Bekanntmachung, betr. Ausführungsbestimmungen zur Gewerbeordnung, vom 25. März 1897, RGBl. S. 96, hat der Bundesrat beschlossen: den Fabrikanten überwebter Holzrouleaux gemäß § 44 A. 3 der Gewerbeordnung die Erlaubnis zu erteilen, auch außerhalb des Gemeindebezirks ihrer gewerblichen Niederlassung, sofern diese im Inlande liegt, persönlich oder durch in ihrem Dienste stehende Reisende ohne vorgängige ausdrückliche Aufforderung Bestellungen auf überwebte Holzrouleaux bei anderen Personen zu suchen, als bei Kaufleuten oder solchen Personen, in deren Geschäftsbetriebe Waren der angebotenen Art Verwendung finden, sowie bei Kaufleuten an anderen Orten als in deren Geschäftsräumen.

Zu den Erzeugnissen der „Leinenfabrikation" gehören alle leinenen Waren, sowie Tücher und Garne wie Halb- und Ganzfabrikate aus leinenen Stoffen. Als Erzeugnisse der „Wäschefabrikation" sind auch gestrickte und gewebte Strümpfe und Unterhosen, Leib-, Bett- und Tischwäsche, nicht aber Korsette anzusehen. Landmann S. 478; OLG. vom 3. November 1908; BlfFinW. 16, 313; s. auch unten Anm. 4 b zu Art. 2.

7. Strafbestimmung: § 148 Ziff. 5 und 7. Wenn der Handlungsreisende als Beauftragter seines Geschäftsherrn die Bestimmungen des § 44 verletzt, so ist ersterer als Täter, letzterer als Anstifter (§ 48 RStGB.) zu bestrafen.

§ 44 a GewO.

Wer in Gemäßheit des § 44 Warenbestellungen aufsucht oder Waren aufkauft, bedarf hierzu einer Legitimationskarte,[1 2] welche auf den Antrag des Inhabers des stehenden Gewerbebetriebs von der für dessen Niederlassungsort zuständigen Verwaltungsbehörde für die Dauer des Kalenderjahrs und den Umfang des Reichs ausgestellt wird. Die Legitimationskarte enthält den Namen des Inhabers derselben, den Namen der Person

oder der Firma, in deren Diensten er handelt, und die nähere Bezeichnung des Gewerbebetriebs.

Der Inhaber der Legitimationskarte ist verpflichtet, dieselbe während der Ausübung des Gewerbebetriebs bei sich zu führen, auf Erfordern der zuständigen Behörden oder Beamten vorzuzeigen und, sofern er hierzu nicht imstande ist, auf deren Geheiß den Betrieb bis zur Herbeischaffung der Legitimationskarte einzustellen.

Die Legitimationskarte ist zu versagen, wenn bei demjenigen, für welchen sie beantragt wird, eine der im § 57 Ziffer 1 bis 4 bezeichneten Voraussetzungen zutrifft, außerdem darf sie nur dann versagt werden, wenn die im § 57b Ziffer 2 bezeichnete Voraussetzung vorliegt.

Die Legitimationskarte kann durch die Behörde, welche sie ausgestellt hat, zurückgenommen werden, wenn sich ergibt, daß eine der im § 57 Ziffer 1 bis 4 bezeichneten Voraussetzungen zur Zeit der Erteilung derselben vorhanden gewesen, der Behörde aber unbekannt geblieben, oder nach Erteilung derselben eingetreten ist, oder wenn bei dem Geschäftsbetriebe die im § 44 gezogenen Schranken überschritten werden.

Wegen des Verfahrens gelten die Vorschriften des § 63 Absatz 1.

Einer Legitimationskarte bedürfen diejenigen Gewerbetreibenden nicht, welche durch die in den Zollvereins- oder Handelsverträgen vorgesehene Gewerbelegitimationskarte bereits legitimiert sind. In Betreff dieser Gewerbetreibenden finden die vorstehenden Bestimmungen über die Verpflichtung zum Mitführen der Legitimationskarte, über die Folgen der Nichterfüllung dieser Verpflichtung sowie über die Versagung und Zurücknahme der Karte entsprechende Anwendung.[3]

1. Diejenigen Handlungsreisenden, welche die Grenzen des § 44 überschreiten, bedürfen eines Wandergewerbescheins; auch erweist sich dieser Betrieb als hausiersteuerpflichtig; Art. 2 Ziff. 1 b Schlußsatz. Dagegen ist der Gewerbebetrieb desjenigen, der im Rahmen des § 44 Warenbestellungen aufsucht oder Waren aufkauft, als Ausfluß des stehenden Gewerbebetriebs anzusehen. Landmann S. 467.

2. Formular für die Legitimationskarte: s. BB. vom 29. März 1892 § 22 Abs. 2; insbesondere Anw. § 26 (Anhang); Abs. 3 a. a. O. bezüglich der Ausländer.

3. Siehe im übrigen Anm. 9 bis 15 unten zu Art. 1, ferner Anw. §§ 24 bis 27 (Anhang) und Anm. 4 zu Art. 2 über „Proben und Muster".

B.

Der Meß- und Marktverkehr.

I. Die Frage, ob der Meß- und Marktverkehr als eine neben die stehenden Gewerbebetriebe und die Wandergewerbe tretende selbständige Form der Gewerbeausübung im Gesetz anerkannt wird, ist bestritten. Landmann S. 636. Aus der Begründung zu § 15 des Entw. z. RGewO. von 1869, StenBer. Bd. 3, 115, ist zu entnehmen, daß der Marktverkehr unter den Begriff „stehendes Gewerbe" fällt; s. auch OLG. vom 23. April 1910,

10, 101; BlfFinW. Bd. 18, 221. Wer sein Gewerbe ausschließlich im Marktverkehr ausübt, bedarf keines Wandergewerbescheins und unterliegt auch nicht der Hausiersteuer. Ausnahmefälle: Anm. 7b zu Art. 2 unten.

II. Ob der Marktverkehr in sog. Meßbuden, Gasthäusern oder sonst gemieteten und für den An- und Verkauf gewöhnlich der Meßzeit dienlichen Lokalen stattfindet, macht keinen Unterschied. Instr. § 5 Abs. 3. Im übrigen umfaßt aber der Marktverkehr nur diejenigen Geschäfte in Marktwaren, welche während der Marktzeit auf dem Marktplatze abgeschlossen werden. Siehe auch Anm. 7 zu Art. 2 unten.

III. Einschlägig sind hier folgende Bestimmungen der RGewO.

§ 64 GewO.

Der Besuch der Messen, Jahr- und Wochenmärkte, sowie der Kauf und Verkauf auf denselben steht einem jeden mit gleichen Befugnissen frei.[1]

Wo jedoch nach der bisherigen Ortsgewohnheit gewisse Handwerkerwaren, welche nicht zu den im § 66 bezeichneten Gegenständen gehören, nur von Bewohnern des Marktorts auf dem Wochenmarkte verkauft werden durften, kann die höhere Verwaltungsbehörde auf Antrag der Gemeindebehörde den einheimischen Verkäufern die Fortsetzung des herkömmlichen Wochenmarktverkehrs mit jenen Handwerkerwaren gestatten, ohne auswärtige Verkäufer derselben Waren auf dem Wochenmarkte zuzulassen.[2]

Beschränkungen des Marktverkehrs der Ausländer als Erwiderung der im Auslande gegen Reichsangehörige angeordneten Beschränkungen bleiben dem Bundesrate vorbehalten.[3]

1. Über Gegenstände des Wochenmarktverkehrs s. § 66; über Gegenstände des Jahrmarktverkehrs s. § 67.

2. Vgl. § 29 d. K. Allh. VO. vom 29. März 1892, d. Vollz. d. RGO. betr., GVBl. S. 61. Hienach sind zuständig die Distriktsverwaltungsbehörden, in München der Stadtmagistrat.

3. Bis jetzt hat der Bundesrat von dieser Befugnis keinen Gebrauch gemacht. Siehe auch Anm. 4 zu Art. 3 unten.

§ 65 GewO.

Die Zahl, Zeit und Dauer der Messen, Jahr- und Wochenmärkte wird von der zuständigen Verwaltungsbehörde festgesetzt.[1]

Dem Marktberechtigten steht gegen eine solche Anordnung kein Widerspruch zu; ein Entschädigungsanspruch gebührt demselben nur dann, wenn durch die Anordnung die Zahl der bis dahin abgehaltenen Märkte vermindert wird, und eine größere Zahl ausdrücklich und unwiderruflich verliehen war. Gemeinden, welche einen Entschädigungsanspruch geltend machen wollen, müssen außerdem nachweisen, daß ihr Recht auf einen speziellen lästigen Titel sich gründet.

1. Die Genehmigung des K. StMin. des K. Hauses und des Äußern ist zur Einführung von Messen und Jahrmärkten erforderlich. § 30 der VO. vom 29. März 1892, GVBl. S. 61, bzw. FormVO. vom 10. November 1904, GVBl. S. 567. Ausgenommen sind die Märkte für landwirtschaftliche Erzeugnisse. Die Erlaubnis für die lokalen Holz- und Viktualienmärkte erteilen die Distriktsverwaltungsbehörden, in München der Magistrat.

§ 66 GewO.

Gegenstände des Wochenmarktverkehrs sind:
1. rohe Naturerzeugnisse mit Ausschluß des größeren Viehes;
2. Fabrikate, deren Erzeugung mit der Land- und Forstwirtschaft, dem Garten- und Obstbau oder der Fischerei in unmittelbarer Verbindung steht, oder zu den Nebenbeschäftigungen der Landleute der Gegend gehört, oder durch Tagelöhnerarbeit bewirkt wird, mit Ausschluß der geistigen Getränke;
3. frische Lebensmittel aller Art. [1 2]

Die zuständige Verwaltungsbehörde ist auf Antrag der Gemeindebehörde befugt, zu bestimmen, welche Gegenstände außerdem nach Ortsgewohnheit und Bedürfnis in ihrem Bezirk überhaupt, oder an gewissen Orten zu den Wochenmarktartikeln gehören. [3 4 5]

1. Das nicht durch Selbstschlachten gewonnene frische Fleisch gehört nicht zu den Wochenmarktsartikeln. Ob. Trib. vom 19. Februar 1874, Opp. XV 98. Ebenso gehört auch die Kunstbutter (Margarine) nicht zu den frischen Lebensmitteln, denaturierter Spiritus nicht zu den geistigen Getränken und als Produkt der Jagd sind nur selbstgewonnene, nicht auch zusammengekaufte Erzeugnisse anzusehen. Bei der Beschränkung des Gesetzes auf das deutsche Gebiet müssen die betreffenden Produkte einheimische sein. Ausländische Rohprodukte: Reis, Kaffee ꝛc. sind daher den rohen Naturerzeugnissen ebensowenig beizuzählen, als Südfrüchte: Orangen, Datteln ꝛc. zu den Erzeugnissen des Garten- und Obstbaues. Der Händler bedarf dazu eines Hausierscheines. ObGH. vom 6. August 1877, 7, 361. Der Handel mit letzteren Produkten unterliegt daher auch der Steuerpflicht. Reger, Entscheidungen 3, 349.

Nach der preuß. MinB. vom 26. Dezember 1847 gehören allerdings auch ausländische Produkte, ferner Mineralien und wildwachsende Früchte zu den Gegenständen des Wochenmarktverkehrs; dagegen nicht gebrannter Kaffee; vgl. Steinbach, RGewO. 1910 Anm. 1 zu § 66. Auf Wochenmärkten kann unter Umständen auch der Ausschank geistiger Getränke gestattet werden: §§ 42 a Abs. 3 und 56 Abs. 2 Ziff. 1, oben S. 7 u. 3; bezüglich des Jahrmarktverkehrs s. § 67 Abs. 2.

2. Unter frischen Lebensmitteln sind nur Nahrungsmittel zu verstehen, wie Milch, Eier, Fleisch, Käse, Schmalz (nicht aber bloße Genußmittel, wie Limonaden: OLG. Bd. 8, 121; ebensowenig Konditorei- und Luxusbackwaren). Landmann S. 648. BlfFinW. 16, 123.

Siehe auch unten Anm. 11 zu Art. 2.

3. In München der Stadtmagistrat, im übrigen die Distriktsverwaltungsbehörden. §§ 30 und 31 d. K. Allh. VO. vom 29. März 1892, GVBl. S. 61.

So kann z. B. der Ausschank von Bier, Limonaden u. dgl. gestattet werden.

4. Auf das Darbieten von Lustbarkeiten und gewerblichen Leistungen erstreckt sich das Prinzip des freien Marktverkehrs nicht. Vgl. auch Anm. 7 b zu Art. 2 unten.

5. Strafbestimmung: § 149 Ziff. 6.

§ 67 GewO.

Auf Jahrmärkten dürfen außer den im § 66 benannten Gegenständen Verzehrungsgegenstände und Fabrikate aller Art feilgehalten werden.

Zum Verkaufe von geistigen Getränken zum Genuß auf der Stelle bedarf es jedoch der Genehmigung der Ortspolizeibehörde.[1, 2]

1. Siehe § 32 VO. vom 29. März 1892, GVBl. S. 61.
2. Siehe Anm. 4 und 5 zu § 66 oben; Landmann S. 650.

§ 68 GewO.

Der Marktverkehr darf in keinem Falle mit anderen als solchen Abgaben belastet werden, welche eine Vergütung für den überlassenen Raum und den Gebrauch von Buden und Gerätschaften bilden. In den Bestimmungen darüber, ob und in welchem Umfang Abgaben dieser Art erhoben werden dürfen, wird durch gegenwärtiges Gesetz nichts geändert. Ein Unterschied zwischen Einheimischen und Fremden bezüglich der Zahlung der Abgaben darf nicht stattfinden.[1]

1. Über Marktgebühren s. Art. 40 Abs. 1, 3 und 4 sowie Art. 159 Ziff. 6 rechtsrhein., Art. 31 Abs. 1 und 4 sowie Art. 91 Ziff. 6 pfälz. GemeindeO.; Landmann S. 653; Kahr, GemeindeO. 1, 410 ff.

§ 69 GewO.

In den Grenzen der Bestimmungen der §§ 65 bis 68 kann die Ortspolizeibehörde im Einverständnisse mit der Gemeindebehörde die Marktordnung nach dem örtlichen Bedürfnisse festsetzen, namentlich auch für das Feilbieten von gleichartigen Gegenständen den Platz, und für das Feilbieten im Umhertragen, mit oder ohne Ausruf, die Tageszeit und die Gattung der Waren bestimmen.[1, 2]

1. Landmann S. 654 ff.
2. Strafbestimmung: § 149 Ziff. 6.

§ 70 GewO.

In betreff der Märkte, welche bei besonderen Gelegenheiten oder für bestimmte Gattungen von Gegenständen gehalten werden, bewendet es bei den bestehenden Anordnungen.[1]

Erweiterungen dieses Marktverkehrs können von der zuständigen Behörde mit Zustimmung der Gemeindebehörde angeordnet werden.

1. Hierher gehören z. B. die Weihnachtsmärkte, Kirchweihmärkte, Märkte bei Patrozinien, Viehmärkte, Getreidemärkte rc. Landmann S. 660 ff.

§ 71 GewO.

Beschränkungen des Verkehrs mit den zu Messen und Märkten gebrachten, aber unverkauft gebliebenen Gegenständen werden hierdurch aufgehoben. Der Einzelverkauf solcher Gegenstände außer der Marktzeit ist jedoch nur unter denselben Bedingungen zulässig, unter welchen derselbe statthaft sein würde, wenn die Gegenstände nicht auf den Markt gebracht wären.[1]

1. Zu Satz 2: Der Geschäftsbetrieb ist also entweder als stehendes Gewerbe oder als Gewerbebetrieb im Umherziehen — je nach der Form des Gewerbebetriebs — zu versteuern. § 14 bzw. § 55 RGewO.

IV. Siehe im übrigen über Meß- und Marktverkehr Anm. 7 zu Art. 2 unten.

C.

Endlich fallen nicht unter das Hausiersteuergesetz folgende Gewerbebetriebe:

1. Versicherungsagenten. Das Gewerbe derselben, das in der Vermittlung von Versicherungsverträgen zwischen den zu Versichernden und der Versicherungsunternehmung besteht, gilt als Ausübung des stehenden Gewerbebetriebs. Landmann S. 440.

2. Stellenvermittler, Gesindeverdinger, Theateragenten. Landmann S. 441 und 358 f.; s. auch Bek. vom 6. Oktober 1910, GVBl. S. 924 und 933.

3. Gewerbetreibende, denen polizeilich ein gewisser Bezirk für ihren Gewerbebetrieb zugewiesen ist, z. B. Kaminkehrer. Anw. § 2 Ziff. 4.

4. Diejenigen, welche gewerbliche Leistungen, hinsichtlich deren dies Landesgebrauch ist, anbieten; z. B. Müller, Glaser und ähnliche Gewerbetreibende, welche von Zeit zu Zeit auch ohne vorgängige Bestellung innerhalb eines bestimmten Bezirkes ihre gewerblichen Leistungen anbieten. § 59 Ziff. 2 GewO., oben S. 19; Anw. § 2 Ziff. 6.

5. Baugewerbetreibende. RGE. vom 18. Dezember 1884, 11, 309; Landmann S. 134.

6. Diejenigen Gewerbetreibenden, auf deren Gewerbe gemäß § 6 GewO. die Bestimmungen der GewO. oder wenigstens die Bestimmungen des Titel III — der vom G. i. U. handelt — keine Anwendung finden z. B. Erzieher, Fischer 2c.

7. Diejenigen Wandergewerbe, welche in Bayern zwar angemeldet, aber außerhalb Bayerns betrieben werden.

In derartigen Fällen ist auf dem Wandergewerbschein durch die Distriktsverwaltungsbehörden die Bemerkung beizufügen:

„Ohne Steueranlage in Bayern, da N. N. in Y. den Gewerbebetrieb in Bayern nicht auszuüben beabsichtigt."

Vgl. hierüber MinBek. vom 20. Juli 1887 Nr. 9904, FinMinBl. S. 211; vgl. hinsichtlich der Umlagen und Steuerpflicht unten Anm. 1 und 2 zu Art. 6. Siehe ferner Anm. 1g zu Art. 1: die Einkünfte aus dem außerhalb Bayerns betriebenen Wandergewerbe unterliegen hienach vom 1. Januar 1912 an der Einkommensteuer nach dem Gesetze vom 14. August 1910.

Die oben erwähnte Bemerkung wird also für die Folge etwa durch den Zusatz zu ergänzen sein: „jedoch der Einkommensteuer nach dem Gesetze vom 14. August 1910 unterworfen". Maßgebend für die Berechnung der Steuer ist das Jahreseinkommen nach dem Stand am 1. Oktober des Steuervorjahrs. Art. 10 Abs. 2 a. a. O. Dieses Einkommen ist dem übrigen Einkommen des betr. Gewerbetreibenden hinzuzurechnen und einheitlich mit diesem zu veranlagen. Art. 7 eod.; Art. 6 des gegenw. Ges. kann hier nicht Platz greifen.

Siehe auch Anw. § 17 Ziff. 6 (Anhang X).

Gesetz über die Besteuerung des Gewerbebetriebs im Umherziehen

vom 10. März 1879 / 20. Dezember 1897.

(GVBl. 1897 S. 415).

Steuerpflicht.

Art. 1.

Wer [1] außerhalb [2] seines Wohnorts,[3] ohne Begründung einer gewerblichen Niederlassung [4] und ohne vorgängige Bestellung [5] in eigener Person [6]

1. Waren [7] irgend welcher Art außer selbstgewonnenen [8] Erzeugnissen der Land- und Forstwirtschaft, des Garten- und Obstbaues, der Jagd und des Fischereifanges feilbieten,[9]
2. Waren [7] irgend welcher Art bei anderen Personen als bei Kaufleuten [10] oder an anderen Orten als in offenen Verkaufsstellen [11] zum Wiederverkaufe [12] ankaufen,[13]
3. Warenbestellungen aufsuchen,[14]
4. gewerbliche [15] oder künstlerische [16] Leistungen oder Schaustellungen,[17] bei welchen ein höheres wissenschaftliches oder Kunstinteresse nicht obwaltet, darbieten

will, unterliegt der Steuer vom Gewerbebetrieb im Umherziehen [18] nach den folgenden Bestimmungen, soweit nicht für den Betrieb von Wanderlagern in Art. 15 besondere Vorschriften gegeben sind.

1. a) Der Ausdruck „wer" bedeutet jede natürliche (auch geschäftsunfähige: Art. 20) Person, die selbst eine oder mehrere der in Art. 1 bezeichneten Tätigkeiten ausübt; gleichgültig, ob für eigene oder für fremde Rechnung. Landmann S. 552 u. 626; OLG. vom 22. Juni 1909 9, 288; siehe auch unten Anm. 6.

b) Voraussetzung für die Anwendung des Hausiersteuergesetzes ist ein gewerbsmäßiger Betrieb, sohin eine auf den Erwerb gerichtete, fortgesetzte oder doch mit dem Willen der Wiederholung vorgenommene berufsmäßige Tätigkeit. OLG. vom 15. Juni 1906; RGE. 38, 18; 66, 51; Urteil d. RG. vom 5. Juli 1910,

JW. 1910 S. 803; s. auch OLG. vom 5. November 1910 und vom 12. November 1910, 10, 340 und 372.

Die Kolportage von Bibeln u. dgl. durch den Landesverein für innere Mission der evangelisch-lutherischen Landeskirche Bayerns sowie durch die britische und ausländische Bibelgesellschaft in Berlin wurde durch das K. Staatsministerium der Finanzen für steuerfrei erklärt, da weder diese Korporationen noch deren Einzelverkäufer aus dem Verkauf der Druckschriften usw. einen gewerblichen Nutzen erzielen. Aut. FinME. vom 3. November 1892 Nr. 18106.

Eine einmalige, nur auf Abwendung eines Schadens gerichtete Tätigkeit (z. B. Veräußerung einer dem Verderb ausgesetzten Ware) fällt nicht unter den Begriff des Hausiergewerbes, da hiezu eine fortgesetzte oder doch mit dem Willen der Wiederholung vorgenommene gewerbsmäßige Tätigkeit gefordert wird; vgl. OLG. vom 26. April 1905; vom 18. November 1905; vom 15. Juni 1906, BlfFinW. 15, 63; 16, 117. Landmann S. 546, 547.

c) Gemeinsamer Betrieb möglich in den Formen der Tarif-Nr. 8c—f; Instr. § 7c; FinME. vom 4. August 1880 und 1. Februar 1881, FinMBl. S. 210 bzw. S. 84; MinABl. 1881 S. 9 u. 420 (Anhang V). Siehe im übrigen Anm. 13—16 z. Steuertarif unten. Unzulässig ist die gemeinsame Anlage mehrerer Händler mit einem Steuersatze wegen angeblichen Gesellschaftsbetriebs. FinME. vom 29. Oktober 1881 Ziff. III Nr. 3, FinMBl. S. 389.

d) Wer ein Gewerbe sowohl unter den Formen des Gewerbebetriebs im Umherziehen als auch in stehender Weise ausübt, ist für beide Formen zur Besteuerung heranzuziehen. Art. 2 Abs. 2 des Gewerbesteuergesetzes vom 9. Juni 1899 bzw. ab 1. Januar 1912 Art. 1 Abs. 2 Ziff. 2 des Gewerbesteuergesetzes vom 14. August 1910. Nach letzteren Gesetzen ist überhaupt jeder Gewerbebetrieb zu versteuern, der nicht der Wandergewerbesteuer nach Art. 1 und 2 unterliegt.

Unzulässig ist es dann, wenn ein Gewerbe im Umherziehen und in stehender Weise ausgeübt wird, den Ertragsanschlag beider Betriebe zusammenzurechnen; vgl. hiezu Anm. 3c zu Art. 4.

e) Das Doppelbesteuerungsgesetz vom 13. Mai 1870 (RGBl. S. 329) bzw. nunmehr das Doppelsteuergesetz vom 22. März 1909 (RGBl. S. 332) (abgedruckt als Anl. 1 z. VollzBek. z. EinkStG. vom 28. Mai 1911, GVBl. S. 559) bezieht sich nicht auf den Gewerbebetrieb im Umherziehen; denn nach § 3 Abs. 4 a. a. O. ist ein Hausiergewerbe in jedem Bundesstaate zu versteuern, in dessen Gebiet es betrieben wird oder betrieben werden soll.

Vgl. auch Bericht der Bundesratsausschüsse für Zoll- und Steuerwesen vom 21. März 1870 über den Entwurf eines Gesetzes wegen Beseitigung der Doppelbesteuerung Nr. 44 S. 7 u. 8; stenogr. Bericht des Reichstags 1870, II, 752; ferner Bek. vom 7. Juli 1871 Ziff. I Abs. 2, FinMBl. S. 138; Bek. vom 19. Mai 1873, FinMBl. S. 102ff.; OLG. München 10, 309; OLG. vom 21. Dezember 1909, 9, 430.

Im übrigen genießen die Inländer (Reichsdeutsche) in gleicher Weise die Begünstigungen des Art. 2 wie die bayerischen Staatsangehörigen.

f) Wegen der Besteuerung der Reichsausländer siehe Art. 3.

g) Einkünfte aus dem Wandergewerbebetrieb außerhalb Bayerns sind vom 1. Januar 1912 an in Bayern der Einkommensteuer unterworfen; Art. 8 Ziff. 3 EinkStG. vom 14. August 1910; § 11 Abs. 2 der VollzBek. hiezu vom 28. Mai 1911; siehe über Umlagen unten Anm. 2 a e am Ende zu Art. 6. Siehe insbes. auch Vorbem. Ziff. VI, C, 7; Breunig I S. 88 u. 169.

Dagegen unterliegt das Einkommen aus dem in Bayern betriebenen Hausiergewerbe nicht der Besteuerung nach dem EinkStG. vom 14. August 1910.

h) Über verbotene Gewerbsarten, über den Hausierbetrieb an Sonn- und Festtagen usw. s. oben Vorbem. Ziff. II.

i) Über die Verpflichtung, die beim Hausiergewerbe benützten Zugtiere amtstierärztlich untersuchen zu lassen, siehe § 17 Nr. 7 des Viehseuchengesetzes vom 26. Juni 1909, RGBl. S. 519, und § 45 der bayer. VollzBek. hiezu vom 27. April 1912, GVBl. S. 403; vgl. auch oben S. 6.

2. a) Wer an seinem Wohnort ein Hausiergewerbe betreibt (z. B. Lumpensammeln, Handel mit Zigarren, Vertrieb von Ansichtskarten und Zeitungen u. dgl.), ist nach dem Gewerbesteuergesetz vom 9. Juni 1899 bzw. vom 14. August 1910 zu besteuern. § 3 Instr.; Kommiss.-Bericht des Reichstags von 1882; siehe auch § 2 Abs. 4 der Bek. vom 28. Mai 1911 zum Vollzuge des Gewerbsteuergesetzes, GVBl. S. 673.

Derartige Gewerbetreibende haben sich sofort bei Eröffnung des Betriebs mit dem Nachweis über die Entrichtung der Gewerbsteuer zu versehen. § 6 der Bek. vom 12. Januar 1900, GVBl. S. 390.

b) Siehe auch oben Vorbem. Ziff. II, 5.

3. a) Unter Wohnort versteht man im allgemeinen jenen Ort, an welchem jemand sich niedergelassen hat, um daselbst seinen ständigen Wohnsitz aufzuschlagen. RGE. i. Zivils. 29, 25; Entsch. d. Oberberufungskommission 1, 41, 56; 2, 101; 3, 80; 4, 17, 68 usw. Landmann S. 547; siehe auch § 1 Abs. 5 VV. z. EinkStG. vom 28. Mai 1911; ferner § 14 Abs. 2 der VollzAnw. zum UmlagenG. vom 12. Juni 1911, GVBl. S. 826; siehe auch § 1 des Doppelsteuergesetzes vom 22. März 1909, RGBl. S. 333.

b) Wohnort im Sinne des Hausiersteuergesetzes ist identisch mit Gemeindebezirk; besteht also eine Gemeinde aus mehreren Ortschaften, so gehören diese alle zum Wohnort. StenBer. 1879, III, 295; Bek. 1885 Ziff. 1.

c) Unter Umständen können auch mehrere zu verschiedenen Gemeindebezirken gehörige Ortschaften, die enge beieinander liegen, als Wohnort (Steuergemeinde) erklärt werden. Ziff. 1 der Bek. vom 8. Februar 1885, FinMBl. S. 20; § 9 der VO. vom 27. Dezember 1883, GVBl. S 511, bzw. § 9 der VO. vom 29. März 1892, GVBl. 61; s. auch § 55 GewO., oben S. 1.

Dagegen gehören die aus verschiedenen politischen Gemeinden bestehenden Bürgermeistereien in der Pfalz nicht zum Gemeinde-(Steuer-)Bezirk. Motive zur Gemeindeordnung.

d) Zum Wohnort wird außerdem zugunsten der in Art. 2 Ziff. 5 bezeichneten Gewerbe noch ein Umkreis von 15 km gerechnet; siehe hiezu Anm. 10 b zu Art. 2.

4. a) Eine gewerbliche Niederlassung ist regelmäßig dann gegeben, wenn ein Gewerbetreibender an einem bestimmten Ort ein zu dauerndem Gebrauch eingerichtetes, beständig oder doch in regelmäßiger Wiederkehr von ihm benütztes Lokal besitzt. Motive zur Novelle z. GewO. 1883; Stenogr. Bericht 1883 S. 1870; Landmann S. 547, 548; 442, 443; vgl. auch § 3 Abs. 2 des Doppelsteuergesetzes vom 2. März 1909, RGBl. S. 333.

Ein Lokal ist zu dauerndem Gebrauch eingerichtet, wenn es zur Ausübung des Gewerbes eingerichtet ist. OLG. vom 29. September 1903, 4, 52; BlfFinW. 13, 317.

b) Eine Definition gibt weder die RGewO. noch das Hausiersteuergesetz; § 42 RGewO. sagt in Abs. 2 bezüglich der gewerblichen Niederlassung folgendes:

Eine gewerbliche Niederlassung gilt nicht als vorhanden, wenn der Gewerbetreibende im Inland ein zu dauerndem Gebrauch eingerichtetes, beständig oder doch in regelmäßiger Wiederkehr von ihm benutztes Lokal für den Betrieb seines Gewerbes nicht besitzt. (Bezieht sich auf die Wanderlager; Art. 15.)

c) Eine gewerbliche Niederlassung kann unter Umständen auch schon dann begründet werden, wenn jemand an einem Ort ein besonderes Geschäftslokal (Laden, Werkstätte, Bureau) nicht besitzt, sondern nur eine Wohnung, wie dies z. B. bei den Viehhändlern oft der Fall ist. Gewerbearchiv 6, 279; Reger, ErgBd. 3, 409; OLG. vom 3. November 1904, vom 23. April 1910, 10, 101; Landmann S. 443, 444; BlfFinW. 18, 221.

d) Auch gibt es gewisse Gewerbeformen, die — obwohl mit denselben eine gewerbliche Niederlassung oder ein Wohnsitz nicht verknüpft ist — doch nicht zum Gewerbebetrieb im Umherziehen gerechnet, sondern vom Gesetz als Ausfluß des stehenden Gewerbebetriebs betrachtet werden; z. B. ein Händler kauft außerhalb seiner gewerblichen Niederlassung Waren auf, läßt sie an die nächste Bahnstation verbringen und verschickt sie von hier aus. § 42 GO., Landmann S. 440, 441.

e) Die Anmeldung des Gewerbebetriebs als eines stehenden Gewerbes ist allein nicht genügend zur Begründung einer gewerblichen Niederlassung. Bek. vom 29. Dezember 1881, FinMBl. S. 359; siehe auch unten Art. 15 Ziff. 2.

f) Siehe insbesondere auch § 28 der VollzAnw. zum UmlagenG., GVBl. 1910 S. 831 f. über „Betriebsstätte"; ferner VollzB. z. EinkStG. vom 28. Mai 1911 § 3 Abs. 5.

g) Über Mitwirkung der Gemeindebehörden beim Vollzug des gegenwärtigen Gesetzes siehe unten Art. 25.

5. a) Das Tatbestandsmerkmal „ohne vorgängige Bestellung" muß auf die vier Ziffern des Artikels bezogen werden.

b) Unter Bestellung versteht man die Erteilung eines festen Auftrags an einen Gewerbetreibenden, eine bestimmte oder doch hinreichend bezeichnete Ware aus seinem Gewerbebetrieb an einen dritten Ort zu einem bestimmten Zeitpunkt zu liefern (auch zur Auswahl)

OLG. München vom 22. Juli 1880, 1, 160; vom 13. November 1889, 5, 436; vom 15. Juli 1895 Nr. 146; OLG. vom 20. Februar 1900, 1, 24; vom 31. Oktober 1905, 6, 198 usw.; Landmann S. 549 ff.; siehe auch BlfFinW. 4, 110; 13, 317;

oder eine bestimmte Leistung zu bewirken. So ist z. B. in der Aufforderung eines Wirtes an eine Musikgesellschaft, gegen entsprechendes Entgelt in seinem Lokal zu spielen, eine vorgängige Bestellung zu erblicken. MinE. vom 22. Juli 1873, BlfadmPraxis 23, 318; s. auch MinABl. 1875, 654; OLG. München vom 3. Juli 1885, 3, 401. Sind dagegen die Musiker ganz oder teilweise auf Eintrittsgelder oder auf den Sammelteller angewiesen, so liegt ein Gewerbebetrieb im Umherziehen vor. Landmann S. 550.

Die Bestellung muß von demjenigen oder von dem Beauftragten desjenigen ausgegangen sein, dem oder dessen Auftraggeber die Ware angeboten wird; Bestellung durch einen dritten, Nichtbeauftragten, genügt nicht. MinE. vom 22. Juli 1873; Landmann S. 550.

c) Die Bestellung muß vorgängig gewesen sein d. h. der Ankunft des Gewerbetreibenden an dem Ort, an welchem die gewerbliche Tätigkeit entwickelt wird, vorausgegangen sein. Eine Bestellung, die erst durch das Erscheinen des Gewerbetreibenden veranlaßt wurde, ist eben keine vorgängige Bestellung, ebensowenig eine ganz allgemein gehaltene Aufforderung des Bestellers, ihn zu besuchen und ihm Waren anzubieten; dagegen ist eine schon bindende, auf den Abschluß eines Lieferungsvertrags gerichtete Erklärung nicht erforderlich. OLG. München vom 16. November 1888, 5, 207; BlfFinW. 1, 264; vom 9. Juli 1895, 8, 355; vom 16. September 1899; Landmann S. 551; BlfFinW. 4, 110; OLG. vom 18. Januar 1908; BlfFinW. 16, 118; OLG. vom 14. März 1908, 8, 234.

Eine vorgängige Bestellung liegt auch dann vor, wenn zwischen dem Gewerbetreibenden (z. B. Limonadefabrikant) und dem Abnehmer (z. B. Wirt) eine Übereinkunft besteht, wonach der ständige Lieferant einer bestimmten Ware den Bedarf seines Kunden kennt und ermessen kann, in welchem Zeitpunkt sein Abnehmer eine neue Lieferung braucht. Eine vorgängige Bestellung im Sinne des Art. 1 des Ges. kann also auch stillschweigend (durch konkludente Handlungen) erfolgen. OLG. vom 6. April 1909, 9, 210.

d) Diejenigen Gewerbetreibenden, die auf vorgängige Bestellung ihr Gewerbe ausüben, unterliegen also nach dem Gesetz der Hausiersteuer nicht. Siehe auch Instr. § 3; Bek. vom 9. August 1881, GVBl. S. 967.

e) Der Begriff der Bestellung erfordert nicht, daß der Kauf der Ware vor der Ankunft des Gewerbetreibenden an dem Orte, wo die gewerbliche Tätigkeit entwickelt wird, schon perfekt oder die Preisbestimmung für die Leistung usw. fest vereinbart ist. Reger, Entsch. 10, 5—7; 17, 252; OLG. vom 31. Oktober 1905, 6, 198; siehe auch Anm. 15a unten: Landmann S. 551.

f) In einer allgemein gehaltenen Aufforderung an einen Gewerbetreibenden, gelegentlich einmal nachzufragen, ob keine Waren einer bestimmten Art benötigt werden, kann eine vorgängige Bestellung nicht erblickt werden. RGE. 16, 99; 17, 661; 19, 281; OLG. 8, 251; OLG. vom 18. Januar 1908 RevReg. Nr. 600/1907.

Das bloße Inaussichtstellen der Möglichkeit der Abnahme einer Ware ist noch keine Bestellung. OLG. vom 1. Oktober 1903, 4, 57; BlfFinW. 13, 317; OLG. vom 2. März 1905, 5, 274; BlfFinW. eod.

g) Ist eine Bestellung ohne Erfolg geblieben, weil die Ware von dem Besteller nicht angenommen wird, so hat die ursprünglich bestellte Ware den Charakter als solche verloren. RG. vom 13. Mai 1889; OLG. München vom 16. November 1888, 5, 207 und vom 16. September 1899; Landmann S. 551.

h) Wenn der Bestellungssucher neben den bestellten auch unbestellte Waren mit sich führt, so ist er hausiersteuerpflichtig; vgl. Fahrmbacher Note 27. Das Gleiche ist der Fall, wenn die bestellten Waren auch anderen Personen als den Bestellern angeboten werden. Landmann S. 551.

i) Das Aufsuchen von Warenbestellungen kann auch dadurch erfolgen, daß Kauflustige durch Zeitungsinserate aufgefordert werden, Bestellungen zu machen. OLG. vom 30. Januar 1905, 5, 238; BlfFinW. 13, 320. S. auch oben S. 21 f.

6. a) Die Worte „in eigener Person" bedeuten, daß jeder, der ein in Art. 1 bezeichnetes Gewerbe selbständig ausübt, gleichgültig, ob für eigene oder für fremde Rechnung, eines Besteuerungsnachweises bzw. Wandergewerbescheines bedarf. Wird das Gewerbe für fremde Rechnung betrieben, so muß der Beauftragte einen auf seinen Namen lautenden Wandergewerbeschein und Besteuerungsnachweis haben. Reichstagsverhandlungen vom 30. April 1869, StenBer. S. 713; Kammergericht vom 25. März 1901; DJZ. 1901 S. 439; OLG. vom 21. November 1905, 6, 217; Landmann S. 552.

Der Auftraggeber selbst bedarf nur dann eines Wandergewerbescheins und eines Besteuerungsnachweises, wenn er sich selbst „in eigener Person" mit dem Wandergewerbe befaßt. Siehe auch Landmann S. 552 und S. 626; ferner Anm. 12 zum Steuertarif.

b) Nicht jede Person, die an der Ausübung des Gewerbes beteiligt ist, unterliegt der Hausiersteuer; Gehilfen (Begleiter) kommen lediglich bei der Bemessung der Betriebsanlage in Betracht. Art. 4 und Anm. 2 daselbst.

c) Über „Auftrag" und die Haftung des Auftraggebers siehe Art. 20 unten!

d) Über Ausnahmefälle siehe Anm. 6 zu Art. 2 unten. Über Kollektivwandergewerbeschein siehe unten Anm. 4b zu Art. 8.

7. Ware ist jede bewegliche Sache, die geeignet ist, Gegenstand des Handelsverkehrs zu sein. Reger, Entsch. 16, 11; StenBer. 1879, III, 77 u. 295; OLG. vom 18. März 1907 Nr. 65/1907, BlfFinW. 16, 122; FinME. vom 29. Oktober 1881, FMBl. S. 387.

Zu den Waren gehören auch: Druckschriften, Bildwerke, der elektrische Strom, dagegen nicht Grundstücke. Landmann S. 552.

8. a) Das Feilbieten von selbstgewonnenen Erzeugnissen der Land- und Forstwirtschaft, der Jagd und Fischerei ist (ebensowenig wie der Gewerbsteuer: Art. 2 GewerbsteuerG. 1899; Art. 1 Abs. 2 GewerbsteuerG. 1910) der Hausiersteuer nicht unterworfen. Vgl. auch § 59 GewO.; Vorbem. Ziff. V. Dies gilt auch hinsichtlich der selbstgewonnenen Erzeugnisse der Geflügelzucht (hiezu gehören nicht Tauben: ObGH. vom 30. November 1877, 7, 305) und der Bienenzucht; jedoch nur dann, wenn deren Gewinnung mit dem Betriebe der Landwirtschaft bzw. — bei den Erzeugnissen der Bienenzucht — mit dem Betriebe der Gärtnerei verbunden ist. Ziff. 2 der Bek. vom 8. Februar 1885 (Anhang).

Das Vieh ist nur dann als selbstgewonnenes Erzeugnis der Landwirtschaft zu erachten, wenn es selbstgezüchtet oder doch als Ergebnis des landwirtschaftlichen Betriebs anzusehen ist. OLG. Samml. i. Strafs. 6, 212; 7, 505; 9, 327; Landmann S. 605 und 606; BlfFinW. 15, 64.

Über Gegenstände des Jagdrechts vgl. Ges. vom 30. März 1850, die Ausübung der Jagd betreffend, und die hiezu erlassene K. Allerh. VO. vom 11. Juli 1900, die jagdbaren Tiere betreffend, GVBl. S. 693.

Über Gegenstände der Fischerei: FischG. vom 15. August 1908, GVBl. S. 527. Vgl. auch den Aufsatz in den BlfFinW. 5, 107 über die Besteuerung der Fischerei in Bayern.

b) Die Befreiung des Feilbietens selbstgewonnener Erzeugnisse der Jagd und des Fischfangs erstreckt sich auch auf solche Gegenstände in zerlegtem, gesalzenem oder geräuchertem Zustande, niemals aber auf die Ausbeute der Jagd und Fischerei, welche von anderen zum Zwecke des Wiederverkaufs erworben ist. Strutz S. 5 Note 17.

Jene Erzeugnisse der Jagd und Fischerei, die durch eine strafbare Handlung erlangt sind, können den selbstgewonnenen Erzeugnissen nicht gleichgestellt werden. Urteil des Kammergerichts vom 29. Mai 1890. Landmann S. 606.

c) Wenn jemand Erzeugnisse, welche er zwar selbst gewonnen hat, für Rechnung eines Dritten, der nicht sein Haushaltungsvorstand ist, (in dessen Auftrage er sie gewonnen hatte), feilbietet, so ist er steuerpflichtig. Strutz S. 5 Anm. 13.

Ebenso ist der Beauftragte steuerpflichtig, wenn er für eigene Rechnung Geschäfte macht. Instr. § 2 Abs. 3. Ist dagegen der Beauftragte nur als Gehilfe (Familienangehöriger, Dienstbote usw.) für Rechnung des Land- und Forstwirts, Gärtners usw. tätig, so bedarf er keines Besteuerungsnachweises. Die Frage ist übrigens bestritten. § 2 a. a. O. Abs. 3. Landmann S. 604 f.

d) Rohe Erzeugnisse der Landwirtschaft sind nur inländische Bodenprodukte in ihrem natürlichen Zustande.

Zu den Erzeugnissen der Land- und Forstwirtschaft sind solche Gegenstände nicht zu rechnen, welche eine die herkömmlichen Grenzen der land- und forstwirtschaftlichen Tätigkeit überschreitende fabrik- oder handwerksmäßige Be- oder Verarbeitung erfahren haben, z. B. Mehl, Holzwaren, aus selbstgewonnenen Tabakblättern bereitete Zigarren u. dgl. Ebenso gehören nicht dazu: Sand, Erde, Ton, Torf, Steine und ähnliche der Substanz des Bodens selbst entnommene, nicht aber durch Bewirtschaftung derselben gewonnene Gegenstände; ebensowenig die außerhalb Deutschlands gewonnenen Produkte wie Zitronen, Apfelsinen u. dgl. Instr. § 3 Abs. 2; Landmann S. 606; Anw. § 2 Ziff. 5, insbes. die Bem. zu Ziff. 5.

e) Der Handel mit „rohen“, nicht selbstgewonnenen Erzeugnissen der Land- und Forstwirtschaft (also der Handel mit rohen Produkten, die von dritten Personen bezogen sind) unterliegt außer im Marktverkehr der Hausiersteuer; ein Wandergewerbeschein ist jedoch für diesen Gewerbebetrieb nicht erforderlich. MinBek. vom 8. Januar 1885 (Anhang); Anm. 1 zu Art. 9. Wer rohe Erzeugnisse der Jagd und der Fischerei, die nicht selbstgewonnen sind, feilbietet, bedarf eines Wandergewerbescheins. Landmann S. 606. Vgl. auch oben Vorbem. Ziff. V Anm. 1.

f) Die Befreiungsvorschrift hinsichtlich der selbstgewonnenen Erzeugnisse der Land- und Forstwirtschaft findet auf Ausländer keine Anwendung. Landmann S. 604; siehe auch Vorbem. Ziff. III; Anw. § 2 am Ende; siehe auch unten Art. 3 und Anm. 4 daselbst.

9. a) Zum Begriff des Feilbietens einer Ware gehört weiter nichts als deren Bereitstellung zur sofortigen Übergabe. OLG. vom 3. November 1904, vom 11. April 1907, vom 14. März 1908, vom 23. Oktober 1909; BlfFinW. 15, 62; 16, 119 und 254; 17, 282. Ein bloßes Bereithalten genügt. RG. 6, 358; OLG. München vom 9. April 1895, 8, 305. Gleichgültig ist, ob das Feilbieten auf der Straße oder sonstwo erfolgt; entscheidend ist, daß das Feilbieten außerhalb der gewerblichen Niederlassung geschehen ist. Ein einmaliges Feilbieten genügt. OLG. München vom 10. August 1895, 8, 305. Siehe auch Landmann S. 552, 553.

b) Nicht erforderlich ist ein förmliches Aufsuchen der Kauflustigen oder ein förmliches Anbieten mit der ausdrücklichen Aufforderung zum Kauf; die Aufforderung kann auch durch Zeichen oder durch ein die Aufmerksamkeit der Käufer absichtlich erregendes Benehmen (z. B. durch Herumtreiben von Viehstücken) erfolgen. ObGH. vom 20. Juni 1879 Samml. i. Strafs. 9, 323; siehe ferner Reger 19, 9; OLG. München vom 22. Februar 1896, 9, 17; OLG. vom 31. Mai 1905; vom 30. Januar 1906, 6, 312; Landmann S. 553.

Es genügt, daß die Ware zum Verkauf bestimmt ist und diese Bestimmung in einer den Umständen entsprechenden Weise erkennbar gemacht ist. OLG. München vom 9. April 1895, 8, 305; vom 22. Februar 1896, 9, 17; Urteil vom 15. März 1898 (MinABl. 1898 S. 215); BlfFinW. 6, 173; OLG. vom 30. Januar 1906, 6, 312.

c) Belanglos ist, ob das Handelsgeschäft zustande gekommen ist oder nicht. OLG. München vom 23. November 1889, 5, 436; Reger, ErgBd. 1, 234.

d) Auf Seite des Feilbietenden muß die Absicht bestehen, den feilgebotenen Gegenstand auch wirklich zu verkaufen; der Wille des Feilbietenden, zu verkaufen, muß also ernstlich gemeint sein.

e) Der Begriff des Feilbietens von Waren im Umherziehen ist nicht ausgeschlossen, wenn die Waren zum Zwecke des Verkaufes zu Personen gebracht werden, die hierzu ihre Erlaubnis gegeben und die Geneigtheit erklärt haben, je nach Befund einen Kauf abzuschließen. Es kommt vielmehr auf die Umstände an, ob eine wirkliche Bestellung von hinreichend bezeichneten Waren vorliegt oder nicht. RG. vom 18. November 1895, 27, 427; BlfFinW. 4, 109.

f) Überläßt ein Reisender bei dem Aufsuchen von Bestellungen auf eine periodisch erscheinende Zeitschrift aus seinem mitgeführten Vorrat die erste Lieferung gegen Zahlung an den gewonnenen Abonnenten, so erfüllt diese Handlung den Begriff des Feilbietens. OLG. vom 23. Oktober 1909, 9, 360. Siehe auch unten Anm. 14a.

10. a) Kaufmann ist jeder, der selbständig ein Handelsgewerbe betreibt (sog. Vollkaufmann), § 1 HGB.; auch der sog. Kaufmann minderen Rechts, oft Kleinkaufmann genannt, § 4 eod.; ferner gewisse Gesellschaften und Vereine, § 6 l. c. Vgl. auch StenBer. 1879, III, 295; Frankenburger, HGB. 3. Aufl. S. 2; Gareis, HGB. § 11.

b) Nicht zu den Kaufleuten sind zu rechnen die Land- und Forstwirte, § 3 HGB.; ferner jene Handwerker, welche weder Vollkaufleute noch auch Kaufleute minderen Rechts sind, z. B. Maurer, Anstreicher, Störschneider; Frankenburger, HGB. 3. Aufl. S. 6; Gareis, HGB. Anm. 5 zu § 4.

Land- und Forstwirte können als Kaufleute behandelt werden, wenn sie ein Nebengewerbe (Brennerei, Kelterei, Viehmästung, Buttergewinnung, Käserei, Getreidemischung und -Veräußerung, Ziegelei, Holzsäge, Torfstecherei, Zündholzfabrikation, Handelsgärtnerei, Weinbau mit Weinhandel, Mühlengewerbebetrieb usw. betreiben und bezüglich dieses Unternehmens die Eintragung in das Handelsregister herbeiführen. § 3 Abs. 2 HGB.; Frankenburger, HGB. 3. Aufl. S. 6; Gareis, Anm. 4—6 a. a. O.

11. Offene Verkaufsstellen sind alle ständigen, dem Publikum in der Regel zugänglichen, dem regelmäßigen Verkauf von Waren seitens der Handels- und Gewerbetreibenden dienenden Stellen. Es braucht nicht ein geschlossener Raum (Boden, Bude, Magazin usw.), sondern kann auch ein Platz unter freiem Himmel, auf einer öffentlichen Straße (Verkaufsstand) sein. Landmann S. 432 und 475.

12. Der Ausdruck „W i e d e r v e r k a u f" bildet den Gegensatz zum Verbrauch oder zur Verarbeitung im eigenen Gewerbe. Vgl. auch Vorbemerkung S. 1; vgl. im übrigen sub Ziff. 13 unten!

13. a) Der Begriff „A n k a u f z u m W i e d e r v e r k a u f" erfordert, daß der Käufer die angekaufte Sache ohne Veränderung ihres Wesens wieder verkaufen will.

Die beim Ankauf obwaltende Absicht, die Sache lediglich zu reinigen und auszubessern, steht der Annahme, daß die Sache zum Wiederverkauf im Sinne der Vorschrift in Art. 1 Ziff. 2 bestimmt ist, nicht entgegen.

Von einem Ankauf zum Wiederverkauf kann dann nicht mehr gesprochen werden, wenn beabsichtigt ist, die anzukaufende Sache vor der Weiterveräußerung einer derartigen B e a r b e i t u n g und Umgestaltung zu unterziehen, daß eine nach Gestalt und Zweckbestimmung ganz neue Sache entsteht (z. B. Ankauf alter Zahngebisse zu dem ausschließlichen Zwecke, mittelst Zerstörung derselben die verwendeten Platinstifte auszuscheiden und anderweitig zu verkaufen). OLG. vom 18. März 1907 Nr. 65/1907; BlfFinW. 16, 122; Landmann S. 555 und 472.

b) Wer außerhalb seines Wohnorts ohne Begründung einer gewerblichen Niederlassung und ohne vorgängige Bestellung in eigener Person Waren bei anderen Personen als bei Kaufleuten oder an anderen Orten als in offenen Verkaufsstellen zum Wiederverkauf ankauft, unterliegt der Hausiersteuer a u c h d a n n , w e n n d e r A n k a u f n i c h t z u m s o f o r t i g e n W i e d e r v e r k a u f geschieht. OLG. München vom 29. Januar 1891, 6, 389; BlfFinW. 1, 54; vom 11. November 1884, 3, 246; Landmann S. 555, 556, 470.

Gleichgültig ist, ob die angekaufte Ware von dem Verkäufer vorher angeboten oder zugesagt wurde, ob das Gewerbe für eigene oder für fremde Rechnung betrieben wird; gleichgültig ist ferner, wo der Wiederverkauf erfolgt, ob im Inland oder im Ausland, ob im Umherziehen, an feste Kunden oder im Meß- und Marktverkehr (siehe sub c unten!), schließlich auch, ob der Käufer vor dem Ankauf eines bestimmten Wiederverkäufers sich versichert gehabt hat; vgl. die obigen Zitate, ferner preuß. ObTrib. vom 14. Mai 1874 und vom 17. Januar 1879. Oppenhoff 14, 463; 20, 39.

Auch der Ankauf von Erzeugnissen der Land- und Forstwirtschaft, des Garten- und Obstbaues, der Jagd und Fischerei zum Zwecke des Wiederverkaufs ist hausiersteuerpflichtig, soweit nicht Art. 2 Ziff. 1 Platz greifen.

c) Wenn der Ankauf und der Wiederverkauf ausschließlich im Meß- und Marktverkehr erfolgt, so ist dieser Gewerbebetrieb hausiersteuerfrei; Art. 2 Ziff. 2; dies gilt auch hinsichtlich jener Verzehrungsgegenstände und selbstverfertigten Waren, welche zu den Gegenständen des Wochenmarktes gehören, soferne diese in nicht größerer Entfernung als 15 km vom Wohnort an- und wiederverkauft werden. Art. 2 Ziff. 5a; vgl. auch BlfFinW. 16, 313; ferner Vorbem. Ziff. VI B.

d) Der Ausdruck „Ankaufen" ist nicht im streng zivilrechtlichen Sinne zu verstehen; auch der tauschweise Erwerb von Waren, z. B. Lumpen, Knochen, Häuten, Tierhaaren usw. zum Zwecke des Wiederverkaufs (TRNr. 1) gehört hieher. MinE. vom 4. Februar 1873. OLG. vom 25. Januar 1906, 6, 310. Werden derlei Abfälle im Umherziehen wieder veräußert, so ist ein Hausierhandel im Sinne der TRNr. 3 gegeben. Nur beim Lumpensammeln soll ein solcher Hausierhandel nicht angenommen werden, wenn damit ein herkömmlicher Austausch geringwertiger Gegenstände (Bänder, Schnüre u. dgl.) verbunden ist. Hiefür wird daher auch eine „besondere Abgabe" nicht erhoben. StenBer. 1879, III, 302, 310.

Der Ankauf von Eicheln und Tannenzapfen bei einer Mehrzahl von Personen zum Zwecke des Wiederverkaufes begründet die Steuerpflicht, auch wenn ein fortdauernder Geschäftsbetrieb nicht beabsichtigt ist. RG. vom 25. Februar 1880, 1, 390.

e) Für alle Fälle ist zu beachten, daß der Ankauf der nämlichen Ware (Wolle, Obst, Kartoffel und sonstige Lebensmittel) in dem Verkaufe schon mitversteuert ist und selbständig mit der Hausiersteuer nur belegt werden darf, wenn die Waren nicht mehr im Umherziehen zur Veräußerung gelangen, sondern im stehenden Gewerbebetrieb, oder wenn die in Bayern aufgekauften Waren außerhalb Bayerns feilgeboten werden. StenBer. 1879, III, 310. Fahrmbacher, HausiersteuerG. 2. Aufl. Note 18. Siehe auch unten Anm. 14c.

14. a) Der Begriff des Aufsuchens einer Warenbestellung ist erschöpft, wenn der Gewerbetreibende einem dritten ohne anderweitige Veranlassung aus freien Stücken Gelegenheit gegeben hat, Waren von ihm zu kaufen. Schon in der Anfrage des Gewerbetreibenden an eine ihm zufällig begegnende Person, ob sie nicht eine von ihm vertriebene Ware gebrauchen könne, ist eine Warenbestellung zu erblicken. OLG. München vom 23. November 1889, 5, 436; BlfFinW. 1, 265; s. auch Landmann S. 554; OLG. Slg. in Straff. 1, 98, 119; 8, 234.

Geht beim Subskribentensammeln für Lieferungswerke die erste Lieferung sofort ins Eigentum des Käufers über, dann liegt ein hausiersteuerpflichtiges Gewerbe vor (nicht, wenn sie bloß zur Ansicht vorgelegt wird). Landmann S. 471, 447; s. auch oben Anm. 9f.

b) Während beim Feilbieten die Waren zum Vorzeigen mitgeführt werden, handelt es sich beim Aufsuchen von Warenbestellungen um einen Kauf nach Probe oder nach Muster (§ 494 BGB.), um das Suchen von Aufträgen auf künftige Lieferung von bestimmten Waren. S. auch Anm. 4 zu Art. 2.

c) Die Befugnis zum Feilbieten von Waren enthält auch die Befugnis zum Aufsuchen von Warenbestellungen, nicht aber umgekehrt; Strutz S. 6 Anm. 23. Siehe auch oben Anm. 13e, ferner Vorbem. Ziff. VI A.

d) Das Aufsuchen von Warenbestellungen kann auch dadurch geschehen, daß Kauflustige durch Zeitungsinserate aufgefordert werden, Bestellungen zu machen. OLG. vom 30. Januar 1905, 5, 238; vom 10. November 1908, 9, 80; BlfFinW. 13, 320.

Überhaupt fällt jede Tätigkeit eines Gewerbetreibenden, die darauf abzielt, von einem Dritten einen festen Auftrag auf künftige Lieferung einer bestimmten Ware zu erhalten, unter den Begriff „Aufsuchen von Warenbestellungen". OLG. vom 14. März 1908; BlfFinW. 16, 254. In diesem Urteil ist weiter ausgesprochen, daß die Tätigkeit, die nur bezielt, eine Aufforderung (Einladung) zum persönlichen Erscheinen behufs Feilbietens von bestimmten Waren zu erhalten, als Form des Hausiergewerbebetriebs nicht in Betracht kommt.

e) In der ohne vorgängige Bestellung erfolgten Abgabe von Waren zur Probe oder auf Besicht (§ 495 BGB.) mit dem Ersuchen, die Waren einer dritten Person zurückzugeben, falls der Empfänger hiefür keine Verwendung haben sollte, kann auch ein Aufsuchen von Warenbestellungen enthalten sein. OLG. vom 28. Februar 1907, BlfFinW. 16, 120.

f) Inhaber von Herrenkleidergeschäften sind dann hausiersteuerpflichtig, wenn sie außerhalb ihres Wohnorts bei Kunden, die auf vorgängige Einladung hin in einem bestimmten Lokal (z. B. Absteigquartier) sich einfinden, Bestellungen auf Anzüge aufsuchen, die alsdann am Orte der gewerblichen Niederlassung aus den von den Bestellern nach vorgelegten Mustern ausgewählten Stoffen des Gewerbetreibenden hergestellt werden. OLG. vom 21. Dezember 1909, 9, 430. Siehe auch BlfFinW. 18, 182.

15. a) Ein Darbieten einer gewerblichen Leistung liegt dann vor, wenn die Leistung dem Publikum ohne vorgängige Bestellung gegen Entgelt an Ort und Stelle gewährt wird.

Als solche Leistungen kommen in Betracht einmal das Anbieten der Anfertigung, Bearbeitung oder Reparatur von Gegenständen irgendwelcher Art, sodann aber auch persönliche Dienste z. B. jene der Scherenschleifer, Bettfedernreiniger, Topfbinder, Glaser, Korbmacher, Uhrmacher; überhaupt gehören alle jene gewerblichen Leistungen hierher, die nicht unter die übrigen Ziffern dieses Artikels fallen. Siehe auch Landmann S. 556.

Auch die Kastration der Haustiere bildet eine gewerbliche Leistung, zu deren Darbieten ein Wandergewerbeschein erforderlich ist. VGH. vom 15. Juni 1882, Slg. 4, 94. Ebenso die im Umherziehen betriebene Aufstellung von Automaten, welche, wie Elektrisier-, Wiege- und ähnliche Apparate, gewerbliche Leistungen darbieten, und die Veranstaltung von Übungsspielen (Schießbuden usw.). Strutz S. 8 Anm. 25. Ferner die Dienstleistungen eines Baders, eines Zahntechnikers, die Erteilung von Tanzunterricht, das Ausschneiden von Silhouetten; siehe Landmann S. 556.

Hierher gehört auch die Tätigkeit eines Photographen, soferne ein höheres, wissenschaftliches oder Kunstinteresse nicht obwaltet; OLG. vom 22. Juni 1909, 9, 288; RG. 15, 269. Wenn sich der Photograph darauf beschränkt, persönlich oder durch Angestellte Bestellungen auf Photographievergrößerungen aufzusuchen, so fällt diese Tätigkeit als das Aufsuchen einer gewerblichen Leistung nicht unter das Hausiersteuergesetz. OLG. vom 30. Oktober 1909, RevReg. Nr. 451/1909; siehe auch BlfFinW. 17, 281.

Anders gelagert ist das Rechtsverhältnis in den folgenden Fällen:

α) Die Bereitwilligkeit eines Photographen, die Aufnahme des sog. latenten Negativbildes an Ort und Stelle zu betätigen (in der Aufnahme des Negativbildes besteht die Haupttätigkeit des Photographen), genügt, um den Begriff des Darbietens einer gewerblichen Leistung zu erfüllen. Dieser Charakter kommt nicht dadurch in Wegfall, daß die Bilder nicht sofort reif zur Abgabe an Ort und Stelle hergestellt sind, die endgültige Fertigung vielmehr erst im Atelier des betreffenden Photographen oder dessen Geschäftsherrn erfolgt. OLG. vom 7. März 1907, 7, 258; BlfFinW. 16, 119; OGL. vom 22. März 1910, RevReg. Nr. 90/1910; BlfFinW. 18, 220.

β) Die tatsächlich erfolgte Bestellung der von einem Reisenden angebotenen unentgeltlichen Lieferung einer photographischen Verkleinerung durch die von ihm vertretene Firma ist als eine gleichzeitige Aufforderung zum Aufsuchen einer Bestellung auf die von der gleichen Firma zu ihren photographischen Erzeugnissen hergestellten Umrahmungen auch dann nicht zu erachten, wenn gelegentlich des ersten Besuchs der Reisende erkennbar gemacht hat, daß seine Firma Umrahmungen gegen entsprechende Preise liefere. Das Aufsuchen einer derartigen Warenbestellung fällt — im Gegensatz zu dem Aufsuchen der Bestellung einer gewerblichen Leistung — unter Art. 1 Ziff. 3 bzw. § 55 RGewO.; OLG. vom 6. November 1909 RevReg. Nr. 470/09; vom 16. November 1909, BlfFinW. 17, 309; vom 5. November 1910, 10, 344.

b) Im Meß- und Marktverkehr ist das Darbieten von gewerblichen Leistungen ebenfalls der Hausiersteuer unterworfen, da sich die Freiheit des Marktverkehrs nur auf die in Art. 1 Ziff. 1—3 bezeichneten Arten des Gewerbebetriebs erstreckt; Art. 2 Ziff. 2; dagegen ist ein Wandergewerbeschein nicht erforderlich; § 55 Ziff. 3 und Abs. 2 RGewO.; cfr. auch Vorbem. Ziff. I 2 und Anm. 7 zu Art. 2.

c) Die bloßen Taglöhnerarbeiten sind als gewerbliche Leistungen ebensowenig anzusehen wie die Schaustellungen, welche gegen die guten Sitten verstoßen wie z. B. die Leistungen der Wahrsager, Traumdeuter; die Tätigkeit der letzteren fällt unter Umständen unter § 360 Ziff. 11 RStGB. Siehe hierüber Anw. § 28; Landmann S. 580 f.

d) Über gewisse gewerbliche Leistungen, die vom Gewerbebetrieb im Umherziehen ausgeschlossen sind, siehe Vorbem. Ziff. II, 2 oben.

16. a) Künstlerische Leistungen sind der Hausiersteuer dann unterworfen, wenn nicht der Nachweis erbracht ist, daß bei den betreffenden Leistungen ein höheres wissenschaftliches oder Kunstinteresse obwaltet.

Auch sind derartige Leistungen (auch im Marktverkehr: Art. 2 Ziff. 2; s. auch Anm. 15 b oben) wandergewerbescheinpflichtig; § 55 Abs. 2 GewO.; FME. vom 13. Oktober 1908 Nr. 22730 I am Ende; abgedr. unten in Anm. 5 c zu Art. 3.

b) Die Frage, ob ein solches Kunstinteresse obwaltet, ist durch die Behörden der inneren Verwaltung von Fall zu Fall zu entscheiden und im wesentlichen an der Hand tatsächlicher Umstände zu würdigen, also vorwiegend Sache des Tatrichters. Reger, 28, 179; Gewerbearchiv 9, 83; Landmann S. 340f., 558; OLG. vom 31. Dezember 1909, RevReg. Nr. 570/1909. In letzter Instanz ist zur Prüfung und Entscheidung dieser Frage der Verwaltungsgerichtshof zuständig. VGH. vom 10. Februar 1895, 16, 181; Landmann S. 345.

c) Für die Besteuerung ist also die Entscheidung der Behörden der inneren Verwaltung maßgebend, ob dergleichen Leistungen oder Schaustellungen wandergewerbescheinpflichtig sind oder nicht. §§ 33b und 55 Abs. 1 Ziff. 4 RGewO. Bestehen hierüber Zweifel, so hat das Rentamt unter Vorbehalt der Rückerstattung die Einsteuerung vorzunehmen; vgl. § 4 Abs. 2 der Instr.

d) Bei Schauspielergesellschaften kann Steuerfreiheit nur dann eintreten, wenn neben dem Direktor auch die Träger der Hauptrollen imstande sind, ein höheres Kunstinteresse zu befriedigen, und dies in dem betreffenden Zeugnisse bestätigt ist; Bl. f. administr. Praxis, 37, 358. S. auch Anw. § 28; Landmann S. 558.

Personen, die in Restaurationsräumen als Gesangshumoristen auftreten, werden selbst dann nicht als Künstler im Sinne dieses Gesetzes zu erachten sein, wenn ihre gesanglichen Fertigkeiten an sich Anspruch auf ein höheres künstlerisches Interesse erheben dürfen. Landmann S. 340 und 341f.

e) Auch die Besitzer von sog. Kunstscheinen sind von der Beobachtung der Bestimmungen der RGewO. nicht befreit.

Entschl. d. K. preuß. Min. d. Innern vom 18. Juli 1907, Reger 27, 629. OLG. vom 31. Dezember 1909; Landmann S. 341 und 558; BlfFinW. 18, 184.

Nach dem vorerwähnten Urteile dürfte dem von einer außerbayerischen Behörde ausgestellten Kunstschein in Bayern eine rechtliche Bedeutung nicht zukommen.

f) Über die Erwirkung eines sog. Erlaubnisscheins vgl. §§ 4 bis 7 der VO. vom 3. Juli 1868, die Schau- und Kunstvorstellungen betr., RegBl. 1161; § 11 d. VO. vom 29. März 1892. Hienach sind die Distriktsverwaltungsbehörden, in München die Polizeidirektion zur Erteilung zuständig; Landmann S. 343/293.

g) Im übrigen ist zu beachten, daß nur das Darbieten künstlerischer Leistungen, bei denen ein höheres Kunstinteresse obwaltet, steuerfrei ist, nicht auch das Feilbieten von durch solche Leistungen hervorgebrachten Kunstgegenständen, wie Gemälden. Die Ausstellung von solchen zum Verkaufe unterliegt daher der Steuer, mögen sie auch einen hohen künstlerischen Wert besitzen. Strutz S. 8 Anm. 29; vgl. auch Anm. 18c unten.

h) Bayerische Musikkapellen*) und die einzelnen Mitglieder derselben bezüglich ihrer Tätigkeit innerhalb der Kapelle sind für die Veranstaltung von Musikaufführungen, welche ohne vorgängige Bestellung außerhalb des Garnisonsortes bzw. in einer größeren Entfernung als 15 km von demselben erfolgen, von der Lösung eines Wandergewerbescheines und von der Steuer für den Gewerbebetrieb im Umherziehen befreit, da nach dem Gutachten berufener Fachautoritäten anerkannt ist, daß bei den Leistungen bayerischer Militärkapellen als solcher ein höheres

*) scil. Militärkapellen.

musikalisches Kunstinteresse obwaltet. — Werden jedoch derartige Musikproduktionen nur von Abteilungen einzelner bayerischer Militärmusiken gegeben, oder findet deren Veranstaltung von seiten nichtbayerischer Militärmusikkapellen statt, dann besteht für dieselben sowohl das Erfordernis der Erholung eines Wandergewerbescheines als die Pflicht zur Entrichtung der Steuer nach gegenwärtigem Gesetze, falls die betr. Musikabteilungen oder außerbayerischen Musikkapellen das Vorhandensein eines höheren Kunstinteresses bezüglich ihrer Leistungen nicht nachzuweisen vermögen und falls nicht Ziff. 5 des Art. 2 zutrifft. Militärmusiker, welche sich, abgesehen von der Erfüllung ihrer dienstlichen Obliegenheiten, durch regelmäßige Mitwirkung bei Musikproduktionen in Bayern Erwerb verschaffen, sind, soferne deren Steuerpflicht nicht ausschließend nach dem gegenwärtigen Gesetze zu bemessen ist oder die in vorstehendem Satze bezeichneten Voraussetzungen gegeben sind, der Gewerbesteuer nach dem Gesetze vom 19. Mai 1881 (9. Juni 1899) (bzw. ab 1. Januar 1912 vom 14. August 1910) unterworfen. FME. vom 4. Aug. 1880, FMBl. S. 210. Siehe auch StenBer. d. K. d. Abg. 1879, III, 302; Verh. d. K. d. Reichsr. I, 1016.

17. a) Schaustellungen ohne höheres wissenschaftliches Interesse unterliegen (auch im Marktverkehr: Art. 2 Ziff. 2; s. auch Anm. 15b oben) der Hausiersteuer, gleichviel ob Personen (Riesendamen, Zwerge usw.), Tiere, Naturgegenstände oder sonstige Sehenswürdigkeiten den Schaugegenstand bilden. Landmann S. 339f., 558.

b) Steuerpflichtig ist jener, der die Schaustellung darbietet, also der Unternehmer. Die den Schaugegenstand bildenden Personen können in steuerlicher Hinsicht nicht als Begleiter behandelt werden. Diese bilden vielmehr das Steuerobjekt.

c) Bei den sog. anatomisch-pathologischen Museen, Wachsfigurenkabinetten u. dgl. wird in der Regel von einem höheren wissenschaftlichen Interesse kaum die Rede sein können. Preuß. MinEntschl. vom 25. Febr. 1887.

d) Den Schaustellungen stehen gleich die sonstigen Lustbarkeiten ohne höheres wissenschaftliches oder Kunstinteresse, die zur Unterhaltung des Publikums veranstaltet werden, z. B. Karouselle, kinematographische Veranstaltungen, Marionettenspiele, Bolzenschießen, Taschenspielerkunst, die musikalische Produktion durch Automaten. Auch das öffentliche Ausspielen von Waren und das Auswürfeln von Gegenständen auf Märkten, Volksfesten und bei ähnlichen Gelegenheiten, falls solche mit gewissen Veranstaltungen verbunden sind, werden, soweit überhaupt zulässig, unter Ziff. 4 fallen. RG. 7, 10; 10, 5, 145 und 15, 377. Landmann S. 553 und 350. Die sog. amerikanischen Überraschungen, bei welchen je gegen einen bestimmten Geldbetrag verschlossene Päckchen abgegeben werden, zählen in der Regel nicht zu den sonstigen Lustbarkeiten, sondern stellen sich als Ausspielung beweglicher Sachen dar. Reger, Entscheidungen 9, 496; 10, 5. Ebenso tragbare Kegelspiele (und wohl auch Schießstände), womit die Ausspielung von Waren oder anderen Gegenständen beabsichtigt ist. Vgl. VO. vom 10. Juli 1867, RBl. 809 und Bek. vom 9. Januar 1884, GVBl. 34. Nur wenn für Gewinn und Verlust die Gewandtheit und Geschicklichkeit der Spieler von Einfluß sind, sind die fraglichen Spiele als Lustbarkeit bzw. als Unterhaltung zu erachten. MinE. vom 4. April 1871, Weber, VOS. 8, 740.

18. a) Die Steuer vom Gewerbebetrieb im Umherziehen ist eine Staatssteuer und zwar eine sog. direkte Staatssteuer. Vgl. z. B. § 2 der Bek vom 12. Juni 1911 z. Vollz. d. UmlGes., GVBl. 819; Breunig I S. 56. Die Einkünfte aus dem Gewerbebetrieb im Umherziehen unterliegen vom 1. Januar 1912 an nicht der Besteuerung nach dem EinkStG. vom 14. August 1910; vgl. Art. 7 und 8 eod.; s. auch oben Anm. 1g.

b) Das Rentamt hat selbständig die Voraussetzungen zu prüfen, ob ein Gewerbe als stehendes oder Wandergewerbe der Besteuerung zu unterwerfen sei. E. d. Oberberufungskommission vom 21. Juni 1902, Mitt. 1902, 2, 93; vgl. auch VGH. 11, 121; 12, 378; 17, 124; 18, 71 und 288; 21, 60; 22, 184.

Die Rentämter haben insbesondere auch den Ort der Steuerpflichtigkeit zu bestimmen. VGH. 2, 249.

c) Außer der Staatssteuer unterliegt das Wandergewerbe den Kreisumlagen, den Distriktsumlagen, den Gemeindeumlagen und der besonderen Abgabe, bei Protestanten auch der Kirchensteuer; vgl. hierüber unten die Anm. 2 zu Art. 6 u. 26. Siehe im übrigen über „Steuer" auch die Anm. 1 zu Art. 4 und die Anm. 1 zu Art. 6. Über „Zuschlag" s. Anm. 1 zu Art. 4.

d) Die Worte „im Umherziehen" beziehen sich auf sämtliche in Art. 1 bezeichneten Gewerbe; den Gegensatz zu diesen Gewerben bilden nach der Intention des Gesetzes die stehenden Gewerbebetriebe. Oppenhoff, Entsch. d. preuß. ObTrib. 8, 458. Zum Begriffe des Hausiergewerbes gehört sonach ein Umherziehen, und zwar muß der Gewerbebetrieb im Umherziehen eine der in Art. 1 Ziff. 1—4 bezeichneten Tätigkeiten darstellen; dagegen erfordert der Begriff nicht, daß das Gewerbe nacheinander an mehreren Orten außerhalb des Wohnorts ausgeübt wird; es genügt der Betrieb an einem solchen Orte; Oppenhoff 16, 211; Landmann S. 546f. Nicht erforderlich ist ferner ein dauernder Gewerbebetrieb. OLG. vom 26. April und 28. Nov. 1905; BlfFinW. 15, 63.

e) Der Ankauf und der Verkauf von Waren in öffentlichen Ausstellungen oder das Aufsuchen von Warenbestellungen auf diesen kann nicht als Wandergewerbe erachtet werden. Motive zu Art. 2 u. 3; Verh. d. K. d. Abg. 1879, IV, 296; Instr. § 5; vgl. auch Anm. 1a zu Art. 15.

Steuerfreiheit.

Art. 2.

Der Steuer vom Gewerbebetrieb im Umherziehen sind nicht unterworfen:[1]

1. **Kaufleute, Fabrikanten und andere Personen, welche ein stehendes Gewerbe[2] betreiben, sowie die in deren Diensten befindlichen Reisenden, welche außerhalb des Ortes ihrer gewerblichen Niederlassung,[3] beziehungsweise der gewerblichen Niederlassung ihrer Geschäftsherren**

   a) **Warenbestellungen suchen, wenn sie von den Waren, auf welche sie Bestellungen suchen, nur Proben oder Muster mit sich führen,[4]**

b) Waren aufkaufen, wenn sie die aufgekauften Waren nur behufs deren Beförderung nach dem Bestimmungsorte mit sich führen,[5]

sofern dieselben nicht nach den reichsgesetzlichen Vorschriften zum Aufsuchen von Bestellungen oder zum Aufkaufe von Waren eines Wandergewerbescheines bedürfen;[6]

2. diejenigen, welche ausschließlich im Meß- und Marktverkehr die in Art. 1 Ziff. 1 mit 3 bezeichneten Arten des Gewerbebetriebs ausüben,[7]
3. Gewerbetreibende, welche außerhalb ihres Wohnortes bei öffentlichen Festen, Truppenzusammenziehungen oder anderen außergewöhnlichen Gelegenheiten solche Waren, hinsichtlich deren dies von den zuständigen Behörden gestattet ist, feilbieten,[8]
4. Gewerbetreibende, welche selbstgewonnene Waren, hinsichtlich deren dies nach Landesgebrauch hergebracht ist, zu Wasser verfahren und vom Fahrzeuge aus feilbieten,[9]
5. Gewerbetreibende, welche in nicht größerer Entfernung als fünfzehn Kilometer vom Wohnorte[10]
   a) solche Verzehrungsgegenstände oder selbstverfertigte Waren, welche zu den Gegenständen des Wochenmarktverkehrs gehören, feilbieten,[11]
   b) gewerbliche Leistungen, hinsichtlich deren dies landesüblich ist, anbieten,[12]
   c) das Musikergewerbe ausüben.[13]

1. Art. 2 enthält Ausnahmebestimmungen (Befreiungen von der Hausiersteuer) für solche Personen, die ein stehendes bzw. seßhaftes Gewerbe betreiben, wenn sie die in Ziff. 1—5 bezeichneten Geschäfte im Umherziehen vornehmen. Diese Arten des Gewerbebetriebs gelten als Ausfluß des stehenden Gewerbebetriebs. Aus der Befreiung von der Hausiersteuer folgt selbstverständlich nicht, daß diese Gewerbetreibenden überhaupt steuerfrei sind; dieselben sind vielmehr der Gewerbsteuer (Geschäftsherren) bzw. der Einkommensteuer (Geschäftsreisende) nach den Gesetzen vom 9. Juni 1899, von dem 1. Januar 1912 an nach den Gesetzen vom 14. August 1910 unterworfen.

2. a) Stehende Gewerbe sind alle jene, die nicht im Umherziehen ausgeübt werden. — Alle Gewerbebetriebe, die nicht unter das Hausiersteuergesetz fallen, sind als stehende Gewerbebetriebe anzusehen. Siehe auch oben Anm. 1d und 18d zu Art. 1; Landmann S. 440. In der Regel wird das stehende Gewerbe an einen festen Betriebsort geknüpft sein. Vgl. § 14 Abs. 1 RGewO., welcher lautet:

„Wer den selbständigen Betrieb eines stehenden Gewerbes anfängt, muß der für den Ort, wo solches geschieht, nach den Landesgesetzen zuständigen Behörde gleichzeitig Anzeige davon machen. Diese Anzeige liegt auch demjenigen ob, welcher zum Betrieb eines Gewerbes im Umherziehen (Titel III) befugt ist." Siehe auch Landmann S. 467 f.

b) Derjenige, der ein stehendes Gewerbe betreibt, ohne den Beginn des Betriebs angezeigt zu haben, ist, sofern der Ausnahmefall des Art. 2 vorliegt, der Steuer vom Gewerbebetrieb im Umherziehen nicht unterworfen. OLG. vom 4. Februar 1911, 11, 65.

3. Über gewerbliche Niederlassung vgl. Anm. 4 zu Art. 1.

4. a) Die Proben und Muster dürfen also nur mitgeführt werden. Werden solche verkauft, so liegt ein hausiersteuerpflichtiges Gewerbe vor. Dies ist insbesondere auch dann der Fall, wenn jemand Waren zu dem Zweck mit sich führt, um diese, sobald eine Bestellung gemacht ist, sofort (von seiner Wohnung oder seinem Gasthaus aus) abliefern zu können; OLG. München vom 11. Juli 1889. Landmann S. 473.

b) Unter den Erzeugnissen der Wäschefabrikation, auf welche Bestellungen nach § 44 GewO. und Art. 2 Ziff. 1a des gegenwärtigen Gesetzes aufgesucht werden können, ohne daß es hiezu eines Wandergewerbescheines und Besteuerungsnachweises bedarf, ist nur die Leibwäsche, Tisch- und Bettwäsche zu verstehen. Bek. vom 27. Nov. 1896, RGBl. S. 745; OLG. vom 24. Nov. 1904, 5, 123; BlfFinW. 15, 62. Siehe auch oben Vorbem. Ziff. VI A Anm. 6.

5. a) Art. 2 setzt in Ziff. 1 nicht nur voraus, daß ein stehendes Gewerbe tatsächlich betrieben wird, sondern auch, daß dies in befugter Weise geschehe und daß der Gewerbebetrieb ein selbständiger ist. Landmann S. 467. Siehe jedoch auch oben Anm. 2b. Weitere Voraussetzung ist, daß im Inland, d. i. im Reichsgebiet, ein stehendes Gewerbe betrieben wird. Landmann S. 468. Sind diese Voraussetzungen nicht gegeben, so ist sowohl zum Aufsuchen der Warenbestellungen wie zum Aufkaufen der Waren ein Wandergewerbeschein und Besteuerungsnachweis erforderlich.

b) Der Bestimmungsort braucht nicht notwendig der Wohn- oder Niederlassungsort des Geschäftsreisenden oder seines Prinzipals zu sein; es kann auch ein dritter Ort, z. B. der Niederlassungsort eines Geschäftsfreundes, sein, welchem die Waren vertragsmäßig zu liefern sind, oder ein Marktort, an dem die Waren wieder verkauft werden sollen. Landmann S. 473. Wer die Waren im Umherziehen wieder verkauft, unterliegt der Steuer; außerdem kann ihm gemäß § 44a Abs. 4 RGewO. die Legitimationskarte entzogen werden.

6. a) Bezüglich der Fälle, in denen nach der RGewO. ein Wandergewerbeschein nicht erforderlich ist, s. §§ 59, 44 und 44a a. a. O., Vorbem. Ziff. V und VI.

b) Die Frage, ob ein Wandergewerbeschein erforderlich ist, hat ausschließlich die Verwaltungsbehörde (nicht das Rentamt) zu entscheiden. Hat diese erklärt, daß der betreffende Gewerbetreibende eines Wandergewerbescheins bedarf, so ist dieser regelmäßig auch mit der Hausiersteuer zu veranlagen. Vgl. auch MinBek. vom 23. Dez. 1897, GVBl. S. 423.

c) Über den Fall, in dem kein Wandergewerbeschein erforderlich ist, trotzdem aber Steuerpflicht eintritt: vgl. Anm. 8e und 15b zu Art. 1 und Anm. 1 zu Art. 9.

d) über den Ausnahmefall, in welchem ein Wandergewerbeschein gelöst werden muß, dennoch aber Befreiung von der Hausiersteuer eintritt; vgl. unten Anm. 10c, 11d und 13a.

7. a) Über Meß- und Marktverkehr vgl. zunächst Vorbem. Ziff. VI B. Die Messen (Jahrmärkte) unterscheiden sich von den Wochenmärkten durch die Verschiedenheit der zugelassenen Gegenstände, s. §§ 66 und 67 GewO.

b) Wer die in Art. 1 Ziff. 4 bezeichneten Gewerbe im Meß- und Marktverkehr ausübt, hat keinen Anspruch auf Steuerfreiheit; vgl. Anm. 15b, 16a und 17a zu Art. 1. Auch bedürfen diese Gewerbetreibende (abgesehen vom Darbieten von gewerblichen Leistungen: s. oben Anm. 15b zu Art. 1) eines Wandergewerbescheins: § 55 Abs. 2 RGewO.; s. auch oben S. 2.

c) Unter Marktverkehr im Sinne des Hausiersteuergesetzes (auch der RGewO.) versteht man eine mit obrigkeitlicher Ermächtigung veranstaltete Einrichtung, der zufolge der Kauf und Verkauf von Waren auf eine bestimmte Zeit und einen bestimmten Ort konzentriert ist; OLG. vom 30. März 1905, 5, 338; BlfFinW. 15, 63.

Ein notwendiges begriffliches Merkmal bildet namentlich die behördliche Veranstaltung oder Genehmigung des Marktes (§ 65 GewO.); Privatunternehmungen sind hausiersteuerpflichtig. Landmann S. 633, 642, 661.

d) Insoweit marktmäßige Waren außerhalb des angewiesenen Ortes oder außerhalb der vorgeschriebenen Marktzeit feilgeboten werden, findet der Grundsatz der Marktfreiheit im Sinne der RGewO. und die Ausnahmebestimmung der Steuerfreiheit nicht Anwendung. Vgl. die Zitate oben sub c; ferner Landmann S. 642, 643, 655, 658.

e) Erstreckt sich die Marktordnung nur auf besondere Gegenstände z. B. nur auf Rindvieh, nicht auch auf Pferde oder Schweine, so liegt beim Feilbieten letztgenannter Viehstücke auf einem Rindviehmarkte ein Feilbieten im Marktverkehre nicht vor und kann die Ausnahmebestimmung der Ziff. 2 nicht zur Anwendung kommen. OLG. München 5, 207 und 8, 355.

Die Marktordnung kann insbesondere auch das Feilbieten im Umhertragen beschränken oder vollständig verbieten. Landmann S. 659.

f) Den Besitzer eines Wandergewerbescheines berechtigt dessen Besitz allein auch nicht, Messen und Märkte zu beziehen und auf denselben seine Waren unbeschränkt feilzuhalten; der Hausierer muß vielmehr, wenn er auf einem Markte feilhalten will, ebenso wie alle anderen Fieranten, den über den Marktverkehr bestehenden gesetzlichen Bestimmungen sich unterwerfen. BayObGerHof vom 21. Februar 1879, 11, 111; MABl. 1879 S. 165; Landmann S. 661.

g) Übt ein Gewerbetreibender sein Geschäft im Umherziehen und auf Märkten aus, so ist nur der erstere, nicht der ganze Gewerbebetrieb nach gegenwärtigem Gesetze zu besteuern (BayObGerHof vom 6. Nov. 1876, 6, 516; OLG. München vom 21. April 1881, 1, 347; vom 26. April 1880, 9, 553).

Im übrigen unterliegt der Marktverkehr als „stehendes Gewerbe" der Gewerbsteuer nach den Gesetzen von 1899 bzw. (vom 1. Januar 1912 an) von 1910.

Vgl. auch Urteil des Oberlandesgerichts München vom 11. Nov. 1884; OLG. vom 23. April 1910, 10, 101; BlfFinW. 18, 222; Anw. § 2 Ziff. 8 Abs. 3; Vorbem. Ziff. VI B 1 oben.

h) Der Wochenmarktverkehr ist auf die sog. marktgängigen Waren, das sind die in § 66 der GewO. bezeichneten Gegenstände, beschränkt. Siehe Vorbem. Ziff. VI B; Anw. § 2 Ziff. 8 Abs. 4; Landmann S. 645.

i) Unberührt bleiben durch die Ausnahmebestimmung in Art. 2 Ziff. 3 jene Vorschriften, wonach zu gewissen Zeiten nur Einheimische zugelassen werden, z. B. bei Kirchweihmärkten, an Patrozinien u. dgl. § 30 Abs. 4 VV. vom 29. März 1892, GVBl. S. 61; Anw. § 2 Ziff. 8 Abs. 4; Landmann S. 662.

8. a) Die Steuerfreiheit nach Ziff. 3 hat zur Voraussetzung, daß die zuständige Verwaltungsbehörde das Feilbieten gestattet hat. Zuständig zur Erteilung der Erlaubnis ist die Ortspolizeibehörde, in deren Bezirk das Feilbieten stattfindet. (Für München s. § 25 Abs. 2 d. VV. vom 29. März 1892, GVBl. S. 61.) Die Erlaubnis ist immer nur auf bestimmte Zeit, für einen bestimmten Ort und für bestimmte Gegenstände zu erteilen; sie bleibt jederzeit widerruflich. OLG. vom 9. Mai 1903, 3, 314; vom 9. Nov. 1907, 8, 83. S. auch oben S. 4 u. 7.

b) Unter Umständen kann auch noch die Erlaubnis einer anderen Behörde z. B. auf einem Truppenübungsplatze der Militärbehörde erforderlich sein; die Erlaubnis der letzteren Behörde allein genügt aber nicht. OLG. vom 9. Mai 1903, 3, 314; Landmann S. 448 und 608.

c) Unter „außergewöhnlichen Gelegenheiten" versteht man alle öffentlichen Veranstaltungen, bei denen einerseits das Publikum ein beachtenswertes Interesse daran hat, daß ihm die Möglichkeit des Erwerbes gewisser mit der Veranstaltung in Beziehung stehender Waren am Orte der Veranstaltung geboten wird und bei denen andererseits die Gewerbetreibenden die auf die Dauer der Veranstaltung berechnete Erwerbsgelegenheit, die Möglichkeit zur Deckung vorübergehender wirtschaftlicher Bedürfnisse, darbieten. Die Erteilung der nach Art. 2 Ziff. 3 erforderlichen Erlaubnis der zuständigen Behörde kann auch durch schlußbündige Handlungen, also auch stillschweigend, erfolgen. OLG. vom 9. Nov. 1907; BlfFinW. 16, 124.

9. a) § 59 Ziff. 3 GewO. geht weiter als die damit korrespondierende Bestimmung in Art. 2 Nr. 4. Während nach ersterer Vorschrift jedermann, der selbstgewonnene Erzeugnisse oder selbstverfertigte Waren zu Wasser usw. feilbietet, eines Wandergewerbescheins nicht bedarf, spricht Art. 2 Nr. 4 nur von Gewerbetreibenden, die dergleichen Produkte feilbieten.

Dieser Unterschied beider Gesetzesstellen ist jedoch praktisch ohne Bedeutung, da nach Art. 1 Ziff. 1 d. Ges. das Feilbieten von selbstgewonnenen Erzeugnissen der Land- und Forstwirtschaft im Umherziehen ohnedies von der Hausiersteuer ausgenommen ist. Der Unterschied der beiden Gesetzesstellen könnte nur auf selbstgewonnene Erzeugnisse anderer Art, als von der Erzeugung im Gewerbe, der Land- und Forstwirtschaft usw. herrührend, beispielsweise hiernach auf mineralische Erzeugnisse (Kohlen), wirksam werden. Vgl. MinBek. vom 8. Februar 1885 Ziff. 5 (Anhang).

b) über den Begriff: „selbstgewonnene Ware" vgl. Anm. 8 zu Art. 1.

10. a) „Gewerbetreibende" sind Personen, die ein stehendes Gewerbe ausüben (mit einer Betriebsstätte in Bayern) und hiefür mit Steuer nach den Ges. vom 9. Juni 1899 bzw. vom 10. August 1910 veranlagt sind. Verh. d. Kammer d. Abg. 1879, III, 296; FME. vom 18. Januar 1884;

§ 2 Abs. V d. VollzBek. vom 28. Mai 1911 zum GewStG., GVBl. S. 673; s. jedoch auch Anm. 2b oben!

b) Der Ausdruck „Wohnort" ist wörtlich, d. h. nicht gleichbedeutend mit Gemeindebezirk des Wohnorts zu nehmen. Die 15 km sind also nicht von der Gemeindegrenze, sondern vom Wohnort ab zu rechnen.

Gleichgültig ist, ob der Umkreis von 15 km Teile verschiedener Verwaltungs- oder Regierungsbezirke umfaßt, oder ob der Gewerbetreibende jenseits der Landesgrenze in einem benachbarten deutschen Staate seinen Wohnsitz hat.

Nach dem Urteil des preuß. Kammerger. vom 1. Juni 1904 ist die Entfernung von der Weichbildgrenze des Wohnorts aus zu messen. Reger, ErgBd. 3, 42; ferner Landmann S. 607. Dagegen berechnet die preuß. Ministerialpraxis die 15 km vom Mittelpunkte des Wohnorts in der Luftlinie.

c) Die Steuerausnahme in Art. 2 Ziff. 5 geht weiter wie die analoge Vergünstigung in § 59 Ziff. 2 RGewO. Die eingeschränktere Vorschrift der GewO. ist jedoch nur für die Wandergewerbescheinpflicht, nicht für die Steuerpflicht maßgebend.

Gewerbetreibende, welche daher in nicht größerer Entfernung als 15 km vom Wohnorte zu den Gegenständen des Wochenmarktverkehrs gehörige, aber nicht selbstverfertigte Verzehrungsgegenstände feilbieten oder das Musikergewerbe ausüben, unterliegen der Hausiersteuer nicht, bedürfen aber eines Wandergewerbescheins. Bek. vom 8. Febr. 1885 Ziff. 6 u. Ziff. 11 (Anhang); OLG. München vom 17. Dez. 1882, 2, 216.

d) Über den Begriff „Wohnort" siehe Anm. 3 zu Art. 1 oben.

11. a) Über Verzehrungsgegenstände und Waren, die zu den Gegenständen des Wochenmarkts gehören vgl. oben Vorbem. Ziff. VI, 2 insbesondere zu § 66 RGewO.; siehe auch Anm. 7h oben. Über „selbstverfertigte" Waren siehe unten sub d.

b) Unter die Ausnahmebestimmung des Art. 2 Ziff. 5a fällt nur das Feilbieten von Verzehrungsgegenständen und von selbstverfertigten Waren, welche zu den Gegenständen des Wochenmarktverkehrs gehören, nicht aber auch das Aufkaufen von dergleichen Waren; der letztgenannte Geschäftsbetrieb ist also der Hausiersteuer unterworfen, auch wenn er innerhalb eines Umkreises von 15 km ausgeübt wird.

c) Den Inhabern von Molkereien ist es gestattet, Butter und flüssige Molkereierzeugnisse in der Umgebung ihres Wohnortes bis zu 15 km Entfernung ohne Wandergewerbeschein feilzubieten oder feilbieten zu lassen. Entschl. d. K. StMin. d. K. Hauses u. d. A. vom 9. April 1910, MABl. S. 284.

d) „Selbstverfertigte" Waren sind solche, die der Gewerbetreibende oder dessen Gehilfe hergestellt hat, z. B. Besen aus Birkenreisern. OLG. vom 24. Okt. 1908; BlfFinW. 16, 313.

Wenn der Gewerbetreibende in eigener Person dergleichen Waren in nicht größerer Entfernung als 15 km vom Wohnort feilbietet, so bedarf er keines Wandergewerbescheins.

Seine Gehilfen unterliegen jedoch der Wandergewerbescheinpflicht, da sie die hausierten Waren nicht selbst verfertigt haben. §§ 55 und 59 GewO.; Landmann S. 608.

Dagegen sind derartige Gehilfen (Angehörige, Stellvertreter oder sonstige zum Gewerbetreibenden in einem festen Dienst- oder Arbeitsverhältnis stehende Personen) der Hausiersteuer nicht unterworfen, wenn sie innerhalb 15 km für ihren Geschäftsherrn die hier in Frage stehenden Waren z. B. Brot feilbieten. OLG. vom 19. Sept. 1905, 6, 139; BlfFinW. 14, 218; FME. vom 13. Nov. 1905 Nr. 26184; vom 5. Nov. 1908 Nr. 28986 I. — Siehe auch Anm. 3 zu Art. 5 unten.

12. a) Hierher gehören jene Gewerbetreibenden, welche von ihrem Wohnort oder vom Orte ihrer gewerblichen Niederlassung aus Reparaturen und andere gewerbliche Arbeiten in herkömmlicher Weise auswärts bei ihren Kunden ausführen oder Gegenstände, an denen Reparaturen vorzunehmen sind, bei ihren Kunden lediglich sammeln — unter der Voraussetzung, daß sich der Geschäftsbetrieb über den Umkreis von 15 km nicht ausdehnt. Vgl. Anw. § 2 Ziff. 6; § 59 Ziff. 2 RGewO.; oben S. 19 f.

Hierher gehören z. B. Glaser, Korbmacher, Uhrmacher, Mühlärzte, Photographen (siehe bezüglich dieser auch die Anm. 15a zu Art. 1), Kastrierer, Bader, Friseure, Zahntechniker, Tanzlehrer. Landmann S. 556 und 608.

b) Zu dem „Anbieten einer gewerblichen Leistung" gehört die Bereitschaft zur sofortigen Leistung. Landmann S. 556 f.

13. a) Diejenigen, die das Musikergewerbe nur innerhalb eines Umkreises von 15 km ausüben, bedürfen eines Besteuerungsnachweises auch dann nicht, wenn sie einen Wandergewerbeschein nötig haben; Bek. vom 8. Februar 1885 Ziff. 6 (Anhang); vgl. auch Anm. 16 zu Art. 1; Anw. § 1 Ziff. 4; MinE. vom 13. Januar 1881, MABl. 1881 S. 9; FMBl. S. 84. Siehe auch Note 14 zum Steuertarif unten.

b) Unter die Ausübung des Musikgewerbes fallen auch Gesangsvorträge. OLG. vom 18. November 1905, 6, 212; BlfFinW. 15, 64.

Grenzen der Steuerhoheit. Art. 3.

Im Betreffe der Angehörigen außerdeutscher[1], [2] Staaten, welche weder ihren Wohnsitz noch eine gewerbliche Niederlassung in einem deutschen Staate haben, treten, soferne nicht durch Verträge oder Vereinbarungen oder durch Anordnungen der Staatsregierung anderweite Festsetzungen getroffen[3], [4], [5], sind, nachstehende besondere Bestimmungen ein:

1. Dieselben sind der Steuer vom Gewerbebetrieb im Umherziehen auch dann unterworfen, wenn sie selbstgewonnene Erzeugnisse der Land- und Forstwirtschaft, des Garten- und Obstbaues, der Jagd und des Fischfangs ohne vorgängige Bestellung in eigener Person feilbieten.[4]
2. Die Bestimmungen des Art. 2 Ziff. 1 finden auf dieselben und die in ihren Diensten stehenden Reisenden, welche für deren im Auslande betriebenes Geschäft Waren aufkaufen oder Warenbestellungen suchen, keine Anwendung.
3. Aller Handel (Verkauf und Ankauf von Waren und Suchen

von Warenbestellungen) der Ausländer auf Messen und Jahrmärkten bleibt von der Besteuerung frei.[4]

4. Desgleichen ist ihnen auf Wochenmärkten das Feilbieten und der Ankauf von Verzehrungsgegenständen, welche dem Wochenmarktverkehr angehören, steuerfrei gestattet.[4]

1. Angehörige anderer deutscher Bundesstaaten können zur Wandergewerbesteuer unter den gleichen Voraussetzungen wie die Bayern herangezogen werden. Vgl. Anm. 1e zu Art. 1.

Anspruch auf Steuerfreiheit haben dieselben nur dann, wenn die Befreiungsvorschriften des Art. 2 bei ihnen zutreffen. Siehe auch unten Anm. 1e zu Art. 9.

2. a) Der Gewerbebetrieb der Reichsausländer, welche in Bayern einen Wohnsitz oder eine gewerbliche Niederlassung haben, ist, soferne er nicht unter gegenwärtiges Gesetz fällt, nach dem Gewerbsteuergesetz von 1899 bzw. (vom 1. Januar 1912 an) nach den Gesetzen vom 14. August 1910 zu besteuern.

b) Haben dieselben in einem anderen deutschen Staate eine feste Niederlassung, so finden die Gesetze des Wohnsitzstaates mit der Folge Anwendung, daß der auswärtige Geschäftsbetrieb, soweit er nicht wandergewerbesteuerpflichtig erscheint, dem stehenden Gewerbe beigerechnet wird. Siehe im übrigen § 3 des Doppelsteuergesetzes vom 22. März 1909 und Anm. 1 zu Art. 1 oben.

3. a) Ausländische Gewerbtreibende, welche weder einen Wohnsitz noch eine gewerbliche Niederlassung in einem deutschen Staate haben, denen aber vertragsmäßig die gleiche Behandlung wie deutschen Gewerbetreibenden zusteht, sind nach Maßgabe der Ausführungen in Anmerkung 1 zu behandeln.

b) Den deutschen Gewerbtreibenden sind durch Vertrag vom 8. Juli 1867, GBl. S. 146, und vom 11. Juni 1872, RGBl. S. 330, die Angehörigen des Großherzogtums Luxemburg und durch Vertrag vom 2. Dezember 1890, RGBl. 1891, S. 59, die Angehörigen der österr. Gemeinde Mittelberg gleichgestellt.

c) Über den Geschäftsbetrieb der Handlungsreisenden ausländischer Firmen vgl. Ziff. II B der Bundesratsbek. vom 27. November 1896, RGBl. S. 745; s. oben Vorbem. Ziff. III.

Hinsichtlich der Steuerpflicht derselben finden die Bestimmungen in Art. 2 gleichmäßig Anwendung.

d) Über den Hausierhandel im Grenzzollgebiet vgl. Instr. § 6; Bek. 1885 § 7 und Anw. § 14.

e) Verträge, die zurzeit noch in Kraft bestehen, sind mit folgenden Staaten abgeschlossen worden:

Ägypten: Vertrag vom 17. März 1910, RGBl. 1910 S. 901,
Belgien: Vertrag vom 6. Dezember 1891, RGBl. 1892 S. 241, Zusatzvertrag vom 22. Juni 1904, RGBl. 1905 S. 599,
Bulgarien: Vertrag vom 1. August 1905, RGBl. 1096 S. 1,
Frankreich: Konv. vom 11. Dezember 1871, RGBl. 1872 S. 19, Vertrag vom 2. Juli 1902, RGBl. 1903 S. 47,
Griechenland: Vertrag vom 9. Juli 1884, RGBl. 1885 S. 23,
Italien: Vertrag vom 6. Dezember 1891, RGBl. 1892 S. 97, Zusatzvertrag vom 3. Dezember 1904, RGBl. 1905 S. 413,

Österreich-Ungarn: Vertrag vom 6. Dezember 1891, RGBl. 1892 S. 3, Zusatzvertrag vom 25. Januar 1905, RGBl. 1906 S. 143,
Rumänien: Vertrag vom 21. Oktober 1893, RGBl. 1894 S. 2, Zusatzvertrag vom 8. Oktober 1904, RGBl. 1905 S. 253,
Rußland: Vertrag vom 10. Februar 1894, RGBl. 1894 S. 153, Zusatzvertrag vom 28. Juli 1904, RGBl. 1905 S. 35,
Schweden: Vertrag vom 8. Mai 1906, RGBl. 1906 S. 739, vom 10. Dezember 1891, RGBl. 1892 S. 195, verlängert bis 1. Dezember 1911, RGBl. 1910 S. 877, bzw. Vertrag vom 2. Mai 1911, RGBl. 1911 S. 275,
Schweiz: Vertrag vom 10. Dezember 1891, RGBl. 1892 S. 198, Zusatzvertrag vom 12. November 1904, RGBl. 1905 S. 319,
Serbien: Vertrag vom 21. August 1892, RGBl. 1894 S. 269, Zusatzvertrag vom 29. November 1904, RGBl. 1906 S. 319,
Großbritannien: Abkommen vom 1. April 1869 und Zusatzabkommen vom 10. März 1908, RGBl. 1908 S. 179,
Portugal: Vertrag vom 30. November 1908, RGBl. 1910 S. 679.
(Ein derartiger Vertrag war auch abgeschlossen mit dem früheren Oranje-Freistaat; Vertrag vom 28. April 1897, RGBl. 1898 S. 93.)

Nach diesen Verträgen sind Kaufleute usw., welche nachweisen, daß sie in ihrem Heimatstaat die gesetzlichen Steuern und Abgaben entrichtet haben, befugt, persönlich oder durch Reisende bei Kaufleuten oder in offenen Verkaufsstellen oder bei solchen Personen, welche die Waren produzieren, Warenankäufe zu machen oder bei solchen Personen, in deren Gewerbebetrieb Waren der angebotenen Art Verwendung finden, Bestellungen zu suchen, ohne für diesen Gewerbebetrieb einer (weiteren) Abgabe unterworfen zu sein; die angekauften Waren dürfen jedoch nur behufs Beförderung nach dem Bestimmungsort mitgeführt werden; ferner dürfen die betr. Gewerbetreibenden keine Waren, sondern nur Warenmuster beim Aufsuchen von Bestellungen mit sich führen.

Ausländische Handlungsreisende, welche eine nach diesen Vereinbarungen für Deutschland gültige Legitimation nicht besitzen, müssen sich zum Geschäftsbetrieb in Deutschland mit einer besonderen Legitimation versehen, und zwar kommen in dieser Hinsicht die Bestimmungen des Bundesrats vom 27. November 1896 zur Anwendung. Landmann S. 485; Vorbem. Ziff. III.

f) Dem Königreich Dänemark steht auf Grund älterer Staatsverträge nur eine partikuläre Meistbegünstigung — in Preußen, Mecklenburg-Schwerin und Oldenburg — zu; in den übrigen Teilen Deutschlands, insbesondere auch in Bayern, kommt für dänische Handlungsreisende nur die Ausstellung von Wandergewerbescheinen, nicht aber die Erteilung von Gewerbelegitimationskarten in Frage. § 24 Abs. 5 Anw.; E. d. K. StMin. d. K. Hauses und des Äußern vom 15. Mai 1905 Nr. 15928. Die gleichen Grundsätze gelten hiernach auch für die Handlungsreisenden der Vereinigten Staaten von Nordamerika und von Norwegen.

g) Die gleichen Vergünstigungen wie die sub e genannten stehen den Angehörigen jener Staaten zu, mit denen sog. Meistbegünstigungsverträge abgeschlossen worden sind. Ein derartiger Vertrag ist z. B. mit Japan abgeschlossen worden; s. RGBl. 1911 S. 482. Siehe Ziff. II B 2 der Bundesratsverordnung vom 27. November 1896; Vorbem. Ziff. III.

h) Anderweite Festsetzungen bestehen gegenüber den Niederländern, welche Warenbestellungen suchen oder Waren aufkaufen, insoferne als dieselben hiefür nach Art. 24 des Vertrages vom 31. Dezember 1851 (Bayer. RBl. 1852 S. 634) eine fixe Jahressteuer von 24 Mark zu entrichten haben. Instr. § 6[4] a; Landmann S. 65.

i) Im übrigen gilt als Grundsatz, daß die in den Handelsverträgen enthaltene allgemeine Bestimmung, daß die Ausländer in bezug auf die Befugnis zum Gewerbebetrieb und die für denselben zu entrichtenden Abgaben den Inländern gleichgestellt sein sollen, für den Gewerbebetrieb im Umherziehen keine Bedeutung hat.

k) Nach den Intentionen des mit Österreich-Ungarn abgeschlossenen Handels- und Zollvertrags vom 6. Dezember 1891, Art. 19 Abs. III, haben die Bestimmungen über den Gewerbebetrieb im Umherziehen auf den Großhandel in Massengütern, speziell den Getreidegroßhandel, keine Anwendung zu finden. Autogr. Entschl. d. K. Hauses und des Äußern vom 17. Dezember 1907 Nr. 28110[II], ergangen im Einverständnisse mit den K. StMin. der Justiz und der Finanzen.

4. a) Haben die ausländischen Gewerbetreibenden weder einen Wohnsitz noch eine gewerbliche Niederlassung in einem deutschen Staate und gehören sie außerdem einem Staate an, mit dem weder ein Abkommen wegen der Gewerbelegitimationskarten noch ein Vertrag bezüglich der Meistbegünstigung hinsichtlich des Gewerbebetriebs abgeschlossen ist, so finden die Ausnahmebestimmungen in Art. 2 auf sie keine Anwendung. Solche Reichsausländer bedürfen regelmäßig eines Wandergewerbescheins und Besteuerungsnachweises. Landmann S. 485. Maßgebend ist für den Hausierbetrieb derselben Ziff. II A der Bundesratsbek. vom 27. November 1896, RGBl. S. 745, abgedruckt oben Vorbem. Ziff. III; vgl. ferner Anw. § 9.

b) Ausländer sind nur dann von der Hausiersteuer befreit, wenn sie

α) im Rahmen des Art. 2 Ziff. 2 Messen und Märkte besuchen, Art. 3 Ziff. 3;

β) auf Wochenmärkten Verzehrungsgegenstände, welche zu den Wochenmarktsartikeln gehören, feilbieten und ankaufen. Ziff. 4 a. a. O., s. auch Anw. § 2 Abs. 2 und § 14 (Anhang X); ferner Anm. 1 zu Art. 9.

c) Erwähnt sei hier, daß diejenigen Ausländer, die im gewöhnlichen Grenzverkehr den Verkauf von rohen Erzeugnissen der Land- und Forstwirtschaft, des Garten- und Obstbaues, der Geflügel- und Bienenzucht betreiben wollen, eines Wandergewerbescheins nicht bedürfen (Ziff. II A 2 d. Bundesratsbek. vom 27. November 1896), dagegen nach Art. 3 Ziff. 1 des Ges. hausiersteuerpflichtig sind; s. Anm. 1 zu Art. 9 u. oben S. 10.

5. Hinsichtlich der Zigeuner ist folgendes zu bemerken:

a) Inländischen gegenüber ist von der Befugnis zur Versagung des Wandergewerbescheins ausgiebiger Gebrauch zu machen; MinABl. d. J. 1889 S. 289; Anw. § 8 Ziff. III, 4 Abs. 2; Bek. des K. Hauses und des Äußern vom 29. März 1907 Nr. 5451[II], MinABl. S. 194; FinMBl. S. 169/170.

b) Ausländischen Zigeunern ist grundsätzlich der Wandergewerbeschein zu versagen. Ziff. 4 Abs. 3 der Bundesratsbek. vom 27. November 1896 oben S. 11; Anw. § 9 Abs. 2 Ziff. 1.

c) Bezüglich der Besteuerung der Zigeuner sagt die autogr. FinMin.-Entschl. vom 13. Oktober 1908 Nr. 22730[I] folgendes:

Die FinMinBek. vom 20. März 1900 und 6. Mai 1907 (FMBl. 1900 S. 215 und 1907 S. 169) haben bisher den beabsichtigten Erfolg nicht gehabt. Die Absicht dieser Anordnungen war, den Zigeunern und den nach Zigeunerart umherziehenden Personen die Möglichkeit zu benehmen, sich in Form rentamtlicher Quittungen (Besteuerungsnachweise, wie sie in den Formularen zu den Wandergewerbescheinen ausgestellt werden oder Besteuerungsnachweise nach dem Form. B zur Bek. vom 12. Januar 1900, GVBl. S. 39) mit Ausweisen zu versehen, die — wenn auch unzutreffenderweise — von einzelnen Sicherheitsorganen als Legitimationspapiere betrachtet werden. Teilweise sind solche Besteuerungsnachweise nach dem Form. B zur Bek. vom 12. Januar 1900 sogar mit Beisätzen, wie „zum Gewerbebetrieb im Umherziehen auf Messen und Märkten" oder „zum Gewerbebetrieb auf Messen und Märkten" versehen worden, die das Vagieren der fraglichen Personen geradezu gefördert haben.

Um das Unwesen des Mißbrauchs rentamtlicher Quittungen durch Zigeuner nach Tunlichkeit abzustellen, ergeht im Einverständnisse mit dem K. Staatsministerium des K. Hauses und des Äußern, sowie des Innern der Auftrag, die K. Rentämter unter wiederholtem Hinweise auf die eingangs bezeichneten Bekanntmachungen auf das Nachdrücklichste mit Weisungen dahin zu versehen,

1. daß Zigeuner oder nach Zigeunerart herumziehende Personen auf keinen Fall mit Hausiersteuer veranlagt werden dürfen und ihnen deshalb auch der den Wandergewerbescheinen beizusetzende Nachweis über Hausiersteuerentrichtung nicht ausgestellt werden darf,

2. daß die Personen dieser Art nur dann mit Gewerbsteuer nach dem Gesetze vom 9. Juni 1899 veranlagt werden dürfen und ihnen nur dann ein Nachweis über die Entrichtung von Gewerbsteuer nach dem Gesetze vom 9. Juni 1899 gemäß Formular B zu der Bekanntmachung vom 12. Januar 1900 (GVBl. S. 39) ausgestellt werden darf, wenn die Distriktsverwaltungsbehörde (Bezirksamt, Stadtmagistrat) hierzu ihre ausdrückliche Zustimmung gegeben hat, welche alsdann zu den rentamtlichen Akten zu nehmen wäre,

3. daß, wenn ein Besteuerungsnachweis nach Formular B zu der Bekanntmachung vom 12. Januar 1900 auszustellen ist, jeder Beisatz der obenbezeichneten Art („zum Gewerbebetrieb im Umherziehen auf Messen und Märkten" oder „zum Gewerbebetrieb auf Messen und Märkten" oder dgl.) zu unterlassen ist,

4. daß die Prüfung der Frage, ob die den Besteuerungsantrag stellende Person zu der Kategorie der Zigeuner oder nach Zigeunerart umherziehenden Personen gehört, mit größter Sorgfalt und unter Benützung des Zigeunerbuches vorzunehmen und in Zweifelfällen, insbesondere wenn nicht feststeht, daß die den Besteuerungsantrag stellende Person einen ständigen Wohnsitz in Bayern hat, vorsorglich die in Ziff. 2 oben bezeichnete schriftliche Zustimmung der Distriktsverwaltungsbehörde zu erholen ist.

Weiter besteht Anlaß, die Rentämter darauf hinzuweisen, daß das Musizieren auf Messen und Märkten nach § 55 Abs. 2 der Gewerbeordnung wandergewerbescheinpflichtig ist.

Bem. zu Ziff. 2: Vom 1. Januar 1912 haben die Steuergesetze vom 14. August 1910 Maß zu geben.

Betrag der Steuer.

Art. 4.

Die Steuer von den im Umherziehen betriebenen Gewerben besteht in einer Normal- und einer Betriebsanlage, deren Größe sich nach dem beigefügten Steuertarif bemißt.[1]

In allen jenen Fällen, in welchen nach den Anleitungen des Tarifs die Betriebsanlage durch die Anzahl der Begleiter[2] des Gewerbetreibenden oder der Mitglieder einer Gesellschaft bestimmt wird, haben Familienangehörige[2] des Unternehmers für die Berechnung nur dann in Betracht zu kommen, wenn dieselben an den Arbeiten des Gewerbes selbst teilnehmen.

Ist nach den Anleitungen des Tarifs die Betriebsanlage innerhalb eines Mindest- und Meistbetrages zu bemessen, so dienen für die Auswahl des Satzes der Betriebsanlage[1] die Menge und der Wert der zum Verkauf bestimmten Waren oder zur öffentlichen Schaustellung gebotenen Gegenstände, beziehungsweise die Größe des in dem Gewerbe verwendeten Betriebskapitals und erzielten Umsatzes als Anhaltspunkt.

Hiebei soll, wenn nicht besondere den Umfang des Geschäftes wesentlich beschränkende Verhältnisse vorliegen, die Betriebsanlage weniger als das Doppelte der für das Gewerbe bestimmten Normalanlage nicht betragen.[3]

Wer mehrere unter verschiedene Tarifsätze fallende Gewerbe betreibt, ist nach dem höchstbesteuerten derselben anzulegen, soferne die Steuer nicht nach Ziff. 5 des Tarifs zu bemessen ist. Das Nämliche gilt für den gleichzeitigen Betrieb mehrerer unter verschiedene Tarifsätze fallender Handelsgeschäfte.[4]

Bei solchen Gewerben im Umherziehen, welche im Tarif nicht erwähnt sind, wird die Normal- und Betriebsanlage nach Analogie des dem einzusteuernden nächst verwandten Gewerbes festgesetzt.[1]

1. a) Die Steuer zerfällt also in eine feste Normal- und eine bewegliche Betriebsanlage; letztere ist nach der Zahl der Begleiter (Tarif Nr. 1, 2, 3, 7 usw.) bzw. nach dem Betriebsumfang (Tarif Nr. 5, 8a usw.), also nach äußeren Merkmalen, zu bemessen; bei Tarif Nr. 6 kommt eine Betriebsanlage überhaupt nicht in Ansatz.

b) Die tarifierten Gewerbe müssen tarifgemäß eingesteuert werden. Nichttarifierte Gewerbe werden mit sämtlichen im Tarif enthaltenen ähnlichen Gewerben verglichen; alsdann wird der Steuersatz jenes Gewerbes in Ansatz gebracht, welches dem in Frage stehenden Gewerbe nach seiner Beschaffenheit bzw. nach seiner Betriebsart und seinem Ertrag am meisten entspricht. Abs. 6 von Art. 4; Instr. § 7; siehe auch Sten. Ber. 1897, IX, 648.

c) Zur Normaljahressteuer kann unter Umständen noch ein prozentualer Zuschlag erhoben werden. Für 1910 und 1911 gelangten z. B. 22% als Zuschlag zur Erhebung; § 2 FinGes. vom 14. August 1910, GVBl. S. 419. Vom 1. Januar 1912 an ist maßgebend Art. 3 b. EinfG. zu den Ges. über die direkten Steuern vom 14. August 1910.

Das Budget für 1912/13 hatte ebenfalls einen 22% igen Zuschlag in Aussicht genommen. Zufolge Bekanntmachung vom 7. Dezember 1911, GVBl. S. 1245, hatte jedoch die Erhebung des Zuschlags „vorläufig" zu unterbleiben; gleichzeitig wurde angeordnet, die Hausiersteuer für 1912 (ohne Budget) unter Vorbehalt zu erheben. Nunmehr ist in Art. 3 Abs. 2 der K. Allerh. VO. vom 18. März 1912, GVBl. S. 133, bestimmt, daß für die Hausiersteuer pro 1912/13 ein 22% iger Zuschlag wie früher zu erheben ist. S. auch Fußnote zu Art. 24 Anm. 9.

Diese um 22% erhöhte Steuer gilt als Normalsteuer, ist also nicht nur für die protestantische Kirchensteuer und die Bemessung der Hausiersteuerstrafen, sondern auch für die sämtlichen Umlagen maßgebend. Einf.-Ges. Art. 3. Die unter Vorbehalt für 1912 erhobenen Hausiersteuern sind nunmehr definitiv zu vereinnahmen. Autogr. FinMEntschl. vom 26. März 1912 Nr. 9331.

In dieser Entschl. wurden außerdem die Rentämter ermächtigt, für 1912 von der Einhebung und Berechnung der zu wenig erhobenen Hausiersteuern in den Fällen abzusehen, in denen die Nachholung mit unverhältnismäßig großen Schwierigkeiten und Weiterungen verbunden wäre.

2. a) Begleiter im Sinne des § 62 GewO. und des Art. 4 gegenwärtigen Gesetzes sind nur solche Personen, welche der Gewerbetreibende im Umherziehen zu untergeordneten Dienst- und Hilfeleistungen mit sich führt, nicht aber solche, welche den Gewerbebetrieb mit ihm gemeinschaftlich, sei es auf gemeinsame Rechnung oder gegen ein ihnen vom leitenden Unternehmer des Gewerbes bezahltes Honorar selbsttätig ausüben. So bedarf z. B. ein Schauspieler, welcher bei einer Vorstellung außerhalb seines Wohnorts in der zuletzt gedachten Art mitwirkt, eines Wandergewerbescheines. Preuß. Kammergericht vom 26. Oktober 1891, BlfFinW. 1, 266; OLG. vom 18. November 1905, 6, 212; BlfFinW. 15, 64. Landmann S. 551 u. 626.

Als Begleiterinnen kommen auch „Einsammlerinnen" in Betracht; OLG. 6, 212; vom 31. Dezember 1909 Nr. 570/1909.

Zum Begriffe der Begleitung gehört aber nicht allein die Teilnahme am Umherziehen, sondern auch eine gewisse Stetigkeit und Ständigkeit dieser Teilnahme; es müssen daher alle beim Geschäftsherrn befindlichen Personen in steuerlicher Hinsicht als Begleiter gelten. OLG. München vom 26. August 1888, 1, 185.

b) Zwischen technisch gebildeten Gehilfen und untergeordneten Arbeitern macht das Gesetz keinen Unterschied, sondern es faßt alle mit dem Geschäftsherrn umherziehenden Nebenpersonen unter dem Namen Begleiter zusammen und stellt sie einander gleich. Ebensowenig macht das Gesetz einen Unterschied zwischen der kürzeren oder längeren Verwendungszeit des Hilfspersonals. Es stellt vielmehr alle im Zeitpunkt der Gewerbeanmeldung (Art. 7) vorhandenen Begleiter gleich und sieht eine Durchschnittsberechnung überhaupt nicht vor.

Nur bei Theater- und Schauspielgesellschaften (vgl. Nr. c 8 d des Steuertarifs) wird zwischen Haupt- und Nebenpersonal unterschieden; zu ersteren gehören die beim Spiel unmittelbar beteiligten Personen, außerdem die Statisten, Figuranten; zu den letzteren das übrige Personal, die Geldeinsammler, Billeteure, Zettelträger, Türöffner und die Musiker. StenBer. 1879, III, 309; FME. vom 7. November 1884 Nr. 12275; s. auch unten Anm. 16 zum Steuertarif.

c) Die Anrechnung der Familienangehörigen, also der Ehefrau, der Kinder und Dienstboten ist dann ausgeschlossen, wenn sie nur den Haushalt führen usw. und an den eigentlichen Arbeiten des Geschäftes nicht teilnehmen.

d) Auch die bloß einmalige oder lediglich vorübergehende Verwendung einer Person an einem bestimmten Orte z. B. zur Erbauung einer Schaubude oder zur Verstärkung eines Zuges, vermag, wenngleich die betr. Dienste mit dem Gewerbebetrieb im Umherziehen im Zusammenhang stehen, die Anwendung der gesetzlichen Bestimmung d. h. die Behandlung als Begleiter nicht zu begründen. Wohl aber bekundet dies einen größeren Betriebsumfang. RGewO. § 60; Motive und KommB. zum Entw. d. GewONov. OLG. München vom 26. August 1880 Nr. 257.

e) Wie bereits oben unter lit. a gesagt, bedarf dann, wenn mehrere Personen ein Gewerbe gemeinsam betreiben (selbsttätig und ohne „Begleiter" zu sein), jede derselben eines besonderen Wandergewerbescheins (und Besteuerungsnachweises). Jedoch ist auch die Ausstellung eines gemeinsamen (Kollektiv-) Wandergewerbescheins zulässig für Gesellschaften, welche Musikaufführungen, Schaustellungen, theatralische oder sonstige Lustbarkeiten darbieten wollen, ohne daß ein höheres Kunstinteresse obwaltet; vgl. § 60d Abs. 3 GewO.; Anw. § 18; Landmann S. 621 ff.; s. auch Vorbem. Ziff. IV B, 3 u. Anm. 4b zu Art. 8.

f) Außerdem ist folgendes zu beachten:

I. Verboten ist 1. das Mitsichführen von Kindern unter 14 Jahren zu gewerblichen Zwecken; 2. das Mitsichführen von schulpflichtigen Kindern überhaupt, soferne nicht für den ausreichenden Unterricht dieser Kinder gesorgt ist. Anw. §§ 8 u. 15.

II. Zulässig, d. h. dem freien Ermessen der Behörde anheimgestellt, ist das Verbot 1. des Mitsichführens von Kindern unter 14 Jahren überhaupt; 2. des Mitsichführens von Personen anderen Geschlechts mit Ausnahme der Ehegatten und der über 14 Jahre alten eigenen Kinder und Enkel. Anw. §§ 8 u. 15.

III. Ausländern, welche einen Inländer, oder Inländern, welche einen Ausländer als Begleiter mit sich führen wollen, muß die Bewilligung des Mitführens des Begleiters versagt werden, wenn dem Begleiter, falls er um Ausstellung eines Wandergewerbescheines nachsuchen würde, die Ausstellung aus den in der Anw. §§ 8 u. 9 (Anhang X) enthaltenen Gründen versagt werden müßte. Bundesratsverordnung vom 27. November 1896 II A Ziff. 10, RGBl. S. 747; Vorbem. Ziff. III. Anw. § 15.

Selbst dann übrigens, wenn derartige Versagungsgründe nicht vorliegen, ist es dem Ermessen der Behörden anheimgestellt, Ausländern überhaupt die Genehmigung zur Mitführung von Personen anderen Geschlechts zu versagen, ausgenommen Ehegatten und eigene über 21 Jahre alte Kinder und Enkel.

Ergeben sich bei Gesuchen um nachträgliche Zulassung von Begleitern Zweifel darüber, ob nicht infolge hiervon eine Erhöhung der Besteuerung des Inhabers des Wandergewerbescheines einzutreten habe, so ist die Genehmigung von dem Nachweise der Entrichtung der höheren Steuer nebst Umlagen, bzw. von der Bestätigung des Rentamtes, daß eine Änderung in der Besteuerung nicht eintrete, abhängig zu machen Art. 10, 12; Instr. § 19 Abs. 3 u. 4; Anw. § 15 (Anhang I u. X).

g) Wenn während des Zeitraums, für welchen die Steuer entrichtet ist, die Zahl der Hilfspersonen vermehrt wird, so hat dies der Gewerbetreibende anzuzeigen. Art. 12.

h) Das Mitführen von mehr Begleitern, als im Steuernachweis angegeben sind, unterliegt der Bestrafung. Art. 11 u. 19; § 149 Abs. 2 GewO.

i) Für denjenigen, welcher nicht bei dem eigentlichen Gewerbebetrieb als Teilhaber oder Gehilfe mitwirkt, sondern den Gewerbetreibenden zu irgend einem anderen Zwecke (behufs Beförderung von Waren, Wartung des Gespannes usw.) begleitet, ist zwar nicht ein Wandergewerbeschein, wohl aber eine ausdrückliche behördliche Genehmigung notwendig. GewO. § 62.

Zuständig zur Erteilung dieser Genehmigung ist jene Behörde, welche den Wandergewerbeschein ausgestellt hat oder in deren Bezirk der Nachsuchende sich befindet. Die Genehmigung wird in dem Wandergewerbescheine unter näherer Bezeichnung der mitzuführenden Personen vorgemerkt. Die nämlichen Gründe, aus welchen die Versagung des Gewerbebetriebs erfolgen muß, soll oder kann, verpflichten bzw. berechtigen auch zur Versagung des Mitsichführens von Begleitern; es ist deshalb vor Erteilung der Genehmigung das Vorhandensein der gesetzlichen Voraussetzungen unter Erhebung der erforderlichen Zeugnisse (seitens der Distriktsverwaltungsbehörde) strenge zu prüfen. GewO. § 62.

3. a) Die Betriebsanlage muß in allen Fällen festgesetzt werden, in denen sie im Tarif vorgesehen ist; weiterhin darf da, wo die Betriebsanlage innerhalb eines Spielraums (z. B. 1—180 Mk.) sich bewegt, die Steuerbehörde bei der Bemessung der Betriebsanlage unter das Doppelte der Normalanlage nicht herabgehen.

b) Liegen besondere den Geschäftsbetrieb beschränkende Verhältnisse vor, so müssen diese von dem betr. Gewerbetreibenden geltend gemacht werden. Art. 5 und 9 lit. b.

c) Wird ein Gewerbe in stehender Weise und im Umherziehen betrieben, so darf eine Zusammenrechnung des Ertragsanschlags für beide Betriebe nicht stattfinden. Die Hausiersteuer ist nur von jenem Teile des Geschäftsbetriebs zu entrichten, welcher auf das Wandergewerbe trifft. FME. vom 29. November 1881 Ziff. IV, FMBl. S. 390; s. auch oben Anm. 1d zu Art. 1.

Eine Ausnahme besteht nur für die Musterreisenden; hier geht die Hausiersteuer neben der Gewerbsteuer und belastet das Geschäft doppelt (soweit nicht auswärtige Musterreisende in Bayern Geschäfte machen, ohne daselbst ein stehendes Gewerbe zu besteuern). Verh. d. K. d. Abg. StenBer. 1897, IX, 655.

4. Die in Art. 1 bezeichneten Wandergewerbe werden in der Regel gesondert besteuert und nur bei der Vereinigung verschiedener Tätigkeiten in einem Gewerbe ist zu unterscheiden.

ob mehrere derselben Tarifnummer 1, 2, 4, 6, 7 und 8 zusammen betrieben werden, oder

ob ein Hausierhandel (TNr. 3) oder ein Wanderlager bzw. eine Wanderauktion (TNr. 9) mit einem der übrigen Gewerbe verbunden ist.

Im ersteren Falle tritt eine einheitliche Besteuerung in der Weise ein, daß entweder die Normal- und Betriebsanlage nach TNr. 5 berechnet oder, wenn diese Besteuerung außer Verhältnis zu der Einträglichkeit des Geschäftes steht, von den verschiedenen in einer Hand betriebenen Gewerben dasjenige ausgewählt wird, welches die höchste Steuer entrichtet. Häufig kommt es infolgedessen vor, daß für mehrere gewerbliche Tätigkeiten, welche in keiner anderen Beziehung zueinander stehen, als daß sie unter denselben Buchstaben einer Tarifnummer fallen (z. B. für den Tabak- und Schnittwarenhandel, für eine Schaubude mit elektrischen Vorrichtungen und Wachsfiguren usw.) die Steuer nur einmal in Ansatz kommt.

Im letzteren Falle, wo ein Hausierhandel oder ein Wanderlager bzw. eine Wanderauktion mit einer anderen Gattung von Wandergewerben in Verbindung tritt, also z. B. ein Scherenschleifer auch mit Messern handelt, ist dagegen die Steuer immer gesondert festzustellen. StenBer. 1879, III, 310.

Hienach wird also nur eine Unterscheidung zwischen dem Hausierhandel (TNr. 3) und den übrigen Wandergewerben gemacht, und nur in diesem Fall tritt eine zweifache Steuerveranlagung ein. Knobling S. 41.

Steuerermäßigungen. **Art. 5.**

Für den Gewerbebetrieb im Umherziehen geringerer Art kann, wenn der einem deutschen Staate angehörige Unternehmer in dem Geschäftsbetriebe durch besondere Umstände (hohes Alter, körperliche Gebrechen und dergleichen) beschränkt wird, durch die Steuer veranlagende Behörde eine Steuer-Ermäßigung in der Weise gewährt werden, daß bei der Normalanlage auf einen geringeren Betrag, äußersten Falles bis zum vierten Teile des tarifmäßigen Satzes herabgegangen werden und für den ersten Begleiter die Betriebsanlage außer Berechnung bleiben darf.[1]

Außerdem ist die Staatsregierung ermächtigt, den Bewohnern einzelner Orte oder Bezirke des Königreichs für einzelne Gegenstände oder Erwerbsarten die Begünstigung einer Steuerermäßigung einzuräumen.[2], [3]

1. a) Erweist sich die auf Grund des Art. 1—4 berechnete Steuer als wesentlich zu hoch, so darf aus Billigkeitsgründen eine Ermäßigung der Normalanlage bis zu einem Viertel des tarifmäßigen Satzes eintreten und für den ersten Begleiter die Betriebsanlage außer Ansatz bleiben; eine anderweitige Ermäßigung der Steuer ist ausgeschlossen. Instr. § 8; siehe auch Anm. 10 daselbst (Anhang).

Als Jahressteuer im Sinne des Abs. 1 hatte für die Jahre 1910 und 1911 die Normalsteuer zuzüglich des 22%igen Zuschlags zu gelten. FinG. vom 14. August 1910 § 2, GVBl. S. 419; FME. vom 19. Dezember 1909 Nr. 40487.

Vom 1. Januar 1912 an ist bezüglich des Zuschlags maßgebend Art. 3 d. EG. zu den Ges. ü. d. direkten Steuern vom 14. August 1910. Siehe auch oben Anm. 1c zu Art. 4.

b) Die Ermäßigung darf nur beim Vorliegen besonderer Umstände gewährt werden; als solche kommen nach dem Gesetz in Betracht: hohes Alter, körperliche Gebrechen u. dgl. (z. B. andauernde Krankheit und damit verbundene Erwerbsbeschränktheit, Mittellosigkeit). Verhältnisse anderer Art können nicht berücksichtigt werden.

So rechtfertigt z. B. ein lediglich geringfügiger oder auf einzelne Ortschaften beschränkter Betrieb ebensowenig die Steuerermäßigung wie ein Betrieb, der nur auf einen bestimmten (kürzeren) Zeitraum beschränkt ist.

Jedenfalls soll hierbei nach den im Ausschusse der Abgeordnetenkammer gepflogenen Beratungen mit entsprechender Vorsicht verfahren und namentlich der Erlaß der Betriebsanlage für einen etwaigen Begleiter dann versagt werden, wenn dessen Unentbehrlichkeit für den erwerbsbeschränkten Unternehmer nicht feststeht oder vermutet werden kann, daß der Begleiter für eigene Rechnung ein Gewerbe im Umherziehen betreibe. Instr. § 8.

c) Zuständig zur Gewährung der Ermäßigung ist das Rentamt. Im Falle der Versagung der Ermäßigung steht dem betreffenden Gewerbetreibenden das Reklamationsrecht zu. Art. 24.

d) Regelmäßig haben nur Inländer Anspruch auf Steuerermäßigung; diese müssen dem Rentamt gegenüber die die Ermäßigung begründenden Voraussetzungen geltend machen.

e) Musik- und Schauspielgesellschaften kann dann, wenn der Wandergewerbeschein nur für eine bestimmte Zeit ausgestellt ist, unter Umständen Steuerermäßigung zugebilligt werden. § 60 RGewO.; MinE. vom 8. Februar 1885 Ziff. 9.

Das Gleiche dürfte sonach auch beim sog. Gauritt (siehe Anm. 10 zum Steuertarif) der Fall sein, da nach § 58 d. VO. vom 8. Juni 1890 der Körschein nur für die Zeit vom 1. Februar bis 15. Juli eines jeden Jahres ausgestellt wird.

f) Bezüglich der Ausländer: vgl. Bundesratsbek. vom 27. November 1896 Ziff. II, 8; oben Vorbem. Ziff. III, 2.

2. a) Steuerermäßigungen zur Unterstützung lokaler (bayerischer Industriezweige werden gemäß Art. 5 Abs. 2 vom K. Staatsministerium der Finanzen im Einverständnisse mit dem K. Staatsministerium des K. Hauses und des Äußern (früher des Innern: Form. VO. vom 10. Nov. 1904, GVBl. S. 567) bewilligt; letzteres ist auch zuständig für die Bewilligung der Ermäßigung der besonderen Abgabe. § 22 Abs. 3 d. K. Allh. VO. vom 4. Dezember 1872, RegBl. S. 2675, bzw. die vorgenannte VO. von 1904; siehe auch unten Anm. 2 zu Art. 26.

b) Gesuche um Steuerermäßigung sind bei der Distriktsverwaltungsbehörde einzureichen; letztere kann auch von Amts wegen eine Ermäßigung in Antrag bringen; alsdann hat das Rentamt nach Abgabe einer gutachtlichen Äußerung die Akten der K. Regierungsfinanzkammer vorzulegen. Diese hat bezüglich der Voraussetzungen der Ermäßigung mit der K. Regierung, Kammer des Innern, ins Benehmen zu treten und sodann die Verhandlungen mit gutachtlichem Antrage dem K. Staatsministerium der Finanzen in Vorlage zu bringen.

Die Instruierung der bezüglichen Gesuche hat ohne Verzögerung zu erfolgen. Sollte die Verbescheidung derselben erst nach dem Eintritt der Steuerpflicht ermöglicht sein, so haben die betr. Pflichtigen unter Vorbehalt des Rückersatzes die volle Steuer zu entrichten. Instr. § 9.

c) Bewilligt wurden bisher folgende Steuerermäßigungen:

auf				lt. FinME. vom		FinMBl.
1/2	d. Bewohn. v.	Dernbach	für den Handel mit Bürsten und Schruppen . .	9/6	79	S. 92
1/2	"	" Eußerthal	für den Handel mit Bürsten und Schruppen . .	16/9	79	" 267
1/2	"	" Frensdorf	für den Handel mit Wagenschmiere	27/8	79	" 165
1/4	"	" Fuchsmühl	für den Handel mit selbstgefertigten Siebmacherwaren	12/6	79	" 105
1/2	"	" Fürnbach	für den Handel mit Pech, Wagenschmiere, geringwert. Viktualien, Seife u. Lichtern	27/8	79	" 165
1/4	"	" Grasheim	für das Korbflechten . .	5/6	79	" 89
1/2	"	" Grub	für den Handel mit Wagenschmiere	27/8	79	" 165
1/2	"	" Hallersdorf	für den Handel mit Wagenschmiere	27/8	79	" 165
1/2	"	" Hartenstein	für das Siebmachen			
1/4	"	" "	für den Handel mit Korbwaren	23/11	79	" 529
1/2	"	" Heimenkirch	für den Verkauf von Strohwaren	27/8	79	" 165
1/4	"	" Karlshuld	für das Korbflechten . .	5/6	79	" 89
1/4	"	" Karlskron	a) Beschäftigungsanstalt — Handel mit Korbwaren, b) Ortsbewohner — Korbflechten	5/6	79	" 89
1/2	"	" Kirchaich	für den Handel mit Sämereien, Wetzsteinen, Seifen, Wagenschmiere, Pech u. geringw. Viktualien . .	9/6	79	" 92
1/2	"	" Limbach	für den Handel mit Korbwaren	18/10	79	" 414
1/2	"	" Lindenberg	für den Verkauf von Strohwaren	27/8	79	" 165
1/2	"	" Lisberg	für den Handel mit Wagenschmiere	18/6	79	" 97
1/4	"	" Nagel	für den Handel mit Weberwaren oberfr. Ursprungs, dann mit selbstgefertigten Holz- und Strohwaren .	21/7	79	" 118
1/2	"	" Neuhausen	für den Handel mit Wagenschmiere	18/6	79	" 97
1/2	"	" Neuschleichach	für den Handel mit Holzwaren, Sensen, Wetzsteinen, Wagenschmiere und geringwertigen Viktualien . .	9/8	79	" 92
1/2	"	" Mayerhöfen	für den Verkauf von Strohwaren	27/8	79	" 165
1/4	"	" Plößberg	für den Verkauf von Beuteltuch	21/7	79	" 118

auf			lt. FinME. vom	FinMBl.
1/2	d. Bewohner v. Prießendorf	für den Handel mit Wagenschmiere	18/6 79	„ 97
1/2	„ „ Ramberg	für den Handel mit Bürsten und Schruppen	9/6 79	„ 92
1/2	„ „ Reußenberg / Silberhof	für den Handel mit Steingut, Sägen, Holzwaren, Wetzsteinen und Seife . .	9/6 79	„ 92
1/2	„ „ Röthenbach	für den Verkauf von Strohwaren	27/8 79	„ 165
1/2	„ „ Sand	für den Handel mit Korbwaren	9/6 79	„ 92
1/2	„ „ Schönkirch	für den Verkauf von Beuteltuch	27/8 79	„ 165
1/2	„ „ Scheidegg	für den Verkauf von Strohwaren	27/8 79	„ 165
1/2	„ „ Simmerberg	für den Verkauf von Strohwaren	27/8 79	„ 165
1/2	„ „ Theinheim	für den Handel mit Pech und Wagenschmiere . .	27/8 79	„ 165
1/4	„ „ Untermaxfeld (Bez.-A. Neuburg a. D.)	für die Korbflechter . .	28/4 1910 Nr. 13640 I	„
1/2	„ „ Weichering	für die Korbflechter . .	13/6 1902	„ 195
1/2	„ „ Werdenfels	für den Handel mit Schnittwaren, Sensen, Sicheln, Gsottmessern u. Wetzsteinen	1/5 79	„ 81
1/4	„ „ Winzer	für Korbflechten u. Handel mit Korbflechterwaren . .	18/6 79	„ 97
1/2	„ „ Wüstenbuch	für den Handel mit Wagenschmiere	7/11 79	„ 495
1/2	„ „ Zeil	für den Handel mit Korbwaren	27/8 79	„ 92
1/2	„ „ Zettmannsdorf	für den Handel mit Wagenschmiere	27/8 79	„ 165

Außerdem wurden noch folgende Ermäßigungen für eine bestimmte Zeitdauer bewilligt:

auf			lt. aut. FinMinE. vom
1/2	d. Bewohn. v. Heroldsbach (Bez.-A. Forchheim)	für den Handel mit Erzeugnissen der Landwirtschaft, des Garten- und Obstbaues . . (bis Ende 1912)	15/11 1910 Nr. 35166
1/2	„ „ Klingsmoos (Bez.-A. Neuburg a. D.)	für den Kalkhandel . . . (für 1908 mit 1912)	10/2 1908 Nr. 32658
1/2	„ „ Ludwigsmoos (Bez.-A. Neuburg a. D.)	für den Kalkhandel . . . (für 1909 mit 1912)	15/12 1909 Nr. 29420 II
1/2	„ „ Sandberg (Bez.-A. Neustadt a. S.)	für den Handel mit Schnitzwaren (bis Ende 1912) . .	26/7 1908 Nr. 5859

d) In der FME. vom 26. Juli 1908 Nr. 5859, betr. Ermäßigung der Hausiersteuer für die Bewohner der Gemeinde Sandberg (cfr. sub c), ist ausgeführt: Es wurde die Frage gestellt, ob, wenn neben dem Handel mit Artikeln, für die Steuerermäßigung nach Art. 5 Abs. 2 des angeführten Gesetzes gewährt ist, noch ein geringfügiger Handel mit anderen Gegenständen betrieben wird, die für den Hauptartikel bestehende Steuerermäßigung auf den ganzen Betrieb zu erstrecken ist. Diese Frage wird bejaht; dabei wird übrigens vorausgesetzt, daß entweder der Haupt- und der Nebenhandel unter die gleiche Tarifziffer fallen oder der Haupthandel der höchstbesteuerte ist und daß die Steuerbemessung nicht nach Ziff. 5 des Tarifs zu erfolgen hat (Art. 4 Abs. 5 des Hausiersteuergesetzes).

3. a) Hinsichtlich der Steuerermäßigung für den Fall, daß in der Person der Angestellten eines Unternehmers im Laufe des Jahres eine Änderung sich ergibt, und bezüglich der Umschreibung des Wandergewerbescheins in derartigen Fällen ist in der autogr. FME. vom 5. November 1908 Nr. 28986 I, das Hausieren durch Angestellte der Kleingewerbetreibenden betr., folgendes bestimmt:

In der 58. Plenarsitzung der Kammer der Abgeordneten vom 10. Januar 1908 wurde von einem Abgeordneten hervorgehoben, daß es in vielen Fällen vom seßhaften Gewerbe dankbar empfunden werden würde, wenn es möglich wäre, eine Umschreibung des Wandergewerbescheines in dem Falle vorzunehmen, wenn der Hausierer nicht selbständiger Unternehmer ist, sondern nur Angestellter eines Unternehmers. Hierbei wurde insbesondere darauf hingewiesen, daß es in vielen Gegenden weit verbreitet sei, daß zum Beispiel die Bäckermeister ihr Brot zum allergrößten Teil auf dem Hausierweg absetzen.

Diese Anregung eignet sich zur Berücksichtigung, insoweit sie bei einem im Laufe des Kalenderjahres eintretenden Wechsel in der Person des Hausierers die Nichterhebung einer weiteren Hausiersteuer in Fällen bezielt, in denen der Hausierer kein selbständiger Gewerbetreibender, sondern nur ein Bediensteter oder Angehöriger eines seßhaften Kleingewerbetreibenden ist, der die Hausiersteuer des bisherigen Hausierers selbst entrichtet hat, und insoweit ferner das hausierweise Verkaufen der Ware dieser Kleingewerbetreibenden in der betreffenden Gegend üblich und ein Bedürfnis ist.

Es ergeht deshalb im Einverständnisse mit dem K. Staatsministerium des K. Hauses und des Äußern der Auftrag, die K. Rentämter anzuweisen, in den Fällen der bezeichneten Art den Art. 5 Abs. 1 des Hausiersteuergesetzes in der Weise zur Anwendung zu bringen, daß unter der Voraussetzung der Rückgabe des dem bisherigen Hausierer ausgestellten Besteuerungsnachweises für den dem Nachfolger auszustellenden Besteuerungsnachweis eine Ermäßigung nach dem bezeichneten Artikel gewährt und — unter gleichzeitiger nachträglicher Gewährung einer Ermäßigung nach dem bezeichneten Artikel an den bisherigen Hausierer — ein entsprechender Teil der bereits bezahlten Hausiersteuer auf die von dem Nachfolger geschuldete Hausiersteuer angerechnet wird, so daß die wechselnden Personen zusammen nur „eine" Jahressteuer zu entrichten haben. Mehr als „eine" Jahressteuer wäre zu entrichten, wenn im Laufe des Kalenderjahres ein mehr als dreimaliger Wechsel eintritt, da eine weitere Ermäßigung als auf ein Viertel des tarifmäßigen Satzes nach Art. 5 l. c. nicht zulässig ist. In den Fällen, in denen hiernach eine weitere Hausiersteuer für den neuen Wandergewerbeschein nicht zu entrichten ist, ist in dem Vordruck des Besteuerungsnachweises zu vermerken: „Bereits bezahlt laut Vormerkung auf dem Besteuerungsnachweise zum Wandergewerbeschein Nr. .... vom Jahre ..."

Über das Vorhandensein der obenbezeichneten Voraussetzungen haben sich die K. Rentämter erforderlichenfalles durch Anfragen bei den Distriktsverwaltungsbehörden zu vergewissern.

b) Im Zusammenhang mit der sub a genannten FME. vom 5. November 1908 Nr. 28986 I ist Entschließung des K. Staatsministeriums des K. Hauses und des Äußern vom 10. November 1908 Nr. 26872 II gleichen Betreffs ergangen, in welcher für die Distriktsverwaltungsbehörden angeordnet wurde, was folgt:

„Tritt in den (unter lit. a oben bezeichneten) Fällen ein Wechsel in der Person des Hausierers ein, so haben die Distriktsverwaltungsbehörden den für den bisherigen Hausierer ausgestellten Wandergewerbeschein einzuziehen und für den künftigen Hausierer einen neuen Wandergewerbeschein auszufertigen. Für letzteren muß die Gebühr von 2 Mk. ebenfalls entrichtet werden; dagegen ist von der Erhebung einer neuerlichen besonderen Abgabe Umgang zu nehmen und in dem bezüglichen Vordruck zu vermerken: „Bereits bezahlt laut Vormerkung im Wandergewerbeschein Nr. ..... vom Jahre 19 ....", wobei der Wandergewerbeschein des früheren Hausierers zu bezeichnen ist, für welchen die besondere Abgabe entrichtet ist.

Hievon wird dem K. Rentamte mit dem Bemerken Kenntnis gegeben, daß die Distriktsverwaltungsbehörden angehalten sind, den K. Rentämtern auf Ansuchen die beim Vollzuge der FME. vom 5. November 1908 Nr. 28986 I erforderlich werdenden Aufschlüsse zu erteilen."

c) Hinsichtlich des Bayerischen Blindenhorts, e. V. mit dem Sitz in München, ist wegen der Umschreibung von Wandergewerbescheinen in der autogr. FME. vom 18. Oktober 1910 Nr. 30474 folgendes angeordnet worden:

Der Bayerische Blindenhort, e. V. in München, läßt die von seinen ordentlichen — d. h. blinden — Mitgliedern hergestellten Bürstenwaren durch Hausierer absetzen, welche auf seine Kosten mit dem Wandergewerbeschein und Besteuerungsnachweise versehen und von ihm für ihre Tätigkeit entlohnt werden.

Es wird genehmigt, daß auf Antrag für einen solchen Hausierer, wenn er während des Kalenderjahres infolge Krankheit den Hausierhandel aufgeben muß, unter der Voraussetzung der Zurückgabe des Besteuerungsnachweises nachträglich auf Grund des Art. 5 Abs. 1 des Hausiersteuergesetzes Steuerermäßigung gewährt und daß der hiernach rückzuvergütende Betrag der Hausiersteuer auf die vom Nachfolger geschuldete Steuer angerechnet wird. Dem Nachfolger des erkrankten Hausierers ist gleichfalls Ermäßigung nach Art. 5 Abs. 1 l. c. zu gewähren, so daß die wechselnden Personen zusammen, soweit dies in Anwendung des Art. 5 Abs. 1 l. c. möglich ist, nur „eine" Jahressteuer zu entrichten haben.

In diesen Fällen ist in dem Besteuerungsnachweise für den Nachfolger ersichtlich zu machen, welcher Betrag an Steuern und Kreisumlagen effektiv einbezahlt und welcher Betrag durch Anrechnung beglichen wurde. Dabei ist auf die Nummer und den Jahrgang des Wandergewerbescheins, zu welchem der zurückgegebene Besteuerungsnachweis ausgestellt wurde, in der in der Entschl. vom 5. November 1908 Nr. 28986 I (cfr. oben sub a) bezeichneten Weise zu verweisen.

Fälligkeit der Steuer.

Art. 6.

Die Steuer ist jeweils bei dem Geschäftsbeginne in Bayern für das Kalenderjahr im Voraus mit dem ganzen Betrage zu entrichten.[1, 2]

Die Steuerpflicht ist vorbehaltlich der in Artikel 7, 8 und 14 gegebenen Vorschriften bei jenem Rentamte und an jenem Orte begründet, in welchem der Gewerbetreibende seinen Wohnsitz hat, oder wenn er einen Wohnsitz in Bayern nicht hat, bei jenem Rentamte, in dessen Bezirk von der Zeit der Geltung des gegenwärtigen Gesetzes an der Gewerbebetrieb begonnen, beziehungsweise der zu dem beabsichtigten Gewerbebetrieb nach den Vorschriften der Gewerbeordnung notwendige Wandergewerbeschein von einer bayerischen Behörde ausgestellt wird.[3]

1. a) Die Hausiersteuer ist — abgesehen von den unter Anm. 1e und f zu Art. 5 bezeichneten Fällen — eine Jahressteuer und für das ganze Kalenderjahr bei dem zuständigen Rentamt zu entrichten, auch wenn das Gewerbe erst am Ende des Jahres begonnen oder von der Polizeibehörde auf einen bestimmten Zeitraum beschränkt wird. RGewO. § 60; StenBer. 1879, III, 297; Instr. § 17; Bek. 1885 Ziff. 9; OLG. vom 30. März 1905, 5, 338.

Der Besteuerungsnachweis gilt also nur für dasjenige Kalenderjahr, für welches er ausgestellt ist. Auf der andern Seite folgt aber weiter aus Art. 6, daß die Steuer für jedes Kalenderjahr nur einmal zu entrichten ist.

Nur die Steuer für den Wanderlagerbetrieb ist für jeden Ort geschuldet, an welchem ein solches betrieben wird. Art. 15 Ziff. 4.

b) Die Einkünfte aus dem Gewerbebetrieb im Umherziehen unterliegen (vom 1. Januar 1912 an) der Besteuerung nach dem EinkStG. vom 14. August 1910 nur dann, wenn das Gewerbe außerhalb Bayerns betrieben wird; s. oben Anm. 1h zu Art. 1; Breunig I, 88 und 169.

c) Die Steuer muß in ihrem vollen Betrage vor der Aushändigung des Besteuerungsnachweises entrichtet werden, ist also vor dessen Behändigung fällig. **Anw. § 10.**

Stundungen und Teilzahlungen sind also unzulässig. Nur nach vorausgegangenem Strafverfahren sind Ratenzahlungen u. dgl. nicht ausgeschlossen. Vgl. hierüber unten Anm. 2 zu Art. 21.

d) Über „Steuerliste" siehe unten Anm. 1 zu Art. 14 und Anm. 3 zu Art. 18.

e) Siehe auch oben Anm. 18 zu Art. 1; ferner Anm. 1 zu Art. 4 über „Zuschlag" zur Normalsteuer.

2. Wie bereits oben in Anm. 18b zu Art. 1 hervorgehoben, unterliegt das Wandergewerbe außer der Staatssteuer in gleicher Weise wie das stehende Gewerbe

a) den **Gemeindeumlagen**,
b) den **Distriktsumlagen**,
c) den **Kreisumlagen**,
d) der **besonderen Abgabe** (diese kommt für das stehende Gewerbe nicht in Frage),
e) für Protestanten der **Kirchensteuer**.

Ad **a) Gemeindeumlagen.**

α) Bis zum 1. Januar 1912 waren maßgebend Art. 42 ff. der Gemeindeordnung bzw. Art. 33 ff. der pfälzischen GO.

Für die Umlagenpflicht ist hienach bestimmend der Wohnort bzw. der Ort des Betriebsbeginns (Art. 6 Abs. 2); beim Wanderlager ist die Umlagenpflicht an jedem Orte begründet, wo ein solches betrieben wird (Art. 15 Ziff. 6). Im Falle der Einsteuerung für auswärtige Ämter ist jene Gemeinde zuständig, welcher der Steuerpflichtige angehört; vgl. wegen der Überweisung unten Anm. 3. Für Gewerbetreibende, die in Bayern keinen Wohnsitz haben, ist bei der rentamtlichen Steueranlage eine bestimmte Gemeinde als Besteuerungsort zu bezeichnen.

Die Bestimmung des Ortes der Steuerpflicht ist Sache der Finanzstellen, gehört also nicht zur Aufgabe der Behörden der inneren Verwaltung. VGH. 2, 249.

Vgl. auch MinBek. vom 1. Februar 1882 (Anhang).

β) Um die Umlagenerhebung zu sichern, haben die Distriktsverwaltungsbehörden den umlagenberechtigten Gemeinden den Besteuerungsnachweis behufs Erhebung der Umlagen zuzusenden; die Bescheinigung über die bezahlten Distrikts- und Gemeindeumlagen ist im Wandergewerbeschein unmittelbar an die rentamtliche Steuerquittung anzuschließen.

Personen, welche in Bayern einen Wohnsitz nicht haben, darf ein Wandergewerbeschein erst dann ausgestellt werden, wenn sie den Nachweis erbringen, daß die Umlagen bereits gezahlt sind. Anw. § 10.

Weiterhin steht auch den Gemeinden die Befugnis zu, jederzeit von der Steuerliste Einsicht zu nehmen. Instr. § 27.

γ) Ist lediglich ein Besteuerungsnachweis erforderlich (Art 9), so ist noch vor dessen Behändigung seitens des Rentamts den Gemeinden von der Steueranlage Kenntnis und Gelegenheit zur Erhebung der Gemeinde- und Distriktsumlagen zu geben. Instr. § 27 Abs. 5 und § 21; StenBer. 1879, III, 288 ff.; Verh. d. K. d. Reichsräte S. 972.

Siehe im übrigen über Umlagen die Bek. vom 1. Februar 1882 (abgedruckt im Anhang).

δ) Vom 1. Januar 1912 an ist für die Umlagenerhebung maßgebend das Umlagengesetz vom 14. August 1910, GVBl. S. 581, insbesondere Art. 1—35, s. Schweitzers Sammlung von Steuergesetzen S. 401 ff.

Die seitherigen Vorschriften über die Umlagenerhebung sind ausdrücklich aufgehoben; Art. 49 a. a. O. Mit Ablauf des Jahres 1918 tritt das Umlagengesetz außer Wirksamkeit; Art. 53 eod.

Vom 1. Januar 1912 an ist regelmäßig (wie seither) umlagenberechtigt jene Gemeinde, in welcher der Gewerbetreibende seinen Wohnsitz (vgl. oben Anm. 3 zu Art. 1) hat. Hat er in Bayern keinen Wohnsitz, so erfolgt die Jahresveranlagung an dem Orte, wo er den Gewerbebetrieb in Bayern im Laufe des Jahres beginnt. Bei Wanderlagern wird die Steuer an jedem Betriebsorte des Wanderlagers aufs neue veranlagt. Art. 8 d. UmlG. vom 14. August 1910; s. auch Art. 15

Ziff. 6 d. gegenw. Ges.; Art. 21 des WarenhausstG., ferner unten Anm. 5c zu Art. 15; Henle S. 30 und 166.

Maßgebend für die Umlagenberechnung ist nicht der Ertrag aus dem Gewerbebetrieb im Umherziehen, sondern die Jahressteuer (siehe unten Bem. ad a, b und c, ferner über die Bemessung der Steuer Art. 4 des gegenwärtigen Ges.).

Vgl. im übrigen § 26 d. VollzBek. vom 12. Juni 1911 zum UmlG., GVBl. S. 830.

ε) Das oben unter lit. β und γ Gesagte gilt natürlich auch nach dem 1. Januar 1912. Vgl. hierüber insbesonders auch § 75 Abs. III der VollzBek. zum UmlG. und die Fußnote hierzu, GVBl 1911 S. 856; Henle S. 190.

Vgl. ferner a. a. O. §§ 94 u. 97 (Einsicht von der Steuerliste durch die Gemeinden), § 95 (Berechnung der Umlagen durch die Gemeinden), § 96 (Berechnung usw. der Umlagen durch das Rentamt), § 108 (Einhebung und Beitreibung der Gemeindeumlagen), § 118 (Rechtshilfe zwischen den deutschen Bundesstaaten), §§ 123 u. 124 (Nachlässe), §§ 125 ff. (Ortsumlagen).

Übergangsbestimmungen: s. §§ 155 ff. l. c.

Bei den Gemeindeumlagen, die für 1912 den Wandergewerbsteuern landesfremder Personen zugeschlagen werden (vgl. Anw. § 10), wird bis zur Festsetzung des Umlagensatzes jener des Vorjahres zugrunde zu legen sein; und zwar sind etwa 3/4 des Hundertsatzes zu erheben, der für 1911 an Gemeinde- und Distriktsumlagen erhoben worden ist. Entsprechend das gleiche gilt für die Ortsumlagen. § 167 Abs. 3 VollzBek. zum UmlG.

Bei der Berechnung der Gemeindeumlagen kommen die Hausiersteuern mit den 2½ fachen Beträgen in Ansatz; Art. 25 Abs. IV UmlG.

Gewerbebetriebe im Umherziehen, die außerhalb Bayerns stattfinden, unterliegen der Einkommensteuer (Art. 8 Ziff. 3 EinkStG. vom 14. August 1910, s. oben Anm. 1g zu Art. 1); die entsprechende Umlagenberechnung bemißt sich nach dem UmlG. Art. 19; siehe Fußnote zu § 26 VollzBek. zum UmlG., GVBl. 1911 S. 830; Henle S. 166.

Ad b) Distriktsumlagen.

α) Bis 1. Januar 1912 war maßgebend das Distriktsratsgesetz vom 28. Mai 1852 Art. 31 und 32, GBl. S. 245; siehe auch § 44 des Landtagsabschieds vom 10. Juni 1899.

Das oben unter ad a α—γ Gesagte gilt in analoger Weise von den Distriktsumlagen.

β) Vom 1. Januar 1912 an erfolgt die Erhebung der Distriktsumlagen nach Maßgabe des Umlagengesetzes vom 14. August 1910 Art. 38 ff.; vgl. hierzu auch die VollzBek. vom 12. Juni 1911 §§ 130—140.

Art. 31 Abs. I u. II und Art. 33 des DistrRatsG. sind ausdrücklich aufgehoben; Art. 49 Ziff. 4 d. UmlG.

Schuldner der Distriktsumlagen sind nicht mehr die einzelnen Steuerzahler, sondern die Gemeinden. Die einzelnen Steuerpflichtigen sind nunmehr vollständig ausgeschaltet. Die Gemeinden haben die Distriktsumlagen in gleicher Weise wie den übrigen Bedarf aufzubringen; Henle S. 133.

Über Berechnung und Verteilung s. Art. 39 UmlG. und §§ 131 ff. VollzBek. hiezu; Henle S. 136. Übergangsbestimmungen: s. §§ 155 ff. a. a. O. Über Beitreibung s. Henle S. 140.

Ad a und b) α) Die Gemeinde- und Distriktsumlagen wurden bisher regelmäßig von den Gemeinden berechnet und erhoben; es konnten jedoch auch die Rentämter vertragsmäßig mit dieser Aufgabe betraut werden. Vgl. Instr. § 21 Abs. 4 u. § 27 Abs. 5.

β) Vom 1. Januar 1912 an gilt hinsichtlich der Gemeindeumlagen im wesentlichen der gleiche Grundsatz. Maßgebend sind nunmehr Art. 27 u. 28, ferner Art. 33 Abs. IV Satz 2 d. UmlG. und §§ 95, 96 u. 115 Abs. 1 d. VollzBek. hierzu.

Hiernach ist die Berechnung der Steueransätze nach Art. 25, dann die Berechnung und Verteilung der Gemeindeumlagen nach Art. 26 der Gemeindeverwaltung überwiesen. Diese Geschäfte oder einzelne Teile derselben können vertragsmäßig auch dem Rentamt übertragen werden. Dem Rentamt kann auch die Einhebung der Gemeindeumlagen sowie die Vollstreckung in den Landesteilen rechts des Rheins vertragsweise übertragen werden; siehe hierüber insbesondere § 115 VollzBek. zum UmlG.; s. auch die autogr. FinME. vom 9. Oktober 1906 Nr. 13055, betr. die Einhebung der Gemeindeumlagen durch die Rentämter.

Wegen der Distriktsumlagen s. oben zu b unter β.

Ad c) Kreisumlagen.

α) Bis 1. Januar 1912 war maßgebend das Landratsgesetz vom 28. Mai 1852 Art. 16, GBl. S. 269. Der Berechnung ist hienach der jeweilige Umlagenprozentsatz der betreffenden Kreisgemeinde zugrunde zu legen. Steht der Umlagenprozentsatz für das betr. Rechnungsjahr noch nicht fest zur Zeit der Steuererhebung, so sind die Umlagen nach dem Prozentsatz des letztmals bekannt gemachten Landratsabschieds zu erheben. Bei Einsteuerung für andere Ämter ist der Prozentsatz jener Kreisgemeinde maßgebend, welcher das betreffende Rentamt angehört.

Die Erhebung (und Beitreibung) der Kreisumlage erfolgt durch die Rentämter, und zwar gleichzeitig mit der Steuererhebung.

Vgl. Instr. § 16 Ziff. 6—8, § 17; Anw. § 10 insbesondere Abs. 9 u. 10; ferner MinBek. vom 11. September 1879, GVBl. S. 171, Fin.-MinBl. S. 175. Über örtliche Zuständigkeit s. unten Anm. 3.

β) Vom 1. Januar 1912 an ist maßgebend das UmlG. vom 14. August 1910 Art. 42 ff. Art. 16 des Landratsgesetzes ist ausdrücklich aufgehoben; Art. 49 Ziff. 5 d. UmlG. Die Kreisumlagen sind begrifflich Zuschläge zu den direkten Steuern, also auch zur Hausiersteuer. Art. 42. Siehe auch oben Anm. 18 zu Art. 1. Umlagenberechtigt ist in bezug auf den Ertrag aus dem Gewerbebetrieb im Umherziehen die Kreisgemeinde des Ortes der Steuerveranlagung; Art. 46 Ziff. 1; § 147 Abs. 2 der VollzBek. zum UmlG.; vgl. ferner a. a. O. §§ 141—154 über Erhebung, Verwaltung, Beitreibung usw.

In § 153 Abs. VII sind die bisherigen Vorschriften, insbesondere die MinBek. vom 16. März 1879 § 16 Ziff. 8—6 und die MinE. vom 11. September 1879, GVBl. S. 171, FinMinBl. S. 175, ausdrücklich aufrecht erhalten.

Für das Jahr 1912 sind bis zur Veröffentlichung der Landratsabschiede nur $^{8}/_{10}$ des Hundertsatzes für 1911 zu erheben; wenn nötig unter entsprechender Aufrundung; § 167 Abs. II VollzBek. zum UmlG.

Ad a, b und c. Für die Umlagenerhebung kommt die Normalsteuer (also die Steuer mit dem jeweiligen finanzgesetzlichen Zuschlag) in Betracht. Vgl. Art. 3 Abs. III EG. zu den direkten Steuern; GVBl. 1910

S. 578; § 74 Abs. 2 VollzBek. zum UmlG. vom 12. Juni 1911, GVBl. S. 830; siehe insbesondere oben Anm. 1c zu Art. 4.

Über Niederschlagung und Nachlaß der Umlagen s. Breunig Bd. 1 S. 346; Henle S. 126, 140 und 149.

Für die Niederschlagung und den Nachlaß der Kreisumlagen sind die Staatsbehörden zuständig; für die Niederschlagung und den Erlaß der Gemeindeumlagen und Distriktsumlagen sind die Gemeindeverwaltungen bzw. der Distriktsrat zuständig.

Ad d. Besondere Abgaben.

Siehe hierüber unten Anm. 2 zu Art. 26.

Ad e) Der Kirchensteuer für die protestantischen Kirchen des Königreichs Bayern sind jene Hausierer unterworfen, welche der evangelisch-lutherischen, der reformierten, der unierten Kirche oder einer protestantischen Kirche des Auslandes angehören, sofern diese nicht in Bayern Anerkennung als Privatkirchengesellschaft gefunden hat.

Art 7 des Gesetzes, die Kirchensteuer für die protestantischen Kirchen des Königreichs Bayern betr., vom 15. August 1908, GVBl. S. 513; § 2 Abs. 1a und Abs. 7 der Vollzugsvorschrift zum Kirchensteuergesetz vom 14. Dezember 1910, GVBl. S. 1155 (s. Schweitzers Sammlung von Steuergesetzen S. 625 ff.). In Kraft getreten ist das Kirchensteuergesetz laut K. Allerh. Entschl. vom 24. März 1910 (GVBl. S. 149) am 26. März 1910. Die Kirchensteuer wird in Form eines Zuschlags zur Hausiersteuer durch die Rentämter mit der Steuer eingehoben und beigetrieben; Art. 8 u. 10 des Ges.; §§ 7 ff. der Vollzugsvorschrift; über „Zuschlag zur Jahressteuer" s. oben Anm. 1c zu Art. 4.

Die Kirchensteuer darf 10% der Hausiersteuer nicht übersteigen; Art. 8 Abs. II; die Höhe des Prozentsatzes wird jeweils durch Ministerialentschließung bekannt gegeben; vorher darf eine Erhebung der Kirchensteuer nicht erfolgen; § 7 Abs. II d. VollzVorschr.

Für die Jahre 1911 mit 1913 gelangen 5% der Staatssteuer (Hausiersteuer) als Kirchensteuer zur Erhebung. Ziff. II des Abschieds vom 13. Dezember 1910 für die Steuersynode der protestantischen Kirche Bayerns r. d. Rh. und des Abschieds vom 13. Dezember 1910 für die Steuersynode der vereinigten protestantischen Kirchen der Pfalz, GVBl. 1910 S. 1141 u. 1150.

f) Handelskammerbeiträge werden von den Hausierern nicht erhoben. Es ergibt sich dies aus § 11 im Zusammenhalt mit §§ 4, 21 und 36 der K. Allerh. VO. vom 25. Februar 1908, die Handelskammern und Handelsgremien betr., GVBl. S. 69. Hienach sind nur die seßhaften Gewerbetreibenden, also jene Personen, die ein stehendes Gewerbe betreiben und die zur Gewerbsteuer (nach dem Gesetze vom 9. Juni 1899 bzw. vom 1. Januar 1912 an nach dem Gesetze vom 14. August 1910) veranlagt sind, wahlberechtigt und nach Maßgabe der Gewerbsteuer beitragspflichtig.

3. a) Die Steuerpflicht ist regelmäßig bei jenem Rentamt begründet, in dessen Bezirk der Gewerbetreibende seinen Wohnsitz hat. Meldet er sich bei einem anderen Rentamt zur Besteuerung an, so hat dieses die Steuer an das zuständige Amt zu überweisen. Art. 14 Abs. 4 u. 5; Instr. §§ 10 u. 37; MinBek. vom 1. Februar 1882 (Anhang).

b) Hat der Gewerbetreibende keinen Wohnsitz in Bayern, so ist jenes Rentamt zuständig, in dessen Bezirk er seinen Wandergewerbeschein löst.

Bedarf er keines solchen Scheines, so ist das Amt zuständig, in dessen Bezirk der Gewerbebetrieb begonnen wird. Vgl. auch oben Anm. 2 ad a α.

c) Vgl. im übrigen bezüglich der örtlichen Zuständigkeit die Ausführungen in der MinBek. vom 1. Februar 1882, abgedruckt im Anhang.

Anmeldung des Gewerbebetriebs. **Art. 7.**

Wer ein der Steuer vom Gewerbebetrieb im Umherziehen unterliegendes Gewerbe ausüben will, ist gehalten, dasselbe vor Eröffnung des Betriebs behufs Entrichtung der Steuer anzumelden [1] und sich für die jeweilige Betriebsdauer (Art. 6 Abs. 1) mit einem Nachweise über die Festsetzung der Steuer und deren Entrichtung zu versehen. [2]

Mit der Anmeldung hat der Pflichtige die Angabe jener Verhältnisse zu verbinden, welche für die Steueranlage maßgebend sind. [1, 3–5]

1. a) Die Veranlagung zur Wandergewerbesteuer erfolgt auf Grund einer Anmeldung; diese muß alljährlich bei Vermeidung der Strafeinschreitung bei dem zuständigen (vgl. Anm. 3 zu Art. 6) Rentamt vor dem Geschäftsbeginn, und zwar in der Regel persönlich und mündlich stattfinden. OLG. vom 3. Juli 1900, 1, 119; vom 21. Nov. 1905, 6, 217; vom 23. Okt. 1909, 9, 360; vom 5. Nov. 1910, 10, 345.

Eine schriftliche Anmeldung oder eine Anmeldung durch Dritte ist nur zulässig, wenn der Unternehmer am persönlichen Erscheinen beim Rentamte nachgewiesenermaßen behindert ist und die Betriebsverhältnisse desselben bekannt sind. Der Pflichtige hat in einem solchen Falle dafür Sorge zu tragen, daß auf Grund der Anmeldung der Einzug der Steuer und Umlage sofort oder doch vor Eröffnung des Gewerbebetriebs erfolgen kann. Instr. § 13.

b) Voraussetzung für die Anmeldung ist, daß die betreffende Tätigkeit eine gewerbsmäßige ist.

Vgl. hierüber Anm. 1 b zu Art. 1.

Weitere Voraussetzung ist, daß die betreffende Tätigkeit unter die Bestimmungen des Hausiersteuergesetzes fällt. Siehe auch unten Anm. 3.

c) Bei der Anmeldung hat der Steuerpflichtige nicht bloß die Gattung des oder der von ihm im Umherziehen auszuübenden Gewerbe zu bezeichnen, sondern auch alle Verhältnisse darzulegen, welche für die Bemessung der Steuer in Betracht kommen; überdies ist, wenn er sich im Besitze eines von einem anderen Staate ausgestellten Wandergewerbescheines befindet, welcher ihn zur Ausübung des Wandergewerbes in Bayern berechtigt oder dessen Ausdehnung auf einen bayerischen Bezirk nachgesucht werden will, dieser Schein bei der Anmeldung vorzulegen. (Bek. vom 8. Februar 1885, FinMinBl. S. 19.) Dabei ist insbesondere zu beachten:

α) Bei Gewerben, deren Betriebsanlage nach der Anzahl der mitgeführten Begleiter (Tarif Nr. 1, 2, 3, 7) oder Gesellschafter (Tarif Nr. 8c—f) oder Beschälhengste (Tarif Nr. 4) bemessen wird, sind diese und der ersteren Verrichtungen anzugeben.

β) Wo die Betriebsanlage innerhalb eines gewissen Spielraumes sich bewegt (Tarif Nr. 5, 8a und b, 8g), muß die Größe des Betriebsvermögens und Umsatzes deklariert werden. Instr. §§ 11, 12. Knobling S. 53.

γ) Bezüglich der Wanderlager und Wanderauktionen siehe unten Art. 15 Ziff. 3.

d) Bei Anmeldungen durch Gewerbetreibende, welche in der Pfalz beheimatet sind, ist sich vor Ausfertigung des Besteuerungsnachweises jederzeit mit der einschlägigen Distriktspolizeibehörde zu benehmen und deren Mitteilung abzuwarten, ob die Hausierer nicht behufs Erteilung des Wandergewerbescheines von der Behörde des Aufenthaltsortes an die Behörde des Wohnortes verwiesen werden. Sollte dies der Fall sein, dann ist auch von einer Steueranlage beim Rentamte des Aufenthaltsortes Umgang zu nehmen und der Gewerbtreibende zur zuständigen Einsteuerung an das betreffende pfälzische Rentamt zu verweisen. Fin.-MinE. vom 26. Dezember 1888, FinMinBl. S. 441.

Über die Sachbehandlung bei Hausierern von den Gemeinden Karlsberg und Neukirchen s. unten Anm. 1 zu Art. 10.

2. Das Rentamt hat die abgegebene Erklärung in bezug auf den tatsächlichen Gewerbebetrieb und die Angabe der Betriebsmerkmale zu prüfen und, soferne sie den für die Feststellung der Normal- und Betriebsanlage nötigen Sachverhalt in erschöpfender und glaubwürdiger Weise enthält, die Gewerbesteuer festzustellen, im anderen Falle dagegen die unvollständige oder sonst mangelhafte Anmeldung zunächst durch den Beteiligten vervollständigen und verbessern zu lassen.

Das Rentamt hat weiterhin die Pflicht, sich über Art und Umfang des Geschäftsbetriebs Gewißheit zu verschaffen, z. B. durch Anstellung geeigneter Erhebungen, durch Einsichtnahme des Geschäftsbetriebs, wenn nötig im Wege der Schätzung (Art. 14 Abs. 3); Instr. § 12.

Im Falle unrichtiger Erklärungsabgabe seitens des Steuerpflichtigen ist mit Strafe einzuschreiten (Art. 17); außerdem ist die erforderliche Steuerberichtigung von Amts wegen vorzunehmen. Instr. § 12. Knobling S. 55.

3. Von der Meldepflicht sind nur befreit die hausiersteuerfreien Wandergewerbe; Vorbem. Ziff. V u. VI; Art. 2; StenBer. 1879, III, 301. § 14 RGewO. Anw. § 10; s. insbesondere auch Anm. 5 zu Art. 2.

4. Über Besteuerungsnachweis vgl. Anm. 1 zu Art. 8.

5. Im Falle der Änderung der Art des Gewerbebetriebs, ferner bei Beginn eines neuen hausiersteuerpflichtigen Gewerbes muß jedesmal neuerliche Anmeldung erfolgen. Art. 12.

Art. 8—10. Besteuerungsnachweis und Wandergewerbeschein.

Art. 8.

Die Anmeldung und die Einholung des Besteuerungsnachweises hat, soferne es zur Ausübung des Gewerbes in Bayern nach den Vorschriften der Gewerbeordnung des Wandergewerbescheins einer bayerischen Behörde bedarf, dem Antrage auf Erteilung des letzteren voranzugehen. [1, 2–7]

Es soll alsdann regelmäßig der Nachweis der Besteuerung dem Wandergewerbescheine beigefügt werden. [3]

Die gleiche Bestimmung tritt für Personen in Geltung, welche auf Grund eines von einer außerbayerischen deutschen Behörde ausgestellten Wandergewerbescheines in Bayern einen Gewerbebetrieb im Umherziehen beabsichtigen und hiezu gemäß der Vollzugsvorschriften zur Gewerbeordnung eine Vormerkung auf ihrem Wandergewerbescheine bei derjenigen bayerischen Distriktsverwaltungsbehörde einzuholen haben, in deren Bezirk das Königreich betreten oder der Gewerbebetrieb begonnen wird.

In den übrigen durch die Bestimmungen dieses Artikels nicht berührten Fällen des Betriebs von Gewerben im Umherziehen ist die Anmeldung beim Rentamte des Wohnortes des Gewerbetreibenden, soferne derselbe seinen Wohnort in Bayern hat, oder beim Rentamte des Betriebsortes (Art. 6 Abs. 2) zu bewirken.

1. Die Regel ist die, daß jeder Gewerbebetrieb, zu dem nach der RGewO. ein Wandergewerbeschein erforderlich ist (vgl. hierüber Anm. 6 zu Art. 2) auch der Hausiersteuer unterliegt. Bek. 1885 Ziff. 11.

Ausnahmen von dieser Regel ergeben sich nach 2 Richtungen:

a) für den Fall, daß ein Wandergewerbeschein nicht erforderlich ist, trotzdem die Steuerpflicht besteht; vgl. hiezu unten Anm. 1 zu Art. 9; ferner bezüglich des Verfahrens § 4 MinBek. vom 1. Februar 1882, MinABl. S. 74, FinMinBl. S. 29; Bek. 1885 § 11; Anw. § 10 Abs. 14; siehe Anhang;

b) wenn zwar ein Wandergewerbeschein erforderlich ist, aber eine Hausiersteuer nicht geschuldet ist; vgl. hierüber Anm. 10c, 11d und 13a zu Art. 2; hinsichtlich des Verfahrens die Anw. § 10 Abs. 12 und 13 sowie die Bek. 1885 § 11 (beide im Anhang).

2. a) Vor Ausstellung des Besteuerungsnachweises darf die Distriktspolizeibehörde einen Wandergewerbeschein nicht erteilen. Art. 10; StenBer. 1879, III, 297; Instr. § 11; MinBek. vom 23. Dezember 1897 Ziff. 2 Abs. 2, GVBl. S. 423; Anw. § 10; siehe auch § 60 Abs. 1 GewO.; OLG. vom 21. Mai 1902, 2, 373.

b) In § 60 Abs. 1 GewO. ist unzweideutig zum Ausdruck gebracht, daß der Besitz des Wandergewerbescheins allein zur sofortigen Ausübung des Gewerbebetriebs im Umherziehen nicht berechtigt. Landmann S. 612.

3. a) Über Form und Inhalt des Besteuerungsnachweises: vgl. Instr. § 17; Bek. 1885 Ziff. 11 u. 12; insbesondere Anw. und die Beil. II, III u. IV hierzu (im Anhang X).

b) Durch den Besteuerungsnachweis wird die geschehene Anmeldung unter Angabe der Zahl der Begleiter (Gehilfen) oder des Betriebskapitals usw. in der Art und zu dem Ende bescheinigt, daß jede spätere, die Steueranlage beeinflußende Änderung kontrolliert zu werden vermag. Es ist sich bei Bezeichnung des Gegenstandes des Gewerbebetriebs möglichst an die Ausdrucksweise des Steuertarifs zu halten, damit in dieser Beziehung die Übereinstimmung zwischen den Vorträgen in dem Besteuerungsnachweise und dem Wandergewerbescheine sich ergibt.

Im übrigen darf in Anwendung der gebräuchlichen Kollektivbezeichnungen nicht zu weit gegangen werden, um die strafbare Ausdehnung des Betriebs auf andere als die im Steuerausweise bezeichneten Waren und Leistungen möglichst zu verhüten.

Zur Ausfertigung des Besteuerungsnachweises haben sich die Rentämter, wo zum Gewerbebetrieb im Umherziehen ein Wandergewerbeschein erforderlich ist, der Wandergewerbescheinformulare in der Weise zu bedienen, daß sie der zu diesem Behufe vorgesehenen Impresse die Steuerquittung, die Nummer der Steuerliste und das Amtssiegel beifügen, oder daß sie die Steuerquittung, falls der Gewerbebetrieb in Bayern auf Grund eines von der zuständigen Behörde eines anderen Bundesstaates für das ganze Deutsche Reich ausgefertigten Wandergewerbescheines betrieben werden darf, und der Wandergewerbeschein keinen hinlänglichen Raum mehr bietet, ebenso wie bei Geschäftserweiterungen auf einem besonderen, von der Verwaltungsbehörde dem Wandergewerbescheine beizuheftenden Blatte ausstellen. MinE. vom 13. Dezember 1883 Ziff. 5, FinMinBl. 1884 S. 3 (Anhang). Siehe auch Anm. 1a und b oben.

4. a) Grundsätzlich ist für jede Person, welche ein Wandergewerbe betreibt, ein besonderer Besteuerungsnachweis auszustellen. Vgl. auch Anm. zu Art. 1, insbesondere Anm. 1a, 6a; Anm. 2e zu Art. 4; s. auch Vorbem. Ziff. IV B, § 60d GewO.

b) über den Ausnahmefall des sog. Kollektivwandergewerbescheins vgl. Anw. § 18; § 55 Ziff. 4, 60a u. 60d Abs. 3 u. 4 GewO.; Anm. 2e zu Art. 4 oben; s. auch Vorbem. Ziff. IV B zu § 60d GewO.

c) über Steuerermäßigungen in dem Falle, daß der Wandergewerbeschein für kürzere Dauer als das Kalenderjahr ausgestellt oder ausgedehnt ist, vgl. Anm. 1e und f zu Art. 5.

d) Bezüglich jener Fälle, in denen ein Wandergewerbeschein nicht erforderlich ist und auch gleichzeitig Steuerfreiheit eintritt: Anm. zu Art. 2 insbesondere Anm. 6a und b. Siehe auch die Ausnahmefälle oben in Anm. 1.

e) Über örtliche Zuständigkeit: vgl. Art. 6 und Anm. 3 hiezu.

5. Die mit dem Besteuerungsnachweise versehenen Formulare bzw. die mit besonderer Quittung belegten Wandergewerbescheine sind nach erfolgter Steuerentrichtung durch den Boten oder die Post — in keinem Falle durch den beteiligten Gewerbetreibenden — an die Distriktspolizeibehörden behufs Ausstellung oder Ausdehnung des Wandergewerbescheines und nachheriger Aushändigung desselben an den Gewerbtreibenden zu übermitteln. MinE. vom 13. Dezember 1883 Ziff. 3, FMBl. 1884 S. 3; Bek. vom 8. Februar 1885 Ziff. 12, FMBl. 26; Anw. § 10. Wegen der Umlagenentrichtung s. oben Anm. 2 ad α, β zu Art. 6.

6. Die Distriktsverwaltungsbehörden haben über die von ihnen ausgestellten, bzw. auf ihren Bezirk ausgedehnten Wandergewerbescheine fortlaufende, jährlich abzuschließende Verzeichnisse zu führen. VO. vom 29. März 1892 § 25 Abs. 3; Anw. § 19. Zu diesem Verzeichnisse sind die Atteste, auf Grund deren die Scheine ausgestellt wurden, als Beilagen zu nehmen. Ebenso müssen die Rentämter über den Empfang und die Verwendung der von den Distriktsverwaltungsbehörden zu beziehenden WGSch. Formulare ein jährlich abzuschließendes Verzeichnis anlegen, welches bei dem am Jahresschlusse vorzunehmenden Materialsturze — anknüpfend an den jeweiligen Bestand aus dem Vorjahre und nach Abzug der im Laufe des Jahres verdorbenen Formulare — den für jede Gattung A, B, C verbleibenden Vorrat darstellt. Vgl. MinE. vom 13. Dezember 1883, FMBl. 1884 S. 3/4. Die Evidentstellung dieses Verzeichnisses erfordert die Führung eines besonderen Registers über die im Laufe des Jahres ausgestellten Steuerfreischeine, in welchem die Gründe der steuerfreien Ausfertigung vermerkt sind. Knobling S. 58.

7. a) Zuständig zur Ausstellung des Wandergewerbescheins[1]) sind regelmäßig die Distriktspolizeibehörden (Bezirksämter, in den unmittelbaren Städten die Magistrate, in München, soweit es sich um einen Gewerbebetrieb mit Preßerzeugnissen handelt, die Polizeidirektion) des Wohnorts oder Aufenthaltsorts; § 61 GewO. Landmann S. 624. Anw. § 3.

b) Hat der Nachsuchende überhaupt in Bayern keinen Wohnsitz oder will derselbe im Umherziehen Musikaufführungen, Schaustellungen, theatralische Vorstellungen oder sonstige Lustbarkeiten, ohne daß ein höheres Interesse der Kunst oder Wissenschaft dabei obwaltet, darbieten, so ist der Wandergewerbeschein von jener Distriktsverwaltungsbehörde auszustellen, in deren Bezirk der Gewerbebetrieb begonnen werden will (in München, soferne es sich im ersteren Falle um das Hausieren mit Preßerzeugnissen handelt, von der Polizeidirektion, in allen übrigen Fällen vom Magistrate). § 61 Abs. 2 GewO.; Anw. § 3 Abs. 2.

c) In denjenigen Fällen, in welchen ein Wandergewerbeschein nur für den Bezirk der ausstellenden Behörde gültig ist, also insbesondere bei allen Wandergewerbescheinen für Ausländer, erfolgt die Ausdehnung auf andere Bezirke durch die Distriktsverwaltungsbehörde jenes Bezirkes, für welchen die Ausdehnung nachgesucht wird. Anw. § 3 Abs. 3 und § 4.

d) Über das Verfahren bei Ausstellung von Wandergewerbescheinen an solche Personen, welche den Gewerbebetrieb nicht in Bayern ausüben, siehe Anw. § 17 Ziff. 6; Anm. 1g zu Art. 1 oben; vgl. Vorbem. Ziff. VI, C, 7.

e) Wenn das Gewerbe ohne Wandergewerbeschein betrieben werden darf, haben sich die Unternehmer nicht an die Distriktsverwaltungsbehörde zu wenden, sondern nur die Ausfertigung des zum Betriebe etwa erforderlichen Besteuerungsnachweises beim Rentamte zu beantragen. Instr. § 11 Abschn. II und § 17; vgl. auch Anm. 1a oben, ferner unten Anm. 1 zu Art. 9.

f) Geltungsgebiet. Der von der zuständigen Behörde ausgestellte Wandergewerbeschein gilt für das ganze Deutsche Reich.

Ausnahmen: Anw. § 4 Ziff. 1—6. Siehe auch bezüglich des Falles, daß das Wandergewerbe außerhalb Bayerns betrieben werden will, oben Vorbem. Ziff. VI C 7; Anm. 1g zu Art. 1; ferner Anw. § 17 Ziff. 6.

g) Geltungsdauer. Der Wandergewerbeschein gilt, soferne dessen Zurücknahme nicht schon vor Ablauf des Kalenderjahres verfügt wird, für das ganze Kalenderjahr; § 60 GewO.

Ausnahmen: Anw. § 5; vgl. ferner Anm. 4c oben und Anm. 1e und f zu Art. 5 (betrifft die Ausstellung oder Ausdehnung des Wandergewerbescheines für kürzere Dauer als ein Kalenderjahr).

h) Verfahren: Anw. § 16. Wegen Zigeuner vgl. Anm. 5 zu Art. 3.

---

[1]) Die einschlägigen Bestimmungen der Reichsgewerbeordnung sind in der Vorbem. Ziff. I ff. abgedruckt.

i) Der Wandergewerbeschein muß in der Regel jedem Reichsangehörigen, welcher das 25. Lebensjahr zurücklegt und einen Wohnsitz im Reichsgebiet hat, erteilt werden.

Der Wandergewerbeschein muß versagt werden aus den in § 57 GewO. bezeichneten Gründen; Anw. § 8 Ziff. I. Der Wandergewerbeschein kann unter den in §§ 57a und 57b bezeichneten Voraussetzungen versagt werden; Anw. § 8 Ziff. II und III; s. auch Vorbem. Ziff. IV A.

Wegen Ausländer: vgl. Bundesrats-Bek. vom 27. November 1896 Ziff. II 2; Vorbem. Ziff. III; Anw. § 9.

k) Die Erteilung des Wandergewerbescheines ist auch von der Bedürfnisfrage[1]) abhängig zu machen und muß unbedingt versagt werden, wenn für den betreffenden Verwaltungsbezirk eine genügende Zahl von Wandergewerbescheinen bereits ausgestellt ist. Die Bedürfnisfrage ist zu stellen (GewO. §§ 55 Ziff. 4 und 57 Ziff. 5):

1. bei Anträgen auf Ausfertigung von Wandergewerbescheinen für öffentliche Musikaufführungen, Schaustellungen, theatralische Vorstellungen oder sonstige Lustbarkeiten, ohne daß ein höheres Interesse der Kunst oder Wissenschaft obwaltet, sobald der den Verhältnissen des Amtsbezirks der zuständigen Verwaltungsbehörde entsprechenden Anzahl von Personen Wandergewerbescheine erteilt oder ausgedehnt sind (§ 60 Abs. 2 GewO.);

2. bei Anträgen auf Ausdehnung von Wandergewerbescheinen auf einen anderen Bezirk;

3. bei Erteilung von Wandergewerbescheinen an Ausländer, wenn ein Bedürfnis zur Ausstellung eines solchen Scheines für das betr. Gewerbe in dem Bezirke der zur Ausstellung befugten Behörde nicht besteht oder bereits eine den Verhältnissen entsprechende Anzahl von Wandergewerbescheinen erteilt oder ausgedehnt ist. Bundesrats-Bek. vom 27. November 1896 Ziff. II 4 (RGBl. S. 745); Vorbem. Ziff. III 2. Knobling S. 66.

l) Zurücknahme des Wandergewerbescheines: Anw. § 22.

m) Zurücknahme der Ausdehnung eines Wandergewerbescheines und der Bewilligung zur Mitführung von Begleitern: Anw. § 23.

Art. 9.

Auf Grund der Anmeldung und nach Einziehung sonstiger Nachrichten, welche das Rentamt für die Bemessung der Steuer allenfalls noch für erforderlich erachtet, wird, soferne nicht der Besteuerungsnachweis dem Wandergewerbescheine[1] beizufügen ist (Art. 8 Abs. 2), vom Rentamte dem Gewerbetreibenden eine Nachweisung zugefertigt, welche zu enthalten hat:

a) die Bezeichnung der Person des Gewerbetreibenden, die angemeldete Betriebsdauer des Gewerbes, die Art und den Gegenstand des Gewerbebetriebes und die Angabe aller sonstigen, nach den Vorschriften des gegenwärtigen Gesetzes

---

[1]) Über „Bedürfnisfrage" s. auch oben S. 10, 11, 14 und 15.

und des demselben beigefügten Steuertarifes für den Ansatz der Normalanlage und das Ausmaß der Betriebsanlage maßgebenden Verhältnisse;

b) **die Festsetzung der Steuer nach Anleitung des Steuertarifs mit Bezeichnung allenfallsiger, eine Steuerermäßigung veranlassenden Umstände;**

c) **die amtliche Quittung über die Entrichtung der Steuer.**

1. Während Art. 8 sich auf jene Fälle bezieht, in denen bei einer bayerischen Verwaltungsbehörde ein Wandergewerbeschein ausgestellt, ausgedehnt oder visiert wird, hat Art. 9 jene Fälle im Auge, in denen eine Tätigkeit der Behörden der inneren Verwaltung nicht einzutreten hat. Instr. §§ 11 Abs. II, 17 und 27.

Hierher gehören folgende Fälle:

a) Das Feilbieten von rohen, aber nicht selbstgewonnenen Erzeugnissen der Land- und Forstwirtschaft, des Garten- und Obstbaues durch Inländer; § 11 Ziff. II a der Instr.; Ziff. 2 der Bek. 1885; Anm. 8e zu Art. 1.

b) Das Darbieten von gewerblichen Leistungen im Meß- und Marktverkehr; s. oben Anm. 15b zu Art. 1.

c) Der Verkauf oder Ankauf roher Erzeugnisse der Land- und Forstwirtschaft, des Garten- und Obstbaues, der Geflügel- und Bienenzucht durch Ausländer im Grenzzollgebiet; Instr. § 11 Ziff. II b; Bek. 1885 Ziff. 11; s. oben Anm. 4 zu Art. 3.

d) Das Feilbieten und der Ankauf von Verzehrungsgegenständen, welche nicht zu den Gegenständen des Wochenmarktverkehrs gehören, auf Wochenmärkten durch Ausländer; Art. 3 Ziff. 4 oben im Zusammenhalt mit § 64 GewO.; vgl. Anm. 4 zu Art. 3.

e) Der Hausierbetrieb von dem Deutschen Reiche angehörigen Personen auf Grund eines von einer nichtbayerischen deutschen Behörde ausgestellten Wandergewerbescheines, soferne hiefür die in § 26 d. Allh. VO. vom 29. März 1892, GVBl. S. 70, bezeichneten besonderen Abgaben nicht zu erlegen sind. Instr. § 11 Ziff. II c.

2. Zuständig ist das Rentamt, in dessen Bezirk der Gewerbetreibende seinen Wohnsitz hat; anderenfalls das Rentamt, wo der Gewerbebetrieb begonnen wird. Vgl. auch Anm. 3 zu Art. 6.

3. Bei unrichtiger Steuererklärung Bestrafung gemäß Art. 17.

4. Wegen des Formulars für den Besteuerungsnachweis s. Instr. § 17 und Beil. III hiezu (Anhang I).

Art. 10.

Sämtlichen zur Erteilung von Wandergewerbescheinen, zur Entgegennahme von Anmeldungen oder zur Festsetzung der Steuer zuständigen Behörden ist bei Meidung eigener Haftung für einen etwaigen Steuerentgang untersagt, an den Pflichtigen die Aushändigung eines Wandergewerbescheines oder die Erteilung einer Vormerkung auf demselben zum Zwecke der Aus-

dehnung des Gewerbebetriebs, ferner die Aushändigung eines Auszugs aus dem Anmelderegister oder eines Besteuerungsnachweises früher zu bewirken, als die Steuerentrichtung erfolgt ist. [1]

1. a) Vgl. die Anm. zu Art. 6—9, ferner Anw. § 10. Der Artikel findet auch Anwendung auf die Wanderlager, Art. 15 Ziff. 11.

b) Auch die Steuerfreibelassung ist auf den Wandergewerbescheinen vorzumerken. Anw. § 10 Abs. 13 und § 17 Ziff. 6; vgl. ferner Bek. 1885 Ziff. 12b; s. ferner den Fall der Bek. vom 13. Dezember 1883 Ziff. 5 und 6 (Anhang); s. auch Anm. 10c, 11d und 13a zu Art. 2; Anm. 1 zu Art. 8.

c) Den Rentämtern ist es untersagt, den Nachweis über die Entrichtung der Steuer an den Gewerbetreibenden sofort auszuhändigen; der Nachweis ist zunächst an die zur Erteilung oder Ausdehnung des (Legitimationsscheins, nun) Wandergewerbescheins zuständige Behörde zu übermitteln. Ziff. 2 der Bek. vom 19. November 1879 (Anhang); FME. vom 17. November 1882 Nr. 15434, FMBl. S. 324; s. auch oben Anm. 5 zu Art. 8.

d) Bei Hausierern der Gemeinde Karlsberg ist dann, wenn diese behufs Erteilung des Wandergewerbescheins von der Distriktspolizeibehörde des Aufenthaltsortes an jene des Wohnortes verwiesen werden, Überweisung an das K. Rentamt Grünstadt zur zuständigen Einsteuerung veranlaßt. FME. vom 26. Dezember 1888, FMBl. S. 441 bzw. E. d. Min. d. Innern vom 21. Dezember 1888 Nr. 18040; siehe auch Anw. § 3. Die Rentämter haben hiewegen mit der betr. Distriktspolizeibehörde ins Benehmen zu treten. Vgl. auch FMBek. vom 5. Oktober 1898, FMBl. S. 409.

e) In gleicher Weise sind die Angehörigen der Gemeinde Neukirchen, Bezirksamt Kötzting, an das K. Rentamt Kötzting zur Einsteuerung zu verweisen, wenn das betreffende Bezirksamt (Magistrat) die Gewerbetreibenden an die Behörde des Wohnorts (Bezirksamt Kötzting) behufs Erteilung des Wandergewerbescheines verwiesen hat. FME. vom 14. April 1886, FMBl. S. 42, bzw. E. d. Min. d. Innern vom 10. April 1896 Nr. 6461.

Verpflichtung d. Inhabers der Legitimationspapiere.

Art. 11.

Wandergewerbescheine und Besteuerungsnachweisungen gelten nur für jene Personen und auf jene Zeitdauer, für welche dieselben ausgefertigt sind. [1]

Die Inhaber solcher Bescheinigungen sind verpflichtet, dieselben während der tatsächlichen Ausübung des Gewerbes bei sich zu führen und auf Erfordern den zuständigen Behörden, Beamten und deren Vollzugsorganen vorzuzeigen; [2] **es dürfen diese Bescheinigungen weder an einen Andern überlassen, noch Begleiter in größerer als der angegebenen Anzahl mitgeführt werden.** [3]

Durch das Vorzeigen beglaubigter Abschrift wird der vorstehenden Verpflichtung nicht genügt.[2]

Wird glaubhaft nachgewiesen, daß ein Wandergewerbeschein mit Besteuerungsnachweis oder der letztere allein verloren, vernichtet oder unbrauchbar geworden ist, so kann die Erteilung einer neuen Ausfertigung desselben gegen Ersatz der Auslagen einschließlich der etwaigen Amortisationskosten verlangt werden.[3]

1. a) Der Wandergewerbeschein und Besteuerungsnachweis gilt nur für diejenige Person, sowie für dasjenige Gewerbe und Kalenderjahr, welches darin bezeichnet ist. Der Betrieb eines Gewerbes in einem Jahre, für welches die bezeichneten Papiere nicht mehr gelten, ist wie der Betrieb eines anderen Gewerbes oder eines Gewerbes mit anderen Waren oder Schaugegenständen ein Betrieb ohne Wandergewerbeschein und Besteuerungsnachweis, welcher als solcher der in Art. 16 vorgesehenen Strafe unterliegt. Das gleiche gilt bezüglich des Betriebes eines Gewerbes auf Grund der Legitimationspapiere einer dritten Person. GewO. § 60. Vgl. auch Anm. 1a zu Art. 6 und die Anm. zu Art. 8, insbesondere Anm. 4a und c, 7g; ferner Anw. § 20 Ziff. 8.

b) über Wandergewerbescheine und Besteuerungsnachweise, die für kürzere Zeit als für ein Kalenderjahr ausgestellt sind, s. oben Anm. 1e und f zu Art. 5; Anw. § 5.

2. a) Im Falle der Außerachtlassung der Vorschrift des Abs. 2 tritt Bestrafung nach Art. 19 ein; die Bestrafung hat auch dann zu erfolgen, wenn nicht das Original des Besteuerungsnachweises (Abs. 3 von Art. 11) mitgeführt wird. Vgl. auch Anw. § 20 Ziff. 6; ferner § 60c GewO., wonach auch die mitgeführten Waren auf Erfordern der zuständigen Behörde vorzuzeigen sind.

b) über zuständige Behörden usw. vgl. Instr. § 18 (Anhang), ferner Anw. §§ 20, 33 und 34. Es kommen sonach in Betracht die Distrikts- und Ortspolizeibehörden, die Rentämter und die Vollzugsorgane dieser Behörden, insbesondere die Schutzleute und die Gendarmerie. Landmann S. 620; s. auch Art. 25 unten.

c) Art. 11 bezieht sich auch auf die Wanderlager; Art. 15 Ziff. 11. Bei den Wanderlagern und Wanderauktionen ist von den Gemeindebehörden zu kontrollieren, ob sie keine größere als die angezeigte Menge steuerbarer Gegenstände umfassen, dann ob nicht Nachschaffungen von Warenvorräten stattfinden und ob die angemeldete Betriebsdauer eingehalten wird. Instr. § 29 Abs. 2, 3; StenBer. 1879, III, 292.

d) Im Falle der Zuwiderhandlung ist im allgemeinen Anzeige bei jenem Rentamte zu erstatten, in dessen Bezirk die Verfehlung begangen wurde. Der Amtsanwalt ist nur dann zuständig, wenn lediglich eine gewerbepolizeiliche (also keine steuerliche) Zuwiderhandlung vorliegt. Instr. § 18; MinBek. vom 25. Oktober 1879, GVBl. S. 467 (Anhang); s. hierüber unten Art. 22 und die Anm. hiezu.

3. Zu unterscheiden ist hier, ob der Besteuerungsnachweis allein oder der Wandergewerbeschein allein oder beide zusammen zu Verlust gegangen sind.

In den beiden erstgenannten Fällen kann der Gewerbetreibende gegen Ersatz der Kosten (einschließlich jener für die Amortisation: §§ 1003ff.

ZPO.) die Erteilung eines neuen Besteuerungsnachweises bzw. eines neuen Wandergewerbescheines verlangen.

Ist sowohl der Besteuerungsnachweis als auch der Wandergewerbeschein verloren, vernichtet oder unbrauchbar geworden, so kann die Ausstellung eines Duplikates bei der Distriktsverwaltungs- oder bei der Steuerbehörde des Aufenthaltsortes beantragt werden. Die ersuchte Behörde macht dann dem auswärtigen Rentamte von dem Verluste der früheren Urkunde Mitteilung und ersucht um Bekanntgabe der bisherigen Einsteuerung (Art. 14 a. E.). Gleichzeitig erläßt dieselbe etwa folgende Bekanntmachung: „Der mit dem Nachweise über die Entrichtung von ... Mk. ... Pfg. Gewerbsteuer usw. versehene Wandergewerbeschein des A. B. zu R., ausgestellt vom K. Rentamt in Z. am ....., ist zu Verlust gegangen. An dessen jetzigen Inhaber ergeht die Aufforderung, fraglichen Schein binnen einer Woche dahier einzuliefern, widrigenfalls dieser gemäß Art. 11 Abs. 4 (oder Art. 15 Ziff. 11) des Gesetzes vom $\frac{\text{10. März 1879}}{\text{20. Dezember 1897}}$ für ungültig erklärt und dem A. B. ein Duplikat ausgefertigt wird." Knobling S. 75.

Art. 12.

Gewerbebetriebsänderungen.

Wird während des Zeitraums, für welchen ein Besteuerungsnachweis nach Vorschrift der Art. 7, 8 und 9 eingeholt ist, das Gewerbe auf eine größere Anzahl oder auf eine andere Gattung von Waren und Leistungen, als solche im Wandergewerbescheine oder in der rentamtlichen Nachweisung bezeichnet sind, ausgedehnt oder tritt eine Änderung in der Zahl der mitzuführenden Begleiter oder in jenen Verhältnissen des Gewerbebetriebs ein, welche für die Besteuerung nach Inhalt des Wandergewerbescheines oder der rentamtlichen Nachweisung maßgebend waren, so ist der Inhaber verpflichtet, hievon Anmeldung behufs Änderung, beziehungsweise Ergänzung der ihm erteilten Bescheinigungen zu machen.

Infolge dieser neuen Anmeldung ist die veranlaßte Änderung der Steuer zu bewirken, wobei das in den Art. 7, 8 und 9 angeordnete Verfahren und das in Art. 10 erlassene Verbot zur sinngemäßen Anwendung zu gelangen hat.[1,2]

1. Die im Laufe des Kalenderjahres (Art. 6 und Anm. 1 hiezu) eintretenden Änderungen in bezug auf Zahl und Gattung der Waren und Leistungen, Zahl der Begleiter, überhaupt alle Änderungen bezüglich der für die Besteuerung maßgebenden Verhältnisse sind in gleicher Weise wie ein neu zu eröffnender Betrieb anzumelden (Art. 7); Art. 8—10 haben sinngemäße Anwendung zu finden (vgl. die Anm. hiezu). Als eine Änderung des Geschäftsbetriebs ist es auch zu erachten, wenn derselbe nur erweitert wird z. B. durch Erhöhung des Betriebskapitals, Einstellung mehrerer Begleiter.

a) Führt die Anmeldung zu einer Erhöhung der Steuer, so ist der geschuldete Betrag sofort zu entrichten und die Entrichtung unter Angabe der neuen Betriebsmerkmale usw. auf dem Besteuerungsnachweise zu beurkunden.

b) Bedingt die Betriebsänderung keine Änderung der Steuer, so ist dies ebenfalls am Rande des Besteuerungsnachweises zu beurkunden.

c) Bei Steuerminderungen infolge geänderter Betriebsverhältnisse findet eine Erstattung der Steuer nicht statt; Art. 13 Abs. 1. Vgl. zu a—c Instr. §§ 18 und 19; Anw. § 20 Ziff. 2 und 3.

d) Von der Betriebsänderung ist dem Wohnsitzrentamt unverzüglich Mitteilung zu machen; Art. 14 Abs. 5; vgl. auch Anm. 2 und 3 zu Art. 6.

e) Eine Änderung im Mitgliederbestande einer Gesellschaft ist als eine Änderung des Geschäftsbetriebs nicht anzusehen. Auf Verlangen der Beteiligten ist das Mitgliederverzeichnis des gemeinsamen Wandergewerbescheines entsprechend richtig zu stellen. Ergeben sich Zweifel, ob nicht infolge der Änderung eine Erhöhung in der Besteuerung einzutreten hat, so ist die Berichtigung von dem Nachweise der Entrichtung der höheren Steuer bzw. von der Bestätigung abhängig zu machen, daß sich eine Änderung in der Besteuerung nicht ergibt. Instr. § 19 Abs. 3 u. 4; Bek. vom 13. Januar 1881 (Anhang); Anw. § 18, insbes. Ziff. 5.

f) Über Änderung in der Person der Angestellten von Kleingewerbetreibenden s. Anm. 3 zu Art. 5 oben.

2. Wenn im Laufe des Jahres statt des einfachen Hausierhandels (TN. Nr. 3) der Betrieb eines der sonstigen Wandergewerbe oder umgekehrt angemeldet wird, darf die Steuer für das liegen gelassene, also gar nicht mehr ausgeübte Gewerbe, auf die Steuer für das neue Gewerbe nicht angerechnet werden; denn der Hausierhandel und der Betrieb eines sonstigen Gewerbes erfordert immer eine ausgeschiedene Besteuerung (Art. 4 Abs. 5). Knobling S. 77.

Art. 13.

Erstattung der Steuer.

Wegen Abstandnahme [1] vom Beginn des Gewerbebetriebs, sowie wegen Einstellung, [2] Unterbrechung oder Verminderung [2] desselben findet eine Erstattung der Steuer nicht statt. [3]

Ist jedoch wegen unvorhergesehener von dem Willen des Steuerpflichtigen unabhängiger Ereignisse der Beginn des Gewerbebetriebs unterblieben und wird der Besteuerungsnachweis innerhalb vier Wochen nach Ausstellung desselben dem Rentamte zurückgegeben, so ist die entrichtete Steuer auf Verlangen zurückzuerstatten. [4]

Wird von Hinterbliebenen verstorbener Inhaber von Wandergewerbescheinen oder Besteuerungsnachweisungen der Gewerbebetrieb im Umherziehen in bisheriger Art und Ausdehnung fortgesetzt, so ist von einer nochmaligen Steuererhebung Umgang zu nehmen. [5]

Die Wandergewerbescheine der Reisenden zu den in Art. 2 Ziff. 1 lit. a und b bezeichneten Zwecken sind, wenn im Laufe des Jahres ein Wechsel in der Person des Reisenden eintritt, für den Rest ihrer Gültigkeitsdauer steuerfrei auf die Person des Nachfolgers durch Umschreibung oder andere Ausfertigung zu übertragen.[5], [6]

1. Abstandnahme, d. h. Nichteröffnung des Gewerbebetriebs, z. B. wegen Unrentabilität oder deshalb, weil das nötige Betriebskapital nicht beschafft werden konnte.

2. a) Die Einstellung ist nichts anderes als die Untersagung des Gewerbebetriebs durch die Behörden der inneren Verwaltung. §§ 61 Abs. 3 und 63 GewO.; Anw. §§ 22 und 23.

b) Über Verminderung der Betriebsverhältnisse s. oben Anm. 1c zu Art. 12.

3. Die in Abs. 1 bezeichneten Tatsachen vermögen also einen Erstattungsanspruch nicht zu begründen.

4. a) Die Erstattung findet nur auf Verlangen, nicht von Amts wegen statt; ferner ist der Anspruch auf Erstattung nur dann begründet, wenn wegen unvorhergesehener, von dem Willen des Steuerpflichtigen unabhängiger Ereignisse (z. B. Verkehrsbeschränkungen oder -Verbote wegen Viehseuchen, infolge von Kriegserklärungen u. dgl., s. auch § 56d GewO.) der Gewerbebetrieb nicht begonnen wurde. Endlich ist Voraussetzung für die Rückvergütung die Wahrung der vierwöchigen Frist. StenBer. 1879, III, 298; Instr. § 20.

b) Für die Berechnung der vierwöchigen Frist kommt § 222 ZPO. in Betracht, welcher zunächst bestimmt, daß die Vorschriften des Bürgerlichen Gesetzbuches Maß zu geben haben, also hier § 186 ff.

Hienach beginnt die Frist mit dem auf den Tag der Ausstellung des Besteuerungsnachweises nächstfolgenden Tage und endigt mit dem Ablauf desjenigen Tages der 4. Woche, der durch seine Benennung dem Tage entspricht, an welchem der Besteuerungsausweis ausgestellt wurde. Wenn z. B. der Besteuerungsnachweis am Samstag den 7. Januar 1911 ausgestellt wurde, beginnt die Frist am 8. Januar 1911 und endigt am Samstag den 4. Februar 1911 nachts 12 Uhr. Fällt das Ende der Frist auf einen Sonntag oder allgemeinen Feiertag, so endigt die Frist mit dem Ablauf des nächstfolgenden Werktages. § 222 Abs. 2 ZPO. Siehe auch unten Anm. 15 zu Art. 22.

c) Im Falle der Versagung des Antrags auf Erstattung steht dem Steuerpflichtigen das Rechtsmittel der Reklamation zu. Der Antrag auf Erstattung der Steuer muß also beschlußmäßig verbeschieden und (wegen der Berechnung der Reklamationsfrist) dem Steuerpflichtigen bekannt gegeben (zugestellt) werden. Art. 24 des Gesetzes; s. auch Anm. 1 und 4 daselbst.

d) Im Falle der Versagung des Wandergewerbescheins durch die Verwaltungsbehörden ist die Erstattung der Steuer dem Rentamt zur Pflicht gemacht. Siehe Ziff. 4 der Bek. vom 13. Dezember 1883; Ziff. 12 der Bek. vom 8. Februar 1885 (beide im Anhang).

Siehe weiter, insbesondere bezüglich des Verfahrens, Instr. §§ 20 und 37; Anw. § 10 Abs. 7 und 8; wegen Erstattung der besonderen Abgabe Anw. § 12 am Ende.

e) Wegen Mitteilung an das Wohnsitzrentamt vgl. Art. 14 Abs. 3.

f) über die rechnerische Behandlung der Rückvergütungen s. Instr. § 37.

5. Der Fortbetrieb des Gewerbes durch die Hinterbliebenen eines verstorbenen Unternehmers (Witwe und unversorgte Kinder desselben) innerhalb des Todesjahres gilt, wenn die Art und Ausdehnung des Betriebs gleichbleibt, nicht als Beginn eines neuen Gewerbes und ist daher ohne nochmalige Steuerzahlung zugelassen (§ 46 GewO.). Der Geschäftsnachfolger muß nur einen auf seinen Namen lautenden Wandergewerbeschein lösen (§ 55 GewO. oben S. 1 f.).

Ebenso kann eine Firma bei einem während des Jahres eingetretenen Wechsel in der Person ihres Reisenden die Umschreibung der betreffenden Legitimationspapiere ohne nochmalige Steuerzahlung bei der zuständigen Behörde beantragen. Die Umschreibung ist jedoch nur zulässig bei Wandergewerbescheinen zu den in Art. 2 Ziff. 1 lit. a u. b bezeichneten Zwecken.

6. Siehe auch über Umschreibung des Wandergewerbescheins in dem Falle, daß der Hausierer nicht selbständiger Unternehmer, sondern nur Angestellter eines Unternehmers ist, oben Anm. 3 zu Art. 5.

Festsetzung der Steuer.

Art. 14.

Die Steuer vom Gewerbebetrieb im Umherziehen wird vom Rentamte ohne Zuziehung eines Steuerausschusses nach den angemeldeten oder sonst erhobenen Betriebsmerkmalen festgesetzt und sofort zur Einhebung gebracht. [1]

Das Rentamt hat jedoch dem Gewerbsteuerausschuß bei dessen nächstem Zusammentritt die erfolgten Einsteuerungen zur Kenntnisnahme und Stellung etwaiger Anträge vorzulegen. [1]

Für etwa erforderliche Schätzungen kann vom Rentamte ein Sachverständiger beigezogen werden; die hierauf erwachsenden Kosten trägt die Staatskassa. [2]

Wird von Unternehmern eines Gewerbebetriebs im Umherziehen, welche in Bayern ihren Wohnsitz haben (Art. 6 Abs. 2 und Art. 8 Abs. 4), die Anmeldung zur Steueranlage in einem anderen Rentamtsbezirke als jenem des Wohnortes bewirkt, so hat das Rentamt, bei welchem die Anmeldung erfolgt, die Anlage und Einziehung der Steuer für Rechnung des Rentamtes des Wohnortes vorzunehmen. Das Gleiche gilt von den gemäß Art. 11 Abs. 4 zu erteilenden neuen Ausfertigungen, dann von den gemäß Art. 12 vorzunehmenden Änderungen und von den gemäß Art. 13 veranlaßten Steuererstattungen. [3]

Dem zuständigen Rentamte des Wohnortes ist von solchen Fällen unverzüglich Mitteilung zu machen. [3, 4]

1. a) Das Rentamt setzt selbständig (ohne Steuerausschuß) die Steuer fest, stellt diese in die Steuerliste ein und erhebt sie gleichzeitig (Instr. §§ 15 und 16); vgl. auch Anm. 1 zu Art. 6. Über Steuerliste s. auch Anm. 3 zu Art. 18 unten.

b) Das Rentamt muß jedoch die von ihm in die Steuerliste eingestellten Fälle dem Steuerausschuß zur Kenntnisnahme und zur Stellung etwaiger Anträge vorlegen. Das Antragsrecht des Steuerausschusses bildet nach den Verhandlungen des Gesetzgebungsausschusses (StenBer. 1879, III, 299) eine Art Beschwerderecht zur Wahrung des Gesetzes. Vgl. hierüber Instr. § 22.

c) Außer den Staatssteuern unterliegt das Hausiergewerbe den Kreis-, Distrikts- und Gemeindeumlagen, außerdem der besonderen Abgabe, bei Protestanten auch der Kirchensteuer; s. hierüber die Anm. 2 zu Art. 6 und 26.

d) Gegen die rentamtliche Steuerfestsetzung steht dem Pflichtigen das Rechtsmittel der Reklamation zu; Art. 24.

2. Schätzungen sollen regelmäßig nur bei größeren Betrieben vorgenommen werden; vgl. hierüber Instr. §§ 14 und 26, insbesondere auch bezüglich der Schätzungsgebühren der Sachverständigen. Wegen der Verrechnung der Kosten s. unten Anm. 3 zu Art. 26.

3. Über Einsteuerung für andere Ämter vgl. Instr. §§ 15 und 21 Abs. 2; ferner Anm. 2 ad a und Anm. 3 zu Art. 6.

Mitteilungen an das zuständige Rentamt sind also zu machen

a) bei jeder Einsteuerung für dessen Rechnung; Art. 6 Abs. 2 und Art. 8 Abs. 4;

b) bei jeder Erteilung eines neuen Besteuerungsnachweises im Falle des Verlustes des ursprünglich ausgestellten Nachweises; Art. 11 Abs. 4;

c) bei jeder durch Betriebsänderungen veranlaßten Umsteuerung; Art. 12;

d) bei jeder Steuererstattung; Art. 13.

Vgl. hiezu auch die einschlägigen Anmerkungen bei diesen Artikeln.

4. Die durch Einsteuerung für andere Ämter gebotenen Steuerüberweisungen erfolgen jeweils erst am Jahresschluß (in der Zeit vom 1. bis 10. Oktober); Instr. § 37 Abs. 2 lit. b.

Wanderlager.

Art. 15.

Hinsichtlich der Besteuerung der Wanderlager [1] gelten folgende Vorschriften:

1. **Wer außerhalb seines Wohnortes [2] oder des Wohnortes des Unternehmers [3] und außer dem Meß- und Marktverkehr von einer festen [4] Verkaufsstätte aus vorübergehend Waren, gleichviel ob zum Verkaufe aus freier Hand oder im Wege der Versteigerung feilbietet, beziehungsweise feilbieten läßt, ist für jeden Ort des Betriebs gesondert der Steuer vom Gewerbebetrieb im Umherziehen unterworfen. [1]**
2. **Die Entscheidung darüber, ob ein feilgebotenes Warenlager nach den unter Ziff. 1 gegebenen Merkmalen als Wander-**

lager anzusehen ist, richtet sich nach den tatsächlichen Verhältnissen des Gewerbebetriebs, und es ist für dieselbe der Umstand, daß der Betrieb nach § 14 der Gewerbeordnung als ein stehender angemeldet wurde, ebensowenig wie die vorübergehende Verlegung des Wohnsitzes in den Betriebsort maßgebend.[1]

3. Die Steuer für den Wanderlagerbetrieb besteht in einer Normalanlage und einer Betriebsanlage. Die Größe der Normalanlage bemißt sich nach dem beigefügten Steuertarif. Die Bemessung der Betriebsanlage erfolgt mit zwei vom Hundert des angemeldeten und durch Schätzung erhobenen Geldwertes der für den Betriebsort zum Verkaufe bestimmten Warenvorräte.[5]

4. Von der Jahressteuer hat der Steuerpflichtige bei einem Geschäftsbetrieb auf die Dauer von 14 Tagen und darunter die Hälfte, auf die Dauer von mehr als 14 Tagen und bis zu 30 Tagen drei Vierteile, auf die Dauer von mehr als 30 Tagen und bis zu 1 Jahr den vollen Betrag zu entrichten und zwar vor dem Beginne des Geschäfts.[5]

5. Jeder Unternehmer eines Wanderlagers ist gehalten, dasselbe vor Eröffnung des Betriebs bei der Gemeindebehörde des Betriebsortes anzumelden und sich für die jeweilige Betriebsdauer mit einem Nachweise über die Festsetzung der Steuer und deren Entrichtung zu versehen (Art. 9).[6]

Das gleiche gilt für Auktionatoren und Inhaber von Lizitationsanstalten, wenn sie am Sitze ihrer gewerblichen Niederlassung für auswärtige Auftraggeber Waren versteigern oder überhaupt feilbieten. Sie sind verpflichtet, auf Verlangen den Eigentümer der durch sie feilgebotenen oder zur Versteigerung gelangenden Waren nachzuweisen.[6]

6. Die Festsetzung der Steuer nach vorgängiger Erhebung[7] des Geldwertes der Warenvorräte (Art. 14 Abs. 3) und die Einhebung der Steuer steht ohne Rücksicht auf den Wohnort des Unternehmers demjenigen Rentamte zu, in dessen Bezirk sich der Betriebsort des Wanderlagers befindet.[8]

7. Will ein Wanderlagerinhaber den Betrieb über den Zeitraum, für welchen er die Steuer bezahlt hat (Ziff. 4), ohne Unterbrechung ausdehnen, so ist dies dem Rentamte anzuzeigen, und ist unter Ausfertigung eines abgeänderten Besteuerungsnachweises die Steuerschuldigkeit für die ganze Dauer des Betriebs neu festzustellen und sofort der sich hienach ergebende Mehrbetrag der Steuer zu erheben.[9]

8. Wenn während des Zeitraums, für welchen die Steuer entrichtet worden ist, die Warenvorräte einen Zuwachs erhalten, so ist dies dem Rentamte anzuzeigen, worauf unter Ausfertigung eines abgeänderten Besteuerungsnachweises die Steuer neu festgestellt und mit dem sich ergebenden Mehrbetrage erhoben wird. [9]

9. Der Rentbeamte *) ist ermächtigt, jederzeit von dem Wanderlager und den darin feilgebotenen Warenvorräten behufs der Steuerkontrolle Einsicht zu nehmen oder zu dem gleichen Zwecke einen Stellvertreter oder Sachverständigen abzuordnen. [6], [7]

10. Steuererstattungen an Wanderlagerinhaber finden nur dann statt, wenn wegen unvorhergesehener, von dem Willen des Steuerpflichtigen unabhängiger Ereignisse der Beginn des Gewerbebetriebs unterblieb und der Besteuerungsnachweis innerhalb einer Woche nach dessen Ausstellung dem Rentamte zurückgegeben wird. [10]

11. Im übrigen finden die in Art. 10, 11, 13 Abs. 3 und 14 Abs. 2 des gegenwärtigen Gesetzes gegebenen Vorschriften auch hinsichtlich des Betriebs von Wanderlagern sinngemäße Anwendung. [11]

Die Kosten einer vom Rentamte angeordneten Schätzung (Ziff. 6 und 8 oben, dann Art. 14 Abs. 3) fallen dem Inhaber des Wanderlagers zur Last, wenn der geschätzte Wert den vom Unternehmer beim Rentamte angegebenen übersteigt.

1. a) Die Wanderlager fallen nicht unter die stehenden Gewerbebetriebe. § 42 Abs. 2 GewO.; Art. 1 Abs. 2 Ziff. 2 GewStG. vom 14. August 1910; § 7 Abs. 2 VBek. hiezu vom 28. Mai 1911. Vgl. auch Anm. 4b und e zu Art. 1. Vom Gesetzgeber sind die Wanderlager dem Hausierhandel gleichgestellt. Die Besteuerung des Wanderlagerbetriebs ist demjenigen Bundesstaate vorbehalten, in dessen Gebiet der Betrieb stattfindet oder stattfinden soll. § 3 Abs. 4 des Doppelsteuergesetzes vom 22. März 1909, RGBl. S. 333.

Das Charakteristische des Wanderlagers ist das vorübergehende Feilbieten von Waren, z. B. von Kleidern, Putzgegenständen, Metallwaren, zum Verkauf aus freier Hand oder im Wege der Versteigerung (nicht wie beim sonstigen Hausiergewerbe von Haus zu Haus) außerhalb des Wohnortes des Unternehmers (Anm. 3 unten) und außerhalb des Meß- und Marktverkehrs und öffentlicher Ausstellungen (Anm. 18e zu Art. 1) von einer festen Verkaufsstätte aus (Anm. 4 unten). Landmann S. 412 und 548; Bundesratsbeschluß vom 27. März 1879; BlfAdmPr. 34, 257; Instr. § 23 insbes. Abs. 2 und 3; Bek. vom 8. Februar 1885 Ziff. 13 (Anhang); OLG. vom 3. März 1903, 3, 223; vom 10. November 1903, 4, 123 (letztere Entsch. bezüglich des Begriffes „Feilbieten"). Wegen

*) Rentamtmann.

Wandergewerbeschein s. Anw. § 1 Abs. 5 und MinE. vom 8. April 1877, MABl. S. 148; unten Anm. 6; ferner Landmann S. 549. Über den Begriff des Wanderlagers s. auch OLG. vom 16. Oktober 1900, 1, 166; vom 24. März 1905, 5, 326; BlfFinW. 18, 188 und 313; OLG. vom 24. März 1911, 11, 134. Bezüglich der Verpflichtungen der Unternehmer im Falle der Reklame durch Plakate usw. s. Anw. § 20 Ziff. 9 und 10; MinE. vom 2. Juli 1879, MABl. 281, betr. die Preßpolizei bei Wanderlagern; oben S. 7.

b) Der Begriff des Wanderlagers fordert nicht eine größere Menge von Waren; gleichgültig ist ferner, ob der Unternehmer die Waren von auswärts eingeführt oder an dem Betriebsort angekauft hat (OLG. vom 28. März 1901, 1, 331; Reger 23, 26; preuß. KG. vom 15. Jan. 1906; Reger 26, 498), ob die feilgebotenen Waren am Betriebsort erst zugerichtet und dem Bedürfnisse der Abnehmer angepaßt wurden; preuß. KG. vom 30. Mai 1881; JW. 2, 238. Ein Wanderlager liegt z. B. auch dann vor, wenn jemand außerhalb seines Wohnorts ein Warenlager kauft und (ohne daselbst eine gewerbliche Niederlassung zu begründen: Art. 1 Anm. 4 oben) dieses dem Ausverkauf unterstellt; denn das entscheidende Moment liegt in dem vorübergehenden Feilbieten der Waren in einem hiezu benützten Lokal außerhalb des Wohnortes des Verkaufenden.

Der Umstand, daß die Verkäufer Ortsfremde sind, die nach kurzem Aufenthalt auf immer davongehen und sich deshalb bei ihrem geschäftlichen Gebahren nicht an die Rücksichten gebunden fühlen, die der ortsansässige Gewerbetreibende zur Wahrung seines Rufes nehmen muß, war die Veranlassung zum Eingreifen des Gesetzgebers; OLG. vom 28. März 1901, 1, 331; Reger 23, 26; ferner Entsch. d. RG., abgedr. bei Reger 17, 135; BlfFinW. 11, 37.

Ein Wanderlager ist z. B. auch dann vorhanden, wenn ein Weinhändler mehrere Hundert Flaschen Wein an einen auswärtigen Auktionator zum freihändigen oder auktionsweisen Verkauf übersendet. Preuß. KG. vom 7. April 1881; JW. 2, 236.

Das Feilbieten weniger Waren kann auch genügen. Landmann S. 549. Auch die Versteigerung eines Gutsinventars gehört hierher, falls der Verkauf oder die Versteigerung durch einen Güterhändler erfolgt. Landmann a. a. O.

Ein Wanderlager liegt zweifelsohne auch dann vor, wenn Musikinstrumentenhändler auswärts sog. Geschäftsfilialen gründen, und von hier aus die Instrumente (Zithern, Violinen usw.) zum Verkauf bringen; in der Regel übernimmt der Verkäufer, zumeist ein Angestellter des Händlers, die Verpflichtung, dem Käufer oder dessen Familienangehörigen für eine bestimmte Zeit unentgeltlich Unterricht zu erteilen. Nach Ablauf dieser Zeit verläßt alsdann der sog. Musiklehrer den betr. Ort wieder und die Filiale wird aufgelöst. Das K. Staatsministerium d. K. Hauses u. d. A. hat mit E. vom 10. April 1908 Nr. 9086 II die Distrikts- und Ortspolizeibehörden angewiesen, den Rentämtern von derartigen Geschäftsbetrieben unverzüglich Kenntnis zu geben.

Erfolgt der Verkauf der Musikinstrumente in der Weise, daß diese im Umherziehen von Haus zu Haus feilgeboten werden — ohne daß eine sog. Geschäftsfiliale gegründet worden war — so liegt ein Wandergewerbe nach Tarif-Nr. 3b vor.

c) Eine besondere Form von Wanderlagern bildet die Wanderauktion, d. i. der Verkauf von Waren für Rechnung auswärtiger

Unternehmer im Wege der Auktion und die Versteigerung von Waren durch ansässige Gewerbetreibende mit stehendem Handelsgeschäfte für Rechnung solcher Unternehmer. Instr. § 23.

Derartige Wanderauktionen dürfen nach § 56c GewO. nur ausnahmsweise veranstaltet werden. Bek. 1885 Ziff. 14; Verh. d. K. d. Abg. 1897, StenBer. IX, 535; siehe hierüber unten Anm. 18 zum Steuertarif.

d) Für die Frage, ob im einzelnen Falle ein Wanderlager oder ein stehendes Gewerbe vorliegt, sind die tatsächlichen Verhältnisse entscheidend. StenBer. 1879, III, 196; vgl. weiter Anw. § 1 am Ende.

In Zweifelsfällen hat hierüber in erster Linie die Gemeindebehörde des Betriebsortes (Instr. § 23 Abs. 1), in letzter Linie die Regierungsfinanzkammer zu entscheiden; Art. 24; VGH. vom 8. November 1881, 3, 341.

e) Voraussetzung für die Besteuerung ist das Vorhandensein eines gewerbsmäßigen Betriebs; vgl. hierüber Anm. 1b zu Art. 1; ferner OLG. vom 5. November 1910, 10, 340; BlfFinW. 19, 276.

f) Über verbotene Waren siehe Vorbem. Ziff. II lit. b oben.

Auf Grund des § 56b Abs. 3 GewO. können Wanderlager z. B. mit Rindvieh behufs Abwehr der Maul- und Klauenseuche verboten werden. Vgl. z. B. die oberbayer. RegE. vom 13. Februar 1912, KrABl. S. 24.

g) Wie oben unter lit. e hervorgehoben, muß die Feilbietung eines Wanderlagers in der Absicht erfolgen, damit eine auf Erwerb gerichtete fortgesetzte Tätigkeit auszuüben, um den Betrieb zur Besteuerung heranziehen zu können. Dagegen ist die Absicht, eine dauernde Erwerbstätigkeit daraus zu machen, nicht erforderlich. OLG. München vom 10. Dez. 1895, 8, 447; BlfFinW. 6, 155.

h) Ein Wanderlager liegt dann nicht vor, wenn der Unternehmer in regelmäßigen Fristen wieder erscheint; die Wiederkehr muß zum mindesten alljährlich erfolgen; OLG. 5, 326; Reger 25, 396; die Wiederkehr darf keine bloß zufällige, gelegentliche sein; OLG. 1, 77, 166. Hierher gehören die sog. Saisongeschäfte in Kur-, Badeorten u. dgl. Vgl. auch Instr. § 23 Abs. 4; Bek. 1885 Ziff. 13: Anw. § 1 a. E.; Entsch. d. Oberberufungskommission in Steuers. 2, 93; OLG. vom 24. März 1905; MABl. 1905 S. 234; Reger 25, 396; siehe auch § 2 Abs. 4 der Bek. vom 28. Mai 1911 zum Vollz. d. GewStG. und § 80 Abs. 7 der Bek. vom 28. Mai 1911 z. Vollz. d. EinkStG., GVBl. S. 455 bzw. S. 673.

i) Warenlager auf Messen und Märkten sind der Hausiersteuer nicht unterworfen (Art. 2 Ziff. 2), ebensowenig der von Schiffen aus betriebene Verkauf von Wochenmarktsartikeln, soweit dieser nicht den einheimischen Marktverkäufern überlassen ist (§ 64 Abs. 2 GewO. und § 66 eod.); weiterhin ist auch die Versteigerung von Warenbeständen aus einer Konkursmasse durch den Konkursverwalter nicht als Wanderlager zu erachten; §§ 117 u. 127 KO.

Endlich sind auch Einstellplätze für das Vieh eines Hausierhändlers in der Regel nicht als Wanderlager anzusehen. Instr. § 23 Abs. 3; Landmann S. 444; s. auch unten Anm. 4.

2. a) Über Wohnort vgl. Anm. 3a zu Art. 1.

b) Wer an seinem Wohnort gewerbsmäßig Waren zum Verkauf aus freier Hand oder im Wege der Versteigerung feilbietet, unterliegt dem Gewerbsteuergesetz von 1899 bzw. (vom 1. Januar 1912 an) den Steuergesetzen von 1910; ebenso derjenige, welcher an dem betreffenden Orte ein zu dauerndem Gebrauche eingerichtetes, beständig oder doch in regelmäßiger Wiederkehr von ihm benütztes Lokal im Sinne des § 42 Abs. 2 GewO besitzt; Bek. vom 8. Februar 1885 Ziff. 13. Siehe auch oben Anm. 4 zu Art. 1.

c) Über vorübergehende Wohnsitzverlegung an den Betriebsort vgl. Art. 15 Ziff. 2 am Ende.

3. Unternehmer ist derjenige, für dessen Rechnung der freihändige Verkauf oder die Versteigerung stattfindet, derjenige, dem der Ertrag aus dem Betrieb des Wanderlagers zufließt — ohne Unterschied ob er das Gewerbe persönlich betreibt oder durch eine dritte Person (Auktionator, Agent u. dgl.) betreiben läßt. RG. 13, 242. Steuerpflichtig auf Grund des Art. 15 ist jedoch nicht der Vermittler, sondern stets der Unternehmer. Ziff. 5 von Art. 15; StenBer. 1879, III, 197, 198, 313. Das Verbot der Eröffnung des Betriebs und der Vornahme irgend einer auf das Feilhalten vom Wanderlager aus bezüglichen Tätigkeit vor Entrichtung der Steuer gilt dagegen, wie für den Unternehmer, so auch für jede Person, die bei dem Wanderlager im Dienst und für Rechnung des Unternehmers tätig sein will und tätig ist (Art. 16). OLG. vom 25. Januar 1906; BlfFinW. 16, 118; OLG. vom 11. Juni 1910 RevReg. Nr. 194/1910.

Vgl. wegen des Auftragsverhältnisses auch Art. 20.

4. a) Als feste Verkaufsstätten, von welchen aus Waren und zwar mangels einer gewerblichen Niederlassung nur vorübergehend feilgeboten werden, können gemietete Läden und Magazine oder die Verkaufsräume der Auktionatoren und Inhaber von Lizitationsanstalten, ebenso aber auch Privatwohnungen oder Gasthofzimmer in Betracht kommen. OLG. München vom 9. Juli 1886, 4, 153 und 156.

b) Das Wort „fest" ist nicht etwa gleichbedeutend mit unbeweglich, sondern begreift auch jene Verkaufsstätten in sich, welche nicht in einem umschlossenen Raume, sondern auf einem öffentlichen Platze z. B. auf einem Auslagegestell, in einem Schiffe, sich befinden.

Dagegen ist der Handel mit Vieh, welches durch Hausierhändler (Tarif-Nr. 5) in besondere Lokale eingestellt und von hier aus verkauft wird, in der Regel nicht als ein Verkauf aus Wanderlagern anzusehen. Instr. § 23; Oberstr. Erk. vom 21. Februar 1879; MABl. S. 165; Preuß. MinReskr. vom 26. Juni 1880, Mitt. Nr. 14, 64. Siehe auch Landmann S. 441 f., ferner unten Anm. 11 zum Steuertarif.

5. a) Für die Wanderlager und Wanderauktionen muß nach Nr. 9 des Steuertarifs neben der unveränderlichen Normalanlage (50 Mark) immer noch eine der Geschäftsausdehnung folgende Betriebsanlage in Ansatz kommen. Die letztere wird, da die Wanderlagerhalter wegen des raschen Absatzes und der nachfolgenden Barzahlung verhältnismäßig steuerkräftiger sind als die ansässigen Handelsleute, nach 2% des angemeldeten und durch Schätzung erhobenen Geldwertes der für den Betriebsort zum Verkaufe bestimmten (nicht nach jenem der wirklich verkauften) Warenvorräte bemessen. RR. 1879 Verh. I 994.

Die hienach sich berechnende Jahressteuer kommt je nach der Dauer des Geschäftsbetriebes (14 Tage oder weniger, bis zu 30 Tagen, bis zu 1 Jahre) mit der Hälfte, drei Vierteilen oder voll zum Ansatz. StenBer. 1879, III, 477.

b) Als Jahressteuer im Sinne des Art. 15 kam für die Jahre 1910 und 1911 die erhöhte Steuer, also die Normalsteuer zuzüglich 22%, in Betracht; FME. vom 19. Dezember 1909 Nr. 40487; § 2 FinG. vom 14. August 1910, GVBl. S. 419. Vgl. über Umlagen Anm. 2 zu Art. 6. — Siehe nunmehr Art. 3 EinfG. zu den Ges. ü. d. direkten Steuern vom 14. August 1910 (vom 1. Januar 1912 an in Geltung); ferner oben Anm. 1c zu Art. 4.

c) Die Steuer für den Wanderlagerbetrieb fällt vom 1. Januar 1912 an nach Art. 21 Abs. 1 des Warenhaussteuergesetzes vom 14. August 1910, GVBl. S. 597, der Gemeinde des Betriebsortes zu, verliert aber hiedurch nicht die Eigenschaft der staatlichen Steuer und ist infolgedessen nach wie vor der zuschlagsweisen Belastung mit Umlagen zugänglich. § 43 d. Bek. vom 14. Juni 1911, GVBl. S. 943.

Die Wanderlagersteuern sind nach vollständiger Erledigung des Steuerfalles an die empfangsberechtigten Gemeinden auszuzahlen. Führt der Steuerfall zu einem Strafverfahren, so erfolgt die Auszahlung erst nach vollständiger Erledigung des Strafverfahrens. Bei der Auszahlung haben die Rentämter 2% der eingehobenen Beträge als Vergütung für die Ablieferung abzuziehen; die Vergütung fließt in die Staatskasse. Ein Abzug der Kosten der Verwaltung der Steuer, insbesondere der Kosten der Schätzungen (s. unten Anm. 7), findet nicht statt.

Die ausgezahlten Beträge sind samt der Ablieferungsvergütung am Verrechnungssoll durch die Rentämter abzusetzen. Die Ablieferungsvergütung ist unter den Vergütungen für die Besorgung von Nebengeschäften zu verrechnen.

Von den Auszahlungen an Gemeinden, die einem Bezirksamt unterstehen, haben die Rentämter dem zuständigen Bezirksamt Nachricht zu geben. § 44 a. a. O.

6. a) Die Anmeldung des Gewerbebetriebs und die Entrichtung der Steuer muß der Eröffnung des Wanderlagers vorhergehen. Im Übertretungsfalle tritt Bestrafung nach Art. 16 ein. OLG. München vom 9. Juli 1888, BlfRA. Erg.-Bd. 7, 252.

b) Wie bereits in Anm. 1a hervorgehoben, bedarf derjenige, der ein Wanderlager hält, auch eines Wandergewerbescheins. Der Wandergewerbeschein ist in gleicher Weise wie der Besteuerungsnachweis nur für die angemeldete Betriebsdauer auszustellen. Für den Besteuerungsnachweis ist jedoch Form. III zu verwenden. Vgl. Art. 15 Ziff. 5 Abs. 1 und die Bezugnahme auf Art. 9; Instr. § 27 Abs. 4.

Die Einzahlung der Steuer ist in der Steuerliste vorzumerken.

c) Bei der Anmeldung, die bei der Gemeindebehörde zu erfolgen hat, sind von dem Pflichtigen die in § 24 der Instr. vorgeschriebenen Angaben zu machen.

Verschweigt er die zur Festsetzung der Steuer erforderlichen Merkmale oder macht er hierüber unrichtige Angaben, so tritt Bestrafung nach Art. 17 ein.

d) Die Gemeindebehörde hat den Anmeldenden darauf aufmerksam zu machen, daß er vor der Betriebseröffnung sich mit dem Besteuerungsnachweis zu versehen hat. Instr. § 24 Abs. 2. Diese Vorschrift ist lediglich instruktioneller Natur und begründet daher die Außerachtlassung derselben keinen Anspruch auf Straflosigkeit des Pflichtigen im Betretungsfalle.

e) Die Gemeindebehörde hat dem Rentamt von der Anmeldung unverzüglich Mitteilung zu machen; diese Mitteilung hat auch dann zu erfolgen, wenn die Gemeindebehörde auf andere Weise als auf Grund einer Anmeldung von dem Betriebe eines Wanderlagers Kenntnis erhält. Instr. § 24 Abs. 2 u. 3; vgl. auch Art. 25.

f) Das Rentamt ist gehalten, auch von Amts wegen die zur Festsetzung der Steuer erforderlichen Erhebungen zu pflegen und darauf sein Augenmerk zu richten, daß sämtliche Wanderlager zur Besteuerung herangezogen werden; z. B. durch Vorladung und Einvernahme des Unternehmers und des Vermittlers (Auktionators), durch Kontrolle auf Grund öffentlicher Ankündigungen, durch Inanspruchnahme der Ortspolizeibehörde, durch Einsichtnahme der (à conto der Regieausgaben für direkte Steuern anzuschaffenden) Lokalblätter u. dgl. Instr. § 25 und § 29; StenBer. 1879, III, 313; siehe auch Ziff. 9 von Art. 15.

Mit Rücksicht darauf, daß in der letzten Zeit die Zahl der Wanderlager mit geringwertigen Emailwaren und anderen Haus- und Küchengeräten erheblich zugenommen hat, wurde angeordnet, dieser Art von Wanderlagern, deren Geschäftsgebahren das seßhafte Gewerbe namhaft schädigt, besondere Aufmerksamkeit zuzuwenden; autogr. FinMinE. vom 26. August 1909 Nr. 22400[I], betr. Wanderlager.

g) Der Wanderlagerhalter muß an seiner Verkaufsstätte gemäß § 56 c GewO. in einer für jedermann erkennbaren Weise einen den Namen und Wohnort des Gewerbetreibenden angebenden Aushang anbringen. Bek. 1885 Ziff. 13.

h) Ein Auktionator, der am Sitze seiner gewerblichen Niederlassung für einen auswärtigen Auftraggeber ein Wanderlager veräußern will, ist auch dann hausiersteuerpflichtig, wenn er das Feilbieten oder die Versteigerung fremder Wanderlager nicht gewerbsmäßig zu betreiben beabsichtigt. OLG. München vom 28. Januar 1892, 7, 18; BlfFinW. 1, 180.

7. a) Die Schätzung ist beim Wanderlager auf alle Fälle vorzunehmen, ist also obligatorisch (anders im Falle des Art. 14 Abs. 3). Die bezüglichen Verhandlungen sind der Steuerliste als Belege beizureihen.

b) Bei der Schätzung des Geldwertes der zum Verkaufe bestimmten Warenvorräte ist jener Verkaufswert zugrunde zu legen, der im Einzelverkaufe am Betriebsorte bei einer Veräußerung der zu schätzenden Ware im gewöhnlichen, ordentlichen Geschäftsverkehre erzielt werden kann.

c) Wenn irgend möglich sind die Schätzungssachverständigen aus dem Kreise der ortsangesessenen branchekundigen Gewerbetreibenden zu nehmen.

Aut. FinME. vom 26. August 1909 Nr. 22400[I].

d) Vgl. im übrigen Instr. §§ 26 und 14 hinsichtlich der Schätzungsgrundsätze, wegen der Schätzungskosten unten Anm. 3 zu Art. 26.

8. Die Steuerpflicht ist, ohne Rücksicht auf den Wohnort des Unternehmers, bei demjenigen Rentamte zu erfüllen, in dessen Bezirk der Betriebsort des Wanderlagers sich befindet. Wenn die Waren an einem Orte in mehreren Lokalen gleichzeitig oder nacheinander verkauft werden, so wird die Steuer für jedes Lokal geschuldet. Wegen Gemeindeumlagen vgl. Anm. 2 zu Art. 6.

9. a) Die Ausdehnung des Betriebs über den Zeitraum, für welchen die Steuer gezahlt ist, ist bei Vermeidung der in Art. 17 lit. c ausgesprochenen Strafe behufs Neufestsetzung der Steuerschuldigkeit für die ganze Betriebsdauer beim Rentamt anzuzeigen.

b) Das Gleiche hat zu geschehen bei Zuführung von neuen Waren — wegen der Nachschätzung: Anm. 7 oben — behufs Neufestsetzung der Steuer aus dem Mehrwerte der Warenvorräte.

Vgl. zu lit. a u. b Instr. § 28.

c) Hat eine Unterbrechung des Betriebs stattgefunden, so ist die abermalige Eröffnung desselben als neuer Betriebsbeginn anzusehen, m. a. W. die Steuer ist von neuem festzusetzen.

d) Setzen die Hinterbliebenen den Geschäftsbetrieb in dem bisherigen Umfang fort, so ist von einer Steuernacherhebung Umgang zu nehmen. Ziff. 11 von Art. 15 und Art. 13 Abs. 3.

e) Nach Beendigung der angemeldeten Betriebsdauer verliert der Besteuerungsnachweis seine Wirksamkeit und ist dem Rentamt bei Vermeidung der Strafeinschreitung (Art. 19 Abs. 2) spätestens einen Tag nach Ablauf der Bewilligungsperiode zurückzugeben. Instr. § 28.

10. Steuerminderungen infolge verringerten Geschäftsbetriebs finden nicht statt; Steuererstattungen treten nur ein, wenn wegen unvorhergesehener, vom Willen des Wanderlagerinhabers unabhängiger Ereignisse der Beginn des Geschäftsbetriebs unterblieb und der Besteuerungsnachweis innerhalb einer Woche nach der Ausstellung dem Rentamte zurückgegeben wird. Art. 15 Ziff. 10.

11. Nach Ziff. 11 haben auf die Wanderlager folgende Vorschriften sinngemäße Anwendung zu finden:

a) Art. 10: Verbot der Aushändigung des Besteuerungsnachweises vor der Entrichtung der Steuer;

b) Art. 11: Gültigkeitsdauer des Besteuerungsnachweises; Verpflichtungen des Inhabers desselben; Ausstellung eines neuen Besteuerungsnachweises im Falle des Verlustes;

c) Art. 13 Abs. 3: Fortsetzung des Betriebs durch die Hinterbliebenen in der bisherigen Art und Ausdehnung ohne nochmalige Steuererhebung;

d) Art. 14 Abs. 2: Mitteilung der erfolgten Einsteuerung an den Steuerausschuß.

Vgl. zu lit. a—d die Anm. bei den betr. Artikeln.

Strafbestimmungen.[1]

Art. 16.

Wer, ohne mit dem Nachweise über die Festsetzung der Steuer und deren Entrichtung nach Maßgabe der Vorschriften des gegenwärtigen Gesetzes versehen zu sein,[2] ein der Steuer vom Gewerbebetrieb im Umherziehen unterworfenes Gewerbe betreibt, verfällt in eine dem zwei- bis fünffachen, bei Wanderlagern und Wanderauktionen dem fünf- bis zehnfachen Betrage

der Jahressteuer für das betriebene Gewerbe gleichkommende Geldstrafe.[3—10]

1. a) Während Art. 16 und Art. 17 Abs. 1 sich auf die sogen. Hinterziehungsfälle beziehen, stellen die übrigen nach dem gegenwärtigen Gesetz zu verhängenden Strafen Ordnungsstrafen dar.

Solche Ordnungsstrafen sind jene des Art. 17 Abs. 2 und des Art. 19. Siehe auch Motive zum HausiersteuerG.; StenBer. 1878/79, IV. Beil. S. 202.

Sind die in Art. 16, 17 und 19 Abs. 2 erwähnten strafbaren Handlungen im Auftrag einer dritten Person begangen worden, so greift Art. 20 Platz.

b) über Steuernachholung in Hinterziehungsfällen vgl. Art. 18 nebst Anm.

c) über Verrechnung und Verwendung der Geldstrafen vgl. Art. 21 und die Anm. daselbst.

d) über das Strafverfahren und über die dem Strafverfahren vorausgehende eventuelle Verhaftung, Vorführung und Vernehmung des Beschuldigten: §§ 3, 4 und 6 der Bek. vom 25. Oktober 1879 (Anhang); insbes. Art. 22 unten und die Anm. daselbst.

e) über Beschlagnahme der mitgeführten Gegenstände: Art. 23 und § 5 der Bek. vom 25. Oktober 1879; s. insbes. die Anm. zu Art. 23.

f) über Rechtsmittel: Art. 24 und Anm. 9 zu Art. 22.

g) über Mitwirkung der Gemeinde- und sonstigen Behörden: Art. 25 und die Anm. daselbst; ferner oben Anm. 2b zu Art. 11.

2. a) Art. 16 bezieht sich auf jene Fälle, in denen ein Besteuerungsnachweis überhaupt nicht erholt wurde.

Vgl. über Besteuerungsnachweis Art. 7—10.

b) Die Bestrafung durch die Steuerbehörde wegen Steuerhinterziehung (Art. 22) schließt jede weitere (durch die Gerichte wegen Nichtlösung des Wandergewerbescheines zu verhängende) Strafe aus; § 148 Abs. 1 Ziff. 7 und Abs. 2 GewO., § 149 eod.

c) Dagegen ist der Handel mit Gegenständen, die vom Hausierbetriebe ausgeschlossen sind, ferner die Ausübung von verbotenen Gewerbsarten nicht als Steuerdefraudation zu erachten; für derartige Zuwiderhandlungen sind ausschließlich die Gerichte zuständig. Vgl. Vorbem. Ziff. II und die daselbst angeführten Strafbestimmungen.

Siehe unten Anm. 9 und 10, ferner Anm. 5e zu Art. 22.

d) Örtlich zuständig ist jenes Rentamt, in dessen Bezirk die Verfehlung entdeckt wurde; Bek. vom 25. Oktober 1879 § 2; vgl. auch Anm. 1d zu Art. 22.

3. a) Die Strafbarkeit ist begründet mit der tatsächlichen Eröffnung eines unversteuerten Gewerbebetriebs; die Bestrafung hat selbst dann einzutreten, wenn es zu einer Veräußerung der Waren nicht gekommen ist.

b) Bis in die neueste Zeit hinein lag der Rechtsprechung des OLG. die Anschauung zugrunde, daß die Verfehlungen gegen das Hausiersteuergesetz Formaldelikte seien, bei denen es auf die Absicht (dolus) oder auf Fahrlässigkeit (culpa) nicht ankomme; die Strafe wurde lediglich an die Tatsache des unversteuerten (Art. 16) bzw. des unzureichend besteuerten (Art. 17) Gewerbebetriebs geknüpft; es genügte zur Annahme der Strafbarkeit die bloße Verwirklichung des objektiven Tatbestands;

darauf, ob den Steuerpflichtigen irgend ein Verschulden traf, kam es dabei nicht an. Vgl. z. B. Samml. 1, 333; 3, 226, 320; 4, 123; 5, 126, 344; 6, 309.

Im Gegensatz zur bisherigen Rechtsprechung hat nun das OLG. in seinem Urteil vom 17. Januar 1911, 11, 23 ausgesprochen, daß der Begriff des Formaldelikts nicht mehr in Frage komme, und daß eine Zuwiderhandlung gegen das Hausiersteuergesetz dann nicht vorliege, wenn der Steuerpflichtige es an der Achtsamkeit, die billigerweise verlangt werden könne, nicht fehlen ließ und nur infolge eines entschuldbaren tatsächlichen Irrtums oder eines Zufalles den objektiven Tatbestand einer Zuwiderhandlung erfüllt hat. Vgl. auch BlfFinW. 19, 110.

Siehe auch unten sub c, ferner Anm. 2 zu Art. 17.

c) War der Pflichtige ernstlich bestrebt, der steuerlichen Vorschrift zu genügen (durch Anmeldung und Übersendung des Betrages, den er nach den bisherigen Erfahrungen für genügend erachten konnte, an das Rentamt und ähnliche Maßnahmen), bewirkten jedoch gewisse von ihm nicht verschuldete Umstände schließlich, daß die Vorschrift, rein äußerlich betrachtet, nicht befolgt wurde, so ist Straffälligkeit nicht gegeben. OLG. vom 11. Juni 1910, 10, 157; BlfFinW. 18, 313.

Die Strafbarkeit ist auch dann ausgeschlossen, wenn jemand um einen Steuerausweis förmlich nachgesucht hat, vom Rentamte aber mit dem Bedeuten abgewiesen wurde, daß im gegebenen Falle eine Besteuerung nicht Platz zu greifen habe. ObTrib. vom 6. Mai 1879, Oppenhoff 20, 248.

d) Auch für die Verfehlungen gegen die Steuergesetze gilt der Grundsatz: Unkenntnis der Gesetze schützt nicht vor Strafe.

Für die Würdigung der Schuldfrage ist dieser Umstand — Unkenntnis hinsichtlich der einschlägigen gesetzlichen Bestimmungen — deshalb belanglos, weil es sich hier um einen Irrtum über die Tragweite des Strafgesetzes handelt. Ein derartiger Irrtum beseitigt, selbst wenn er von der zuständigen Behörde hervorgerufen worden wäre, nicht die strafrechtliche Verantwortlichkeit. OLG. vom 28. März 1901, 1, 331; vom 30. Oktober 1909 RevReg. Nr. 451/1909; OLG. München vom 28. Januar 1892, 7, 18; BlfFinW. 1, 181; Urt. d. RG. vom 18. November 1895, 27, 427; BlfFinW. 4, 109; siehe auch § 59 RStGB.

Wer in Bayern ein Gewerbe im Umherziehen betreibt oder betreiben läßt, handelt unter allen Umständen fahrlässig, wenn er den Nachweis über die Festsetzung der Wandergewerbesteuer und deren Entrichtung aus dem Grunde nicht beschafft hat, weil er sich mit der bayer. Steuergesetzgebung nicht vertraut gemacht hat. OLG. vom 5. November 1910, 10, 344.

Die Strafbarkeit eines Auktionators, welcher die Feilbietung oder Versteigerung eines Wanderlagers eröffnet hat, ohne mit dem Nachweise über die Festsetzung der Steuer und deren Entrichtung versehen zu sein, wird nicht einmal durch die Unkenntnis davon ausgeschlossen, daß das von ihm feilgebotene oder versteigerte Warenlager ein Wanderlager sei. RStGB. § 59; OLG. München vom 28. Januar 1892, 7, 18; BlfFinW. 1, 180.

Der Irrtum eines Begleiters über den Umfang seiner Befugnisse beruht auf unrichtiger Auslegung des Gesetzes und schließt seine Bestrafung nicht aus. Preuß. Kammerger. vom 7. Januar 1892, BlfFinW. 1, 265.

Wenn der Beschuldigte sich auf einen Irrtum über den Inhalt und die Tragweite eines Strafgesetzes (also auch des Hausiersteuergesetzes) beruft, so ist dies unstatthaft. OLG. vom 20. Februar 1900, 1, 24.

Siehe im übrigen über „Verschulden“ oben sub b und c.

4. a) Die Steuer vom Gewerbebetrieb im Umherziehen ist eine Jahressteuer und in jedem Falle für das ganze Kalenderjahr zu entrichten. Art. 6.

Zuwiderhandlungen, die in verschiedenen Jahren begangen wurden, können daher nicht als eine fortgesetzte strafbare Handlung betrachtet werden; es liegen vielmehr so viele Straffälle vor, als Kalenderjahre in Betracht kommen. § 263 StPO.; preuß. ObTrib. vom 8. Januar 1864 und vom 17. Juni 1869; Oppenhoff 4, 278; 10, 428.

b) Dagegen sind mehrere im nämlichen Jahre (auch in verschiedenen Rentamts- oder Gerichtsbezirken) begangene Zuwiderhandlungen als eine fortgesetzte strafbare Handlung anzusehen; d. h. die sämtlichen einzelnen Fälle sind als eine Einheit aufzufassen; eine abermalige Strafverfolgung wegen solcher Straftaten, welche vor der Bestrafung begangen, jedoch erst später entdeckt wurden, ist selbst dann unstatthaft, wenn das Strafverfahren ausdrücklich auf die Verfehlung während eines bestimmten Zeitraumes oder an einem bestimmten Tage sich bezogen hatte. Vgl. hierüber § 67 Abs. III RStGB.; § 2 EG. z. RStGB.; Art. 5 AG. z. StPO. vom 18. August 1879; RG. vom 25. Mai 1886, 19, 145; Löwe, StPO. Anm. 4 zu § 259; OLG. vom 30. März 1905, 5, 338; BlfFinW. 15, 63.

c) Eine neuerliche Strafverfolgung ist im nämlichen Jahre nur dann zulässig, wenn die Straftat nach der Aburteilung der früher verübten begangen worden ist. Oppenhoff, RStGB. Anm. 11 zu § 74; Löwe, StPO., Anm. 4 zu § 259.

d) Über Realkonkurrenz s. unten Anm. 9.

5. a) Die Verjährung der Strafverfolgung ist verschieden, je nachdem eine Übertretung oder ein Vergehen in Frage steht. Bei der Übertretung beträgt die Verjährungsfrist 3 Monate, beim Vergehen 3 Jahre. §§ 67 RStGB.

b) Für die Frage, ob eine Zuwiderhandlung sich als Vergehen oder als Übertretung darstellt, ist das Maximum der für die betreffende Zuwiderhandlung zulässigen Geldstrafe maßgebend.

Die Straftat stellt sich dann als ein Vergehen dar, wenn die gesetzlich zulässige Höchststrafe den Betrag von 150 Mk. überschreitet. Geht dagegen die im konkreten Falle verwirkte Geldstrafe in ihrem Höchstbetrage über 150 Mk. nicht hinaus, so liegt eine Übertretung vor. §§ 1 und 67 RStGB.; Art. 4 AG. z. StGB., GVBl. 1871/72, 81 ff.; OLG. 1, 98; 5, 338 ff.; E. vom 18. Januar 1908 RevReg. Nr. 600/07; vom 22. Juni 1909 RevReg. Nr. 250/1909; siehe auch BlfFinW. 1, 261; ferner RGE. in Strafs. 3, 52; 14, 247; Rechtspr. d. RG. 2, 547; § 21 MBek. vom 17. September 1879, FMBl. 276.

Es verjähren also z. B. die Delikte bezüglich der Tarif-Nr. 3a und 3b in 3 Monaten (Strafmaximum nach Art. 16 $9 \times 5 = 45$ Mk. bzw. $30 \times 5 = 150$ Mk.), jene bezüglich der Tarif-Nr. 6a in 3 Jahren (gesetzlich zulässige Höchststrafe $60 \times 5 = 300$ Mk.).

c) Die Verjährung **beginnt** mit dem Tage, an welchem die strafbare Handlung begangen wurde, bzw. mit dem Tage, an welchem der (unversteuerte oder infolge unrichtiger oder unvollständiger Angaben des Pflichtigen unzureichend besteuerte) unbefugte Gewerbebetrieb aufgegeben wurde, bzw. mit dem Zeitpunkt der Erholung des Besteuerungsnachweises. § 67 Abs. 2, 3 u. 4 RStGB.; § 2 EG. z. StGB.; § 21 MBek. vom 17. September 1879, FMBl. 276. Siehe auch OLG. vom 30. März 1905, 5, 338; BlfFinW. 5, 63.

Über **Berechnung der Frist** s. unten Anm. 15 zu Art. 22.

d) Wegen **Unterbrechung der Verjährung** durch den Strafbescheid vgl. unten Anm. 2 und 3 zu Art. 22.

e) Ist Gefahr im Verzug, so ist selbst dann, wenn der Tatbestand noch nicht erschöpfend festgestellt sein sollte, zur Unterbrechung der Verjährung seitens des Rentamts Strafbescheid zu erlassen. Dem Beschuldigten muß es in diesem Falle überlassen werden, sich im Rechtsmittelverfahren eventuell sein vermeintliches Recht zu suchen. Eine derartige Maßnahme muß jedoch den Ausnahmefall bilden; siehe hierüber auch Anm. 2 zu Art. 22 unten.

f) Die Verjährung der Strafverfolgung **ruht** solange, als das Steuerfestsetzungsverfahren noch nicht rechtskräftig erledigt ist. § 69 Abs. 1 RStGB.; OLG. vom 3. Juli 1900, 1, 123; vom 5. November 1910, 10, 344. Siehe auch unten Anm. 13 zu Art. 24.

g) Siehe im übrigen hinsichtlich des Verfahrens die Anm. zu Art. 22 unten.

6. Die **Verjährung der Strafvollstreckung** bemißt sich nach § 70 RStGB. Jede auf Vollstreckung gerichtete Handlung der Behörde, welcher die Vollstreckung obliegt, sowie die zum Zwecke der Vollstreckung erforderliche Festnahme des Verurteilten unterbricht die Verjährung. Nach der Unterbrechung der Vollstreckung der Strafe beginnt eine neue Verjährung. § 72 a. a. O.; siehe auch § 22 der Bek. vom 17. September 1879, FMBl. 277.

7. a) Den Maßstab für die Strafe bildet die **Jahressteuer nebst** dem finanzgesetzlichen **Zuschlag** (z. B. für 1910 und 1911; vgl. hierüber Anm. 1c zu Art. 4, Art. 1a zu Art. 5, Anm. 5b zu Art. 15), im Falle der Reklamation gegen den rentamtlichen Strafbescheid die rechtskräftig festgesetzte Steuer; s. Art. 24 Abs. 6 am Ende und Anm. 13 hiezu sowie oben Anm. 4. Siehe auch § 10 d. Bek. vom 25. Oktober 1879, FMBl. 426. Siehe ferner OLG. vom 21. November 1905, 6, 217; BlfFinW. 15, 64. Siehe jedoch auch Anm. 17 zu Art. 22.

b) Die Hinterziehungsstrafe beträgt beim Hausiergewerbe das 2—5fache, beim Wanderlager das 5—10fache der Jahressteuer.

Bei der Strafausmessung kommt der Umfang des Geschäftsbetriebs, der Wert der feilgebotenen Waren, der Zeitraum, auf welchen sich die Hinterziehung erstreckt hat, die geistige Veranlagung des Beschuldigten, Unkenntnis des Gesetzes (Anm. 3d oben), **Wiederholung** der Zuwiderhandlung (s. Art. 89 Abs. 4 AG. z. RStPO.) u. dgl. Umstände in Betracht.

c) Wie im übrigen Strafrecht gilt auch hier das Verbot: „ne bis in idem." Dieses Verbot besagt, daß nach einer in einer Strafsache ergangenen rechtskräftig gewordenen richterlichen Entscheidung (auch der Verwaltungsbehörde: Art. 22) der Gegenstand der zur Aburteilung gelangten Tat wider dieselbe Person nicht von neuem verfolgt werden darf. Entsch. d. RG. i. Strafs. 8, 135; 21, 79 usw.; Löwe, StPO. 11. Aufl. S. 455 ff.

Siehe hiezu auch Anm. 4b oben.

8. Über das Verfahren im Falle der Uneinbringlichkeit der Geldstrafen siehe unten die Anm. 10c und 10d zu Art. 22.

9. Über Realkonkurrenz (§ 74 RStGB.) siehe unten Anm. 5e zu Art. 22.

Es sind hienach die Gerichte zuständig, wenn das Steuerdelikt mit einer strafbaren Handlung konkurriert, die ausschließlich nach den allgemeinen Strafgesetzen zu verfolgen ist z. B. Übertretung der Gewerbeordnung, des Strafgesetzbuches. Liegen dagegen mehrere strafbare Handlungen vor und jede derselben stellt eine Übertretung des Hausiersteuergesetzes dar, so gilt das oben in Anm. 4b Gesagte.

10. Enthält eine und dieselbe Handlung zugleich den Tatbestand des Gewerbepolizeivergehens und des Steuervergehens, m. a. W. liegt Idealkonkurrenz eines Gewerbepolizeivergehens mit einem Steuervergehen vor und ersteres Delikt ist bereits verjährt, so ist die für das Steuerdelikt bestimmte Strafe anzuwenden. RG. vom 30. Oktober 1895, Entsch. 27, 403; BlfFinW. 4, 112.

Im übrigen ergibt sich aus dem vorerwähnten reichsgerichtlichen Urteil, daß im Falle der Idealkonkurrenz eines Gewerbepolizeivergehens mit einem Steuervergehen die allgemeinen Vorschriften über die Idealkonkurrenz Platz greifen, also § 73 RStGB.

Siehe über das Verfahren bei Idealkonkurrenz oben Anm. 2c, ferner unten Anm. 5e zu Art. 22.

Strafbestimmungen.

Art. 17.

Wer bei der Anmeldung des Gewerbes (Art. 7, 8, 9 und 15 Ziff. 5) die zur Feststellung der Steuer erforderlichen Merkmale verschweigt [1] oder unrichtig angibt, [2] desgleichen wer nach Einholung des Besteuerungsnachweises, ohne den in Art. 12 und Art. 15 Ziff. 7 und 8 hiewegen ausgesprochenen Verpflichtungen zu genügen [3], [4]

a) **innerhalb der angemeldeten Betriebsdauer ein anderes der Steuer vom Gewerbebetrieb im Umherziehen unterliegendes Gewerbe betreibt als das im Wandergewerbescheine oder in dem Besteuerungsnachweise bezeichnete, [5]**

b) **innerhalb der angemeldeten Betriebsdauer den Gewerbebetrieb auf eine größere Anzahl oder auf andere als die in den erwähnten Bescheinigungen verzeichneten Gegenstände oder Leistungen ausdehnt, wer endlich [5]**

c) **den Betrieb eines Wanderlagers über den angemeldeten Zeitraum erstreckt oder auf Warenvorräte von größerer Menge und von größerem Werte, als angemeldet, ausdehnt, [6]**

verfällt in eine Geldstrafe, welche dem Zwei- bis Fünffachen,

bei Wanderlagern und Wanderauktionen dem Fünf- bis Zehnfachen desjenigen Betrages gleichkommt, um welchen die entrichtete Steuer hinter der nach den Vorschriften des Gesetzes geschuldeten zurücksteht.[6, 7, 8]

Wird jedoch festgestellt, daß der tatsächlich ausgeübte Gewerbebetrieb bei rechtzeitiger Beobachtung der Vorschriften in Art. 12 und Art. 15 Ziff. 7 und 8 ohne Erhöhung des schon entrichteten Steuersatzes hätte stattfinden dürfen, so tritt Geldstrafe bis zu 30 Mk. ein.[4, 8]

1. Ein Verschweigen setzt ein Geheimhalten zum Zwecke einer Täuschung der Steuerbehörde voraus. OLG. vom 4. Juni 1910 RevReg. Nr. 188/1910.

2. Zur Annahme der Strafbarkeit aus Art. 17 Satz 1 genügt nicht die bloße Verwirklichung des objektiven Tatbestandes (vgl. Anm. 3b zu Art. 16), sondern ist die Feststellung eines Verschuldens erforderlich.

So begründen z. B. unrichtige Angaben des Pflichtigen über den Wert der dem Wanderlagerverkauf unterstellten Ware noch nicht dessen Strafbarkeit, wenn nicht ein Verschulden nachweisbar ist.

OLG. vom 4. Juni 1910, 10, 147; BlfFinW. 18, 313.

Vgl. auch oben Anm. 2b zu Art. 16.

3. Vollendet ist die Hinterziehung, sobald das Rentamt auf Grund der wahrheitswidrigen Angaben den Besteuerungsnachweis ausgefertigt hat. Die wahrheitswidrige Angabe allein begründet indessen die Strafbarkeit nicht; denn diese setzt nach dem letzten Absatze des Art. 17 noch voraus, daß durch die unterlassene Anmeldung, Verschweigung oder unrichtige Angabe der Nichtansatz der Steuer oder der Ansatz einer niedrigeren als der gesetzlichen Steuer verschuldet wurde. Trifft diese Voraussetzung nicht zu, so kann wegen der Verschweigung oder unrichtigen Angabe äußersten Falles nur eine Ordnungsstrafe bis zu 30 Mk. verhängt werden.

4. Der Versuch, eine geringere als die gesetzliche Steueranlage zu erzielen, enthält eine strafbare Hinterziehung nach Art. 17 nicht, wenn die für die Steueranlage wesentlichen Momente angegeben sind und das Rentamt auf Grund dieser Angaben in der Lage sich befand, die Steuer dem Gesetze entsprechend festzusetzen. Ebenso wird eine Bestrafung nicht eintreten können, wenn der Unternehmer sofort nach Empfang der Steuerquittung von dem Irrtum Anzeige erstattet. Knobling S. 100.

5. Das bloße Mitführen anderer als der im Besteuerungsnachweis aufgeführten Gegenstände rechtfertigt noch nicht die Bestrafung auf Grund des Art. 17; es muß vielmehr dem Unternehmer nachgewiesen werden, daß er die Absicht hatte, die betreffenden Waren ohne vorgängige Bestellung zu veräußern. Oppenhoff 5, 3 und 9, 557.

6. Über Zuständigkeit der Steuerbehörde bei Übertretungen nach Art. 17 vgl. § 149 GewO., woselbst ausgesprochen ist, daß dann, wenn die strafbare Handlung zugleich eine Zuwiderhandlung gegen die Steuergesetze enthält, jede weitere (durch die Gerichte zu verhängende) Strafe ausgeschlossen ist.

7. Im übrigen vgl. hierher die Ausführungen zu Art. 16 oben über Zustellung, Verjährung, Konkurrenz usw.

8. Hinsichtlich der Wanderlager siehe auch die Anm. 6c, 9a und 9b zu Art. 15 oben.

9. Die Strafe nach Abs. 1 ist eine Hinterziehungsstrafe, jene nach Abs. 2 eine Ordnungsstrafe; s. auch Anm. 1 zu Art. 16.

Steuernachholung.

Art. 18.

Neben den in Art. 16 und Art. 17 ausgesprochenen Geldstrafen ist die vorenthaltene Steuer zu entrichten. [1], [2], [3], [4]

1. über örtliche Zuständigkeit vgl. Anm. 2d zu Art. 16.

2. a) Die Steuernachholung bildet keinen Teil des Strafbescheids, wird jedoch zweckmäßig mit diesem verbunden.

Ist die rentamtliche Strafgewalt nicht gegeben z. B. wegen Zusammentreffens der Hausiersteuerhinterziehung mit einer Straftat, die verfahren; s. unten die Anm. 1 und 4 zu Art. 24. Für den Einsteuerungsbeschluß erlassen und dieser dem Pflichtigen unter Eröffnung des Rechtsmittels (Art. 24) und Bestimmung einer angemessenen Zahlungsfrist bekanntgegeben werden. Eine besondere Form ist für die Bekanntmachung wie z. B. beim Strafbescheid (s. unten Anm. 4 zu Art. 22) nicht vorgeschrieben. Wird Reklamation ergriffen, so ist nach Art. 24 weiter zu verfahren; s. unten die Anm. 1 und 4 zu Art. 24. Für den Einsteuerungsbeschluß sind die Gebühren nach Art. 201—204, 284 GebG. in Ansatz zu bringen; s. auch unten Anm. 9d zu Art. 24.

Die Steuernachholung bildet eine von der richterlichen Tätigkeit völlig unabhängige Geschäftsaufgabe der Finanzverwaltung. Mot. z. AG. z. RStPO. Art. 98 S. 70, Verh. d. K. d. Abg. 1878/79 Beil.-Bd. 5, 45. Siehe auch Erk. d. Gerichtshofs für Kompetenzkonflikte vom 12. Juli 1883, GVBl. Beil. 4, 29; s. auch oben Anm. 5f zu Art. 16.

Ein förmlicher Einsteuerungsbeschluß ist auch dann zu erlassen, wenn die Strafverfolgung bereits verjährt ist, die Verjährung der vorenthaltenen Steuer jedoch noch nicht eingetreten ist.

über Verjährung der Strafverfolgung s. oben Anm. 5 zu Art. 16; über Verjährung der Steuer s. die folgenden Anm.

b) Die Steuernachholung, d. h. der Anspruch des Staates auf die vorenthaltene Steuer verjährt in 3 Jahren. Die Verjährung beginnt mit dem Schlusse des Kalenderjahres, in welchem die Steuernachholung hätte erfolgen können, wegen mangelnder Kontrolle u. dgl. Versäumnisse aber unterblieb. Art. 124 AG. z. BGB.; siehe auch StenBer. 1879, III, 298/301.

c) Ist die Steuer z. B. infolge ordnungsgemäßer Zustellung des für vorläufig vollstreckbar erklärten Ausstandsverzeichnisses, durch Anerkennung seitens des Steuerpflichtigen, durch Verwerfung der Reklamation usw., rechtskräftig festgestellt, so läuft für diesen rechtskräftig festgestellten Anspruch des Staates wiederum die 3jährige Verjährungsfrist des Art. 124 AG. z. BGB.; autogr. FME. vom 26. November 1911 Nr. 25017, betr. die Strafkostenschuld des Zimmermanns Christian Zang in Stockstadt a. Main. (In den BlfFinW. 19, 161, ferner in der Entschl. d. K. Reg. v. Schwaben u. Neuburg vom 14. Dezember 1910 Nr. 27018 ist die Anschauung vertreten, daß für derartige rechtskräftig festgesetzte Ansprüche des Staates die 30jährige Verjährungsfrist des § 218 BGB. läuft.)

Die Verjährung ist selbstverständlich so lange ausgeschlossen, als dem Steuerpflichtigen Stundung gewährt ist. § 202 BGB.

d) Nachzuholen ist diejenige Steuer, die vorenthalten wurde, also jener Betrag, der bei ordnungsgemäßer Anmeldung nach Art. 4, 14 und 15 zu entrichten gewesen wäre.

e) Das bezüglich der Steuer oben unter lit. c Gesagte gilt selbstverständlich auch von rechtskräftig festgesetzten Gebühren, Kosten u. dgl.

3. Die Steuernachholungen sind in gleicher Weise wie die sich an die Anmeldung anschließenden Steuerfestsetzungen (Instr. §§ 15 und 16) in die Steuerliste einzutragen. Allenfallsige Rückstände und uneinbringlich gewordene Steuern sind im Steuerlibell nachzuweisen. Eine derartige Sachbehandlung ist z. B. für Niederbayern mit Reg.-Entschl. vom 2. April 1888 Nr. 5175 ausdrücklich angeordnet worden. — Über Rückstände an Gebühren s. unten Anm. 13 und 14 zu Art. 22; über Rückstände und Nachlässe an Strafen s. unten Anm. 10 zu Art. 22.

4. Gesuche um Nachlaß von Steuern sind durch die Rentämter zu instruieren und mit gutachtlicher Äußerung versehen der vorgesetzten Regierungsfinanzkammer in Vorlage zu bringen. Letztere hat die Akten zur Verbescheidung an das K. Staatsministerium der Finanzen weiterzugeben. — Über Gesuche um Nachlaß von Strafen s. unter Anm. 10f zu Art. 22. — Über Niederschlagung von Steuern s. Breunig I, 346.

Ordnungsstrafen.

Art. 19.

Jede Zuwiderhandlung gegen die Vorschriften des Art. 11 Abs. 2[1] wird mit Geldstrafe bis zu 30 Mark geahndet (soferne nicht wegen Verbindung des Besteuerungsnachweises mit dem Wandergewerbescheine (Art. 8 Abs. 2) auf dieselbe Handlung oder Unterlassung schon die Strafbestimmungen in § 149 der Gewerbeordnung Anwendung finden.)[2], [3]

Zuwiderhandlungen gegen die zur Ausführung dieses Gesetzes erlassenen Vollzugsanordnungen unterliegen einer Geldstrafe bis zu 30 Mark.[4]

1. Art. 19 greift dann Platz, wenn jemand

a) den gelösten Wandergewerbeschein und Besteuerungsnachweis nicht mit sich führt,

b) diese Bescheinigungen den zuständigen Behörden, Beamten und deren Vollzugsorganen nicht vorzeigt,

c) diese Bescheinigungen an einen anderen überläßt,

d) nach dem Geschäftsbeginn mehr Begleiter, als in dem Besteuerungsnachweis angegeben sind, mitführt (sind die Begleiter bereits bei Erholung des Besteuerungsnachweises vorhanden gewesen, so hat Bestrafung nach Art. 17 einzutreten).

2. Der eingeklammerte Nachsatz von Art. 19 Abs. 1 ist mit Rücksicht auf die nunmehrige Fassung von § 149 GewO. (vgl. dessen Abs. 2) gegenstandslos geworden.

3. Vgl. auch Anm. 9 und 10 zu Art. 16. Die Strafe des Art. 19 ist eine sog. Ordnungsstrafe; s. Anm. 1 zu Art. 16.

4. Über Haftung des Auftraggebers siehe unten Art. 20.

Strafbare Handlungen im Auftrage Dritter.

Art. 20.

Sind die in Art. 16, 17 und 19 Abs. 2 erwähnten strafbaren Handlungen im Auftrage[1] einer andern Person ausgeübt worden, so ist gegen den Auftraggeber auf die gleiche Strafe, wie gegen den Beauftragten zu erkennen, und Beide haften solidarisch[2] für die Strafbeträge, die Kosten und die vorenthaltene Steuer.[3]

1. a) Nicht erforderlich ist, daß der Auftrag ausdrücklich erteilt worden ist; es braucht auch nicht ein ausdrücklicher Nachweis vorzuliegen, daß infolge des erteilten Auftrags das Gewerbe betrieben worden ist, ebensowenig der Beweis der wissentlichen Anstiftung. Ein Auftrag kann auch schon in der mit Sicherheit erkennbaren Billigung des Gewerbebetriebs durch den Auftraggeber gefunden werden. OLG. vom 14. März 1908; ferner Slg. d. E. d. OLG. 4, 192; 5, 123; 6, 198, 308; 8, 234; 10, 344.

Gleichgültig ist auch, ob der Auftraggeber an der Ausführung des Auftrags ein eigenes Vermögensinteresse hatte oder nicht, ob die strafbare Handlung, zu welcher der Auftrag erteilt wurde, für Rechnung des Auftraggebers geschah oder nicht, ob er den Auftrag in eigenem oder fremdem Namen erteilt hat. OLG. vom 21. November 1905, 6, 217; BlfFinW. 15, 64.

Art. 20 fordert auch nicht den Nachweis eines ursächlichen Zusammenhangs zwischen dem Auftrag und dem Gewerbebetrieb. Der Auftraggeber braucht keine Kenntnis davon zu haben, daß der Beauftragte ohne Besteuerungsnachweis den Gewerbebetrieb an einem bestimmten Ort ausübt. OLG. vom 25. Januar 1906, 6, 308; BlfFinW. 16, 119.

Siehe über den Begriff „Auftrag" und „Auftraggeber" auch OLG. vom 30. November 1907, 8, 121, und vom 18. Februar 1908, 9, 288; BlfFinW. 16, 123 und 125.

b) Für die Strafbarkeit desjenigen, in dessen Auftrag jemand ein der Hausiersteuer unterworfenes Gewerbe betreibt, ohne mit dem vorgeschriebenen Besteuerungsnachweis versehen zu sein, und für die Haftung des Auftraggebers für die gegen den Beauftragten ausgesprochene Strafe, die auferlegten Kosten und die vorenthaltene Steuer ist es belanglos, ob der Beauftragte als Provisionsreisender oder als Handelsagent des Auftraggebers handelt, ob er auf Grund eines Dienstverhältnisses zu diesem oder ohne Bestehen eines solchen handelt, ob der Auftraggeber Anstifter im Sinne des Strafgesetzbuches ist oder nicht. OLG. München vom 2. Dezember 1899, 10, 306.

c) Hat der Beauftragte etwas getan, was der Auftraggeber nicht gewußt und gewollt hat, hat also der Beauftragte den Auftrag eigenmächtig überschritten und sich erst durch die Überschreitung auf das

Gebiet einer strafbaren Zuwiderhandlung gegen das Hausiersteuergesetz begeben, so entfällt die Haftung des Auftraggebers nach Art. 20. OLG. vom 29. November 1910, 10, 385.

d) Im gerichtlichen Strafverfahren kann Art. 20 gegenüber dem Auftraggeber nur Anwendung finden, wenn das mit der Aburteilung des letzteren befaßte Gericht auf Grund eigener Würdigung eine Verfehlung des Beauftragten gegen Art. 16 rechtlich festgestellt hat. Der Hinweis auf einen den Beauftragten verurteilenden[1]) Strafbescheid des zuständigen Rentamts genügt nicht. OLG. vom 22. Juni 1909; BlfFinW. 17, 311.

2. Wegen des Gesamtschuldverhältnisses hat das Rentamt die Wahl, sich an den Auftraggeber oder an den Beauftragten zu halten, und zwar kann es von jedem der Schuldner das Ganze verlangen; der Zahlende ist jedoch befugt, im Wege des Regresses sich an den oder die Ersatzpflichtigen zu halten. Vgl. BGB. §§ 421—426.

3. a) Die Steuer ist nur einmal geschuldet und kann daher nur einmal in Aufrechnung gebracht werden; die Strafe dagegen ist sowohl über den Auftraggeber wie über den Beauftragten zu verhängen.

b) In dem Strafbescheid ist die Solidarhaftung (das Gesamtschuldverhältnis) zweckmäßig ausdrücklich auszusprechen und hiebei anzugeben, was an Steuern, Strafe und Kosten auf jeden der Gesamtschuldner trifft.

c) Im Falle der Umwandlung in Haft kann natürlich nur die gegen jeden einzelnen erkannte Geldstrafe umgewandelt werden; eine Zusammenrechnung der über die einzelnen Gesamtschuldner verhängten Geldstrafen ist unzulässig.

d) Wenn es unterblieben ist, den einen Angeschuldigten bezüglich der Strafe nebst Annexen, welche gegen den anderen ausgesprochen wurde, für haftbar zu erklären, so bildet dies einen Anfechtungsgrund nicht einmal dann, wenn der eine Angeschuldigte geltend macht, daß gegen ihn die subsidiäre Haftstrafe vollstreckt werde, während bei korrekter Behandlung die Geldstrafe für den zahlungsfähigen Mitangeschuldigten hätte beigetrieben werden können. Ob. Trib. vom 21. Oktober 1868, Opp. 9, 574; Knobling S. 110.

e) Die Bestimmung des Art. 20 bezüglich der Solidarhaftung für die Kosten gilt für die Rechtsmittelinstanz nicht, da jeder Angeklagte unabhängig von den anderen ein Rechtsmittel einlegen kann und daher der Grund für eine Solidarhaftung wegfällt. OLG. vom 15. Juni 1900, 1, 98.

Rechnerische Behandlung der Geldstrafen.

Art. 21.

Die nach Art. 16 und Art. 17 Abs. 1 verhängten Geldstrafen verfallen, soferne sie in vollem Betrage erhoben werden, bei Wanderlagern und Wanderauktionen dem Armenfond des Betriebsortes, bei sonstigem Gewerbebetrieb im Umherziehen, wenn der Gewerbetreibende seinen Wohnsitz in Bayern hat, dem Armenfond des Wohnortes.

Sonstige auf Grund dieses Gesetzes verhängte Geldstrafen fließen in die Staatskassa.

---

[1]) scil. „rechtskräftigen"

1. Die nach Art. 16 und 17 Abs. 1 verhängten Geldstrafen fallen

a) bei Wanderlagern und Wanderauktionen dem Armenfond (d. h. dem Stockvermögen der Armenpflege: StenBer. 1879, III, 300) des Betriebsortes,

b) bei sonstigen Hausiergewerben, soferne der Steuerpflichtige seinen Wohnsitz in Bayern hat, dem Armenfond des Wohnsitzes zu.

c) Hat der Gewerbetreibende seinen Wohnsitz außerhalb Bayerns, so fließen im Falle sub b die Geldstrafen in die Staatskasse; dies gilt auch hinsichtlich der auf Grund der Art. 17 Abs. 2 und Art. 19 verhängten Ordnungsstrafen.

d) Die Einhebung und Hinausvergütung der Geldstrafen an die Armenfonds erfolgt durch die Rentämter. Instr. § 33.

e) Ist eine Geldstrafe nur teilweise eingegangen, so kommt der Anspruch des Armenfonds auf die nur teilweise eingegangene Geldstrafe in Wegfall, weil der Staat (und nicht der Armenfond) die auf die Umwandlung des uneinbringlichen Strafbetrags in die Freiheitsstrafe anfallenden Kosten zu decken hat. StenBer. 1879, III, 300.

2. a) Über Beitreibung vgl. unten Anm. 10 und 12 zu Art. 22.

b) Kann eine Strafe nicht im vollen Betrage beigetrieben werden und reicht auch der Erlös der etwa beschlagnahmten und veräußerten Waren zur vollen Deckung derselben nicht aus, so war früher in der Weise zu verfahren, daß mit den eingegangenen Beträgen zunächst die Steuer und Kreisumlage, dann die Gebühr für den Strafbescheid zu berichtigen und der zur Tilgung der Strafe verbleibende Rest für die Staatskasse zu verrechnen, wegen des ungedeckten Strafbetrages aber die Umwandlung in eine entsprechende Haftstrafe beim zuständigen Amtsgerichte zu beantragen war. Instr. § 33; Bek. vom 17. September 1879 § 19 Abs. 3; Bek. vom 25. Oktober 1879 § 13.

Späterhin wurde in der autogr. FinME. vom 20. Oktober 1895 Nr. 17533 angeordnet, daß dann, wenn der Pflichtige eine ausdrückliche Erklärung abgegeben hat, welche der mehreren Schuldposten (Geldstrafe, Steuer usw.) er durch seine Zahlung begleichen will, diese Erklärung entsprechend zu berücksichtigen ist.

Nunmehr ist in der autogr. FinME. vom 30. August 1911 Nr. 29092, betr. Rückstände in Steuerstrafsachen, folgendes angeordnet worden:

> „Werden in Straffällen wegen Zuwiderhandlungen gegen die Vorschriften in den Gesetzen über die direkten Staatssteuern (also auch gegen das Hausiersteuergesetz) von dem Pflichtigen Zahlungen geleistet, die nicht zur Tilgung der ganzen Schuldigkeit an Staatssteuer nebst Kreisumlagen, Gebühren und Kosten des Verfahrens sowie an Geldstrafe ausreichen, so sind die Zahlungen auch ohne besondere Bestimmung des Schuldners zunächst auf die Geldstrafe anzurechnen. Das gleiche gilt, wenn sonstige Deckungsmittel, z. B. der Erlös aus den beim Wandergewerbebetriebe mitgeführten und beschlagnahmten Gegenständen, zur Tilgung der staatlichen Ansprüche unzureichend sind."

Die wegen Verfehlungen gegen das Hausiersteuergesetz verhängten Geldstrafen sind also nunmehr bezüglich der Anrechnung von Teilzahlungen u. dgl. den durch die Gerichte verhängten Geldstrafen gleichgestellt.

3. Die Verrechnung der Geldstrafen und der im Strafverfahren erwachsenden Kosten bemißt sich nach den desfallsigen allgemeinen Vorschriften. Instr. § 33.

4. Über Stundung, Erlaß, Begnadigung usw. siehe unten Anm. 10 zu Art. 22.

Strafverfahren.

Art. 22.[1–14, 18]

Hinsichtlich des administrativen und gerichtlichen Strafverfahrens wegen der Zuwiderhandlungen gegen dieses Gesetz und die dazu erlassenen Vollzugsanordnungen kommen die Vorschriften, nach welchen sich das Verfahren wegen Zuwiderhandlungen gegen die Zollgesetze richtet, jedoch mit der Maßgabe zur Anwendung, daß

a) an Stelle der Zollbehörden die Rentämter und an Stelle der Zollverwaltungsstellen die Kreisregierungen, Kammern der Finanzen, zu treten haben, und daß

b) gegen den rentamtlichen Strafbescheid ein Reklamationsrecht an die Regierung, Kammer der Finanzen, gemäß der nachfolgenden Gesetzesbestimmungen dem Steuerpflichtigen zusteht, soferne derselbe nicht binnen einer Woche[15] nach Bekanntmachung des Strafbescheides[16] auf gerichtliche Entscheidung[17] anträgt.

A. Vorbemerkung.

Einschlägig sind hier §§ 459—469 RStPO.; ferner Art. 85 ff. AG. hiezu vom 18. August 1879 (GVBl. S. 781).
Die bezüglichen Gesetzesvorschriften lauten:

I.

Aus der Reichsstrafprozeßordnung:

Dritter Abschnitt.

Verfahren bei Zuwiderhandlungen gegen die Vorschriften über die Erhebung öffentlicher Abgaben und Gefälle.

§ 459. Strafbescheide der Verwaltungsbehörden wegen Zuwiderhandlungen gegen die Vorschriften über die Erhebung öffentlicher Abgaben und Gefälle dürfen nur Geldstrafen sowie eine etwa verwirkte Einziehung festsetzen.

Der Strafbescheid muß außerdem die strafbare Handlung, das angewendete Strafgesetz und die Beweismittel bezeichnen, auch die Eröffnung enthalten, daß der Beschuldigte, sofern er nicht eine nach den Gesetzen zugelassene Beschwerde an die höhere Verwaltungsbehörde ergreife, gegen den Strafbescheid binnen einer Woche nach der Bekanntmachung bei der Verwaltungsbehörde, welche denselben erlassen, oder bei derjenigen, welche ihn bekannt gemacht hat, auf gerichtliche Entscheidung antragen könne.

Der Strafbescheid wirkt in Betreff der Unterbrechung der Verjährung wie eine richterliche Handlung.

Zu Abs. 1 vgl. §§ 5 und 6 Nr. 3 EG. Zu Abs. 3 vgl. § 68 RStGB.

§ 460. Wird auf gerichtliche Entscheidung angetragen, so übersendet die Verwaltungsbehörde, falls sie nicht den Strafbescheid zurücknimmt, die Akten an die zuständige Staatsanwaltschaft, welche sie dem Gerichte vorlegt.

In schöffengerichtl. Sachen sind die Akten an den Amtsanwalt weiterzugeben! § 27 GVG.; siehe auch die folgenden Anm., insbes. Anm. 5 und 10.

§ 461. In Betreff der Wiedereinsetzung in den vorigen Stand finden die Bestimmungen des § 455 entsprechende Anwendung.

§ 462. Ist der Antrag rechtzeitig angebracht, so wird zur Hauptverhandlung vor dem zuständigen Gerichte geschritten, ohne daß es der Einreichung einer Anklageschrift oder einer Entscheidung über die Eröffnung des Hauptverfahrens bedarf.

Bis zum Beginne der Hauptverhandlung kann der Antrag zurückgenommen werden.

Zu Abs. 1: rechtzeitig § 459 Abs. 2. — zuständiges Gericht: GVG. §§ 27 u. 73. Zu Abs. 2: §§ 451 A. 1; § 456 A. 2.

§ 463. Ist die in einem vollstreckbaren Strafbescheide festgesetzte Geldstrafe von dem Beschuldigten nicht beizutreiben und deshalb ihre Umwandlung in eine Freiheitsstrafe erforderlich, so ist diese Umwandlung nach Anhörung der Staatsanwaltschaft und des Beschuldigten durch gerichtliche Entscheidung auszusprechen, ohne daß der Strafbescheid einer Prüfung des Gerichts unterliegt.

Die Entscheidung über die Umwandlung erfolgt, wenn für eine Urteilsfällung das Schöffengericht zuständig gewesen wäre, durch Verfügung des Amtsrichters, in den übrigen Fällen durch Beschluß des Landgerichts.

Gegen die Entscheidung findet sofortige Beschwerde statt.

Zu Abs. 2 vgl. Gerichtsverfassungsgesetz § 27 u. § 73. Zu Abs. 3 vgl. § 353.

§ 464. Hat die Verwaltungsbehörde einen Strafbescheid nicht erlassen und lehnt die Staatsanwaltschaft den an sie gerichteten Antrag auf Verfolgung ab, so ist die Verwaltungsbehörde befugt, selbst die Anklage zu erheben.

In einem solchen Falle hat sie einen Beamten ihres Verwaltungszweiges oder einen Rechtsanwalt als ihren Vertreter zu bestellen und in der Anklage namhaft zu machen.

Zu Abs. 1 vgl. § 198.

§ 465. Die Staatsanwaltschaft ist zu einer Mitwirkung in jeder Lage des Verfahrens berechtigt.

Bei der Hauptverhandlung muß sie vertreten sein; auch hat sie die gerichtlich angeordneten Ladungen zu derselben zu bewirken.

Alle im Laufe des Verfahrens ergehenden Entscheidungen sind ihr bekannt zu machen.

§ 466. Im übrigen regelt sich das Verfahren auf die von der Verwaltungsbehörde erhobene Anklage nach den für die Privatklage gegebenen Bestimmungen.

Vgl. §§ 414—434.

§ 467. Hat der Beschuldigte gegen einen Strafbescheid auf gerichtliche Untersuchung angetragen, oder hat die Staatsanwaltschaft die Anklage erhoben, so kann die Verwaltungsbehörde sich der Verfolgung anschließen, und sie hat alsdann gleichwie bei einer von ihr erhobenen Anklage einen Vertreter zu bestellen.

In diesem Falle kommen die für den Anschluß des Verletzten als Nebenkläger gegebenen Bestimmungen zur Anwendung.

Zu Abs. 2 vgl. §§ 435—442.

§ 468. Wenn die Verwaltungsbehörde die Anklage erhoben oder sich der Verfolgung angeschlossen hat, so sind ihr das Urteil und alle sonstigen Entscheidungen zuzustellen, auch wenn sie bei deren Verkündung vertreten gewesen ist.

Vgl. § 439.

§ 469. Die Fristen zur Einlegung von Rechtsmitteln beginnen für die Verwaltungsbehörde erst mit der Zustellung.

Zur Anbringung von Revisionsanträgen und zur Gegenerklärung auf solche steht der Verwaltungsbehörde eine Frist von einem Monate zu.

Zu Abs. 1 vgl. §§ 42, 43 (wegen Fristenberechnung); §§ 354 ff. (Berufung), §§ 374 ff. (Revision).

II.

Aus dem bayer. Ausführungsgesetz zur StPO.

(An Stelle der Zollbehörden haben in den nachstehenden Vorschriften die Rentämter zu treten; siehe Ziff. III unten!)

Art. 85. Die Zuständigkeit und das Verfahren in Zoll- (hier Verwaltungs-) Strafsachen richtet sich nach den allgemeinen Vorschriften des RGVG. und der RStPO., vorbehaltlich derjenigen besonderen Bestimmungen, welche in den Staatsverträgen und in den zum Vollzuge von solchen erlassenen Vorschriften, dann bezüglich des Verfahrens im Verwaltungswege noch weiter in den Art. 86 bis 94 des gegenwärtigen Gesetzes enthalten sind.

. . . .

Wo einzelne der vorbehaltenen Bestimmungen auf die Landesgesetze über das Strafverfahren verweisen, sind in den dortselbst bezeichneten Richtungen die einschlägigen Vorschriften des RGVG. und der RStPO. in Anwendung zu bringen.

Art. 86. Das Verfahren im Verwaltungswege richtet sich nach den §§ 459—463 der RStPO. und den nachstehenden weiteren Bestimmungen.

Art. 87. Die vorläufige Feststellung des Tatbestandes bei Entdeckung einer strafbaren Zuwiderhandlung gegen die Zollgesetze (das Hausiersteuergesetz) erfolgt durch die Zollbehörden (Rentamt).

Der auf frischer Tat betretene Beschuldigte kann indessen behufs Feststellung des Tatbestandes auch der Staatsanwaltschaft oder dem Amtsrichter vorgeführt werden, soferne er ausdrücklich darauf anträgt und der Sitz der nächsten zuständigen Zollbehörde (Rentamt) weiter entlegen ist als der Amtsgerichtssitz.

Art. 88. Zu dem in Art. 87 Abs. 1 bezeichneten Zwecke kann die Zollbehörde (Rentamt) Ermittelungen jeder Art mit Ausschluß eidlicher Vernehmungen vornehmen.

Derselben steht ferner die Befugnis zu, sich der Gegenstände der Zuwiderhandlung sowie der Transportmittel durch vorläufige Beschlagnahme zu versichern, soweit dieselben als Beweismittel von Bedeutung sein können oder deren Einziehung angedroht ist oder die vorläufige Beschlagnahme zur Deckung der Abgaben, Strafen und Kosten erforderlich erscheint.

Die vorläufige Beschlagnahme bleibt bis zur Rechtskraft des über die betreffende Verfehlung ergangenen Urteils in Wirksamkeit, wenn nicht der volle Betrag des Wertes der beschlagnahmten Gegenstände samt dem Betrage der zu entrichtenden Abgaben hinterlegt oder genügende Sicherheit dafür geleistet wird.

Auch in diesen Fällen ist jedoch die Freigabe der beschlagnahmten Gegenstände nur zulässig, wenn durch dieselbe die Beweisführung bezüglich der fraglichen Verfehlung nicht beeinträchtigt wird.

Tiere oder dem Verderben ausgesetzte Sachen sind auf Antrag der Zollbehörde (des Rentamts) nach Beschluß des Richters zu versteigern. Der Erlös ist nach richterlicher Anordnung zu hinterlegen.

Bezüglich der vorläufigen Festnahme von Personen durch die Zollbehörden (Rentämter) und die Zollbediensteten (Rentamtsdiener, Hilfsboten, Steuerboten) kommen die Bestimmungen der RStPO. und des Art. 102 des gegenwärtigen Gesetzes zur Anwendung.[1])

Art. 89. Der Strafbescheid wird dem amtsanwesenden Beschuldigten zu Protokoll eröffnet, andernfalls durch Zustellung bekannt gemacht.

Die Zustellung erfolgt durch Bedienstete der Zollbehörde (des Rentamts) oder durch Vermittelung der Ortspolizeibehörde oder durch die Post gegen schriftliche Bestätigung des Empfangs durch den Beschuldigten.

Verweigert der Beschuldigte die unterschriftliche Bestätigung der mündlichen Eröffnung zu Protokoll oder im Falle der Zustellung die schriftliche Bestätigung des Empfanges, so gilt der Strafbescheid als nicht erlassen.

Bei Eröffnung des Strafbescheides ist der Beschuldigte auf die Erhöhung der Strafe aufmerksam zu machen, welche er im Falle der Wiederholung der Zuwiderhandlung zu erwarten hat.

Art. 90. Ein Strafbescheid, gegen welchen nicht rechtzeitig auf gerichtliche Entscheidung angetragen wird, erlangt die Wirkung eines rechtskräftigen Urteils.

Die gleiche Wirkung tritt ein, wenn der Antrag des Beschuldigten auf gerichtliche Entscheidung von demselben vor dem Beginne der Hauptverhandlung zurückgenommen wird.

Solange ein Strafbescheid noch nicht erlassen ist, kann die Zollbehörde (das Rentamt) in allen Fällen sich der Entscheidung enthalten und die Einleitung des gerichtlichen Verfahrens veranlassen.

Art. 91. Der Beschuldigte, welcher sich bei dem ergangenen Strafbescheide beruhigt, hat auch die Kosten des Verfahrens im Verwaltungswege zu tragen.

Ebenso fallen dem Beschuldigten, welcher zu einer Strafe gerichtlich verurteilt wird, die baren Auslagen zur Last, welche durch das Verfahren im Verwaltungswege entstanden sind.

---

[1]) Bem. zu Abs. 6: Der Festgenommene muß unverzüglich dem Amtsrichter des Bezirks, in welchem die Festnahme erfolgte, vorgeführt werden; die Festnahme zu dem Zwecke, um die Fortsetzung der strafbaren Handlung zu verhindern, darf in keinem Falle über 24 Stunden fortgesetzt werden: Art. 102 a. a. O. Siehe weiter §§ 3 u. 4 der Bek. vom 25. Oktober 1879 (Anhang).

Im Falle der Zurücknahme des Antrags auf gerichtliche Entscheidung treffen den Beschuldigten auch die bis dahin entstandenen Kosten des gerichtlichen Verfahrens.

Die Kosten der besonderen Vertretung der Zollbehörde (des Rentamts) vor Gericht können dem Beschuldigten niemals überbürdet werden.

Art. 92. Die Veräußerung der eingezogenen Gegenstände wird, ohne Unterschied, ob die Entscheidung im gerichtlichen oder im Verwaltungswege erfolgt, durch die Zollbehörde (Rentamt) bewirkt.

Ebenso erfolgt durch dieselbe die Vollstreckung von rechtskräftigen Strafbescheiden auf dem Wege des administrativen Zwangsvollzugs.

Bem. zu Abs. 2: vgl. sub 10e und 12 unten!

III.

Einschlägig ist hier weiter die VO. vom 1. Oktober 1879, das Verfahren in Zollstrafsachen betr. (GVBl. S. 1379) und die Bek. vom 2. Oktober 1879, betr. das Verfahren in Zoll- und Aufschlagstrafsachen im Verwaltungswege (GVBl. S. 1382), mit der Maßgabe, daß an Stelle der Zollbehörde die Rentämter treten; vgl. die Bek. vom 25. Oktober 1879 (GVBl. S. 1467), abgedruckt im Anhang Ziff. III.

B. Spezielles.

1. Von letztgenannter Bekanntmachung — s. Anhang Ziff. III — sind besonders hervorzuheben:

a) § 2 wegen der Anzeigepflicht der Behörden, auch der Gemeindebehörden, und deren Organe, bei Zuwiderhandlungen; siehe auch Anm. 2b zu Art. 11 oben, ferner Anm. zu Art. 25 unten.

b) §§ 3 u. 4 wegen der Festnahme, Vorführung und Vernehmung des Beschuldigten; s. hierüber auch oben unter lit. A, II Art. 88 AG. z. StPO. und die Bemerkung daselbst.

c) § 5 wegen der Beschlagnahme der mitgeführten Gegenstände (vgl. auch Art. 23 und die Anm. daselbst unten!)

d) §§ 4 und 6 wegen des Inhalts der in der Regel dem zuständigen (vgl. Anm. 2d zu Art. 16, ferner unten Anm. 5) Rentamt schriftlich oder mündlich zu erstattenden Anzeige. Wird die Anzeige mündlich beim Rentamt erstattet, so ist hierüber ein Protokoll aufzunehmen.

Die Anzeige muß enthalten: Ort und Zeit der Abfassung, Vor- und Zunamen, Stand und Wohnort des Beschuldigten, ferner Ort, Zeit und Art der Verfehlung unter gleichzeitiger Schilderung des Sachverhalts und Angabe der Beweismittel, insbesondere der Zeugen. Ist der Tatbestand in der Anzeige ungenügend wiedergegeben, so hat das Rentamt von Amts wegen die erforderlichen Erhebungen zu pflegen. Diese Erhebungen sind mit Rücksicht auf die kurze Verjährungsfrist — es kommen zumeist Übertretungen in Frage, s. Anm. 5b zu Art. 16 — ungesäumt anzustellen.

Über das Verfahren bei unmittelbar bevorstehender Verjährung siehe die Ausführungen oben in Anm. 5e zu Art. 16.

e) § 6 Abs. 3 a. a. O., wonach eidliche Vernehmungen von Zeugen durch das Rentamt unstatthaft sind.

f) § 7 wegen des Inhalts des Strafbescheids.

Hierher hat speziell Bezug § 459 Abs. 1 StPO., wonach in dem rentamtlichen Strafbescheid nur auf Geldstrafe und eine etwa verwirkte Einziehung erkannt werden darf.

Wegen der Einziehung der beschlagnahmten Gegenstände s. unten Anm. 1e zu Art. 23.

Wegen der im Strafbescheid auszusprechenden Solidarhaft für den Fall, daß die strafbare Handlung im Auftrag einer dritten Person begangen wurde, s. oben Anm. 3b zu Art. 20.

Auf alle Fälle muß im Strafbescheid ersichtlich gemacht sein, was für eine strafbare Handlung nach dem Hausiersteuergesetz vorliegt; es müssen also die Tatsachen bezeichnet sein, in denen die gesetzlichen Merkmale einer Zuwiderhandlung gegen das Hausiersteuergesetz zu finden sind. OLG. vom 21. Mai 1902, 2, 372; autogr. FinMEntschl. vom 9. Juni 1902 Nr. 14125.

g) Erscheinen dem Rentamt die gesetzlichen Voraussetzungen zur Bestrafung nicht als gegeben, so ist das Verfahren einzustellen.

In zweifelhaften Fällen ist an die vorgesetzte Regierungsfinanzkammer zu berichten und diese um Bescheid zu bitten.

h) §§ 8 und 9 wegen der Bekanntgabe (Zustellung) des Strafbescheids an den Beschuldigten.

Vgl. hierüber die folgenden Anmerkungen.

2. Der ordnungsgemäß ergangene (§ 459 Abs. 2 RStPO.) Strafbescheid der Verwaltungsbehörde, hier des Rentamts, ist in gleicher Weise wie der amtsgerichtliche Strafbefehl als eine die Verjährung unterbrechende richterliche Handlung zu erachten. § 459 Abs. 3 a. a. O.; Motive zu § 381 Abs. 4 des Entwurfs einer Strafprozeßordnung; Hahn, Materialien, Bd. III Abt. 1 S. 49, 288; E. d. RG. 17, 249; Holzendorff, Handbuch des deutschen Strafprozesses 2, 427 Anm. 1; OLG. vom 26. März 1907, 7, 276 ff.; BlfRA. 72, 526, 527.

Mit diesem Urteil des OLG. vom 26. März 1907 ist die Weisung in § 21 Abs. 4 der Bek. vom 17. September 1879 (FinMBl. S. 277), daß nur der vorschriftsgemäß eröffnete (cfr. hierüber Anm. 4 unten!) Strafbescheid in Betreff der Verjährung wie eine richterliche Handlung wirkt, überholt worden.

3. Nur der ordnungsgemäß erlassene Strafbescheid unterbricht die Verjährung; irgend eine andere Handlung des Rentamts genügt nicht zur Unterbrechung der Verjährung; hiezu ist vielmehr eine Tätigkeit des Richters erforderlich; § 68 Abs. 1 RStGB. Nötigenfalls ist dieser durch das Rentamt rechtzeitig (wegen der Verjährung) unter Schilderung des Sachverhalts um Vornahme einer solchen Handlung zu ersuchen. Es ist jedoch nicht angängig, die vorzunehmende richterliche Handlung dem Ermessen des ersuchten Richters zu überlassen; das Rentamt muß daher sein Ersuchen in entsprechender Weise bestimmt formulieren. OLG. vom 28. Februar 1907, 7, 247 am Ende. Als solche richterliche Handlungen können in Betracht kommen die Ladung und die Einvernahme des Beschuldigten, die Einvernahme von Zeugen, die Verfügung der Einvernahme des Beschuldigten oder der Zeugen, die Erhebung gewisser Tatumstände u. a. m.

Abgesehen von der Ladung und Einvernahme des Beschuldigten können selbstredend derartige Maßnahmen auch getroffen werden, wenn der Aufenthalt des Beschuldigten unbekannt ist. Siehe auch Anm. 5 zu Art. 16 oben.

4. a) Der Strafbescheid muß dem Beschuldigten gegen unterschriftlichen Nachweis bekannt gegeben (zugestellt) werden; andernfalls gilt er nicht als erlassen; Art. 89 Abs. 2 und 3 AG. z. RStPO.; vgl. ferner den oben erwähnten § 8 der Bek. vom 25. Oktober 1879; § 18 der Bek. vom 30. September 1881, FinMBl. S. 361; Bek. vom 13. Juni 1900, FinMBl. S. 310; OLG. vom 27. Dezember 1900; Zeitschr. f. Rechtspflege 2, 280.

b) Die unterschriftliche Bestätigung ist also auch im Falle der Zustellung durch die Post erforderlich (also Zustellung gegen Rückschein, sog. Rezepisse!). Die einfache Zustellung (mittels Postzustellungsurkunde) genügt also nicht, solange die formalen Bestimmungen in Art. 89 nicht aufgehoben sind. Bei einer Neuredaktion des AG. z. StPO. werden diese Vorschriften zweifellos aufgehoben; denn es liegt kein zwingender Grund vor, warum für die Zustellung des rentamtlichen Strafbescheids, der in bezug auf die Unterbrechung der Verjährung dem amtsgerichtlichen Strafbefehl gleichgestellt ist (cfr. oben Anm. 2), erschwerte Formen gelten sollen. Auch der Umstand, daß der Strafbescheid (Strafresolut) unter dem Präjudiz der Annahme stillschweigender Anerkennung desselben im Falle Nichtbetretens des Rechtswegs ergeht und bei einer Provokation auf letzteren außer Kraft tritt — cfr. hierüber Staudinger, StPO., Anm. 2 zu § 459 —, dürfte der Abänderung der Bestimmungen in Art. 89 über die Zustellung nicht im Wege stehen.

Vgl. auch unten sub d und e.

c) Wegen der Reklamationsfrist (Art. 24 Abs. 2) muß auf der Empfangsbestätigung in allen Fällen der Tag, an welchem die Bekanntgabe stattgefunden hat, ersichtlich gemacht sein.

d) Für die Bekanntgabe (Zustellung) sind ausschließlich die Landesgesetze (also hier Art. 89 Abs. 2 und 3 AG. z. StPO.) maßgebend. RG. vom 3. Oktober 1893; JW. 22, 531; Löwe, Vorbem. zu § 459 StPO. Note 3; siehe auch § 6 Nr. 3 EG. z. StPO.

e) Die Vorschrift in Art. 89 Abs. 2 (hinsichtlich der schriftlichen Empfangsbestätigung) ist ausschließlich im Interesse der weiteren Verfolgung der Sache durch die Finanzverwaltung getroffen worden. Wagner, Komm. z. AG. z. RStPO., Ausgabe 1886, Anm. 2a zu Art. 89. Hieraus folgt einerseits, daß das Rentamt, wenn es zur Überzeugung kommt, daß der Strafbescheid zu Unrecht erlassen wurde, diesen, solange er die Rechtskraft noch nicht beschritten hat, jederzeit aufheben kann (über zweifelhafte Fälle: s. oben Anm. 1g); anderseits aber könnte (z. B.) dann, wenn der Beschuldigte, dem der Strafbescheid nicht vorschriftsgemäß eröffnet worden ist, erklärt, daß er gegen den Bescheid das Rechtsmittel der Reklamation ergreift, in dieser Erklärung unbedenklich eine nachträgliche Abgabe der schriftlichen Empfangsbestätigung erblickt werden; denn der Beschuldigte hat unzweideutig zum Ausdruck gebracht, daß ihm der Bescheid vollinhaltlich bekannt geworden ist. Um jedoch Rügen formaler Natur hintanzuhalten, ist unter allen Umständen für Zustellung gegen unterschriftliche Empfangsbestätigung (wie oben unter lit. a und b hervorgehoben) Sorge zu tragen.

5. Verweigert der Beschuldigte die unterschriftliche Bestätigung des Empfangs des Strafbescheids, so sind die Akten ungesäumt (wegen der Verjährung: s. oben Anm. 5 zu Art. 16!) an den Amtsanwalt, in dessen Bezirk die strafbare Handlung begangen wurde, zur „Einleitung des Strafverfahrens“ hinüberzugeben.

Letzteres hat auch zu geschehen, wenn

a) der Beschuldigte schon vor dem Erlasse des rentamtlichen Strafbescheids die gerichtliche Aburteilung verlangt; § 560 StPO.;

b) der Aufenthalt des Beschuldigten oder eines der Teilnehmer (Art. 20) unbekannt ist (im letzteren Falle ist nur die Aburteilung des abwesenden Teilnehmers zu beantragen);

c) die Festnahme des Beschuldigten stattgefunden hat und dieser nicht unverzüglich wieder in Freiheit gesetzt werden kann; § 9 Ziff. 3 d. Anw. vom 2. Oktober 1879, GVBl. S. 1388;

d) der Beschuldigte oder einer derselben zur Zeit der Begehung das 12., aber noch nicht das 18. Lebensjahr vollendet hat oder taubstumm ist; Ziff. 4 eod.;

e) die Übertretung des Steuergesetzes mit einer nach den allgemeinen Strafgesetzen zu verfolgenden Handlung zusammentrifft; § 9[5] Anw. vom 2. Oktober 1879, GVBl. S. 1389; vgl. weiter Anw. 1898 § 34, ferner den obengen. § 9 der Bek. vom 25. Oktober 1879 (Anhang); s. auch Anm. 2c und die Anm. 9 und 10 zu Art. 16 oben;

f) natürlich auch für den Fall, daß überhaupt keine steuerliche, sondern nur eine gewerbspolizeiliche Zuwiderhandlung vorliegt.

g) Als Verweigerung der Unterwerfung unter den Strafbescheid ist auch die Erklärung des Beschuldigten anzusehen, daß er die Kosten des Verfahrens nicht ersetzen wolle. MBek. vom 6. November 1888; Knobling, Verwaltungsstrafrecht S. 291.

h) Siehe weiter die Fälle unten Anm. 10.

i) Die Hinübergabe der Akten an den Amtsanwalt wird unter Umständen auch dann veranlaßt sein, wenn der Beschuldigte sich im Ausland befindet; denn das Rentamt wird in diesem Falle nicht immer in der Lage sein, sich die unterschriftliche Empfangsbestätigung zu verschaffen. — Vgl. über den Geschäftsverkehr der Justizbehörden mit dem Ausland die MBek. vom 8. April 1911, FinMBl. S. 327.

Ist keine Gefahr in Verzug, so kann sich das Rentamt die schriftliche Empfangsbestätigung eventuell mittels Rückscheins (Avis de Réception) verschaffen. Siehe auch Abkommen über den Zivilprozeß vom 17. Juli 1905 Art. 5, RGBl. 1909, 416.

Zu lit. d (Verfahren gegen Jugendliche) ist noch folgendes zu bemerken:

Die Behandlung der Straffälle einschließlich der Strafvollstreckung gegen Minderjährige, die zur Zeit der Tat das 18. Lebensjahr noch nicht vollendet hatten, obliegt nunmehr dem Jugendrichter bzw. (z. B. in der Berufungsinstanz) einer besonderen Strafkammer. JMBek. vom 22. Juli 1908, das Strafverfahren gegen Jugendliche betr., JMBl. S. 161, bzw. Bek. vom 8. Juli 1910, JMBl. S. 650.

Bei Personen, die zur Zeit der Begehung der strafbaren Handlung das 18. Lebensjahr noch nicht vollendet hatten, muß im Falle der Verurteilung das Jugendgericht sich vor oder unmittelbar nach der Urteilsverkündung darüber schlüssig machen, ob es die Bewilligung einer Bewährungsfrist für den Verurteilten begutachten will oder nicht. JMBek. vom 14. Dezember 1908, die bedingte Begnadigung betr., JMBl. S. 285.

6. Wird bei Eröffnung des Strafbescheids seitens des Beschuldigten der Verzicht auf jedes Rechtsmittel erklärt, so kann er nicht mehr nach-

träglich Antrag auf rechtliches Gehör stellen. RG. vom 11. Juni 1880, Slg. II, 78.

7. Lehnt der Amts-(Staats-)Anwalt die Verfolgung ab, so kann das Rentamt selbständig die Anklage erheben: § 464 RStPO.

8. Das Rentamt ist auch berechtigt, sich jederzeit der Verfolgung anzuschließen: § 467 a. a. O. In diesem Falle kommen die Vorschriften über die Nebenklage zur Anwendung: Abs. 2 eod.

9. a) Über die Befugnis des Rentamts zur Einlegung der Rechtsmittel (Berufung, Revision, Beschwerde) vgl. § 469 l. c., abgedruckt oben unter A I.

b) Neben den Rentämtern sind auch die Regierungsfinanzkammern zur Einlegung von Rechtsmitteln gegen strafgerichtliche Entscheidungen zuständig. OLG. vom 26. August 1904, 5, 10; BlfFinW. 15, 62.

10. a) Zur Umgangnahme von Strafeinschreitung z. B. wegen Geringfügigkeit der hinterzogenen Steuer oder Verletzung einer minder wichtigen Form sind die Rentämter nicht befugt. § 14 d. Bek. vom 25. Oktober 1879, GVBl. S. 1472; FinMBl. 1881 S. 358 § 10; BlfFinW. 18, 227; 19, 134.

b) In zweifelhaften Fällen ist, wie bereits oben in Anm. 1g hervorgehoben, an die Regierungsfinanzkammer zu berichten.

c) Sind eidliche Vernehmungen erforderlich (Anm. 1e oben), ferner in den unter Anm. 5 bezeichneten Fällen, schließlich dann wenn die Geldstrafen uneinbringlich sind, sind die Akten ungesäumt an den Staats-(Amts)anwalt weiterzugeben. Im letzteren Falle hat dieser die Akten mit einem auf Festsetzung einer bestimmten Geldstrafe gerichteten Antrag dem Gericht vorzulegen. Löwe, Note 2 zu § 463 StPO.

Die Uneinbringlichkeit ist durch das Uneinbringlichkeitsprotokoll (Pfändungsabstandsprotokoll) nachzuweisen; §§ 463 u. 495 RStPO.; Löwe, Note 1 zu § 463; § 19 Abs. 2 d. Bek. vom 17. September 1879, FinMBl. S. 276. Das Pfändungsabstandsprotokoll ist auch dann beizugeben, wenn der Aufenthalt des Beschuldigten unbekannt ist.

d) Die Strafumwandlung im Falle der Uneinbringlichkeit ist durch die Gerichte auszusprechen, ohne daß der Strafbescheid einer Prüfung des Gerichts unterliegt; § 463 StPO., abgedruckt oben; Löwe, Note 6 zu § 463. Siehe auch unten Anm. 14 zu Art. 24.

Die zur Abwendung der Haft erlegten Geldstrafen sind nicht im amtsgerichtlichen Einzugsregister, sondern im rentamtlichen Gebührenregister zu vereinnahmen; denn die vom Rentamt verhängten Geldstrafen werden durch die Strafumwandlung nicht zu gerichtlichen Strafen; siehe JMinE. vom 19. Juni 1901, abgedr. unten sub lit. f.

e) Die Vollstreckung der rechtskräftigen Strafbescheide erfolgt durch die Rentämter. § 13 der Bek. vom 25. Oktober 1879; Art. 92 Abs. 2 AG. z. StPO.

Nötigenfalls ist die Vollstreckung durch Ersuchen der zuständigen Behörde desjenigen Bundesstaates zu bewirken, in dessen Gebiet die Vollstreckungsmaßregel zur Ausführung kommen soll; siehe hierüber das RG. vom 9. Juni 1895 über den Beistand bei Einziehung von Abgaben und Vollstreckung von Vermögensstrafen, RGBl. S. 256 ff.; über die Portobehandlung s. MBek. vom 1. März 1906, FinMBl. S. 129.

Siehe im übrigen über Beitreibung unten Anm. 12.

f) Aufgehalten wird die Vollstreckung, wenn die Einreichung eines

Gnadengesuches nachgewiesen ist (Bek. vom 25. Oktober 1879 §§ 11, 13 und vom 17. September 1879 § 19), und wenn Fristen oder Teilzahlungen bewilligt sind.

α) Bezüglich der Zuständigkeit für die Behandlung von Begnadigungen und Stundungen war früher die JMinE. vom 19. Juli 1901 maßgebend, welche folgendes anordnete:

Die Gesuche um Erlaß von Geldstrafen, die durch Strafbescheide der Verwaltungsbehörden (§ 459 RStPO.) festgesetzt werden, sind von den Verwaltungsbehörden zu würdigen. Hieran wird auch durch den Umstand nichts geändert, daß die Geldstrafe durch das Gericht nach § 463 a. a. O. in eine Freiheitsstrafe umgewandelt worden ist. Durch die ohne richterliche Prüfung der Schuldfrage vorgenommene Umwandlung wird die von der Verwaltungsbehörde festgesetzte Strafe nicht zu einer gerichtlichen.

Die gleiche Zuständigkeit besteht, wenn es sich um die Stundung der Zahlung der durch Strafbescheide festgesetzten Geldstrafen handelt. Die nach § 463 RStPO. ausgesprochene Umwandlung macht die Strafvollstreckungsbehörde nur insoweit zuständig, als sich die Bitte um den Aufschub der Vollstreckung der Freiheitsstrafe auf die §§ 487, 488 StPO. gründet. Wenn aber um Aufschub der Vollstreckung der Freiheitsstrafe gebeten wird, um für die Zahlung der Geldstrafe Zeit und Mittel zu gewinnen, so verbleibt es bei der Zuständigkeit der Verwaltungsbehörden, da es sich in einem solchen Falle nur um die Vollstreckung der Geldstrafe handelt.

β) Nunmehr ist in den §§ 31 und 32 der Bek. d. K. StMin. d. Justiz u. d. Fin. vom 6. Mai 1911, betr. das Verfahren der Justizbehörden in Begnadigungs- und Strafaufschubsachen, JMBl. S. 171/7, FinMBl. S. 412, folgendes bestimmt:

> **§ 31.** Gesuche um Erlaß oder Minderung oder Stundung der Zahlung von Geldstrafen, die durch Strafbescheide der Verwaltungsbehörden (StPO. § 459) festgesetzt sind, werden von den Verwaltungsbehörden gewürdigt. Daran wird auch durch den Umstand nichts geändert, daß das Gericht die Geldstrafe in eine Freiheitsstrafe umgewandelt hat (StPO. § 463). Die Justizbehörden sind nur zuständig, wenn gebeten ist, die Vollstreckung der Freiheitsstrafe zu unterbrechen oder aufzuschieben. Wird gebeten, die Vollstreckung der Freiheitsstrafe aufzuschieben, damit der Verurteilte für die Zahlung der Geldstrafe Zeit gewinne, so bleibt es bei der Zuständigkeit der Verwaltungsbehörden (vgl. § 19 Abs. II).
>
> **§ 32.** I. Wird bei einer Justizbehörde ein Gesuch um Zurückzahlung einer Geldstrafe oder um Freigabe eines eingezogenen Gegenstandes eingereicht, so ist es an die Finanzbehörde abzugeben. . . .
> . . . .
>
> II. Wird ein solches Gesuch mit einem Gesuch verbunden, über das die Justizbehörden zu entscheiden haben, so sind die Akten nach der Erledigung des letzteren Gesuchs der Finanzbehörde zu senden.
>
> III. . . . .

g) Sind Teilzahlungen genehmigt worden, so ist dem Schuldner zu eröffnen, daß bei Unterlassung der Ratenzahlung an dem festgesetzten Termine die Beitreibung auf den ganzen im Rückstand gebliebenen Betrag verfügt werden wird.

Ein etwa ungedeckt bleibender Rest der Geldstrafe ist in Haft umzuwandeln, eventuell — soweit erlassen — durch das Libell abzuschreiben.

h) Vgl. im übrigen über „Teilzahlungen" oben die Ausführungen in Anm. 2 zu Art. 21.

i) Im Konkurs sind die Steuern, die im letzten Jahre vor der Eröffnung des Verfahrens fällig geworden sind, bevorrechtigt. § 61 Ziff. 2 KO. Siehe hierüber Breunig I S. 343 ff.

11. Selbstverständlich ist auch im Verfahren bei Zuwiderhandlungen gegen das Hausiersteuergesetz die Bewilligung einer Bewährungsfrist nicht ausgeschlossen; vgl. hierüber die JMinBek. vom 14. Dezember 1908, die bedingte Begnadigung betr., JMinBl. S. 285.

12. a) Wurde die Bewährungsfrist nicht bewilligt, so ist sofort nach Eintritt der Rechtskraft des Strafbescheids zur Beitreibung der Geldstrafe zu schreiten.

Das gleiche hat zu geschehen, wenn der Pflichtige ein Gnadengesuch nicht eingereicht hat oder wenn ein derartiges Gesuch abschlägig verbeschieden wurde.

Die Beitreibung erfolgt in Bayern zunächst durch die Mahnung. Bleibt dieselbe erfolglos, so ist die Pfändung in das Mobiliarvermögen anzuordnen; diese Pfändung hat unter Beachtung der in der Bek. vom 27. Dezember 1899, die Vorschriften ü. die Beitreibung der Staatsgefälle, FinMBl. S. 355 ff., gegebenen Vorschriften zu geschehen. Hienach ist der Strafbescheid jeweils zum Zwecke der Zwangsvollstreckung für vollstreckbar zu erklären. §§ 724/5 ZPO.; AG. hiezu vom 23. Februar 1879 Art. 6, 7.

Ist die Zwangsvollstreckung in das bewegliche Vermögen erfolglos geblieben, so ist auch noch die Möglichkeit gegeben, die Vormerkung und Eintragung von Sicherungshypotheken an den Grundstücken des Schuldners zu verlangen; Art. 123 AG. z. BGB. Nach der FinME. vom 8. Mai 1905 Nr. 7308 ist jedoch die Vormerkung und Eintragung von Sicherungshypotheken für Schuldbeträge bis zu 50 Mk. nur mehr ausnahmsweise aus ganz besonderen Gründen (z. B. bei Zahlungsunlust des Schuldners oder dann, wenn der Schuldner durch Veräußerung des Grundbesitzes oder durch sonstige Verfügungen, insbesondere durch Hypothekbestellungen die Beitreibung der ärarialischen Forderung unmöglich machen will) und für größere Beträge nur dann zu erwirken, wenn nach den Wert- und Belastungsverhältnissen des schuldnerischen Grundbesitzes anzunehmen ist, daß durch diese Maßnahme die Befriedigung des treffenden Anspruchs erreicht werden wird. Vgl. hierüber auch BlfFinW. 15, 2; 18, 257; § 39 GBO. (Wegen Vollstreckungssicherungshypotheken s. §§ 866 Abs. 3 und 868 ZPO.; wegen Sicherungshypotheken im Falle des Arrestes s. § 932 a. a. O.).

Wegen der Pfändung von Früchten und dem Betriebe der Landwirtschaft dienenden Gegenstände s. FinMBek. v. 17. Mai 1900, FinMBl. S. 283.

b) Ist die Beitreibung der Geldstrafe erfolglos geblieben, so ist der Amtsanwalt zu ersuchen, die Umwandlung der Geldstrafe in eine Haftstrafe zu veranlassen. Vgl. hierüber Anm. 10 c, d und 12 a oben.

c) Die Beitreibung innerhalb des Reichsgebiets (außerhalb Bayerns) erfolgt nach Maßgabe des RG. vom 9. Juni 1895, RGBl. S. 256. Vgl.

hierüber auch den Aufsatz in den BlfFinW. 11, 290. Siehe auch FinMBek. vom 5. Februar 1903, FinMBl. S. 126.

13. Für den Strafbescheid sind, wenn die Strafe im Verwaltungswege rechtskräftig (Art. 36 GebG.) festgesetzt ist, zu erheben:

a) eine Gebühr (Art. 32 GebG.) und zwar $^3/_{10}$ der Sätze des § 62 des Reichsgerichtskostengesetzes.

Hiernach hat die Gebühr zu betragen bei einer Geldstrafe

von	1 — 20 Mk.	=	1 Mk.
über	20 — 30 „	=	2 „
„	30 — 60 „	=	4 „
„	60 — 150 „	=	6 „
„	150 — 300 „	=	9 „
„	300 — 500 „	=	12 „
„	500 — 1000 „	=	15 „
„	1000 — 1500 „	=	20 „
„	1500 — 3000 „	=	26 „
„	3000 Mk.	=	36 „ ;

b) eine Schreibgebühr von 20 Pfg. für jede angefangene Seite, soferne die Abschrift (Ausfertigung, Auszug) auf Verlangen der betr. Partei erteilt worden ist; Art. 37 und 225 Abs. 2 GebGes. Dagegen ist für die erstmalige Ausfertigung des Strafbescheids, der ja dem Beschuldigten von Amts wegen zugestellt werden muß (s. oben Anm. 4 zu Art. 22), eine Schreibgebühr nicht geschuldet; Art. 225 Abs. 1; Pfaff-Reisenegger-Schmidt, GebGes., 7. Aufl., Anm. 1 zu Art. 225.

c) die in Art. 37 bzw. 226a bezeichneten Auslagen, nämlich Post-, Telegramm- und Telephongebühren (Z. 1), Inserationskosten (Z. 2), Gebühren für Zeugen und Sachverständige (Z. 3 und GebO f. Z. und Sachv. vom 20. Mai 1898, RGBl. 1898, 689), Tagegelder und Reisekosten (Z. 4), Vorlade- und Zustellgebühren (Z. 5), sonstige Kosten wie Transportkosten, Kosten der Einziehung usw. (Z. 6).

Die Einziehung der Gebühren und Auslagen bis zu 20 Mk. kann von dem Schuldner (Art. 231) auch gegen Postnachnahme erfolgen; Art. 39 GebGes. und § 97a RGKG.

d) Sollten auf Antrag einer Partei Ausfertigungen, Abschriften oder Auszüge, die nicht von Amts wegen zu erteilen sind, erteilt werden, so kommt auch noch die Beglaubigungsgebühr von 1 Mk. in Frage; Art. 225 Abs. 2 und 202 Ziff. 4 GebGes.

e) Betrifft die Strafsache mehrere Beschuldigte, so ist die Gebühr von jedem derselben besonders nach Maßgabe der gegen ihn ausgesprochenen Strafe zu erheben; Art. 35. S. auch S. 100 Anm. 3e.

14. a) Wie bereits oben in Anm. 13 hervorgehoben, können die Gebühren und Auslagen erst dann erhoben werden, wenn die Strafe rechtskräftig festgesetzt ist; im Falle der Reklamation (Art. 24) also erst nach Verwerfung derselben. Hat das Gericht die Strafe ausgesprochen, so ist ebenfalls die Rechtskraft der Strafe abzuwarten. Vgl. bezüglich der Rechtskraft Art. 90 AG. z. RStPO., s. oben unter A II.

b) Stellt der Beschuldigte von vornherein Antrag auf gerichtliche Entscheidung (cfr. Anm. 5a oben), so ist im Verwaltungsverfahren, soferne er den Antrag nicht wieder zurücknimmt, überhaupt keine Gebühr zu erheben.

Vgl. Pfaff-Reisenegger-Schmidt, GebG., 7. Aufl., Anm. 3 zu Art. 32.
c) Stirbt der Beschuldigte vor Eintritt der Rechtskraft, so hat die Einziehung der Strafe, Gebühren und Auslagen den Erben gegenüber zu unterbleiben; vgl. Pfaff-Reisenegger a. a. O., Anm. 3 zu Art. 36.
d) Über die Sollstellung der Steuer s. oben Anm. 3 zu Art. 18. Über Niederschlagung der Steuern und Erlaß derselben s. Anm. 4 daselbst; Breunig I S. 346.

15. Maßgebend für die Berechnung der Frist sind die Bestimmungen in §§ 42 und 43 RStPO., welche lauten:

> § 42. Bei der Berechnung einer Frist, welche nach Tagen bestimmt ist, wird der Tag nicht mitgerechnet, auf welchen der Zeitpunkt oder das Ereignis fällt, nach welchem der Anfang der Frist sich richten soll.
>
> § 43. Eine Frist, welche nach Wochen oder Monaten bestimmt ist, endigt mit Ablauf desjenigen Tages der letzten Woche oder des letzten Monats, welcher durch seine Benennung oder Zahl dem Tage entspricht, an welchem die Frist begonnen hat; fehlt dieser Tag in dem letzten Monate, so endigt die Frist mit Ablauf des letzten Tages dieses Monats.
>
> Fällt das Ende einer Frist auf einen Sonntag oder allgemeinen Feiertag, so endigt die Frist mit Ablauf des nächstfolgenden Werktages.

Im gegebenen Falle beginnt die einwöchige Frist mit dem Tage der Zustellung des Bescheids und endigt mit Ablauf des Tages der Woche, der durch seine Benennung dem Tage entspricht, an dem die Frist begonnen hat. Fällt das Ende der Frist auf einen Sonn- oder Feiertag, so endigt die Frist mit Ablauf des nächstfolgenden Werktags. Ist z. B. der Strafbescheid am Sonntag, den 16. Juli 1911, zugestellt worden, so würde am 23. Juli 1911 die Frist endigen; da aber dieser Tag ein Sonntag ist, so endigt die Frist erst am Montag, den 24. Juli 1911 nachts 12 Uhr. Siehe auch Löwe, Note 2 zu § 42 StPO.

Über die Frage, welche Tage als allgemeine Feiertage zu gelten haben, entscheidet das Landesrecht. Löwe, Note 4 a. a. O. Die staatlich anerkannten allgemeinen Feiertage sind bei Breunig I S. 34 vorgetragen.[1])

16. Über „Bekanntmachung" des Strafbescheids s. oben Anm. 4.

17. Das Gericht ist an die Anschauung der Steuerbehörde über die Abgabenpflicht (Steuerpflicht) nicht gebunden. Das Gericht hat selbständig die Frage zu prüfen, ob die Voraussetzungen der Strafbarkeit auch hinsichtlich der für die Bemessung der Strafe maßgebenden Umstände gegeben sind und ob überhaupt eine den Gegenstand einer strafbaren Handlung bildende Verletzung der Steuerpflicht als begründet anzuerkennen ist. Die Festsetzung der Steuer durch die Verwaltungsbehörde hat nur finanzielle Bedeutung. RG. vom 9. November 1882 und vom 4. Juni 1883, 7, 220; 8, 390; Löwe Note 4 zu § 459 und Note 7 zu § 462; RG. vom 12. Dezember 1910; Zeitschrift f. Rechtspflege in Bayern 1911, 7, 101; BlfFinW. 19, 136. Siehe auch unten Anm. 13 zu Art. 24.

18. Das bei verschiedenen Rentämtern geübte Verfahren, bei vermögenslosen Personen die Akten ohne weiteres an den Staats-(Amts) anwalt zur weiteren Amtshandlung abzugeben, ohne das administrative

---

[1]) S. auch GVBl. 1912 S. 627.

Verfahren durchzuführen, dürfte nicht in der Intention des gegenwärtigen Gesetzes und der hiezu ergangenen Vollzugsvorschriften gelegen sein. Dieses Verfahren dürfte schon deshalb zu beanstanden sein, weil zunächst das Rentamt zu prüfen hat, ob ein Wandergewerbe vorliegt oder nicht. Vgl. oben Anm. 18b zu Art. 1, ferner unten Anm. 13 zu Art. 24; s. auch oben Anm. 2 zu Art. 18 und Anm. 7 zu Art. 16.

Beschlagnahme mitgeführter Gegenstände.

Art. 23.[1, 2]

In den Fällen des Art. 16 und 17 können die zum Gewerbebetrieb im Umherziehen mitgeführten Gegenstände, soweit es zur Sicherstellung der Abgaben,[3] Strafen und Kosten oder zum Beweise der strafbaren Handlung erforderlich ist, in Beschlag genommen werden.

1. a) über das Verfahren und den Umfang vgl. Art. 88 Abs. 2—5 AG. z. RStPO. (abgedruckt oben bei Art. 22); ferner §§ 94 ff. RStPO.; schließlich § 5 der Bek. vom 25. Oktober 1879 (Anhang III).

Von der Beschlagnahme ist nur in den Fällen der Art. 16 und 17 Gebrauch zu machen; auch ist sie nicht weiter auszudehnen, als der Zweck, den Beweis zu ermöglichen und die Entrichtung der Abgaben (siehe unten Anm. 3), Strafen und Kosten zu sichern, es erfordert.

Ist der Tatbestand erschöpfend festgestellt und auch der Eingang der Steuern usw. gesichert, so hat die Beschlagnahme zu unterbleiben.

b) Die Wirksamkeit der Beschlagnahme hängt nicht von einer besonderen Förmlichkeit, auch nicht von der Besitzergreifung ab; es genügt jede Handlung, aus welcher hervorgeht, daß der Gegenstand der freien Verfügung entzogen und unter amtliche Gewalt gebracht ist. RG. vom 22. Dezember 1888, 3, 288. Auf alle Fälle empfiehlt es sich aber, die Beschlagnahme durch Anbringung von amtlichen Siegeln ersichtlich zu machen, außerdem die beschlagnahmten Gegenstände nach Gattung und Menge in ein Verzeichnis aufzunehmen; s. § 109 RStPO.; §§ 136 und 137 RStGB.

c) Durch die Beschlagnahme erwirbt der Staat das Eigentum an den betreffenden Gegenständen. Wird im Verlauf des Verfahrens festgestellt, daß die Gegenstände der Einziehung nicht unterliegen, so kommt dieses staatliche Eigentumsrecht wieder in Fortfall. RG. vom 4. Mai 1886, 14, 112.

d) Ist die Beschlagnahme ohne richterliche Anordnung erfolgt, so soll der Beamte, welcher die Beschlagnahme angeordnet hat, binnen drei Tagen die richterliche Bestätigung nachsuchen, wenn bei der Beschlagnahme weder der davon Betroffene noch ein erwachsener Angehöriger anwesend war, oder wenn der Betroffene und im Falle seiner Abwesenheit ein erwachsener Angehöriger desselben gegen die Beschlagnahme ausdrücklichen Widerspruch erhoben hat. Der Betroffene kann jederzeit die richterliche Entscheidung nachsuchen. Solange die öffentliche Klage noch nicht erhoben ist, erfolgt die Entscheidung durch den Amtsrichter, in dessen Bezirk die Beschlagnahme stattgefunden hat. § 98 Abs. 2 StPO.

Im übrigen ist dem Gericht von der Beschlagnahme nur dann Kenntnis zu geben, wenn die Hausiersteuerhinterziehung mit einer anderen strafbaren Handlung zusammentrifft oder die Genehmigung zur Versteigerung von Tieren und dem Verderb ausgesetzten Gegenständen erholt werden muß; s. Art. 88 Abs. 5 AG. z. StPO. (s. oben bei Art. 22); OLG. vom 25. Januar 1906, 6, 308.

e) Im Strafbescheid ist zur Sicherung der Abgaben (Anm. 3 unten), Strafe und Kosten die Einziehung der beschlagnahmten Gegenstände auszusprechen (§ 40 RStGB.) und gleichzeitig dem Schuldner zu eröffnen, daß, wenn er nicht freiwillig Zahlung leistet, nach Rechtskraft des Strafbescheids zur Versteigerung der beschlagnahmten Gegenstände geschritten wird; weiter ist demselben bekannt zu geben, daß gegen Barerlage der von ihm geschuldeten Beträge die beschlagnahmten Gegenstände zurückgegeben werden. S. jedoch auch oben sub d.

f) Erweisen sich die geschuldeten Beträge als uneinbringlich, so ist zur Versteigerung der eingezogenen Gegenstände zu schreiten. Art. 92 AG. z. StPO. (Siehe über Zwangsvollstreckung auch oben Anm. 10 und 12 zu Art. 22).

Der Versteigerungstermin soll den Beteiligten bekanntgegeben werden; auch ist die Versteigerung tunlichst zu beschleunigen, da der Steuerpflichtige, wenn die Steuer aus dem Erlöse im vollen Betrage ihre Deckung findet, die alsbaldige Verabfolgung des Besteuerungsnachweises für das betr. Kalenderjahr beanspruchen kann. Dasselbe ist der Fall, wenn die Aufbewahrung unnötige, mit dem Werte in keinem Verhältnisse stehende Kosten verursacht und der Beschuldigte nicht zur Zurücknahme der Gegenstände gegen Hinterlegung des Wertes bereit ist. Knobling S. 118.

Die Versteigerungsverhandlungen sind der Regierung mit der Steuerliste zur Einsicht vorzulegen.

2. a) Der Ausdruck „mitgeführte Gegenstände" umfaßt Sachen aller Art, welche ihrer Natur nach der Beschlagnahme unterliegen können. Ob der Kontravenient im Augenblicke der Tat alle seine Waren mit sich führte, und diese somit zur Ausübung des Gewerbes gedient haben oder nicht, ist gleichgültig; es unterliegen auch diejenigen Gegenstände, welche er im Gasthause zurückgelassen hat, während er mit einem Teile der Waren von Haus zu Haus zog, der Beschlagnahme. ObTrib. vom 31. März 1862; Opp. 2, 439. Ebenso, wenn ein Begleiter den Hausierhandel in unerlaubter Weise betreibt, die im Gewahrsam des nach Art. 20 haftbaren Inhabers des Wandergewerbescheines befindlichen Gegenstände. ObTrib. vom 9. Oktober 1867; Opp. 8, 572.

b) Das für den Verkauf von Waren bar erlöste Geld zählt, weil nicht zum Zwecke des Gewerbebetriebs mitgeführt, nicht zu den der Beschlagnahme unterworfenen Gegenständen, wohl aber die Transportmittel und die Instrumente umherziehender Musiker. Preuß. MAnw. vom 31. August 1876 Nr. 11 Abs. 1; Knobling S. 118.

Wohl aber unterliegt Bargeld der Zwangsvollstreckung (im Falle sofortiger Unterwerfung des Beschuldigten unter den Strafbescheid).

3. Unter Abgaben versteht man die Gesamtheit der von dem Gewerbebetrieb im Umherziehen zu leistenden Geldbeträge, also nicht allein die Staatssteuern, sondern auch die damit zusammenhängenden Kreis-, Distrikts- und Gemeindeumlagen sowie die sog. besonderen Abgaben.

StenBer. 1879, III, 289, 301. Hierher gehören auch die protestantischen Kirchensteuern.

Siehe oben Anm. 2 zu Art. 6. Bezüglich der besonderen Abgaben siehe unten Anm. 2 zu Art. 26.

Rechtsmittel.

Art. 24.

Reklamationen zur Regierung, Kammer der Finanzen, können ergriffen werden:

a) wegen Festsetzung der Steuer,

b) gegen jeden Beschluß der Steuerbehörde, welcher dem Antrage auf Steuererstattung (Art. 13 Abs. 2 und Art. 15 Ziff. 10) nicht stattgibt, endlich

c) gegen Strafbescheide jeder Art (Art. 22 lit. b).[1], [2], [3]

Die Reklamationen sind binnen einer Woche ausschließender Frist[4] und zwar in den Fällen unter lit. a vom Tage der Einhebung der Steuer an, in den Fällen unter lit. b und c vom Tage der Bekanntmachung der treffenden Beschlüsse oder Bescheide an gerechnet, bei dem Rentamte,[5] welches die Steuer festgesetzt, oder den beschwerlichen Beschluß erlassen hat, schriftlich einzureichen oder zu Protokoll zu geben.

Die Zuständigkeit der Reklamationsstelle[6] richtet sich nach jenem Rentamte, von welchem tatsächlich — wenn auch an Stelle des Rentamts des Wohnorts — die Steueranlage vorgenommen oder der Strafbescheid erlassen, oder bei welchem der Antrag auf Steuererstattung gestellt wurde.

Dem Rechtsmittel kommt hinsichtlich der Entrichtung der Steuer keine aufschiebende Wirkung zu.[7]

Gegen den Bescheid der Regierung findet ein weiteres Rechtsmittel nicht statt.[8], [9], [10]

Wird eine Reklamation wegen Festsetzung der Steuer zur Regierung, Kammer der Finanzen, ergriffen, außerdem aber wegen der vom Rentamte neben Anlage der Steuer verhängten Strafe auf gerichtliche Entscheidung angetragen, so bleibt die letztere bis zur rechtskräftigen Feststellung der Steuer ausgesetzt.[11–16]

1. Reklamationen können ergriffen werden:

a) gegen alle Beschlüsse des Rentamts, welche die Festsetzung der Steuer vor der Eröffnung des Gewerbebetriebs (Art. 9 und Art. 15 Ziff. 2 des Ges.; s. auch unten Anm. 3) betreffen; hierher gehört weiter die Versagung der Steuerermäßigung nach Art. 5: siehe die Instr. § 8 (Anhang); endlich gehören nach dem Wortlaut des Art. 24 hierher die Einsteuerungsbeschlüsse nach Art. 18 bei Zuwiderhandlungen, bei welchen die rentamtliche Strafgewalt nicht gegeben ist, sowie bei Zuwiderhandlungen, bei denen die Strafverfolgung verjährt ist. Siehe oben Art. 18 und die Anm. daselbst;

b) gegen alle Beschlüsse des Rentamts, welche dem Antrag auf Steuererstattung (wegen Nichteröffnung des Gewerbebetriebs infolge unvorhergesehener, von dem Willen des Steuerpflichtigen unabhängiger Ereignisse: Art. 13 Abs. 2 und Art. 15 Abs. 10) nicht stattgeben;

c) gegen Strafbescheide jeder Art (Art. 22 lit. b).

2. a) Die Reklamation kann selbstverständlich erst dann eingelegt werden, wenn die Steuer bereits festgesetzt, der Antrag auf Steuererstattung bereits beschlußmäßig abgewiesen bzw. der Strafbescheid bereits erlassen ist.

b) über die Frage, ob im Falle einer Reklamation das Rentamt in eigener Zuständigkeit den erlassenen Strafbescheid wieder aufheben kann, vgl. oben Anm. 4e zu Art. 22.

3. Zulässig ist die Reklamation auch dann, wenn ein Warenlager als Wanderlager eingesteuert wurde (Art. 15), obgleich der Inhaber desselben das Vorhandensein eines stehenden Gewerbebetriebs behauptete. Motive; Verh. d. K. d. Abg. 1879, Beil.-Bd. IV, 299.

4. Die Frist beginnt im Falle sub a (Anm. 1a oben) vom Tage der Einhebung der Steuer, bei den Einsteuerungsbeschlüssen nach Art. 18 von der Einhebung (Perzeption) bzw. von der ersten Beitreibungshandlung an; in den übrigen Fällen (s. oben Anm. 1b und c) vom Tage der Bekanntmachung (Zustellung) der betreffenden Beschlüsse bzw. Bescheide an zu laufen. über „Bekanntmachung" s. oben Anm. 4 zu Art. 13 bzw. Anm. 4 zu Art. 22. Vgl. im übrigen über die Berechnung der einwöchigen Frist die Ausführungen oben in Anm. 15 zu Art. 22; s. auch Anm. 4b zu Art. 13.

5. a) Die Reklamation ist bei demjenigen Rentamt, welches die Steueranlage vorgenommen bzw. die betreffenden Beschlüsse oder Bescheide erlassen hat, entweder schriftlich einzureichen oder zu Protokoll zu geben.

In der Praxis wird häufig die einwöchige Reklamationsfrist auch dann als gewahrt angesehen, wenn die Reklamation nicht bei dem zuständigen Rentamt, sondern direkt bei der Reklamationsstelle eingelegt wird; ein Verfahren, das nicht zu beanstanden sein dürfte. (Siehe als Analogon die K. Deklaration vom 15. Juni 1898, GVBl. S. 294).

b) Auf der Reklamationsschrift ist bei deren Eingang zum Zwecke der Feststellung der Reklamationsfrist das Präsentatum vorzumerken.

c) Die Beschwerdevorstellung des Pflichtigen muß nicht ausdrücklich als Reklamation bezeichnet sein; jede Erklärung desselben, daß er sich bei dem rentamtlichen Bescheid nicht beruhigt, ist als Einlegung einer solchen zu erachten. § 342 StPO.; Löwe, Anm. 2 eod.

d) Ist in einer Beschwerdeschrift nicht angegeben, ob die Entscheidung der Regierungsfinanzkammer oder des Gerichts beabsichtigt ist, so ist der Beschwerdeführer zur Abgabe einer diesbezüglichen Erklärung binnen angemessener Frist aufzufordern; nach fruchtlosem Ablauf derselben hat Hinübergabe der Akten an die Regierungsfinanzkammer bzw. wegen der Strafe an den Staats-(Amts)anwalt zu erfolgen.

6. a) Zuständige Reklamationsstelle ist jene Regierungsfinanzkammer, welche dem Rentamt — das die unter Ziff. 1 oben bezeichneten Amtshandlungen vorgenommen hat — vorgesetzt ist.

b) Das Rentamt hat der Reklamationsstelle sämtliche Aktenprodukte, die sich auf den betreffenden Fall beziehen, in Vorlage zu bringen, so z. B. bei Reklamationen wegen Festsetzung der Steuer (lit. a oben) einen Auszug aus der Hausiersteuerliste, bei Zuwiderhandlungen die Anzeige nebst den gepflogenen Erhebungen, die Reklamationsschrift u. dgl.; gleichzeitig hat das Rentamt je nach der Aktenlage einen gutachtlichen Bericht zu erstatten.

7. Die Reklamation zur Regierungsfinanzkammer übt ebensowenig wie der Antrag auf gerichtliche Entscheidung (wegen der verhängten Strafe) einen Einfluß auf die Einziehung der Steuer aus; letztere erfolgt stets unabhängig von der Bestrafung, wie auch das gerichtliche Strafurteil unabhängig von der Entscheidung über die Steuerforderung ergeht; cfr. Anm. 2 zu Art. 18. Das Rechtsmittel wurde deshalb mit keiner aufschiebenden Wirkung versehen, weil die Behörden gegen mißbräuchliche Inanspruchnahme desselben geschützt werden wollten und den Nachteilen, die dem Staate durch die spätere Steuerentrichtung erwachsen können, vorgebeugt werden sollte.

8. Die Reklamationen werden von den Regierungsfinanzkammern meist im Bureauwege verbeschieden. Die Verbescheidung auf Grund kollegialer Beratung verdient indessen zweifellos den Vorzug. Fahrmbacher S. 36.

9. a) Erweist sich die Reklamation als begründet, so ist ihr stattzugeben und gleichzeitig die rentamtliche Verfügung (siehe oben sub 1a—c) außer Wirksamkeit zu setzen. In diesem Falle haben Gebühren außer Ansatz zu bleiben; Art. 3 Ziff. 2 GebG. Etwa erwachsene Kosten fallen der Staatskasse zur Last; diejenigen Kosten jedoch, die auf die Ausführung und Begründung des Rechtsmittels entstanden sind, hat der Reklamant zu tragen; dies aus dem Grunde, weil die Reklamation jederzeit kostenlos bei dem Rentamt zu Protokoll erklärt werden kann und weil etwa veranlaßte Erhebungen von Amts wegen gepflogen werden müssen.[1])

b) Ist die Reklamation verspätet eingelegt, m. a. W. die einwöchige Reklamationsfrist versäumt worden, so ist die Reklamation als unzulässig zu verwerfen. Über Gebühren usw. siehe unten sub d.

c) Gibt die rentamtliche Amtshandlung zu einer materiellen Beanstandung keinen Anlaß (wenn also Steuer und Strafe zutreffend festgesetzt ist bzw. wenn dem Antrag auf Steuererstattung mit Recht keine Folge gegeben wurde), so ist die Reklamation als unbegründet zurückzuweisen. Über Gebühren usw. siehe sub d.

d) Im Falle sub b und c ist bezüglich der Gebührenpflicht zu unterscheiden, ob es sich um eine Reklamation gegen einen Strafbescheid

---

[1]) Der Reklamation wäre z. B. dann stattzugeben, wenn bei Hausiersteuerübertretungen, welche in der „budgetlosen" Zeit vom 1. Januar 1912 bis zum Erlasse des Gesetzes vom 18. März 1912 — s. oben Anm. 1c zu Art. 4 — verübt worden sind, ein Zuschlag von 22% angerechnet worden wäre. — Die Frage, ob mangels einer auch nur vorläufigen Steuerbewilligung durch den Landtag für diese Zeit eine Verpflichtung zur Entrichtung der Hausiersteuer bestanden hat und sonach in dieser Zeit eine strafbare Handlung gegen das Hausiersteuergesetz überhaupt verübt werden konnte, sei hier nur nebenbei erwähnt. Seydel vertritt in seinem Staatsrecht (Handbuch des öffentlichen Rechts II, 4) § 59 Ziff. 4 den Standpunkt, daß die Giltigkeit der einzelnen Steuergesetze durch den Hinzutritt der Steuerbewilligung für die einzelnen Finanzperioden bedingt ist.

oder gegen einen Steuerfestsetzungs (-Nachholungs)beschluß handelt. Im ersteren Falle sind maßgebend Art. 32, 33 GebG., im letzteren Falle Art. 201—204, 284 GebG.

Bezüglich der Auslagen (Kosten) sind einschlägig Art. 36 bzw. 231 und 231 b GebG.; s. auch oben Anm. 13 zu Art. 22.

e) Wird der Reklamation bloß teilweise stattgegeben, so können dem Reklamanten die Kosten insoweit überbürdet werden, als sie auf den unbegründeten Teil der Reklamation entfallen.

f) Ist die rentamtliche Steuerberechnung oder die Festsetzung der Strafe unzutreffend, also mit dem Gesetze nicht im Einklang stehend, so kann die Reklamationsstelle die Steuerfestsetzung usw. auch zum Nachteile des Pflichtigen abändern.

10. a) Der Reklamationsbescheid ist dem Reklamanten durch das Rentamt bekanntzugeben. Besondere Formen für die Bekanntgabe wie z. B. beim Strafbescheid (siehe Anm. 4 zu Art. 22) sind nicht vorgeschrieben.

b) Gegen die Entscheidung der Regierungsfinanzkammer findet ein weiteres Rechtsmittel nicht statt. Das K. Staatsministerium der Finanzen ist jedoch deshalb nicht beschränkt, aus Anlaß einer Beschwerde kraft des ihm zukommenden Rechtes der Oberaufsicht über den Vollzug der Finanzgesetze die gefaßten Einsteuerungsbeschlüsse einer Prüfung zu unterziehen und bei etwaiger Wahrnehmung einer unrichtigen Gesetzesanwendung die entsprechende Abhilfe zu verfügen. Ein verwaltungsrechtliches Beschwerderecht wurde den Beteiligten nicht eingeräumt, weil die betreffenden Fragen eine schleunige Abwicklung erheischen und der Verwaltungsgerichtshof mit den zahlreichen hier zutage tretenden Fällen nicht belästigt werden wollte. Motive; StenBer. 1879, III, 294 und 301; VGH. vom 8. November 1881, 3, 341.

11. Hinsichtlich des Strafbescheides steht dem Beschuldigten das Wahlrecht zu, entweder die Beschwerde an die K. Regierungsfinanzkammer einzulegen oder den Rechtsweg mittels Antrags auf gerichtliche Entscheidung zu beschreiten. Die Ergreifung des einen Rechtsmittels hat den Ausschluß des anderen zur Folge. Protokoll zur RStPO. § 394 a S. 700.

12. Hat von mehreren Beschuldigten der eine reklamiert, der andere dagegen die gerichtliche Entscheidung beantragt, so sind die Akten an die Rekursinstanz erst nach der gerichtlichen Entscheidung einzusenden.

13. Ist die richterliche Entscheidung angerufen, zugleich aber gegen die Steueranlage Beschwerde erhoben, so muß nach Abs. 6 von Art. 24 mit der gerichtlichen Entscheidung bis zur rechtskräftigen Feststellung der Steuer zugewartet werden, da die Steuergröße für das Ausmaß der Hinterziehungsstrafe in Betracht kommt; s. auch §§ 10 und 11 der Bek. vom 25. Oktober 1879 (Anhang); ferner OLG. vom 21. November 1905, 6, 217; BlfFinW. 15, 64. S. auch oben Anm. 5 f zu Art. 16.

Das Reichsgericht hat in seinem Urteil vom 12. Dezember 1910 einen hievon abweichenden Standpunkt eingenommen. Vgl. hierüber oben Anm. 17 zu Art. 22.

14. Entspricht der rentamtliche Strafbescheid inhaltlich nicht den Erfordernissen des § 459 Abs. 2 StPO. (m. a. W. leidet dieser an einem formellen Mangel), so ist dies für das Verfahren und die Entscheidung des Gerichts bedeutungslos; insbesondere ist letzteres nicht berechtigt, auf Einstellung zu erkennen. RG. III, 2. Juli 1885, Rspr. 7, 462; RG. III, 23. Februar 1888, Entsch. 17, 249; Rspr. 10, 181; Löwe, 11. Aufl. Anm. 6 zu § 462; siehe auch Anm. 10d zu Art. 22.

15. Über Gnadengesuche usw. siehe Anm. 10f zu Art. 22.

16. In Hausiersteuersachen sind zur Einlegung von Rechtsmitteln gegen strafgerichtliche Entscheidungen neben den Rentämtern auch die Regierungsfinanzkammern zuständig. OLG. vom 26. August 1904, 5, 10; BlfFinW. 15, 62; s. auch Anm. 9 zu Art. 22.

Art. 25.

Mitwirk. d. Gemeindebehörd. beim Gesetzesvollzuge.

Die sämtlichen Gemeindebehörden sind verpflichtet, hinsichtlich der Besteuerung des Gewerbebetriebs im Umherziehen, dann der Bestrafung von Zuwiderhandlungen und zur Sicherstellung der Abgaben, Strafen und Kosten die erforderliche Beihilfe nach Maßgabe des gegenwärtigen Gesetzes und der hiezu ergehenden Vollzugsanordnungen zu leisten.

Die Gemeindebehörden haben nicht allein das Tun und Lassen der umherziehenden Gewerbetreibenden sorgfältig zu überwachen und jedes mit einer Steuergefährdung verbundene Verhalten derselben, welches ihre eigenen Organe oder Dritte anzeigen, auf dem kürzesten Wege zur Kenntnis des Rentamts zu bringen (Art. 11 Abs. 2 und die Anmerkungen dazu), sondern sie müssen der Finanzverwaltung in steuerlicher Hinsicht auch sonst die erforderliche Beihilfe leisten und, soweit ihre Mitwirkung beim Gesetzesvollzuge in Anspruch genommen wird, dem an sie gestellten Ansinnen ohne Weigerung entsprechen. Instr. § 24 Abs. 4 und § 29 Abs. 2, 3; siehe ferner Anw. §§ 33 und 34 (im Anhang).

Kommt eine Gemeinde ihren diesfallsigen Obliegenheiten nicht nach, so ist Beschwerde bei der Aufsichtsbehörde zu erheben.

Siehe auch oben Anm. 2b zu Art. 11; Landmann S. 620; ferner Anm. 1g zu Art. 16 oben.

Art. 26.

Schlußbestimmung.

Das gegenwärtige Gesetz tritt am 1. Januar 1898 an Stelle des Gesetzes vom 10. März 1879 in Wirksamkeit.

Es können jedoch schon vom Tage der Verkündigung ab Anmeldungen stattfinden und Besteuerungsnachweise eingeholt werden.

Von dem Tage der Wirksamkeit des gegenwärtigen Gesetzes an treten alle entgegenstehenden Bestimmungen des Gewerbsteuergesetzes und der hiezu erlassenen Vollzugsanordnungen außer Wirksamkeit.

Die bestehenden Bestimmungen über die Erhebung von Gebühren [1] und Abgaben [2,3] für Wandergewerbescheine werden durch gegenwärtiges Gesetz nicht berührt.

Mit Ausführung desselben sind die Staatsministerien des Innern [4] und der Finanzen beauftragt.

1. a) über **Gebühren** vgl. das Gesetz über das Gebührenwesen in der Fassung vom 13. Juli 1910, die Instruktion hiezu vom 25. Dezember 1899, ferner die Bekanntmachung vom 12. August 1910, FinMBl. S. 183. Hienach haben zur Erhebung zu kommen:

a) 5 Mk. für den Wandergewerbeschein, Art. 212a Abs. 2,

b) 2 Mk. für die Ausdehnung des Wandergewerbescheins,

c) 4 Mk. für desgleichen im Grenzzollgebiet, Art. 212a Abs. 1,

d) 2 Mk. für sonstige Gewerbelegitimationsscheine jeder Art sowie für Gewerbelegitimationskarten der Handlungsreisenden; Art. 212a Abs. 2. Hierher gehören z. B. die Erlaubnisscheine der Ausländer zum Hausieren innerhalb des Gemeindebezirks auf Grund des § 42b Abs. 4 GewO. und des § 1 d. VO. vom 29. März 1892, GVBl. S. 61.

Siehe auch Anw. § 31.

b) über „Gebühren im Strafverfahren" s. oben Anm. 13 und 14 zu Art. 22, bei „Steuernachholungsbeschlüssen" Anm. 2a zu Art. 18, bei „Reklamationen" Anm. 9d zu Art. 24.

2. über **Abgaben** siehe Art. 23 des Gewerbegesetzes vom 30. Januar 1868; VV. z. GewO. vom 29. März 1892 §§ 26 und 27, GVBl. S. 61; die Anw. §§ 11—13; ferner GebG. vom 13. Juli 1910 Art. 212a. Die besonderen Abgaben sind für den gewerblichen Unterricht zu verwenden.

Die Sätze, die jeweils nach der Ausdehnung des Gewerbebetriebs sich bemessen, sind in § 11 der Anw. enthalten; siehe Anhang Ziff. X.

In gleicher Weise wie die Ermäßigung der Hausiersteuer unter gewissen Voraussetzungen eintreten kann (Art. 5 Abs. 2 oben), kann auch die **Ermäßigung** der besonderen Abgabe bewilligt werden. Siehe hierüber Anw. § 12 (Anhang X), ferner Anm. 2 und 3 zu Art. 5 oben.

3. Bezüglich der auf den Vollzug des gegenwärtigen Gesetzes erwachsenen **Kosten** ist folgendes zu bemerken:

a) Die Kosten für die **Formularien**, wie diese in der Bek. vom 16. März 1879 angeordnet sind, werden aus der Staatskasse bestritten. FinME. vom 17. Dezember 1879 Nr. 17382.

b) Die Staatskasse übernimmt weiter die durch Vornahme von **Schätzungen** erwachsenen Kosten; Art. 14 Abs. 3 des Ges.; siehe weiter Anm. 2 zu Art. 14.

c) Die durch die Einschätzung von **Wanderlagern** erwachsenen Kosten (Art. 15 Ziff. 9 u. Abs. 2 d. Ges.) werden dann auf die Staatskasse übernommen, wenn der bei der Schätzung sich ergebende Wert mit dem von dem Unternehmer manifestierten Werte übereinstimmt. Siehe auch oben Anm. 7 zu Art. 15.

d) Wegen der zur Kontrolle der Wanderlager zu haltenden Lokalblätter (Instr. § 25 Abs. 3) siehe oben Anm. 6f zu Art. 15.

e) Die sub a—d genannten Kosten sind von dem Rentamt in ein Verzeichnis einzustellen und gleichzeitig mit der Steuerliste, also bis längstens 15. Oktober eines jeden Jahres, der Regierungsfinanzkammer zur Revision und Einweisung vorzulegen. § 9 d. MinE. vom 11. September 1879 (Anhang).

Die Verrechnung der Kosten hat auf Nachw. Nr. 2 Kap. 2 § 2 durch die NR. 17 zu erfolgen. Siehe auch unten Anhang Ziff. II § 9 und Fußnote 3 daselbst.

4. Wegen der Zuständigkeit des K. Staatsministeriums des K. Hauses und des Äußern s. Form. VO. vom 10. November 1904, GVBl. S. 567; s. auch oben S. 6 Anm. 2 und S. 59 Anm. 2.

Steuer-Tarif[1]

für die im Umherziehen betriebenen Gewerbe

Laufende Nummer	Bezeichnung der Gewerbe	Normal-Anlage Mk.	Betriebsanlage
1	Sammlung geringwertiger Erzeugnisse und Abgänge der Haus- und Landwirtschaft,[2] wie z. B.[2a] Sammeln von Lumpen,[3] Asche, Federn,[3] Borsten, Werg, Glasscherben, altem Eisen, Blei, Zinn, Kupfer oder Messing, ferner von Knochen, Klauen und dergl. . .	3	Als Betriebsanlage wird für jeden Begleiter[4] (Art. 4 Abs. 2) der Satz der Normalanlage in Berechnung gebracht.
2	Gewerbliche Arbeiten von untergeordneter Beschaffenheit,[2] wie z. B.[2a] Topfbinden, Kesselflicken, Scherenschleifen, Kitten, Löten, Geschirrverzinnen, Krautschneiden, sog. Kammerjägerei, Petschaft- und Siegelstechen, Schärfen von Sägen und Werkzeugen, Ausbessern von Holzuhren, Spinnrädern und dergleichen Hausgeräten ꝛc. . . .	4	Wie bei Nr. 1.
3	Hausierhandel und zwar:		
	a) mit Lebensmitteln, Gegenständen des Haushaltungs- und Wirtschaftsbedarfes[5] und anderen Waren von geringerem Werte,[2] wie z. B.[2a] mit groben Holz-, Eisen-, Ton-, Glas-, Bürstenbinderwaren, Schwarzwälder Holzuhren, mit Schreibmaterialien, Wetzsteinen, ferner mit im Hausbetriebe hergestellten Korbmacher- und Leinenwaren,[6] dann mit geringwertigen Verzehrungsgegenständen u. dgl.[2]	9	Wie bei Nr. 1.
	b) mit sonstigen Gegenständen von höherem Werte und des Luxusverbrauchs,[7] wie z. B.[2a] mit Galanterie-, besseren Glas-, Gips- und Porzellanwaren, mit Kupferstichen, Photographien, Oeldruckbildern u. Landkarten, mit Parfümerien, Regen- und Sonnenschirmen, mit Schnittwaren und Modewaren,[8] mit Spezereiwaren,		

Laufende Nummer	Bezeichnung der Gewerbe	Normal-Anlage Mk.	Betriebsanlage
	Tabak, Zigarren, Zigaretten und Rauchrequisiten, mit feineren Zuckerwaren und dergl. . . .	30	Wie bei Nr. 1.
	c) mit Druckschriften [9]	30	Wie bei Nr. 1.
4	Gewerbebetrieb der Gaureiter (Darbietung von Hengsten zum Beschälgeschäfte, soferne der Betrieb im Umherziehen stattfindet). [10] . . .	18	Als Betriebsanlage wird für die Verwendung eines Hengstes nichts, für solche jeden weiteren Hengstes der Satz der Normalanlage in Berechnung gebracht.
5	Gewerbebetrieb im Umherziehen mit erheblichem Betriebskapital und Umsatz. [11] Unter diese Tarifnummer fallen auch Schiffer, welche auf eigene Rechnung mit angekauften Waren vom Schiffe aus Handel treiben.	40	Die Betriebsanlage wird innerhalb eines Spielraums zwischen 1 Mk. u. 1200 Mk. bemessen.
6	Musterreisende [12]		
	a) für Geschäfte von größerem Betriebsumfange	60	Ohne Betriebsanlage.
	b) für Geschäfte von kleinerem Betriebsumfange	24	Wie vor.
7	Darbietung von künstlerischen Leistungen oder Schaustellungen, bei welchen ein höheres wissenschaftliches oder Kunstinteresse [13] nicht obwaltet, untergeordneter Art und zwar:		
	a) Drehorgelspieler, wandernde Musikanten, Bilderzeiger, Bärentreiber, Schaukastenträger u. dgl. [3]	4	Wie bei Nr. 1.
	b) wandernde Musikgesellschaften, [14] Karousselspiel-, [15] Schießbudenbesitzer, Schaubudeninhaber für Kunst- und Naturmerkwürdigkeiten, Gymnastiker, Kunstreiter u. dgl., soferne sich dieselben nicht wegen größeren Betriebsumfangs		

Laufende Nummer	Bezeichnung der Gewerbe	Normal-Anlage Mk.	Betriebsanlage
	zur Einreihung unter Tarif Nr. 8 eignen.[3]	9	Wie bei Nr. 1.
8	Darbietung von künstlerischen Leistungen oder Schaustellungen, bei welchen ein höheres wissenschaftliches oder Kunstinteresse[13] nicht obwaltet, besserer Gattung und zwar:		
	a) Taschenspieler, Escamoteure . .	18	Die Betriebsanlage wird innerhalb eines Spielraums von 1 Mk. bis 180 Mk. bemessen.
	b) Schaubudeninhaber für Kunst- und Naturmerkwürdigkeiten, für Panoramas, für Wachsfiguren-, Marionetten-, mechanische Kunst-Theater und Karousselspiele[15] und dergl.	18	Wie vor.
	c) Musikgesellschaften[14]	18	Mit Ausnahme des Gesellschaftsvorstandes sind bis zum Meistbetrage von 90 Mk. für jedes bei der Aufführung tätige Gesellschaftsmitglied 9 Mk. als Betriebsanlage in Berechnung zu bringen.
	d) Theater- und Schauspielgesellschaften[16]	40	Mit Ausnahme des Gesellschaftsvorstandes sind für jedes Mitglied des vorhandenen Hauptpersonals 24 Mk. und für jedes Mitglied des Nebenpersonals 12 Mk. als Betriebsanlage in Ansatz zu bringen.
	e) Singspielunternehmungen, ebenso gemischte Gesellschaften für musikalische, gymnastische Produk-		

Laufende Nummer	Bezeichnung der Gewerbe	Normal-Anlage Mk.	Betriebsanlage
	tionen und sonstige Schaustellungen	40	Mit Ausnahme des Gesellschaftsvorstandes sind für jedes bei den Aufführungen tätige Gesellschaftsmitglied 24 Mk. als Betriebsanlage in Berechnung zu bringen.
	f) Kunstreiter-, Seiltänzer- und Gymnastiker-Gesellschaften, ebenso auch andere hier nicht besonders aufgeführte Personen und Gesellschaften, welche durch öffentliche Produktion körperlicher Kunstfertigkeiten besserer Gattung sich Erwerb verschaffen	40	Wie bei Nr. 8 lit. d.
	g) Menagerie-Inhaber	40	Die Betriebsanlage wird innerhalb eines Spielraums von 1 Mk. und 600 Mk. bemessen.
9	Wanderlager[17] u. Wanderauktionen[18] jeder Art	50	Betriebsanlage nach Art. 15 Ziff. 3 des Gesetzes.

1. a) Allgemeine Bemerkungen über die Anwendung des Steuertarifs sind in § 7 der Instr. enthalten; siehe im Anhang a. a. O.

b) Tarifierte Gewerbe müssen tarifgemäß eingesteuert werden; es ist also unzulässig, Gewerbebetriebe, die unter einer Tarifnummer vorgetragen sind, verwandten Geschäftszweigen anzugleichen; siehe Art. 4 Abs. 6 und Anm. 1 zu Art. 4 oben.

c) Über Waren, die vom Gewerbebetrieb im Umherziehen ausgeschlossen sind, vgl. Vorbem. Ziff. II oben.

d) Über den „Zuschlag" zur Normalsteuer siehe Anm. 1a zu Art. 5, Anm. 5b zu Art 15, Anm. 7a zu Art. 16, insbesondere Anm. 1c zu Art. 4.

2. Über Gewerbebetriebe im Umherziehen mit Gegenständen „geringerer Gattung" siehe Instr. § 8; als solche kommen hienach „zunächst" in Betracht jene nach Tarif-Nr. 1, 2, 3a, 7a und b; jedoch können auch andere Gewerbsarten als Betriebe geringerer Art in Berücksichtigung gezogen werden; es ergibt sich dies aus dem Wort „zunächst". — Maßgebend ist stets der allgemeine objektive Wert der Ware.

2 a) Die hier im Steuertarif genannten Gewerbebetriebe sind „beispielsweise" aufgeführt; andere verwandte Gewerbearten sind also ebenfalls hier einzureihen; s. Anm. 1 zu Art. 4 oben.

3. Der Ankauf und das Feilbieten im Umherziehen von gebrauchten Bettfedern und von gebrauchten Kleidungsstücken ist ausgeschlossen; § 56 Abs. 2 Z. 2 GewO.; dagegen fällt der Handel mit Lumpen nicht unter dieses Verbot. KommBer. S. 14; Landmann S. 567. Gleichgültig ist, ob die Sammler der Lumpen und Abfälle diese Waren bar zahlen oder Tauschhandel treiben. StenBer. 1879, III, 210.

4. Über „Begleiter" s. oben Anm. 2 zu Art. 4, ferner Art. 5.

5. Zu den Gegenständen des Haushaltungs- und Wirtschaftsbedarfs gehören u. a. auch Schuhwaren, Kleesamen; weiter gehört hierher der Schweinehandel; Voraussetzung ist jedoch stets, daß bei diesen Gewerbszweigen ein geringfügiger Betrieb vorliegt. StenBer. 1879, III, 304 u. 307; FME. vom 29. Oktober 1881, FinMBl. S. 389. Unter diese Tarifnummer fällt weiter der Handel mit Korbmacher- und Bürstenwaren sowie die Leinwandindustrie. StenBer. 1879, III, 302; 1897, IX, 649; siehe auch die folgende Anm.

6. Der Hausierhandel mit Korbmacher- und Leinenwaren, die nicht im Hausbetrieb hergestellt sind, fällt unter lit. b, eventuell — bei größerem Geschäftsbetrieb — unter Tarif-Nr. 5. Im übrigen ist hierher zu bemerken, daß nach § 56 Abs. 2 Z. 2 GewO. Enden und Dräumen von Leinen (Seide, Wolle und Baumwolle) vom Ankauf und Feilbieten im Umherziehen ausgeschlossen sind. Landmann S. 567 und 377 f.

7. Der Handel mit Schmucksachen und Bijouterien ist verboten. § 56 Abs. 2 Ziff. 11 GewO.; s. oben S. 3.

8. a) Unter Schnittwaren sind alle jene Waren zu verstehen, die mit der Elle gemessen und mit der Schere geschnitten werden. Hiebei ist es gleichgültig, ob das Stück etwas größer ist oder nicht, ob es im einzelnen Falle einen größeren Wert besitzt oder nicht. StenBer. 1897/98, IX, 537. Es sind daher die sog. Stoffreste, die ja jederzeit leicht mit der Schere hergestellt werden können, stets zu den Schnittwaren zu rechnen.

b) Zu den Modewaren gehören wollene Jacken, Hemden, Tücher, Strümpfe u. dgl. StenBer. 1897, IX, 537.

9. Wegen der Druckschriften siehe § 56 Abs. 3 und 4 GewO.; Vorbem. oben Ziff. II; ferner Anw. § 6 und MinBek. vom 8. Februar 1885 Ziff. 8 lit. c (Anhang).

10. Durch § 55 der VO. vom 8. Juni 1890, betr. das Gestütswesen (GVBl. S. 425), ist der Gauritt (das Umherziehen mit Zuchthengsten zur Deckung von Stuten) im allgemeinen verboten; unter gewissen Voraussetzungen kann jedoch der Gauritt gestattet werden; siehe §§ 56 ff. a. a. O.; ferner Anw. § 4 Ziff. 6, § 7 Abs. 1 Ziff. 6 und Abs. II b, § 16 Abs. 5, § 20 Ziff. 11 c; GewO. § 56 b Abs. 3; § 3 Form. VO. vom 10. November 1904, GVBl. S. 567. S. ferner § 31 der AusfVorschr. des Bundesrates vom 25. Dezember 1911, RGBl. 1912 S. 10.*)

Findet die Ausübung des Privatbeschälgeschäftes zwar außerhalb des Wohnsitzes des Unternehmers, jedoch auf bestimmten vom Körausschusse festgesetzten Beschälplatten statt, so ist dieselbe nicht als Gewerbebetrieb im Umherziehen, sondern als Betrieb eines stehenden Gewerbes zu er-

---

*) Zu § 17 des RViehseuchengef. vom 26. Juni 1909; s. auch VollzBek. vom 27. April 1912 § 43, GVBl. S. 417; ferner oben S. 6.

achten und daher nicht nach Tarif Nr. 4 dieses Gesetzes, sondern nach Tarif Nr. 57 des Gewerbesteuergesetzes vom $\frac{\text{19. Mai 1881}}{\text{9. Juni 1899}}$ bzw. vom 1. Januar 1912 an nach den Gesetzen vom 14. August 1910 zu besteuern. Fr. Stenglein, Gesetz über die Besteuerung des G. i. U., Anm. 7 zum Steuertarif; Entschl. d. Min. d. Innern vom 11. Januar 1892 Nr. 19040; Landmann S. 584 f.; vgl. ferner oben Anm. 1e zu Art. 5.

11. a) Tarif-Nr. 5 ist dann in Ansatz zu bringen, wenn es sich um Geschäftsbetriebe von größerem Umfang handelt; StenBer. 1897, III, 308; Instr. § 7b; siehe auch Art. 4 Abs. 5 d. Ges. Hierher gehören Pferdehändler, Viehhändler, Viktualienhändler mit umfangreicherem Geschäftsbetrieb.

b) Bezüglich der Besteuerung der Viehhändler (s. auch oben Anm. 4b zu Art. 15) sind folgende Entschl. ergangen:

aa) FinMinEntschl. vom 16. Juni 1879 Nr. 8272.

In welcher Weise der im Umherziehen betriebene Viehhandel nach Maßgabe des Gesetzes vom 10. März 1879 zu besteuern sei, bemißt sich nach den tatsächlichen Verhältnissen des Betriebs, wobei dreierlei Verschiedenheiten in Betracht zu ziehen sein werden.

In der Regel entspricht es dem Umfange und Gegenstand dieses Handelsgeschäfts, daß solches mit erheblichem Betriebskapital und Umsatz unternommen wird. Dieser regelmäßige Fall ist in den §§ 7 und 23 der Vollzugsinstruktion vom 16. März l. J. berücksichtigt. Es begründet sich hienach die Anwendung der Nummer 5 des Steuertarifs unter Einhaltung der einschränkenden Bestimmung in Art. 4 Abs. 4 des Gesetzes.

Liegt aber ein Viehhandel im Umherziehen mit so geringfügigen Betriebsverhältnissen vor, daß die Einsteuerungsbehörde das Vorhandensein eines erheblichen Betriebskapitals und Umsatzes nicht anzunehmen vermag, dann fällt der genannte Betrieb unter den Hausierhandel mit Wirtschaftsbedürfnissen und ist nach Tarif Nr. 3 lit. a einzusteuern, wobei allerdings der im Geschäfte als Treiber verwendete Begleiter für die Betriebsanlage in Berechnung zu kommen hat.

Als dritter Fall kann gedacht werden, daß im Vergleiche zur Gewerbsteuer von anderen (stehenden) Gewerben ähnlichen Umfangs die in Tarif Nr. 3 lit. a vorgesehene Normal- und Betriebsanlage nicht den ausreichenden Steuersatz bieten würde, wogegen die Betriebsverhältnisse gleichwohl in einer Weise eingeschränkt sind, daß die nach Tarif Nr. 5 in Verbindung mit Art. 4 Abs. 4 des Gesetzes sich berechnende Steuer das Gewerbe in unverhältnismäßiger Höhe belasten würde. Hier liegt in der ausgleichenden Aufgabe, welche das Gesetz der Tarif-Nr. 5 im allgemeinen beigelegt wissen wollte (s. § 7 lit. b der VollzInstr. und StenBer. über die Verhandlungen der Kammer der Abgeordneten vom 15. Februar 1879, III, 308), die genannte Tarifnummer anzuwenden, wogegen der Einsteuerungsbehörde infolge der Einschränkung des Betriebs anheimgegeben ist, in der Bemessung der Betriebsanlage unter den regelmäßigen Satz von einem Viertel

*) Infolge der durch die Novelle vom 20. Dezember 1897 eingetretenen Abänderung des Abs. 4 von Art. 4 ist statt der Worte: „von einem Viertel des Meistbetrags“ zu setzen: „vom Doppelten der für das Gewerbe bestimmten Normalanlage.“

des Meistbetrags soweit herabzugehen,*) als sich dies mit Rücksicht auf den Betriebsumfang und den Vergleich mit der Besteuerung anderer stehender Gewerbe geboten erzeigt.

bb) Bek. der Min. des Innern u. der Finanzen vom 29. Oktober 1881 Nr. 6154, FinMBl. S. 386.

(Im Auszug.)*)

II.

1. Der Steuer vom Gewerbebetrieb im Umherziehen unterliegen Händler, welche ohne vorgängige Bestellung außerhalb desjenigen Orts, an welchem sie wohnen oder eine gewerbliche Niederlassung haben, dann außerhalb des Meß- und Marktverkehrs Vieh feilbieten, ebenso Händler, welche Vieh, um dasselbe in der vorerwähnten Weise wieder zu verkaufen, ohne vorgängige Bestellung außerhalb ihres Wohnorts oder des Orts ihrer gewerblichen Niederlassung und außerhalb des Meß- und Marktverkehrs bei anderen Personen als bei Kaufleuten oder anderen Orten als in offenen Verkaufsstellen aufkaufen.

2. In seinen übrigen Betriebsformen ist der Viehhandel der Gewerbsteuer nach dem Gesetze vom 19. Mai 1881 unterworfen. Wenn insbesondere Händler, welche den Viehhandel als stehendes Gewerbe betreiben, sich darauf beschränken, Vieh im Umherziehen aufzukaufen, um dasselbe entweder am Sitze der eigenen gewerblichen Niederlassung oder im Marktverkehr, oder auf Bestellung zu verkaufen, oder um dasselbe an größere auswärtige Plätze zu liefern, dann sind dieselben nicht nach dem Gesetze vom 10. März 1879 einzusteuern, sondern mit Gewerbsteuer nach dem Gesetze vom 19. Mai 1881 zu belegen. Hiebei hat es in Ansehung der Frage, ob der Viehhandel als stehendes Gewerbe betrieben werde, zunächst darauf anzukommen, daß der Gewerbebetrieb als ein stehender angemeldet worden sei und versteuert wird, auch wenn der Händler am Orte der gewerblichen Niederlassung Stallungen oder sonstige größere Verkaufseinrichtungen nicht besitzt.

3. Viehhändler, welche ihren Handel gleichzeitig unter den Formen des Gewerbebetriebs im Umherziehen und in stehender Weise ausüben, unterliegen der Besteuerung sowohl nach dem Gesetze vom 10. März 1879 als nach dem Gewerbsteuergesetz vom 19. Mai 1881.

III.

Was die für den Betrieb des Viehhandels im Umherziehen anzuwendenden Steuersätze betrifft, so ist bereits in der generalisierten Entschließung vom 16. Juni 1879 Nr. 8272, die Besteuerung des Viehhandels im Umherziehen betr.,**) darauf hingewiesen worden, den Steuersatz nach den jeweiligen Betriebsverhältnissen einzurichten, hienach also bei geringfügigen Verhältnissen die Nr. 3 des Tarifs zum Gesetze vom 10. März 1879, bei größeren dagegen die Nr. 5 zu wählen, in letzterem Falle aber behufs Vermeidung unverhältnismäßiger Härten in Würdigung zu ziehen, ob für die Bemessung der Betriebsanlage die Regel des Art. 4 Abs. 4 anzuwenden, oder ob

*) Vom 1. Januar 1912 an gelten an Stelle des GewStG. von 1881 die Gesetze vom 14. August 1910.

**) Siehe lit. aa oben.

unter den regelmäßigen Satz von einem Viertel des Meistbetrages herabzugehen sei. Hiebei wird noch zu nachstehenden Erläuterungen Anlaß genommen.

1. Maßgebend für die Einreihung des im Umherziehens betriebenen Viehhandels unter Nr. 3 oder 5 des Tarifs zum Gesetze vom 10. März 1879 sind die nämlichen Gesichtspunkte, welche bei stehendem Gewerbebetriebe eine Steueranlage entweder nach Nr. 43 oder Nr. 46 des Tarifs zum Gewerbsteuergesetze vom 19. Mai 1881 bewirken würden.
2. Der im Umherziehen betriebene Schweinehandel ist unter der Voraussetzung geringfügigeren Betriebsumfangs nach Tarif Nr. 3 lit. a zu besteuern.
3. Gemäß Art. 1 des Gesetzes vom 10. März 1879 ist für den Viehhandel im Umherziehen die gemeinsame Anlage mehrerer Händler mit Einem Steuersatze wegen angeblichen Gesellschaftsbetriebs unzulässig.
4. Trifft für einen Viehhändler die Besteuerung nach Tarif Nr. 5 zum Gesetze vom 10. März 1879 mit der Steueranlage für den stehenden Gewerbebetrieb nach Maßgabe des Gewerbsteuergesetzes vom 19. Mai 1881 zusammen (vgl. II, 3 oben), dann entspricht es den gesetzlichen Bestimmungen, daß nur jener Teil des Betriebskapitals, welcher auf die im Umherziehen ausgeübte Geschäftstätigkeit entfällt, für die Bemessung der Betriebsanlage nach Art. 4 Abs. 3 des Gesetzes vom 10. März 1879 den Anhaltspunkt bietet.

IV.

Die Gewerbsteuer für den Betrieb des Viehhandels als stehendes Gewerbe ist nach Nr. 43 oder 46 des Tarifs zum Gesetze vom 19. Mai 1881 zu bemessen. Die Betriebsanlage für die fraglichen Gewerbe berechnet sich nach Vorschrift des Art. 7 und kann in den Fällen der Tarif-Nr. 46 bis zu 2½ vom Hundert des jährlichen Ertragsanschlages erhöht werden. Hiebei haben jedoch die K. Rentbeamten als Vertreter des Ärars bei den im Gewerbsteuerausschuß zu stellenden Anträgen den unter II Ziff. 3 oben erwähnten Fall des Zusammentreffens der Besteuerung nach den Gesetzen vom 19. Mai 1881 und vom 10. März 1879 in Einer Person besonders zu berücksichtigen und dafür zu sorgen, daß in den Ertragsanschlag nach Art. 7 der mutmaßliche Ertrag aus der Geschäftstätigkeit im Umherziehen nicht eingerechnet werde und daß ebenso bei Auswahl des prozentualen Satzes je nach dem Einflusse des verwendeten Betriebskapitals der auf die Geschäftstätigkeit im Umherziehen entfallende Teil der letzteren außer Betracht bleibe.

Überhaupt sind in solchen Fällen, soweit dies in der Zuständigkeit der Rentämter liegt, die beiderseitigen Besteuerungen je nach dem treffenden Geschäftsumfange in ein angemessenes Verhältnis zu setzen und dabei die Angaben der Beteiligten hinsichtlich der Ausscheidung — namentlich was die Höhe des Ertragsanschlags für das stehende Gewerbe und was die Höhe des Betriebskapitals für das im Umherziehen betriebene Gewerbe anlangt — einer sorgfältigen Prüfung zu unterstellen.

c) Wenn Viehhändler ihr Gewerbe in stehender Weise und im Umherziehen betreiben, so wird sich die Anwendung der Tarif-Nr. 5 schon aus dem Gesichtspunkte rechtfertigen lassen, weil durch die Verbindung beider Gewerbeformen für den Hausierhandel von vorneherein günstige Geschäftsbedingungen geschaffen sind. Viehhändler, denen die Absatzmöglichkeit im stehenden Gewerbebetrieb behindert ist, werden nicht selten versuchen, die Viehstücke im Umherziehen zu veräußern.

d) Ein Besteuerungsnachweis für den Handel mit „Groß- und Kleinvieh“ berechtigt nicht zur Ausdehnung des Handels auf Pferde. Letzterer fällt nicht unter die Kategorie „Handel mit Großvieh“. OLG. vom 14. März 1908, 8, 234; BlfFinW. 16, 254.*)

12. a) Steuerpflichtig ist nur der Musterreisende, nicht aber dessen Geschäftsherr. Der Geschäftsherr ist nicht verpflichtet, aus eigenen Mitteln für die Gemeindeumlagen aufzukommen, die von seinem Musterreisenden der Gemeinde des Wohnortes nach Maßgabe der Hausiersteuer geschuldet werden, aber wegen Zahlungsunfähigkeit des Reisenden uneinbringlich sind. VGH. 32, 186. Siehe auch oben Anm. 1 und 6 zu Art. 1.

b) Ist kein Nachweis dafür erbracht, daß ein Geschäft von kleinerem Betriebsumfang in Frage steht, so ist der höhere Steuersatz der Besteuerung zugrunde zu legen und dem Pflichtigen anheimzugeben, das Rechtsmittel der Reklamation zu ergreifen. StenBer. 1897, IX, 654, 656; siehe ferner Ziff. 3 d. VB. vom 23. Dezember 1897, GVBl. S. 424.

13. Über die Frage, wann ein höheres wissenschaftliches oder Kunstinteresse obwaltet, siehe oben Anm. 16 zu Art. 1. Soferne ein derartiges höheres Interesse obwaltet, so sind die betreffenden umherziehenden Künstler mit Einkommensteuer zu veranlagen. StenBer. 1879, III, 475; Instr. §§ 4 und 7 lit. c; siehe weiter MinEntschl. vom 13. Januar 1881; Anw. § 28 (Anhang).

14. Über die Besteuerung der M u s i k g e s e l l s c h a f t e n siehe Instr. § 7 Abs. 1 lit. c und Abs. 2; hienach kann für diese eine höhere Gesamtsteuer als 108 Mk. nicht in Betracht kommen. Siehe auch Anm. 13 zu Art. 2 oben, insbesondere Anm. 1c und 16b zu Art. 1; Anw. § 28 (Anhang)

Siehe weiter FinME. vom 4. August 1880, FinMBl. S. 210; E. d. Min. d. J. vom 13. Januar 1881, MinABl. S. 9, und FinMBek. hiezu vom 1. Februar 1881, FinMBl. S. 84 (Anhang).

15. Unter Karoussellspielen im Sinne der Tar.-Nr. 7b sind die gewöhnlichen Prater u. dgl. zu verstehen; unter Tar.-Nr. 8b fallen die verbesserten Karoussellspiele mit mechanischen Vorrichtungen, z. B. Berg- und Talbahnen. StenBer. 1897, IX, 729.

16. Vgl. oben Anm. 2b zu Art. 4 über Haupt- und Nebenpersonal; ferner Anm. 16 zu Art. 1.

Wenn Schauspieldirektoren und Gesellschaften sich beim Magistrate um eine Saisonkarte bewerben, um eine Zeit lang Vorstellungen geben zu dürfen, diese erhalten und dann erst ihre Schauspielergesellschaft an demjenigen Orte engagieren, an dem sie beabsichtigen, im Laufe des Winters Theater zu halten, so ist der Betrieb eines ständigen Gewerbes vorhanden, auf welches das vorliegende Gesetz nicht anwendbar ist.

StenBer. 1879, III, 309 und 475.

Fr. Stenglein, Ges. ü. d. Besteuerung des G. i. U., Note 13 zum Steuertarif.

17. Über die Besteuerung der Wanderlager siehe oben die Anm. zu Art. 15, insbesondere Anm. 5 und 7.

18. Wanderauktionen sind in der Regel untersagt; § 56c GewO.; Vorbem. Ziff. II, 4 oben; siehe auch Anm. 1c zu Art. 15, insbesondere Anw. § 7 Abs. 1 Ziff. 5 und Abs. 2 lit. a (Anhang).

*) S. auch GVBl. 1912 S. 401 und oben S. 6.

Anhang.

I.

Bekanntmachung vom 16. März 1879,

den Vollzug des Gesetzes vom 10. März 1879 über die Besteuerung des Gewerbebetriebs im Umherziehen betreffend.

(Gesetz- und Verordnungsblatt 1879 S. 171—202).

K. Staatsministerium des Innern, Abteilung für Landwirtschaft, Gewerbe und Handel, und K. Staatsministerium der Finanzen.

Zum Vollzuge des Gesetzes vom 10. März 1879, die Besteuerung des Gewerbebetriebes im Umherziehen betreffend, (GVBl. S. 143 ff.) werden nachstehende Vorschriften erlassen:

Zu Art. 1 mit 3 des Ges.

§ 1. Bei Anwendung der Art. 1 mit 3 des Gesetzes ist im allgemeinen darauf zu achten, daß diejenigen Gewerbe, zu deren Ausübung im Umherziehen nach § 55 der GewO. vom 21. Juni 1869 (Bay. GesBl. 1871/72 Beilage S. 68) ein Legitimationsschein[1]) erforderlich ist, auch der Steuer im Gewerbebetrieb im Umherziehen, soweit das gegenwärtige Gesetz nicht besondere Ausnahmen zuläßt, unterliegen, gleichviel ob diese Gewerbe seither nach den Bestimmungen des Gewerbsteuergesetzes vom 1. Juli 1856,[2]) und des dazu gehörigen Steuertarifs mit Gewerbsteuer belegt waren oder nicht.

§ 2.[3]) Was den Verkauf von Erzeugnissen der Land- und Forstwirtschaft, des Garten- und Obstbaues, der Jagd und des Fischfanges anlangt, so ist folgendes zu beachten:

I. Wer Erzeugnisse der Land- und Forstwirtschaft, des Garten- und Obstbaues im Umherziehen feilbieten will, bedarf hiezu, wenn diese Erzeugnisse n i c h t zu den r o h e n zu rechnen sind (wie z. B. Hühner, Eier, Butter, Schmalz, Käse, größeres Vieh) nach der Gewerbeord-

---

[1]) Statt „Legitimationsschein" ist nunmehr „Wandergewerbeschein" zu setzen. § 55 GewO. in der Fassung vom $\frac{\text{1. Juli 1883}}{\text{26. Juli 1900,}}$ RGBl. $\frac{\text{1883 S. 177;}}{\text{1900 S. 871}}$ s. auch Anhang Ziff. VII u. VIII.

[2]) Vom 9. Juni 1899 bzw. vom 14. August 1910.

[3]) Vgl. Ziff. 2 der Vollz.-Vorschr. vom 8. Februar 1885, FinMinBl. S. 19: s. Anhang Ziff. VIII u. Anm. 8 zu Art. 1.

nung eines Legitimationsscheines,[1]) ist aber gemäß Art. 1 des Gesetzes der Steuer vom Gewerbebetrieb im Umherziehen dann nicht unterworfen, wenn er selbstgewonnene Erzeugnisse dieser Art feilbietet.

Umgekehrt unterliegt jeder, welcher außer dem Marktverkehr Erzeugnisse der Land- und Forstwirtschaft, des Garten- und Obstbaues, der Jagd und des Fischfanges im Umherziehen feilbietet, ausnahmslos der Steuer nach dem gegenwärtigen Gesetze, soferne die fraglichen Erzeugnisse nicht selbstgewonnene (von dem Produzenten selbst oder in eigener Wirtschaft erzielte), sondern von Anderen bezogene sind, während ein Legitimationsschein,[1]) wenn die Erzeugnisse der Land- und Forstwirtschaft, des Garten- oder Obstbaues zu den „rohen" zu rechnen sind, nicht erforderlich ist. (Vgl. hiezu § 6 Ziff. 2 u. § 11, II lit. b.)

Für die Besteuerung erscheint es hienach von maßgebender Bedeutung, ob selbstgewonnene oder von andern bezogene derartige Erzeugnisse im Umherziehen feilgeboten werden und nur der letztere Umstand begründet die Steuerpflicht (vgl. auch Art. 22 Abs. 2 des Gewerbsteuergesetzes vom 1. Juli 1856).

II. Zu den Erzeugnissen der Land- u. Forstwirtschaft sind solche Gegenstände nicht zu rechnen, welche eine, die herkömmlichen Grenzen der land- und forstwirtschaftlichen Tätigkeit überschreitende fabrik- oder handwerksmäßige Be- oder Verarbeitung erfahren haben, z. B. Mehl, Holzwaren, aus selbstgewonnenen Tabakblättern bereitete Zigarren u. dgl.

III. Ob ein Land- oder Forstwirt, ein Gärtner usw. seine selbstgewonnenen Erzeugnisse in eigener Person feilbietet oder für seine Rechnung durch einen von ihm Beauftragten, einen Angehörigen oder Diener feilbieten läßt, macht in steuerlicher Hinsicht keinen Unterschied.

Dagegen würde, wenn der angeblich Beauftragte für eigene Rechnung Geschäfte machen sollte, die Steuerpflicht unbedingt eintreten.

§ 3.[4]) Der Gewerbebetrieb, welcher am Wohnorte bzw. am Orte der gewerblichen Niederlassung stattfindet, kann nicht die Heranziehung zur Steuer nach Maßgabe dieses Gesetzes begründen, auch wenn der Betrieb von Haus zu Haus erfolgt.

Ebensowenig ist dieser Steuer der Gewerbebetrieb unterworfen, wenn er außerhalb der gewerblichen Niederlassung, aber lediglich auf vorgängige Bestellung stattfindet, weshalb z. B. Musiker, welche ihr Gewerbe auch über den Umkreis von 15 km, aber ausschließlich auf vorgängige Bestellung ausüben, der Steuer vom Gewerbebetrieb im Umherziehen nicht unterliegen.

§ 4. Ergibt sich ein Zweifel, ob gewisse Arten von künstlerischen Leistungen oder Schaustellungen, je nachdem bei denselben ein höheres wissenschaftliches oder Kunst-Interesse stattfindet (Art. 1 Ziff. 4 des Gesetzes) der Steuer vom Gewerbebetrieb im Umherziehen unterliegen oder nicht, so ist entscheidend, ob dergleichen Leistungen oder Schaustellungen nach dem Befinden der Behörden oder Stellen der inneren Verwaltung legitimations-[1])scheinpflichtig sind oder nicht.

Jedoch hat in solchen Fällen das Rentamt unter Vorbehalt der Rückerstattung die Einsteuerung dann vorzunehmen, wenn es sich nicht

---

[4]) Vgl. Ziff. 1 der Vollz.-Vorschr. vom 8. Februar 1885, Anh. VIII, u. oben S. 31.

um Personen oder um Gesellschaften handelt, deren Leistungen usw. durch besonderen Ruf bzw. das vorgängige Urteil der öffentlichen Meinung als solche bekannt sind, welche ein **höheres** Interesse der Kunst oder Wissenschaft beanspruchen können.

§ 5. Unter dem in Art. 2 Ziff. 2 gedachten Marktverkehr ist nicht nur der Verkehr auf Jahrmärkten, sondern auch auf Wochenmärkten und den für besondere Gegenstände stattfindenden Märkten, z. B. Pferde-, Vieh-, Woll-, Holz- usw. Märkten zu begreifen.

Die Steuerbefreiung des Marktverkehrs bleibt jedoch auf jene Gegenstände beschränkt, welche diesem Verkehre angehören. Die Beantwortung der Frage, welche Gegenstände dem Marktverkehre angehören, bemißt sich bei Jahrmärkten oder besonderen Märkten nach der jeweils bestehenden Marktordnung, bei Wochenmärkten dagegen nach den Vorschriften in § 66 der GewO., bzw. nach Ortsgewohnheit und der Verfügung der zuständigen Verwaltungsbehörde. (Sten. Ber. über die 77. Sitzung der K. d. Abg. vom 15. Februar 1879 Bd. III S. 296.)

In Ansehung des in Art. 2 Ziff. 2 erwähnten Meßverkehrs (vide auch Art. 3 Ziff. 3 und Art. 15 Ziff. 1) macht es keinen Unterschied, ob dieser Verkehr in sog. Meßbuden oder in sonst gemieteten und für den An- und Verkauf gelegentlich der Meßzeit dienlichen Lokalen stattfindet.

Der An- und Verkauf von Waren in öffentlichen Ausstellungen oder das Suchen von Warenbestellungen auf solchen unterliegt der Steuer nach den Vorschriften des gegenwärtigen Gesetzes nicht. (Vgl. die Motive zu Art. 2 und 3 des Gesetzentwurfs, Verhandl. der K. d. Abg. 1879 Beil. Bd. IV S. 296.)

§ 6.[5]) Hinsichtlich des Gewerbebetriebs im Umherziehen von Angehörigen außerdeutscher Staaten ist infolge der zurzeit bestehenden Verträge oder Vereinbarungen (Art. 3 Abs. 1 des Gesetzes) nachstehendes zu beachten:

1. Die Angehörigen des Großherzogtums Luxemburg stehen nach den Zollvereinsverträgen den Angehörigen deutscher Staaten völlig gleich, und es ist deshalb ihnen gegenüber die Anwendung der Ausnahmsbestimmungen in Art. 3 Ziff. 1 und 2 ausgeschlossen.[6])
2. Die Angehörigen aller sonstigen außerdeutschen Staaten werden von der Vorschrift in Art. 3 Ziff. 1 des Gesetzes betroffen, und es bedürfen dieselben zu dem einschlägigen Handelsbetrieb, ausgenommen wenn derselbe im gewöhnlichen Grenzverkehr stattfinden soll, auch eines Legitimationsscheines.[1]) (Bekanntmachung des Reichskanzlers vom 7. März 1877, den Gewerbebetrieb der Ausländer im Umherziehen betreffend, und Entschließung des k. Staatsministeriums des Innern vom 7. Dezember 1877 im Amtsblatt des k. Staatsministeriums des Innern S. 387 und 389 und im Fin.-MinBl. 1878 S. 69.[7])

---

[5]) Vgl. Ziff. 7 der Vollz.-Vorschr. vom 8. Februar 1885, Anh. VIII.

[6]) Bezüglich der österr. Gemeinde Mittelberg s. Vertrag vom 2. Dezember 1890, RGBl. 1891 S. 59.

[7]) Bundesrats-Bek. vom 27. November 1896, betr. die Ausführungsbestimmungen zur Gewerbeordnung für das Deutsche Reich, abgedruckt in der Vorbem. unter Ziff. III.

3. Den nachbenannten Staaten angehörige Kaufleute, Fabrikanten und andere Gewerbtreibende, welche nach den Bestimmungen in Art. 2 Ziff. 1 des Gesetzes entweder persönlich oder durch Geschäftsreisende Waren aufkaufen oder Warenbestellungen suchen, haben für diesen Geschäftsbetrieb in Bayern eine Steuer nicht zu entrichten.

Diese Staaten sind:[8])

a) Frankreich gemäß Art. 26 des Handelsvertrags vom 2. August 1862 (Bayer. RegBl. 1865 Beil. zu Nr. 31 S. 35) und Art. 18 der Zusatzkonvention vom 11. Dezember 1871 zum Frankfurter Friedensvertrag vom 10. Mai 1871 (RGBl. 1872 S. 19);
b) Österreich gemäß Art. 19 des Handels- und Zollvertrags vom 16. Dezember 1878 (RGBl. S. 375);
c) die Schweiz gemäß Art. 9 des Handels- und Zollvertrags vom 13. Mai 1869 (Bayer. RegBl. S. 1577);
d) Portugal zufolge Art. 12 des Handelsvertrags vom 2. März 1872 (RGBl. S. 255);
e) Großbritannien zufolge Art. 1 des Handelsvertrags vom 30. Mai 1865 (Bayer. RegBl. S. 815);
f) Italien zufolge Art. 1 des Handelsvertrags vom 31. Dezember 1865 (Bayer. RegBl. 1866 S. 304);

4. Für den in Ziffer 3 oben bezeichneten Gewerbebetrieb haben die Angehörigen:
a) des Königreiches der Niederlande gemäß Art. 24 des Handelsvertrages vom 31. Dezember 1851 (Bayer. RegBl. 1852 S. 634) den Betrag von 24 ℳ — und
b) von Belgien gemäß § 5 einer Übereinkunft zwischen dem Zollverein und Belgien über die gegenseitige Zulassung von Handelsreisenden ddo. Berlin den 2. Januar 1855 den Betrag von 16 ℳ —

als Jahressteuer zu entrichten.

Zu Art. 4 und 5 des Ges. nebst Steuertarif.

§ 7. Behufs Anwendung des Steuertarifs sind folgende Bemerkungen veranlaßt:

a) Während die unter Tar.-Nr. 1, 2 und Nr. 3 lit. a und b, ebenso die unter Tar.-Nr. 7 lit. a und b erwähnten Gattungen von Gewerben oder Erwerbsarten „beispielsweise" aufgezählt sind, und daher eine Einreihung anderweit vorkommender Gewerbe ähnlicher Art unter die geeigneten Tarifnummern nach Art. 4 Abs. 6 des Gesetzes zulässig erscheint, sind die unter Tar.-Nr. 3 lit. c erwähnten Handelsgeschäfte für die daselbst bezeichneten Warengattungen unter dem Vorbehalte der Anwendung der Tar.-Nr. 5 (siehe nachfolgende Bemerkung) ausschließend bestimmt, und es findet unter Tar.-Nr. 3 lit. c eine Einreihung anderer als der genannten Handelsgeschäfte nicht statt.[9])
b) Hinsichtlich der ausgleichenden Aufgabe der Tar.-Nr. 5 in Absicht auf eine den Betriebsverhältnissen angemessene Höhe der Steuer wird auf die Verhandlungen bei Beratung des Gesetzes (Sten. Ber.

[8]) Siehe oben Anm. 3e zu Art. 3.
[9]) Tarif-Nr. 3c handelt jetzt nur noch von Druckschriften.

über die 77. Sitzung der Kammer der Abgeordneten vom 15. Februar 1879 Bd. III S. 308) hingewiesen.

Der Ansatz der Tar.-Nr. 5 hat demgemäß dann stattzufinden, wenn nach dem Umfange des Geschäfts, bzw. nach der Größe des darin verwendeten Betriebskapitals und erzielten Umsatzes im Vergleiche zur Gewerbsteuer von stehenden Gewerben ähnlicher Art und ähnlichen Umfanges die nach der regelmäßigen Tarifnummer sich ergebende Steuer nicht den ausreichenden Steuersatz bieten würde (z. B. bei Viehhändlern,[10]) Pferdehändlern, Juwelenhändlern im Umherziehen, im Umherziehen mit erheblichem Betriebskapitale unternommener Auf- und Verkauf von Viktualien u. dgl.).

c) Die Tar.-Nr. 8 lit. c (Musikergesellschaften) ist für jene Unternehmungen bestimmt, deren Leistungen nicht als solche von untergeordneter Art bezeichnet werden können, während dieselben andererseits nicht als von derartiger Beschaffenheit zu erachten sind, daß denselben ein Anspruch auf ein höheres Interesse der Kunst zustände (siehe § 4 oben).

Als selbstverständlich wird bemerkt, daß der Meistsatz der Betriebsanlage von 90 ℳ unter Tar.-Nr. 8 lit. c auch bestimmend für Musikergesellschaften untergeordneter Art (Tar.-Nr. 7 lit. b) insoferne ist, als letztere Unternehmungen nach der aus der Vergleichung der beiden Tarifnummern zu entnehmenden Absicht des Gesetzes einer höheren Gesamtsteuer wie 108 ℳ nicht unterliegen können. Sollte sich daher ausnahmsweise bei Anwendung der Tar.-Nr. 7b infolge der Anzahl der Gesellschaftsmitglieder eine höhere Gesamtsteuer ergeben, so ist die Steuer nach Tar.-Nr. 8 lit. c zu veranlagen.

§ 8. Die in Art. 5 Abs. 1 des Gesetzes vorgesehenen Steuerermäßigungen werden — unter Vorbehalt der Reklamationsbefugnisse des Beteiligten (Art. 22 lit a) — vom Rentamte sofort bei der Steueranlage gewährt.

Unter dem Gewerbebetrieb im Umherziehen „geringerer Gattung“ sind zunächst[11]) die Nummern 1, 2, 3 lit. a und 7 lit. a und b des dem Gesetze beigefügten Tarifs, sowie allenfallsige unter diese Tarifnummern analog einzureihenden Arten des herumziehenden Gewerbebetriebs verstanden.

Die Verhältnisse, unter welchen nach Art. 5 Abs. 1 Steuerermäßigungen bewilligt werden können, sind vom Rentamte nicht nur hinsichtlich deren Vorhandenseins, sondern auch in Absicht auf den geringeren oder größeren Grad der Erwerbsbeschränkung, durch welchen der Erlaß einer geringeren oder größeren Steuerquote bedingt wird, pflichtmäßig zu würdigen.

Es soll hiebei nach den in den Ausschüssen der Kammer gepflogenen Beratungen mit entsprechender Vorsicht verfahren und namentlich der Erlaß der Betriebsanlage für einen allenfallsigen Begleiter dann versagt werden, wenn dessen Unentbehrlichkeit für den erwerbsbeschränkten

---

[10]) Siehe Anm. 11 zum Steuertarif oben.

[11]) Mit Rücksicht auf das Wort „zunächst“ dürfte auch bei anderen als den oben bezeichneten Tarifnummern zur Erzielung einer der Billigkeit entsprechenden Steueranlage die Anwendung von Art. 5 des Ges. nicht ausgeschlossen sein.

Unternehmer nicht feststeht, oder vermutet werden kann, daß der Begleiter für eigene Rechnung ein Gewerbe im Umherziehen betreibe.

§ 9. Steuerermäßigungen gemäß Art. 5 Abs. 2 des Gesetzes werden auf Ansuchen vom k. Staatsministerium der Finanzen im Einverständnisse mit dem k. Staatsministerium des Innern [11a]) aus ähnlichen Gründen bewilligt, wie solche seither zur Einräumung der Begünstigung einer ermäßigten Abgabe für Legitimationsscheine [1]) nach § 22 Abs. 3 der Allerhöchsten Verordnung vom 4. Dezember 1872 (RegBl. S. 2675) Veranlassung gegeben haben.

Die einschlägigen Gesuche sind rechtzeitig, d. h. tunlichst vor dem Eintritte des Zeitpunktes der Steuerpflicht oder vor Beginn des Steuerjahres bei der Distriktsverwaltungsbehörde einzureichen, welche dieselben mit Gutachten versehen dem einschlägigen Rentamte zur berichtlichen Äußerung und Vorlage an die Regierungsfinanzkammer übermittelt. Letztere hat über die Voraussetzungen der Ermäßigung sich mit der k. Regierung, Kammer des Innern, zu benehmen und sodann die erwachsenen Akten mit gutachtlichem Antrage dem k. Staatsministerium der Finanzen vorzulegen.

Die Verhandlungen zur Instruierung von Steuerermäßigungen nach Art. 5 Abs. 2 des Gesetzes sind unbeschadet der Vollständigkeit als dringlich zu behandeln. Sollte deren Bescheidung nicht mehr rechtzeitig vor dem Eintritte der Steuerpflicht ermöglicht sein, so haben die treffenden Pflichtigen unter Vorbehalt des Rückersatzes die volle Steuer zu entrichten.

Den Distriktsverwaltungsbehörden bleibt anheimgegeben, Steuerermäßigungen nach Art. 5 Abs. 2 des Gesetzes unter Einhaltung der vorstehend über das Verfahren gegebenen Vorschriften von Amtswegen in Anregung zu bringen.[12])

Zu Art. 6 mit 14 des Ges.

§ 10. Abgesehen von den Wanderlagern, hinsichtlich deren die Ausführungsvorschriften in §§ 23 mit 29 nachfolgen werden, richtet sich die Zuständigkeit des Rentamtes, welches die Besteuerung des Gewerbebetriebs im Umherziehen vorzunehmen hat, nach dem Wohnorte des Pflichtigen in Bayern (Art. 6 Abs. 2 des Gesetzes).

Zur Vermeidung von Unzuträglichkeiten ist mittelst geeigneter Belehrung dahin zu wirken, daß von jenen Pflichtigen, welche ihren Wohnort in Bayern haben, die Besteuerung rechtzeitig vor Aufnahme des Gewerbebetriebs beim Rentamte des Wohnortes nachgesucht, und von der Ausnahme in Art. 14 Abs. 4 des Gesetzes nur ein beschränkter Gebrauch gemacht werde.

Dies gilt namentlich für den pro 1880 zu eröffnenden Gewerbebetrieb, während pro 1879 dem Umstande, daß mehrfach beim Eintritte der Wirksamkeit des Gesetzes herumziehende Gewerbtreibende von ihrem Wohnorte entfernt sind, Rechnung getragen werden muß.

§ 11.[13]) Gemäß Art. 7 des Gesetzes ist jeder, der ein der Steuer vom Gewerbebetrieb im Umherziehen unterliegendes Gewerbe in Bayern

---

[11a]) Über die Zuständigkeit s. oben Anm. 2 zu Art. 5.

[12]) Siehe auch Anm. 2 u. 3 zu Art. 5 und Anm. 2 zu Art. 26 oben; ferner Anw. §§ 11 u. 12, Anh. X.

[13]) Vgl. Ziff. 11 der Vollz.-Vorschr. vom 8. Februar 1885, Anh. VIII.

ausüben will, bei Strafvermeidung (Art. 16) gehalten, dasselbe beim Rentamte zur Besteuerung anzumelden.

Hiebei kann:

I. als der regelmäßigere Fall angenommen werden, daß

a) der Gewerbtreibende gemäß § 55 der GewO. vom 21. Juni 1869 des Legitimationsscheines[1]) einer bayerischen Verwaltungsbehörde zur Gewerbsausübung bedarf, oder daß

b) ein Gewerbtreibender mit einem von einer außerbayerischen deutschen Verwaltungsbehörde ausgestellten Legitimationsscheine[1]) versehen eine Ausdehnung seines Betriebes nach Bayern beabsichtigt und hiezu in allen Fällen, in welchen hiefür eine besondere Abgabe zu entrichten ist, einer Vormerkung auf dem Legitimationsscheine[1]) seitens derjenigen bayerischen Verwaltungsbehörde bedarf, in deren Bezirk das Königreich betreten oder der Gewerbebetrieb begonnen wird, (§ 22 Abs. 2 und § 24 Abs. 1 der Allerhöchsten Verordnung vom 4. Dezember 1872),[14]) oder daß

c) Ausländer, welche mit einem von einer außerbayerischen deutschen Verwaltungsbehörde ausgestellten Legitimationsscheine[1]) versehen ihr Gewerbe in Bayern betreiben wollen, hiezu der Ausdehnung des Legitimationsscheines[1]) durch die zuständige Behörde des treffenden bayerischen Verwaltungsbezirks bedürfen (Ziff. 5 der Bekanntmachung des Reichskanzlers vom 7. März 1877).

In diesen Fällen hat gemäß Art. 8 Abs. 1 des Gesetzes die Anmeldung und Besteuerung den in lit. a—c oben bezeichneten Maßnahmen der Verwaltungsbehörden hinsichtlich des Legitimationsscheines[1]) voranzugehen.

Die Pflichtigen sind daher behufs vorgängiger Entrichtung der Steuer an das Rentamt zu verweisen und es soll der Besteuerungsnachweis dem Legitimationsschein[1]) beigefügt werden.

II. In nachstehenden Fällen hat dagegen eine Tätigkeit der Behörden der inneren Verwaltung hinsichtlich der Erteilung oder Ausdehnung eines Legitimationsscheines[1]) nicht einzutreten, sondern der Pflichtige ist vor Eröffnung des Gewerbebetriebs in Bayern lediglich zur Anmeldung beim Rentamte und Einholung eines gesonderten Besteuerungsnachweises gehalten:

a) wenn dem Deutschen Reiche angehörige Gewerbetreibende von andern bezogene (nicht selbstgewonnene) rohe Erzeugnisse der Land- und Forstwirtschaft, des Garten- und Obstbaues im Umherziehen feilbieten wollen,

b) wenn Ausländer den Verkauf oder Ankauf roher Erzeugnisse der Land- und Forstwirtschaft, des Garten- und Obstbaues im gewöhnlichen Grenzverkehr betreiben wollen,

c) wenn dem Deutschen Reiche angehörige Personen auf Grund eines von einer nicht bayerischen deutschen Behörde ausgestellten Legitimationsscheines[1]) in Bayern einen Gewerbebetrieb im Umherziehen beabsichtigen, für welchen die in § 22 Abs. 2 der Allerhöchsten Ver-

---

[14]) Abgeändert durch Allerh. VO. vom 29. März 1892, GVBl. S. 61; s. auch Anw. § 17 Ziff. 6, Anh. X.

ordnung vom 4. Dezember 1872[15]) bezeichneten besonderen Abgaben nicht zu erlegen sind.

§ 12. Die Anmeldung zur Steuer soll in der Regel persönlich und mündlich durch den Gewerbtreibenden geschehen.

Derselbe ist verpflichtet, dem Rentamte alle jene Verhältnisse hinsichtlich der Art und des Umfanges seines Gewerbebetriebs anzugeben, welche nach Inhalt des Gesetzes und des demselben beigefügten Tarifs für die Bemessung der Normal- und Betriebsanlage von Belang sind.

Auf Verlangen hat der Pflichtige dem Rentbeamten oder dessen Stellvertreter Einsicht von der Art und dem Umfange des Geschäftsbetriebes zu gestatten.

Gleichzeitig ist derselbe behufs wahrheitsgetreuer Angabe auf die Strafbestimmungen des Gesetzes aufmerksam zu machen.

§ 13. Schriftliche Anmeldungen oder Anmeldungen durch Dritte können nur ausnahmsweise durch Angehörige des Rentamtsbezirkes dann vorgenommen werden, wenn der Unternehmer an dem persönlichen Erscheinen beim Rentamte nachweisbar behindert ist und wenn die Verhältnisse des Gewerbebetriebs dem Rentamte bekannt sind oder demselben in einer Weise glaubhaft dargelegt werden, daß die Steueranlage ohne weitere Erhebungen stattfinden kann.

Daß in solchen Fällen auf Grund der Anmeldung der Einzug der Steuer nebst Umlagen sofort oder doch vor Eröffnung des Gewerbebetriebs erfolgen könne, dafür hat der Pflichtige Sorge zu tragen.

§ 14. Schätzungen gemäß Art. 14 Abs. 3 des Gesetzes werden ausnahmsweise (abgesehen von der Besteuerung der Wanderlager) nur bei Gewerben der unter Tar.-Nr. 5 und Tar.-Nr. 8 lit. b und g bezeichneten Art notwendig werden; jedoch auch bei derartigen Gewerben nur dann, wenn über die Menge und den Wert der zum Verkauf kommenden Waren oder zur Schaustellung gelangenden Gegenstände mit Rücksicht auf den für die Betriebsanlage zu wählenden Ansatz Zweifel bestehen und hierüber nicht auf anderem Wege — z. B. durch Einsichtnahme von Unfall-Versicherungsscheinen u. dgl. — Kenntnis erlangt werden kann.

Für die Vornahme von Schätzungen hat das Rentamt rechtzeitig geeignete Persönlichkeiten aus der Reihe der am Amtsitz vorhandenen Handels- und Gewerbetreibenden auszuwählen.

Befindet sich der Sitz des Rentamts in einer Stadt mit 4000 Einwohnern und darüber, so ist behufs Auswahl der zu Schätzungen zu verwendenden Sachverständigen mit den einschlägigen Handels- und Gewerbekammern oder Bezirksgremien (Allerh. VO. vom 20. Dezember 1868 RegBl. S. 2555) ins Benehmen zu treten.

Die gewählten Sachverständigen sind vom k. Rentamte auf den gewissenhaften und unparteiischen Vollzug der ihnen aufgetragenen Schätzungen mittels Handschlages an Eides Statt zu verpflichten.[16])

Denselben kann für Zeitversäumnis und etwaige Reisekosten eine Entschädigung nach Maßgabe des Normativs vom 13. Dezember 1875 (FinMinBl. S. 340) gewährt werden.

---

15) Siehe § 26 der Allerh. VO. vom 29. März 1892, GVBl. S. 61, ferner unten Anw. § 11 Abs. 1 (Anhang X).

16) Siehe auch § 26 Abs. 3 der Instr.

§ 15. Die geschehenen Anmeldungen und die sich hieran anschließenden Steuerfeststellungen sind in eine Steuerliste nach dem anliegenden Formular I einzutragen. Dieselbe dient gleichzeitig zur Vormerkung des Einzuges der Steuer nebst Kreisumlagen.[17])

Die Einträge in die Steuerliste erstrecken sich auf alle das treffende Rentamt berührenden Einsteuerungen nach Maßgabe des gegenwärtigen Gesetzes, gleichviel

a) ob diese Einsteuerungen vom Rentamte selbst für eigene Rechnung vorgenommen wurden, oder

b) ob die Einsteuerung vom Rentamte für Rechnung eines auswärtigen Amtes erfolgte, oder

c) ob die Einsteuerung durch ein auswärtiges Rentamt für Rechnung des treffenden Rentamtes statthatte.

In dem Falle unter lit. b hat das einsteuernde Rentamt dem für den Wohnort des Pflichtigen zuständigen auswärtigen Amte durch Übersendung eines Auszugs aus der Steuerliste ungesäumt Mitteilung zu machen.

In dem Falle unter lit. c erfolgt der Eintrag in die Steuerliste auf Grund des von dem auswärtigen Rentamte mitgeteilten Listenauszugs. — Art. 14 Abs. 4 und 5 des Gesetzes.

§ 16. Hinsichtlich der Führung der Steuerliste ergehen folgende weitere Vorschriften:

1. Die Einträge in die Steuerliste erfolgen je nach dem Tage der Anmeldung bzw. Einsteuerung oder nach dem Tage des Einlaufs einer Mitteilung über die bei einem auswärtigen Amte für Rechnung des treffenden Rentamts stattgehabte Einsteuerung.

2. Die Einträge laufen vom Beginne der in Wirksamkeit des Gesetzes stattfindenden Anmeldungen bis 30. September 1879, für die Folge je vom 1. Oktober bis 30. September des darauffolgenden Jahres. Am genannten Tage ist die Steuerliste für das jeweilige Rechnungsjahr abzuschließen.

   Sollten sich Gewerbetreibende nach dem 30. September noch für das laufende Jahr zur Steuer anmelden, so erfolgt der Eintrag in die Liste des nächsten Jahres vorbehaltlich der rechnerischen Auszeigung solcher Zugänge als Einnahmsnachholungen aus dem Vorjahre des einschlägigen Rechnungsjahres.

3. Die Rubriken 5 und 6 der Steuerliste sind auf Grund der Angaben des Pflichtigen und der hiewegen seitens des Rentamtes eingezogenen Erkundigungen mit möglichster Genauigkeit auszufüllen, da deren Inhalt für etwaige Strafeinschreitungen zur Grundlage zu dienen haben wird.

4. Die Gründe bewilligter Steuerermäßigungen sind bei Anwendung des Art. 5 Abs. 1 (§ 8 oben) in Rubrik 7 der Steuerliste, bei An-

---

[17]) Die Kosten für die zum Vollzuge des Gesetzes erforderlichen Formularien werden aus der Staatskasse bestritten. S. auch oben Anm. 3 zu Art. 26.

FME. vom 17. Dezember 1879 Nr. 17382; siehe auch § 9 d. MinE. vom 11. September 1879, abgedruckt unten Anh. II, und Beilage I daselbst über Führung der Steuerliste. Als Muster für eine Empfangsbestätigung nach § 15 Abs. III s. Beil. II ebenda.

wendung der Art. 5 Abs. 2 (§ 9 oben) in Rubrik 13 der Steuerliste ersichtlich zu machen.

5. Etwaige Schätzungsgutachten (§ 14 oben), Mitteilungen auswärtiger Ämter über die für Rechnung des Rentamtes stattgehabten Einsteuerungen (§ 15 Abs. 4 oben) oder schriftlich erfolgte Anmeldungen (§ 13 oben) sind der Steuerliste als Belege anzureihen.

6. Mit der Berechnung der Steuer erfolgt jene der Kreisumlagen, wobei hinsichtlich der Einsteuerung für Rechnung auswärtiger Rentämter das im Gesetz- und Verordnungsblatt veröffentlichte Umlagenprozent jenes Regierungsbezirkes in Ansatz zu bringen ist, welchem das auswärtige Rentamt angehört.

Sollte zur Zeit der Steueranlage und Steuererhebung für das treffende Jahr der Prozentsatz der Kreisumlage noch nicht veröffentlicht sein, so erfolgt die Berechnung derselben nach der Bestimmung des letztmals veröffentlichten Landratsabschiedes.[18])

7. Die Zahlung und Einhebung der Steuer nebst Kreisumlage soll in der Regel sofort bei der Anmeldung erfolgen. Tag und Betrag der geleisteten Zahlung sind vom Rentamt in die Steuerliste einzustellen, ausgenommen in den Fällen der Überweisung durch auswärtige Rentämter (§ 15 Abs. 2 lit. c und Abs. 4), in welchen die Rubriken 7, 11 und 12 der Steuerliste leer durchzuführen sind, und erläuternder Vortrag in Rubrik 13 zu erfolgen hat.

8. Die Einzahlung der Steuer und Kreisumlage nach Maßgabe des gegenwärtigen Gesetzes erfolgt bei der steuerveranlagenden Behörde. Sie kann Steuereinnehmern oder Steuer-Vorgehern nicht übertragen werden.

§ 17. Die Nachweisungen über Entrichtung der Steuer nebst Kreisumlagen sind in den Fällen des Art. 8, Abs. 2 und 3 des Gesetzes (siehe § 11 Ziff. I oben) nach Anleitung des anliegenden Formulares II, in den Fällen des Art. 9 dagegen (siehe § 11 Ziff. II oben) nach Anleitung des anliegenden Formulares III auszufertigen.

Die Besteuerungsnachweise nach Formular III werden dem Pflichtigen sofort und gesondert nach Entrichtung der Steuer und Kreisumlagen behändigt, jene nach Formular II sollen dem Legitimationsscheine[1]) beigefügt werden und sind daher, soferne es hinsichtlich der Erteilung oder Ausdehnung desselben noch besonderer Maßnahmen bedarf, der zuständigen Verwaltungsbehörde zu übermitteln.

Für das Jahr 1879 ist jedoch anzunehmen, daß die meisten Personen, welche in Bayern ein Gewerbe im Umherziehen betreiben, sich zur Zeit des Eintrittes der Wirksamkeit gegenwärtigen Gesetzes bereits im Besitze eines von einer bayerischen Behörde ausgestellten oder mit dem Ausdehnungsvermerke einer bayerischen Behörde versehenen Legitimationsscheines[1]) befinden. Diese Personen sind auch dann, wenn sie ihrer Gewerbsteuerpflicht nach Maßgabe des Gesetzes vom 1. Juli 1856 nachgekommen sind, gehalten, sich zur Steuer nach Maßgabe des gegenwärtigen Gesetzes anzumelden und dieselbe gegen Anrechnung der nach dem früheren Gesetze gezahlten Steuer für das ganze Jahr 1879 zu entrichten.

Treffen, worüber sich das Rentamt bei der Anmeldung zu vergewissern hat, die vorerwähnten Voraussetzungen zu, so ist dem Rent-

---

[18]) Siehe oben Anm. 2 ad c zu Art. 6.

amte gestattet, die nach Formular II auszustellende Steuernachweisung dem Inhaber des Legitimationsscheines[1]) in der Weise zu behändigen, daß unter geeigneter Änderung des Vermerks der Steuerzahlung auf dem Legitimationsscheine[1]) die rentamtliche Nachweisung über die neu entrichtete Steuer dem Legitimationsscheine[1]) beigeheftet oder auch, soferne der Legitimationsschein[1]) Raum bietet, beigeschrieben wird.

Für das Jahr 1880 und die folgenden behalten sich die unterzeichneten Staatsministerien hinsichtlich der Verbindung des Besteuerungsnachweises mit dem Legitimationsscheine[1]) (Art. 8 Abs. 2) eine anderweite Regelung vor.

§ 18. Als zuständige Behörden, deren Beamten oder Vollzugsorganen gemäß Art. 11 des Gesetzes herumziehende Gewerbtreibende den Legitimationsschein[1]) und Besteuerungsnachweis auf Erfordern vorzuzeigen haben, kommen die Distrikts- und Ortspolizeibehörden, dann die Rentämter in Betracht.

Der entsprechende Vollzug dieses für die Wirksamkeit des Gesetzes sehr wesentlichen Kontrollmittels obliegt zunächst den betreffenden Aufsichtsorganen der genannten Behörden (der Gendarmerie, den Polizeisoldaten, Gemeindedienern und Rentamtsboten), welche anzuweisen sind, jeden Unternehmer eines Gewerbes im Umherziehen, der von ihnen in Ausübung seines Gewerbes betroffen wird, zur Vorzeigung des Legitimationsscheines[1]) und Besteuerungsnachweises für das betreffende Kalenderjahr aufzufordern und genaue Kontrolle darüber auszuüben, ob den Vorschriften des gegenwärtigen Gesetzes namentlich auch mit Rücksicht auf die Bestimmung in Art. 12 genügt worden sei.

Bei Kontraventions-Fällen ist nach Maßgabe der in §§ 30—34 gegebenen Vorschriften zu verfahren.[19])

§ 19. Anmeldungen infolge geänderter Verhältnisse des Gewerbebetriebs gemäß Art. 12 des Gesetzes sind vom Rentamte in ähnlicher Weise wie die Steueranmeldungen gemäß Art. 7 des Gesetzes zu behandeln.

Eine Steuerminderung infolge geänderter Betriebsverhältnisse findet gemäß Art. 13 Abs. 1 des Gesetzes innerhalb des Kalenderjahres nicht statt.

Ist die angemeldete Betriebsänderung ohne Einfluß auf die Jahressteuer, so genügt ein amtlicher Vermerk der Änderung im Besteuerungsnachweise und es kann von einem Eintrag des Sachverhaltes in die Steuerliste abgesehen werden.

Führt dagegen die angemeldete Betriebsänderung zu einer Erhöhung der Steuer, dann ist der Sachverhalt in den Rubriken 5—7 der Steuerliste zum Ausdruck zu bringen, hienach das Mehr der Steuer und Umlagen einzutragen und die sofort zu betätigende Einhebung vorzumerken.

Die Vorschriften in § 15 Abs. 3 mit 5 finden auch auf derartige Steuererhöhungen infolge angemeldeter Betriebsänderungen entsprechende Anwendung.

§ 20. Für die ausnahmsweise Bewilligung einer Steuererstattung gemäß Art. 13 Abs. 2 des Gesetzes müssen die gesetzlichen Voraussetzungen rechtzeitig von demjenigen, welcher die Erstattung beansprucht, nachgewiesen werden.

---

[19]) §§ 30, 31, 32 und 34 sind aufgehoben; siehe Bem. nach § 29.

Ein Grund, die Erstattung der Steuer nachzusuchen, ist auch dann gegeben, wenn nach erfolgter Einsteuerung eine Zulassung des Besteuerten zum Gewerbebetrieb im Umherziehen überhaupt oder für den Umfang des Königreichs Bayerns oder für den Umfang jenes Verwaltungsbezirks, in welchem vor Eröffnung des Betriebs die Steuer erlegt wurde, von der zuständigen Verwaltungsbehörde mit Rücksicht auf die Vorschriften der Gewerbeordnung versagt wird. In diesen Fällen hat der Pflichtige die Steuererstattung bei jenem Rentamte zu beanspruchen, welches die Besteuerung tatsächlich vorgenommen hat.

Wird in sonstigen Fällen die Steuererstattung bei einem anderen als dem steuerveranlagenden Rentamte nachgesucht und geleistet, dann hat dieses Rentamt die eingezogene und mit Rückersatzbescheinigung versehene Steuernachweisung gegen Barvergütung jenem Rentamte zu übersenden, von welchem die Besteuerung tatsächlich vorgenommen wurde.

Die Erstattung der Steuer nebst Kreisumlagen ist in der Steuerliste des steuerveranlagenden Rentamts als Abgang zu behandeln, wobei die Vorschrift des Art. 14 Abs. 4 und 5 zur entsprechenden Anwendung zu gelangen hat.

§ 21.[20]) Daß alle Gewerbetreibende, welche in einer Gemeinde mit der Steuer nach Maßgabe des gegenwärtigen Gesetzes angelegt werden, auch zu den daselbst zur Erhebung kommenden Gemeindeumlagen herangezogen werden können, ist bei den Beratungen über das Gesetz ausdrücklich anerkannt worden. Stenographischer Bericht über die 77. Sitzung der Kammer der Abgeordneten vom 15. Februar 1879 Bd. III S. 289.

Insbesondere verfolgen die nach Vorschrift des Art. 14 Abs. 4 und 5 zu machenden Mitteilungen über die bei einem auswärtigen Rentamte vollzogene Einsteuerung den Zweck, die Umlagenerhebung für jene Gemeinden zu sichern, welchen die ein Gewerbe im Umherziehen betreibenden Pflichtigen angehören.

Demgemäß haben die Rentämter den Gemeindeverwaltungen jederzeit Gelegenheit zu eröffnen, von jenen Vorträgen der Steuerliste, an welchen dieselben hinsichtlich der Umlagenerhebung beteiligt sind, Einsicht und Abschrift zu nehmen. (Art. 46 der GemO. vom 29. April 1869 für die Landesteile diesseits des Rheins und Art. 36 Abs. 3 der GemO. vom gleichen Tage für die Pfalz — GBl. S. 896 und 1030).

In jenen Fällen, in welchen die Rentämter die Einhebung der Gemeindeumlagen besorgen, sind die letzteren gleichzeitig mit der Steuer einzuheben.

§ 22. Werden vom Gewerbsteuerausschusse beim Vollzuge des Art. 14 Abs. 2 Erinnerungen oder Anträge in bezug auf die Steueranlage nach Maßgabe des gegenwärtigen Gesetzes erhoben, so sind solche dem Ausschußprotokolle einzuverleiben und von der Regierung, Kammer der Finanzen, zu bescheiden.

Der erlassene Bescheid, welcher übrigens eine materielle Änderung der Steueranlage nicht bewirken kann, ist den sämtlichen Mitgliedern des Gewerbsteuerausschusses durch Zufertigung einer Abschrift zu eröffnen.

Stenographischer Bericht über die 77. Sitzung der Kammer der Abgeordneten vom 15. Februar 1879 Bd. III S. 299.

---

[20]) Vgl. hiezu Bek. d. StM. d. Inn. u. d. Fin. vom 1. Februar 1882 Nr. 1043, FMBl. S. 29, unten Anh. VI, insbes. oben Anm. 2 zu Art. 6.

Zu Art. 15 des Ges.

§ 23.[21]) Die Anmeldung von Wanderlagern und Wanderauktionen hat gemäß Art. 15 Ziff. 5 des Gesetzes zunächst bei der Gemeindebehörde des Betriebsortes zu erfolgen. Dieser steht hienach auch die primäre Würdigung der Frage zu, ob ein feil zu bietendes Warenlager als Wanderlager anzusehen sei oder nicht.

Hinsichtlich der Kriterien eines Wanderlagers wird auf die Bestimmungen im Art. 15 Abs. 1 und 2 des Gesetzes verwiesen. In der Regel werden sich Wanderlager und Wanderauktionen von stehenden Handelsgeschäften durch die Wahl des Verkaufslokales, durch die Art der Ankündigungen, durch die ganze Art der äußeren Einrichtung des Handels, sowie auch durch den Mangel der Anmeldung einer Firma zur Verlautbarung im Handelsregister unterscheiden.

Als feste Verkaufsstätten, von welchen aus vorübergehend Waren feilgeboten werden, können gemietete Läden und Magazine oder die Verkaufsräume der Auktionatoren und Inhaber von Lizitationsanstalten, ebenso aber auch Privatwohnungen oder Gasthofzimmer in Betracht kommen. Jedoch ist der Verkauf von Vieh, welches durch Hausierhändler (Nr. 5 des Tarifs) in besonderen Lokalen aufgestellt ist, in der Regel nicht als ein Verkauf aus Wanderlagern zu betrachten.

Handelsgeschäfte, welche an gewissen Orten mit zeitweilig erheblichem Fremdenbesuche (an Bade-, Kur- oder dgl. Orten) während eines Teiles des Jahres — der sog. Saison — regelmäßig betrieben werden, sind auch dann, wenn der Wohnsitz oder der Sitz der gewerblichen Hauptniederlassung des Unternehmers sich an einem andern Orte befindet, in der Regel als stehende Zweigniederlassungen mit der Gewerbsteuer nach Maßgabe des Gesetzes vom 1. Juli 1856[2]) anzulegen und fallen nicht unter den Begriff der Wanderlager. (Stenogr. Bericht über die 77. Sitzung der Kammer der Abg. vom 15. Februar 1879 Bd. III S. 312/313.)

§ 24. Bei der Anmeldung ist außer dem Namen und der Heimat des Pflichtigen die Gattung des Handelsgeschäfts, der Wert der zum Verkaufe oder zur Versteigerung gelangenden Waren, das Lokal, wo dieselben ausgeboten werden oder sich gelagert befinden, und die beabsichtigte Dauer des Betriebs anzugeben.

Der Anmeldende ist behufs wahrheitsgetreuer Angabe auf die Strafbestimmungen des Gesetzes aufmerksam zu machen. Auch ist demselben zu bedeuten, daß er sich vor Eröffnung des Betriebs der Einsteuerung zu unterziehen habe.

Die Gemeindebehörde hat jede bei ihr stattgefundene Anmeldung von Wanderlagern oder Wanderauktionen sofort durch Zufertigung eines Auszugs aus dem Anmelderegister dem für den Betriebsort zuständigen Rentamte mitzuteilen.

Sollte die Gemeindebehörde auf andere Weise als durch Anmeldung des Pflichtigen Kenntnis davon erhalten, daß im Gemeindebezirke der Betrieb eines Wanderlagers oder einer Wanderauktion eröffnet worden ist, so ist dieselbe verpflichtet, dem Rentamte behufs der Steueranlage bzw. Strafeinschreitung hievon auf kürzestem Wege Mitteilung zu machen.

§ 25. Das Rentamt ist jedoch auch ohne Veranlassung seitens der Gemeindebehörde befugt und verpflichtet, die Einsteuerung eines Wander-

---

[21]) Vgl. Ziff. 23 der Vollz.-Vorschr. vom 8. Februar 1885, Anh. VIII.

lagers durch Vorladung des Unternehmers und protokollarische Konstatierung der Betriebsverhältnisse (siehe § 24 Abs. 1) einzuleiten, wenn aus öffentlichen Ankündigungen oder sonstigen Wahrnehmungen und Mitteilungen die Überzeugung gewonnen wird, daß in einer Gemeinde des Amtsbezirkes die Haltung eines Wanderlagers beabsichtigt oder dessen Eröffnung erfolgt sei.

Das gleiche gilt von dem Geschäftsbetrieb der Auktionatoren oder Inhaber von Lizitationsanstalten, soferne aus dem Inhalte ihrer Ankündigungen oder aus sonstigen Mitteilungen und Wahrnehmungen vermutet werden kann, daß dieselben für auswärtige Auftraggeber Waren versteigern oder feilbieten. Im Zweifel sind die erwähnten Geschäftsleute anzuhalten, den Eigentümer der fraglichen Waren gemäß Art. 15 Ziff. 5 Abs. 2 des Gesetzes glaubhaft nachzuweisen, woraus sich sodann die erforderlichen Anhaltspunkte der Beurteilung, ob eine Wanderauktion vorliege oder nicht, ergeben werden.

Um eine entsprechende Kontrolle für derartige Wahrnehmungen stets zu ermöglichen, sind die Rentämter gehalten, jene Lokalblätter ihres Amtsbezirkes, in welchen die Geschäftsankündigungen regelmäßige Verbreitung finden, à conto der Regieausgaben für direkte Steuern anzuschaffen und von dem desfallsigen Inhalte derselben Kenntnis zu nehmen.

§ 26. Der von der Gemeindebehörde übersendete Auszug aus dem Anmelderegister (§ 24 Abs. 3) oder die auf Grund anderweitiger Veranlassung aufgenommene protokollarische Konstatierung (§ 25 Abs. 1) ist dem zur Einschätzung der Warenvorräte gemäß Art. 14 Abs. 3 des Gesetzes und § 14 gegenwärtiger Instruktion aufgestellten Sachverständigen zum Behufe der Feststellung des Geldwertes der Warenvorräte auszuhändigen.

Die Feststellung erfolgt seitens des Sachverständigen mittelst schriftlicher Aufzeichnung. Dem Beteiligten ist gestattet, von dem Inhalte der letzteren Kenntnis zu nehmen und, daß dies geschehen, auf derselben unterschriftlich zu bestätigen.

Außer der gewissenhaften Vornahme der Schätzung hat sich die Verpflichtung der für Wanderlager usw. aufgestellten Sachverständigen noch auf den Vollzug der nach rentamtlicher Anordnung gemäß Ziff. 9 des Art. 15 vorzunehmenden Kontrollen zu erstrecken.

§ 27. Auf Grund des Schätzungsergebnisses erfolgt durch das Rentamt die Berechnung der Steuer nebst Kreisumlagen und der Eintrag in die nach § 15 und 16 gegenwärtiger Bekanntmachung zu führende Steuerliste, wobei jedoch darauf aufmerksam gemacht wird, daß nicht allein für die Anlage der Steuer, sondern auch für die Erhebung und Verrechnung derselben gemäß Art. 15 Ziff. 1 und 6 des Gesetzes das Rentamt des Betriebsortes ohne Rücksicht auf den Wohnort des Unternehmers zuständig ist.

Die angemeldete und für die Steuer in Berechnung gebrachte Betriebsdauer ist mit Bezeichnung des Anfangs- und Schlußtages in Rubrik 7 der Steuerliste zum Vortrag zu bringen.

Sämtliche der Steueranlage vorangegangene Verhandlungen sind der Steuerliste als Beleg anzureihen.

Die Einzahlung der Steuer nebst Kreisumlagen hat gegen Vormerkung in der Liste und Aushändigung eines gesonderten Besteuerungsnachweises nach Formular III (siehe § 17 oben) sofort zu erfolgen.

Der Gemeindebehörde des Betriebsortes ist von der festgestellten Steuer behufs Berechnung und Einziehung der Gemeindeumlagen ungesäumte Kenntnis zu geben. Rentämter, welche die Einhebung von Gemeindeumlagen besorgen, haben nach Maßgabe der Anweisung in § 21 Abs. 4 oben zu verfahren.

§ 28. Den Besteuerungsnachweis hat der Unternehmer des Wanderlagers oder einer Wanderauktion längstens binnen Ablauf eines Tages nach Beendigung der angemeldeten Betriebsdauer dem Rentamte zurückzustellen.

Die Außerachtlassung dieser Vorschrift wird gemäß Art. 19 Abs. 2 des Gesetzes mit einer Geldstrafe bis zu 30 ℳ belegt.

Beabsichtigt der Unternehmer den Betrieb über die angemeldete und der Steuerberechnung zugrunde gelegte Zeitdauer ohne Unterbrechung auszudehnen, so muß dies bei Vermeidung der in Art. 17 lit. c des Gesetzes ausgesprochenen Strafen rechtzeitig dem Rentamte zur Ausführung der in Art. 15 Ziff. 7 des Gesetzes gegebenen Vorschriften zur Kenntnis gebracht werden.

Das gleiche gilt zum Vollzuge der Bestimmung in Art. 15 Ziff. 8, in welchem Falle das Rentamt sofort die Einschätzung der zugegangenen Warenvorräte gemäß § 26 oben zu veranlassen hat.

In beiden Fällen erfolgt erneuter Vortrag in der Steuerliste unter entsprechender Anwendung der in § 27 und § 28 Abs. 1 und 2 gegebenen Vorschriften.

§ 29. An die k. Rentämter ergeht der Auftrag, die in Art. 15 Ziff. 9 des Gesetzes vorgesehene Kontrollmaßregel in geeigneten Zwischenräumen durch Abordnung eines gehörig legitimierten Stellvertreters oder Sachverständigen in das Geschäftslokal des Unternehmers zur Anwendung zu bringen.

Außerdem kann zum Zwecke der Kontrolle von Wanderlagern und Wanderauktionen namentlich in Absicht auf allenfallsige Nachschaffung von Warenvorräten und auf die Einhaltung der angemeldeten Betriebsdauer die Mitwirkung der Ortspolizeibehörden in Anspruch genommen werden.

Die requirierten Behörden sind gehalten, dem gestellten Ansinnen zu entsprechen und von allenfallsigen zur Anzeige gebrachten Wahrnehmungen auf kürzestem Wege die Rentämter in Kenntnis zu setzen.

Zu Art. 16 mit 23 des Ges.

[Die §§ 30, 31 und 32 sind aufgehoben durch Bek. d. K. Staatsministerium d. Inn. u. d. Fin. vom 25. Oktober 1879, GVBl. S. 467; s. unten Anh. III.]

§ 33. Die Verrechnung der Geldstrafen und der im Strafverfahren erwachsenden Kosten bemißt sich nach den desfallsigen allgemeinen Vorschriften.

Eine Hinausvergütung der Geldstrafe nach Maßgabe des Art. 21 des Gesetzes findet nur statt bei sog. Hinterziehungsfällen (Art. 16 und Art. 17 Abs. 1 des Gesetzes), während die nach dem Gesetze zu verhängenden Ordnungsstrafen der Staatskassa anheim fallen.

Jedoch auch in den Straffällen wegen Hinterziehung der Steuer sind hinsichtlich der Hinausvergütung an den Armenfond die Einschränkungen des Gesetzes dahin zu beachten, daß

a) bei dem Gewerbebetrieb im Umherziehen — mit Ausnahme der Wanderlager und Wanderauktionen — wenn der Straffällige seinen Wohnsitz nicht in Bayern hat, und

b) in allen Hinterziehungsfällen, in welchen die Geldstrafe nicht im vollen Betrage, sondern nur teilweise beigetrieben werden kann, die Geldstrafe in die Staatskasse zu fließen hat.

§ 34.[22]) Werden die mittelst rentamtlichen Beschlusses, welchem sich der Beschuldigte unterworfen hat, verhängten Geldstrafen nicht beigetrieben, so ist deren Umwandlung in Freiheitsstrafen bei dem zuständigen Gerichte zu beantragen.

Hinsichtlich der Verjährung der Strafverfolgung oder Strafvollstreckung haben die allgemeinen Bestimmungen des Strafgesetzbuches für das Deutsche Reich in Anwendung zu kommen.[23]) Siehe die Motive zu Art. 15 mit 21 des Entwurfes — Verhandlungen der K. d. Abg. 1879 Beil.-Bd. IV S. 299.

Zu Art. 24 mit 26 des Ges.

§ 35. Da das gegenwärtige Gesetz mit dem 1. April l. Js. in Wirksamkeit tritt, wird es für bemessen erachtet, die sämtlichen unter die Bestimmungen desselben fallenden Gewerbtreibenden in augenfälliger Weise darauf hinzuweisen, daß sie der ihnen obliegenden Steuerpflicht durch baldige Anmeldung beim Rentamte nachzukommen haben.

Demgemäß haben alle Gemeindebehörden des Königreichs sofort nach dem Erscheinen der gegenwärtigen Vorschriften mittelst öffentlich anzuschlagender Bekanntmachung, welche innerhalb eines mindestens achtwöchentlichen Zeitraumes angeheftet bleiben soll, die herumziehenden Gewerbtreibenden zu veranlassen, ihrer Steuerpflicht nach Maßgabe des gegenwärtigen Gesetzes alsbald beim Rentamte nachzukommen.

Die Rentämter selbst sind gehalten, die bei Amt erscheinenden Pflichtigen über die einschlägigen Bestimmungen des Gesetzes zu unterrichten und ihnen durch geeignete Aufklärung hinsichtlich der richtigen Angaben über die zum Zwecke der Steueranlage maßgebenden Verhältnisse an die Hand zu gehen.

§ 36. Was die in Art. 26 Abs. 3 des Gesetzes stattgehabte Anrechnung der nach dem Gesetze vom 1. Juli 1856 bereits entrichteten Steuern anlangt, so muß zwischen den unter der Wirksamkeit des gegenwärtigen Gesetzes betriebenen Wanderlagern oder Wanderauktionen und den übrigen im Umherziehen ausgeübten Gewerben unterschieden werden.

I. Bei Letzteren erfolgt die Einsteuerung mit dem Jahresbetrage für das Kalenderjahr und hieran ändert der Umstand, daß das Gesetz erst bei Beginn des II. Quartals 1879 in Wirksamkeit tritt, nichts. (Siehe Stenographischer Bericht über die 77. Sitzung der K. d. Abg. vom 15. Februar 1879 Bd. III S. 297.) Dagegen kommt die bezahlte Gewerbsteuer, soweit sie für das Jahr 1879 bereits entrichtet wurde, nebst Kreisumlagen zur Anrechnung bzw. Rückvergütung. Diese wird für Rechnung desjenigen Rentamtes, welches die Gewerbsteuer eingehoben hat, von dem für die Anmeldung und Anlage der neuen Steuer angegangenen Rentamte geleistet, soferne von dem Pflichtigen die Zahlung der Gewerbsteuer gehörig nachgewiesen zu werden vermag. Wird ein solcher Nachweis nicht oder in nicht glaubhafter Form erbracht, dann ist der Pflichtige behufs der Rückvergütung an jenes Rentamt, bei welchem er die Gewerbsteuer bezahlt hat, zu verweisen.

---

[22]) Aufgehoben durch Bek. d. K. Staatsministerium des Inn. u. der Fin. vom 25. Oktober 1879, GVBl. S. 467; s. unten Anh. III.

[23]) Bezüglich der Verjährung siehe oben Anm. 5 und 6 zu Art. 16.

II. Für die Besteuerung der Wanderlager sind im Gesetze (Art. 15 Ziff. 4) verschiedene, mit der Betriebsdauer und nicht mit dem Kalenderjahre zusammenfallende Zeitabschnitte bestimmt. Die Steuerpflicht der Wanderlager-Inhaber nach dem gegenwärtigen Gesetze beginnt mit dem 1. April 1879 hinsichtlich jenes Betriebes, welchen sie an diesem Tage eröffnen oder fortsetzen.

Haben dieselben bereits vor dem 1. April ein Wanderlager gehalten und für dasselbe pro I. Quartal 1879 Gewerbsteuer bezahlt, so kann hiefür eine Anrechnung oder Rückvergütung nicht beansprucht werden. Haben dieselben dagegen auch für die Zeit vom 1. April l. Js. an, sohin für das II. Quartal 1879 und die folgenden Gewerbsteuer bezahlt, so kommt letztere mit den vom 1. April an entrichteten Raten zur Anrechnung bzw. Rückvergütung.

§ 37. Die zur Anrechnung bzw. Rückvergütung gelangenden Gewerbsteuern kommen am Soll der Gewerbsteuer jenes Rentamtes, bei welchem dieselben veranlagt und vereinnahmt wurden, in Abgang.

Was die rechnerische Behandlung und Einweisung der Steuern nach Maßgabe des gegenwärtigen Gesetzes anlangt, so behält sich das mitunterzeichnete Staatsministerium der Finanzen weitere Entschließung vor.[24]) Es ist jedoch schon dermalen zu beachten, daß

a) für die Vereinnahmung der

„Gewerbsteuer nach dem Gesetze vom 1. Juli 1856 mit $^{1}/_{20}$ Zuschlag" und der

„Steuer vom Gewerbebetrieb im Umherziehen nach dem Gesetze vom 10. März 1879", — für welche ein finanzgesetzlicher Zuschlag nicht zur Erhebung kommt, — unter Ziff. II Kap. 3[24]) gesonderte Rechnungstitel zu eröffnen sind, daß

b) bis zum jeweiligen Jahresabschlusse der Steuerliste (§ 16 Ziff. 2 oben) eine Zurechnung der für andere Rentämter vollzogenen Einsteuerungen und Gewerbsteuer-Rückvergütungen mittelst barer Übersendung — abgesehen von dem Falle des § 20 Abs. 3 oben — nicht stattzufinden hat, und daß[24])

c) zur Erhebung der Tantiemen[25]) aus den nach Maßgabe des gegenwärtigen Gesetzes angefallenen Steuern und Kreisumlagen jenes Rentamt berechtigt ist, für dessen Rechnung die Einsteuerung vollzogen wurde und dessen Steuersoll der betreffende Anfall — auch wenn die Anlage und Einhebung der Steuer bei einem auswärtigen Rentamte statthatte — zugehört.

§ 38. Die beigefügten Formularien[26]) können vom Konservatorium des k. Katasterbureau bezogen werden.

Bei sich ergebenden Zweifeln über die Anwendung des Gesetzes und der vorstehenden Vollzugsvorschriften haben die k. Regierungsfinanzkammern zum k. Staatsministerium der Finanzen zu berichten.

München, den 16. März 1879.

v. Pfeufer. **v. Riedel.**

Der General-Sekretär:
An dessen Statt der k. Ministerialrat
Dr. v. Jungermann.

---

[24]) MinBek. vom 11. September 1879 Nr. 13 092, FinMBl. S. 175; s. unten Anh. II.

[25]) Tantiemen kommen jetzt nicht mehr in Frage.

[26]) Vgl. oben Note 17.

Formular I.

Steuer-Liste[1]

des

Königl. Rentamts ....

für die

Anmeldung, Anlage und Einhebung der Steuer vom Gewerbebetrieb im Umherziehen nach dem Gesetze vom $\frac{\text{10. März 1879}}{\text{20. Dezember 1897}}$.

[1]) Siehe auch Beil. I zu Anh. II.

Innenseite links.

Fortlauf. Nummer u. Tag der Anmeldung	Anmeldung des Steuerpflichtigen					
	Vor- und Zuname des Gewerbetreibenden	Wohnort (unter Angabe des Rentamtssitzes in Bayern oder des Heimatlandes) des Gewerbetreibenden	Ort des Gewerbebetriebs in Bayern	Gattung und Tarif-Nummer des im Umherziehen betriebenen Gewerbes	Merkmale für die Bemessung der Betriebsanlage	Unterschrift u. erläuternde Bemerkungen einschlüssig der angemeldeten Zeitdauer eines Wanderlagerbetriebs.
1	2	3	4	5	6	7

Innenseite rechts.

Rentamtliche Steueranlage und Einhebung der Steuer										Bemerkungen	Beleg-Nummer
Festsetzung der Normal- und Betriebs-Anlage	Betrag der				Der geleisteten Zahlung						
	Steuer		Kreis-Umlage		Tag	Betrag					
8	9		10		11	12				13	14
	ℳ	₰	ℳ	₰		ℳ	₰				

Formular II.

Besteuerungs-Nachweis

für (Vor- und Zuname) aus (Ort und Verwaltungsbezirk), welcher den Betrieb nachstehenden Gewerbes im Umherziehen beabsichtigt:

und hiefür in folgender Weise besteuert wird:

Normalanlage nach Tar.-Nr. .... ℳ .... ₰

Betriebsanlage für (folgt Angabe der Betriebsmerkmale) . . . . ℳ .... ₰

Bezahlt sind:

.... ℳ .... ₰ Steuer für das Jahr ....

.... ℳ .... ₰ Kreisumlage nach ..... Prozent

.... ℳ .... ₰ Summe.

.................., den ....

Kgl. Rentamt N.

(Siegel). (Unterschrift).

Formular III.

Besteuerungs-Nachweis

für (Vor- und Zuname) . . . . aus (Ort und Verwaltungsbezirk) . . . . welcher für die Dauer . . . . . den Betrieb nachstehenden Gewerbes . . . . beabsichtigt, und dieses Gewerbe in folgender Weise ausüben wird:

Als Steuer für die angemeldete Betriebsdauer ist zu entrichten:

Normalanlage nach Tar.-Nr.	. . . . ℳ	. . . . ₰
Betriebsanlage	. . . . ℳ	. . . . ₰
Gesamtbetrag der Steuer:	. . . . ℳ	. . . . ₰
Kreisumlage nach . . . . Prozent:	. . . . ℳ	. . . . ₰
Summa . .	. . . . ℳ	. . . . ₰

Über die Entrichtung der vorstehenden Summe an Steuern und Umlagen zu . . . . . ℳ . . . . ₰ wird hiemit Bescheinigung erteilt.

. . . . . . den . . . .

Kgl. Rentamt.

(Siegel.)

(Unterschrift.)

II.

Bekanntmachung vom 11. September 1879.

(Nr. 13092. FinMinBl. S. 175.)

An die sämtlichen k. Regierungsfinanzkammern und die k. Rentämter.

Staatsministerium der Finanzen.

Unter Bezugnahme auf den § 37 der Bekanntmachung vom 16. März lfd. Js., den Vollzug des Gesetzes vom 10. März 1879 über die Besteuerung des Gewerbebetriebs im Umherziehen betreffend, ergehen zum Zwecke der rechnerischen Behandlung und Einweisung der Steuern folgende Anordnungen:

§ 1. Am 30. September jeden Jahres ist die Steuerliste abzuschließen und die Gesamtsummen der Rubriken 9 und 10 (Steuer nebst Kreisumlage), dann der Rubrik 12 (Betrag der geleisteten Zahlung) auszuwerfen.

§ 2. Die Summe der Rubriken 9 und 10 ist sodann nach Anleitung der Beilage in jene Beträge auszuscheiden, welche sich zur Einweisung für das verrechnende Rentamt und welche sich zur Verrechnung bei auswärtigen Rentämtern eignen.

Jedes auswärtige Rentamt hat bei dieser Ausscheidung gesondert in Vortrag zu kommen.

§ 3. Auf Grund dieser Ausscheidung ist mit den beteiligten Rentämtern ungesäumt Abrechnung zu pflegen.

Die veranlaßten Hinauszahlungen sind bar gegen Empfangsanzeige zu leisten. Letztere ist den Belegen der Steuerliste anzureihen.

Die Abrechnung hat sich auch auf jene Beträge der Steuern und Kreisumlagen nach dem Gesetze vom 1. Juli 1856 zu erstrecken, welche gemäß Art. 26 des Gesetzes vom 10. März 1879 und § 36 der Vollzugsvorschriften für Rechnung anderer Rentämter rückvergütet worden sind.[1])

§ 4. Die Abrechnungen der Rentämter sollen bis 10. Oktober jeden Jahres vollzogen sein.

Das Ergebnis derselben hinsichtlich der Steuern vom Gewerbebetrieb im Umherziehen ist in Rubrik 12 der Steuerliste nach Anleitung der Beilage unter Ausweisung derjenigen Beträge, welche an andere Rentämter übersendet, und welche von anderen Rentämtern dem verrechnenden Amte vergütet wurden, ersichtlich zu machen.

Auch hiebei hat jedes auswärtige Rentamt gesondert in Vortrag zu kommen.

---

[1]) Abs. 3 enthält lediglich eine Übergangsbestimmung.

§ 5. Längstens bis 15. Oktober jeden Jahres ist die Steuerliste, versehen mit den in §§ 2 und 4 oben angeordneten Ergänzungen, nebst zugehörigen Belegen der Regierung, Kammer der Finanzen, zur Revision und Einweisung in Vorlage zu bringen.

§ 6. Durch die Revision werden in erster Reihe jene Vorträge in den Steuerlisten geprüft, welche mit einer Überweisung an andere Rentämter im Zusammenhange stehen.

Überweisungen an Rentämter außerhalb des Regierungsbezirks werden sofort in besondere Kontroll-Verzeichnisse für jede Regierungsfinanzkammer eingetragen und derselben zur Prüfung des Vortrags in den Steuerlisten der treffenden Rentämter ohne Verzug zugefertigt.

§ 7. Im übrigen hat die Revision den richtigen Ansatz der Steuern und Umlagen und den Kalkul der Zusammenträge, Ausscheidungen und Ausweise (§§ 1, 2 und 4 oben) zu prüfen, sowie überhaupt die geeignete materielle und formelle Anwendung der gesetzlichen Vorschriften und Vollzugsanordnungen wahrzunehmen.

Ergeben sich Beanstandungen, so sind dieselben dem Rentamte zur künftigen Nachachtung zu eröffnen. Von Nachholungen oder Rückvergütungen kann in jenen Fällen Umgang genommen werden, in welchen der Vollzug wegen Unkenntnis des Aufenthaltsorts des Beteiligten auf Schwierigkeiten stößt und ein Antrag des Beteiligten auf Rückvergütung nicht vorliegt.

Anstände, welche nicht sofort erledigt werden können, oder die ein Benehmen von Rentamt zu Rentamt oder ein solches zwischen mehreren Regierungsfinanzkammern erfordern, sind unter Vorbehalt zu nehmen.

§ 8. Die Einweisung erfolgt mittelst Regierungsentschließung, die seinerzeit den Rechnungsbelegen anzureihen ist — unter Beachtung des § 37 lit. a der Vollzugsvorschriften vom 16. März 1879.[2])

Die Zurückgabe der Steuerliste an das Rentamt hat so rechtzeitig zu erfolgen, daß der Bestimmung in Art. 14 Abs. 2 und Art. 15 Ziff. 11 des Gesetzes Genüge geleistet werden kann.

§ 9. Sind auf die Veranlagung der Steuern vom Gewerbebetrieb im Umherziehen Kosten erwachsen, so hat das Verzeichnis derselben gleichzeitig mit der Steuerliste (siehe § 5 oben) zur Revision in Vorlage zu kommen.

Die Verrechnungseinweisung erfolgt unter Tl. II Abt. II[3]) Abschn. II Ziff. II Kap. 1 § 2 Tit. 3 der Staatsfondsrechnung jenes Rentamts, bei welchem die Kosten anfielen, gleichviel ob die Steuer selbst dem Verrechnungssoll des Rentamts angehört oder nicht.

§ 10. Allenfallsige Rückvergütungen an Gewerbsteuern gemäß Art. 26 Abs. 3 des Gesetzes (siehe § 3 Abs. 3 oben) sind von jenem Rentamte, zu dessen Verrechnungssoll sie gehören, durch Berücksichti-

---

[2]) Die Verrechnung erfolgt nach dem dermalen in Geltung befindlichen Rechnungsschema unter Nachw. Nr. 2 Kap. 3 § 2 durch die Neben-Rechn. 4.

Nach dem Budget für 1912/13 wird die Verrechnung künftig unter Nachw. Nr. 2 Kap. 2 § 2 erfolgen.

[3]) Nunmehr unter Nachw. Nr. 2 Kap. 2 § 2 (b) durch die Neb.-Rechn. 17 (nach dem Budget für 1912/13 ebenfalls unter dieser Position).

gung in der Gewerbsteuer-Änderungsanzeige pro 1879 rechnerisch zu behandeln.[4])

§ 11. Bis 10. November jeden Jahres ist dem Staatsministerium der Finanzen ein nach Rentämtern geordnetes Verzeichnis über die Einweisung und Einzahlung von Steuern vom Gewerbebetrieb im Umherziehen in Vorlage zu bringen.

München, den 11. September 1879.

v. Riedel.

Den Vollzug des Gesetzes vom 10. März 1879 über die Besteuerung des Gewerbebetriebs im Umherziehen betr.

Der Generalsekretär:
Ministerialrat
Luber.

---

[4]) Übergangsbestimmung.

Beilage I zur FinME. v. 11. Sept. 1879 Nr. 13092.
FinMBl. S. 175.

Steuer-Liste

des

K. Landrentamtes München.

für die

Anmeldung, Anlage und Einhebung der Steuer vom Gewerbebetrieb im Umherziehen nach dem Gesetze vom $\frac{\text{10. März 1879}}{\text{20. Dezember 1897}}$.

Rechnungsjahr 1912.

Kreisumlagen-Vormerkung: [1])

Nr. curr.	Kreis	Pro 19....					Pro 19....				
		Laut Landratsabschied									
		Prozent	vom Tag	vom Mt.	vom J.	Ges. u. V. O. Blatt Seite	Prozent	vom Tag	vom Mt.	vom J.	Ges. u. V. O. Blatt Seite
1	Oberbayern .										
2	Niederbayern										
3	Pfalz										
4	Oberpfalz. . ;										
5	Oberfranken .										
6	Mittelfranken										
7	Unterfranken.										
8	Schwaben . .										

[1]) S. Schweitzers Bayer. Finanzkalender 1912 S. 58.

Innenseite links.

Vormerkung über die Verwendung von Wandergewerbescheinformularen			Fortlauf. Nummer und Tag der Anmeldung	Anmeldung des Steuerpflichtigen					
				Vor- und Zuname des Gewerbetreibenden	Wohnort (unter Angabe d. Rentamtssitzes in Bayern oder des Heimatlandes) des Gewerbetreibenden	Ort des Gewerbebetriebs in Bayern	Gattung und Tarifnummer des im Umherziehen betriebenen Gewerbes	Merkmale für die Bemessung der Betriebsanlage	Unterschrift und erläuternde Bemerkungen einschlüssig der angemeldeten Zeitdauer eines Wanderlagerbetriebs
A. gelb	B. grau	C. rot	1	2	3	4	5	6	7
			1-20	*x*	*x*	*x*	*x*	*x*	*x*
			21 6. V. 1912	*N. N.*	*Frankenthal Rentamt gleichen Namens in der Pfalz*	*Oberbayern*	*x 7. Nr. 7 b*	*zwei Begleiter*	*N. N.*
			22-35	*x*	*x*	*x*	*x*	*x*	*x*
			36	*N. N. Protestant*	*Berg a. Laim Landrentamt München*	*Niederbayern*	*x 7. Nr. 8a*	—	—

Innenseite rechts.

Rentamtliche Steueranlage und Einhebung der Steuer: Festsetzung der Normal- und Betriebs-Anlage	Betrag der Steuer		Betrag der Kreis-Umlage		Betrag der prot. Kirchen-Steuer		Der geleisteten Zahlung: Tag	Der geleisteten Zahlung: Betrag		Bemerkungen	Gemeinde-Umlagen: Betrag		Gemeinde-Umlagen: Zahlung		Beleg Nr.
8	9		10				11	12		13					14
	ℳ	₰	ℳ	₰	ℳ	₰		ℳ	₰		ℳ	₰	ℳ	₰	
Norm.-Anl. x ℳ x ₰	*280*	—	*75*	—	*5*	*70*	*x*	*360*	*70*	—					*1/6*
Betr.-Anl. f. ···Begleiter x ℳ x ₰	*)														
Norm.-Anl. 9 ℳ — ₰	*27*	—	*12*	*33*	—	—	*6. V. 12*	*39*	*33*	*Auszug aus der Steuerliste dem Rentamt Frankenthal übersendet lt. Best. v. 10. V. 12*					*7*
Betr.-Anl. f. ··Begleiter 19 ℳ - ₰	*)														
Norm.-Anl. x ℳ x ₰	*223*	—	*52*	*60*	*4*	*30*	*x*	*279*	*90*						*8/12*
Betr.-Anl. f. ··Begleiter x ℳ x ₰	*)														
Norm.-Anl. 9 ℳ — ₰	*9*	—	*2*	*27*	—	*45*	—	—	—	*Vom Rentamte Passau mittelst anliegenden Listenauszugs überwiesen*					*13*
Betr.-Anl. f. ···Begleit. — ℳ — ₰	*)														
Summe:	*539*	—	*142*	*20*	*10*	*45*	—	*679*	*93*						
Hierunter:	*512*	-	*129*	*87*	*10*	*45*				*zur Verrechnung beim k. Landrentamt München*					
Hierunter:	*27*	—	*12*	*33*	—	—				*zur Verrechnung beim k. Rentamt Frankenthal (Nr. 21 der Steuerliste)*					
Summe wie oben:	*539*	—	*142*	*20*	*10*	*45*									
Von dem eingezahlten Betrage zu:								*679*	*93*						
sind übersendet worden:								*39*	*33*	*Dem Rentamt Frankenthal lt. Empf.-Anz. v. 5. X. 12*					*14*
Verbleibt Rest:								*640*	*60*						
Hiezu wurden bar vergütet:								*11*	*72*	*vom Rentamt Passau (Nr. 36 der Steuerliste)*					
Vereinnahmter Gesamtbetrag:								*652*	*32*	*und zwar:*	*gleich d. obigen Verrechnungssumme*				
								512	—	*an Steuern*					
								129	*87*	*„ Kreisumlagen*					
								10	*45*	*„ Kirchensteuern*					

München, 10. Oktober 1912. *K. Rentamt:*

Siegel. *Unterschrift.*

*) Über „Zuschlag" s. oben Anm. 1c zu Art. 4.

Beilage II; Empfangsbestätigung nach § 15 III der Instruktion.

Zu Nr. ....
Jens. Exped. Nr. ......

........................, den .... 19.....

K. .... Rentamt

....

An das

K. .... Rentamt

in

....

Hausiersteuerliste

Nr. .... **pro 19**....

Betreff:

Die Besteuerung des Gewerbe-Betriebs im Umherziehen für 19....

Ich bestätige den Empfang eines Auszuges aus der jenamtlichen Liste über die Anmeldung, Anlage und Einhebung der Steuer vom Gewerbebetrieb im Umherziehen pro 19..., wonach unter Nr. ..... derselben ....
.... aus ....
für d... von ih... außerhalb des Wohnortes im Umherziehen ....
.... mit/ohne ....
Begleiter -- mit einem auf ... Mk. veranschlagten Jahreserträgnisse — betriebene Gewerbe jenamts unterm .... 19..... nach Tarif Nr. .... mit

....	ℳ	....	₰	Steuer
....	„	....	„	Kirchensteuer nach ....%
....	„	....	„	Kreisumlagen „ ....%
....	ℳ	....	₰	in Summa

für diesamtliche Rechnung pro 19... angelegt wurde.

Die Sollstellung obigen Betrags erfolgte unter Nr. ..... der entsprechenden Steuerliste.

Beleg Nr. ....

III.

Bekanntmachung vom 25. Oktober 1879,

die Behandlung der Straffälle bei Zuwiderhandlungen gegen das Gesetz über die Besteuerung des Gewerbebetriebes im Umherziehen vom 10. März 1879 betreffend.

(GVBl. 1879 S. 1467.)

Kgl. Staatsministerium des Innern, Abteilung für Landwirtschaft, Gewerbe und Handel, und Kgl. Staatsministerium der Finanzen.

An Stelle der §§ 30, 31, 32 und 34 der Bekanntmachung vom 16. März lfd. Js., den Vollzug des Gesetzes vom 10. März 1879 über die Besteuerung des Gewerbebetriebes im Umherziehen betreffend (GVBl. S. 171), werden im Einvernehmen mit dem k. Staatsministerium der Justiz hinsichtlich der Behandlung der Strafsachen im Verwaltungswege nachstehende Bestimmungen erlassen, welche sofort in Wirksamkeit zu treten haben.

§ 1. Nach Art. 22 des Gesetzes vom 10. März lfd. Js. haben hinsichtlich des administrativen und gerichtlichen Strafverfahrens wegen der Zuwiderhandlungen gegen dieses Gesetz und die dazu erlassenen Vollzugsanordnungen die Vorschriften, nach welchen sich das Verfahren wegen Zuwiderhandlungen gegen die Zollgesetze richtet, zur Anwendung zu kommen, jedoch mit der Maßgabe, daß an Stelle der Zollbehörden die Rentämter und an Stelle der Zollverwaltungsstellen die Regierungsfinanzkammern zu treten haben, und daß gegen den rentamtlichen Strafbescheid ein Reklamationsrecht an die Regierungsfinanzkammer dem Steuerpflichtigen zusteht, soferne derselbe nicht binnen einer Woche nach Bekanntmachung des Strafbescheides auf gerichtliche Entscheidung anträgt.

Die Vorschriften über das Verfahren bei Zuwiderhandlungen gegen die Zollgesetze sind in den Art. 85 ff. des Gesetzes vom 18. August lfd. Js. zur Ausführung der Reichs-Strafprozeßordnung (GVBl. S. 824) bzw. in den §§ 459 ff. der RStPO. vom 1. Februar 1877 (RGBl. S. 336) enthalten. Indem auf diese Bestimmungen, sowie auf die Anweisung zur Behandlung der Zoll- und Aufschlag-Strafsachen im Verwaltungswege vom 2. ds. Mts. (GVBl. S. 1382) hingewiesen wird, welche letztere insoweit nicht durch die Natur der in Rede stehenden Zuwiderhandlungen eine Ausnahme begründet ist, zur entsprechenden Anwendung zu kommen hat, wird im Einzelnen Nachstehendes bemerkt:

§ 2. Strafbare Zuwiderhandlungen gegen die Vorschriften des Gesetzes vom 10. März lfd. Js. sind von sämtlichen zur Mitwirkung bei dem Vollzuge desselben berufenen Behörden und deren Aufsichtsorganen (§ 18 Abs. 1 und 2 der Vollzugsvorschriften vom 16. März lfd. Js.) demjenigen Rentamte zur Anzeige zu bringen, innerhalb dessen Bezirk die betreffende Verfehlung entdeckt wird.

§ 3. Werden Unternehmer von herumziehend betriebenen Gewerben in Ausübung der nach Art. 16 und 17 des Gesetzes strafbaren Handlungen auf frischer Tat betroffen, so sind dieselben, soferne sie sich über ihre Person nicht befriedigend auszuweisen vermögen oder die Festnahme nötig ist, um die Fortsetzung der strafbaren Handlung zu verhindern, vorläufig festzunehmen und nebst den zum Gewerbebetrieb im Umherziehen mitgeführten Gegenständen dem Rentamte behufs Feststellung des Tatbestandes vorzuführen.

Falls der Festgenommene wegen Wegfalls der Ursachen der Festnahme nicht alsbald vom Rentamte wieder frei gegeben wird, ferner wenn das Rentamt nicht sofort den Strafbescheid erlassen kann, oder der provisorisch Festgenommene dem letzteren sich nicht unterwirft, oder die fällige Steuer, Kreisumlage, Strafe und Kosten nicht zu erlegen imstande ist, muß derselbe unverzüglich dem Amtsrichter des Bezirkes, in welchem die Festnahme erfolgt ist, vorgeführt werden.

§ 4. Der auf frischer Tat betretene Beschuldigte kann behufs Feststellung des Tatbestandes auch der Staatsanwaltschaft oder dem Amtsrichter vorgeführt werden, soferne er ausdrücklich darauf anträgt und der Sitz des Rentamts weiter entlegen ist, als der Amtsgerichtssitz.

Dem einschlägigen Rentamte ist gleichzeitig von dem Vorfalle Anzeige zu erstatten.

Die Gerichtsbehörde hat nach erfolgter Tatbestandserhebung die gepflogenen Verhandlungen dem einschlägigen Rentamte zur Durchführung des Strafverfahrens im Verwaltungswege zu übermitteln.

§ 5. Das Rentamt ist bei Zuwiderhandlungen gegen die Art. 16 und 17 des Gesetzes ermächtigt, zur Sicherstellung der Abgaben, Strafen und Kosten oder zum Beweise der strafbaren Handlung die zum Gewerbebetrieb im Umherziehen mitgeführten Gegenstände mit Beschlag zu belegen.

Stehen der Verbringung solcher Gegenstände an das Rentamt besondere Hindernisse entgegen, so sind dieselben auf Anregung des mit der Vorführung des Beschuldigten befaßten Aufsichtsorganes vorbehaltlich weiterer rentamtlicher Verfügung von dem Vorstande jener Gemeinde, in deren Bezirk der Beschuldigte betreten wurde, in Verwahrung zu nehmen. In solchen Fällen ist dem Rentamte lediglich ein Verzeichnis der beschlagnahmten Gegenstände einzuliefern.

§ 6. Wird die Anzeige mündlich erstattet, so ist hierüber mit dem Anzeiger ein Protokoll aufzunehmen; das gleiche hat mit dem amtsanwesenden Beschuldigten zu geschehen.

Ob der Beschuldigte auch in anderen Fällen, desgleichen ob die etwa benannten Zeugen zu vernehmen sind, bleibt dem Ermessen des Rentamts anheimgegeben. Zur Kostenersparung ist übrigens darauf Bedacht zu nehmen, daß die Zeugenvernehmungen auf das zur Sachaufklärung nötige Maß beschränkt bleiben.

Eine eidliche Vernehmung von Zeugen ist nicht statthaft.

§ 7. Der vom Rentamte zu erlassende Strafbescheid muß gemäß § 459 der RStPO. die strafbare Handlung, die angewendeten Gesetzartikel und Beweismittel bezeichnen, ferner die Eröffnung enthalten, daß der Beschuldigte, soferne er nicht die Reklamation an die dem Rentamte vorgesetzte Regierungsfinanzkammer nach Art. 24 des Gesetzes vom 10. März lfd. Js. ergreife, gegen den Strafbescheid binnen einer Woche nach der Bekanntmachung desselben auf gerichtliche Entscheidung antragen könne. Wenn der Beschuldigte, oder einer derselben zur Zeit der Begehung das zwölfte, aber noch nicht das achtzehnte Lebensjahr vollendet hat oder taubstumm ist, so ist ein Strafbescheid vom Rentamte nicht zu erlassen, sondern es steht die Entscheidung ausschließlich den

Gerichten zu. Liegt eine nach Art. 16 und 17 strafbare Handlung vor, so hat das zur Strafeinschreitung zuständige Rentamt gleichzeitig auch die veranlaßte Einsteuerung des Beschuldigten, sei es für eigene Rechnung, sei es für Rechnung eines auswärtigen Rentamts, vorzunehmen.

§ 8. Der Strafbescheid ist dem Beschuldigten vom Rentamte zu Protokoll zu eröffnen, oder soferne derselbe nicht amtsanwesend ist, mittelst schriftlicher Zustellung gegen Empfangsbestätigung bekannt zu machen.

Wird die Eröffnung an den amtsanwesenden Beschuldigten zu Protokoll bewirkt, so kann derselbe sofort seine Erklärung, ob er sich dem rentamtlichen Strafbescheide unterwerfe, oder Reklamation an die Regierungsfinanzkammer erhebe, oder auf gerichtliche Entscheidung antrage, zu Protokoll geben.

§ 9. Verweigert der Beschuldigte die unterschriftliche Bestätigung der Eröffnung zu Protokoll, oder im Falle der Zustellung die schriftliche Bestätigung des Empfangs, so gilt der Strafbescheid als nicht erlassen.[1]) In diesem Falle, sowie dann, wenn der Beschuldigte innerhalb der gesetzlichen Frist bei dem Rentamte den Antrag auf gerichtliche Entscheidung stellt, sind die Akten, soferne nicht Anlaß gegeben ist, den Strafbescheid zurückzunehmen, worüber im Zweifelsfalle an die vorgesetzte Stelle zu berichten ist, der Staatsanwaltschaft am zuständigen Amtsgerichte zur Einleitung des Strafverfahrens zu übersenden. Gleiches hat zu geschehen, wenn der Beschuldigte schon vor dem Erlasse des Strafbescheides gerichtliche Aburteilung verlangte, ferner wenn der Strafbescheid weder schriftlich noch mündlich eröffnet werden kann, weil der Aufenthaltsort des Beschuldigten unbekannt ist.

§ 10. Wird auf gerichtliche Entscheidung angetragen, außerdem aber wegen der Festsetzung der Steuer an die Regierungsfinanzkammer reklamiert, in welchem Falle die gerichtliche Entscheidung bis zur rechtskräftigen Feststellung der Steuer ausgesetzt zu bleiben hat, so ist hievon der Staatsanwaltschaft mit dem Antrage auf Aussetzung des Strafverfahrens Kenntnis zu geben, zu geeigneter Zeit aber die Fortsetzung des letzteren zu beantragen.

§ 11. Hat der Beschuldigte innerhalb der vorgesteckten Frist beim Rentamte auf gerichtliche Entscheidung gegen den Strafbeschluß nicht angetragen und auch eine Reklamation an die Regierungsfinanzkammer nicht erhoben, so erlangt der Strafbescheid hinsichtlich der Strafvollstreckung und der Straffolgen die Wirkung eines rechtskräftigen Urteils.

Die gleiche Wirkung tritt ein, wenn der Antrag des Beschuldigten auf gerichtliche Entscheidung von demselben noch vor dem Beginne der Hauptverhandlung zurückgenommen, ferner wenn eine gegen den Strafbescheid ergriffene Reklamation als unbegründet abgewiesen wird.

§ 12. Im Betreffe der Wiedereinsetzung in den vorigen Stand gegen die Versäumung der Antragsfrist auf gerichtliche Entscheidung gegen einen Strafbeschluß finden die Bestimmungen des § 455 der RStPO. entsprechende Anwendung.

§ 13. Die Vollstreckung der im Verwaltungswege erlassenen rechtskräftigen Strafbescheide erfolgt durch die Rentämter.

---

[1]) Vgl. jedoch die Ausführungen oben zu Art. 22, insbes. Anm. 2 u. 3.

Bezüglich der Umwandlung der Geldstrafen in Freiheitsstrafen, dann bezüglich der Verjährung[3]) der Strafverfolgung und der Strafvollstreckung wird auf §§ 19, 21 und 22 der Bekanntmachung vom 17. v. Mts., Vorschriften über die Behandlung der Straffälle bei Zuwiderhandlungen gegen die Gesetze über die Grund-, Häuser-, Gewerb-, Kapitalrenten- und Einkommensteuer betreffend (FinMinBl. S. 276), hingewiesen.

§ 14. Zur Umgangnahme von Strafeinschreitung wegen Geringfügigkeit der hinterzogenen Steuer oder Verletzung einer minder wichtigen Form sind die Rentämter nicht ermächtigt.

§ 15. Hinsichtlich der Ausübung der in §§ 464 und 467 der RStPO. eingeräumten Befugnisse wird auf § 14 Abs. 2 und § 15 der vorerwähnten Bekanntmachung vom 17. v. Mts. (FinMinBl. S. 274), dann § 17 der Anweisung zur Behandlung der Zoll- und Aufschlag-Strafsachen im Verwaltungswege vom 2. ds. Mts. (GVBl. S. 1395), ferner wegen der Gebührenpflicht des Strafverfahrens im Verwaltungswege auf die Art. 41 ff. des Gebührengesetzes vom 18. August lfd. Js., sowie § 18 der allegierten Anweisung vom 2. ds. Mts. hingewiesen.

§ 16. Die in § 17 Abs. 2 und § 24 der mehrerwähnten Bekanntmachung vom 17. v. Mts. (FinMinBl. S. 275 und 278) getroffenen Bestimmungen finden hier gleichmäßige Anwendung.

München, den 25. Oktober 1879.

v. Pfeufer. v. Riedel.

Der General-Sekretär:
Ministerialrat
Luber.

IV.

Bekanntmachung vom 19. November 1879,[1])

den Vollzug des Gesetzes über die Besteuerung des Gewerbebetriebes im Umherziehen betr.

(FinMinBl. 1879 S. 527.)

Staatsministerium des Innern, Abteilung für Landwirtschaft, Gewerbe und Handel, und Staatsministerium der Finanzen.

Nach Art. 8 Abs. 1 des Gesetzes vom 10. März lfd. Js. über die Besteuerung des Gewerbebetriebes im Umherziehen hat die Anmeldung und die Einholung des Besteuerungsnachweises, soferne es zur Ausübung des Gewerbes in Bayern nach den Vorschriften der Gewerbeordnung des Legitimationsscheines[2]) einer bayerischen Behörde bedarf, dem Antrage auf Erteilung des letzteren voranzugehen. Das gleiche hat nach Abs. 3 zu geschehen, soferne auf Grund eines von einer außerbayerischen deutschen Behörde ausgestellten Legitimationsscheines[2]) in Bayern

---

[3]) Siehe oben Anm. 5 und 6 zu Art. 16.

[1]) Vgl. FinMinBek. vom 13. Dezember 1883, FinMinBl. 1884 S. 3; siehe unten Anh. VII.

[2]) Statt „Legitimationsschein" ist nunmehr durchweg „Wandergewerbeschein" zu setzen.

ein Gewerbebetrieb im Umherziehen beabsichtigt ist und hiezu gemäß der Vollzugsvorschriften zur Gewerbeordnung eine Vormerkung auf dem Legitimationsscheine [2]) eingeholt werden muß. In beiden Fällen soll ferner nach Abs. 2 regelmäßig der Nachweis der Besteuerung dem Legitimationsscheine [2]) beigefügt werden. Zum Vollzuge dieser letzteren Bestimmung ergehen unter Bezugnahme auf § 17 der Bekanntmachung vom 16. März lfd. Js., den Vollzug des Gesetzes über die Besteuerung des Gewerbebetriebes im Umherziehen betreffend (GVBl. S. 171 ff.) nachstehende Vorschriften, welche rücksichtlich der für das Jahr 1880 und die folgenden auszufertigenden Besteuerungsnachweise und Legitimationsscheine [2]) in Anwendung zu kommen haben.

1. Für die Besteuerungsnachweise haben sich die k. Rentämter eines Formulars zu bedienen, welches hinsichtlich der Größe jener der Legitimationsscheine [2]) (Formular A, B und C) [3]) entspricht.

Das vom k. Katasterbureau angefertigte Formular, welches nach § 38 der Vollzugs-Vorschriften vom 16. März lfd. Js. vom Konservatorium desselben bezogen werden kann, ist in dieser Größe hergestellt.

2. Nach Ausfertigung des Besteuerungsnachweises hat das Rentamt denselben jener Behörde zu übermitteln, welche zur Erteilung des Legitimationsscheines [2]) bzw. zur Vornahme der vorgeschriebenen Vormerkung auf dem von einer außerbayerischen deutschen Behörde ausgestellten Legitimationsscheine [2]) zuständig ist.

3. Diese Behörde hat sodann den Besteuerungsnachweis dem Legitimationsscheine [2]) beizuheften und die auf die Einheftung bezügliche Stelle im Vordrucke auf der viertletzten (bei Formular B auf der vorletzten) Seite der neuen für das Jahr 1880 und die folgenden zur Ausgabe gelangenden Legitimationsschein [2])-Formulare [3]) geeignet auszufüllen.

Hiebei wird darauf aufmerksam gemacht, daß auf dieser Seite, wie auch im Vordrucke angedeutet, die Entrichtung der Gebühr, sowie der Abgabe nach der Verordnung vom 26. November 1875 zu bescheinigen und diese Bescheinigung von der Verwaltungsbehörde unterschriftlich zu fertigen ist.

4. Nach Art. 188 Abs. 1 des GebührenG. vom 18. August lfd. Js. sind die Herstellungskosten der Legitimationsscheins [2])-Formulare von den Empfängern nicht mehr gesondert zu vergüten, sondern in den Gebühren für die Legitimationsscheine [2]) mit inbegriffen.

Insoweit jedoch diese Gebühren von Gemeindebehörden bezogen werden, sind die Herstellungskosten, welche nach der Bekanntmachung des k. Staatsministeriums des Innern, Abteilung für Landwirtschaft, Gewerbe und Handel vom 30. November v. Js. (GVBl. S. 473) bzw. § 6 der Bekanntmachung der Staatsministerien des Innern und der Finanzen vom 21. September lfd. Js. (GVBl. S. 1203) für die Formulare A und C — 6 Pf. und für das Formular B — 4 Pf. per Stück betragen, nach Abs. 2 der allegierten gesetzlichen Bestimmung von der Gemeinde der Staatskasse zu ersetzen. Diese Formularvergütungen sind gemäß Ziff. 2 der Entschließung vom 21. Januar lfd. Js. (Amtsbl. des k. Staatsministeriums des Innern S. 37, FinMinBl. S. 17) von

---

[3]) Bundesr.-Bek. vom 27. November 1896, betr. die Ausführungsbestimmungen zur GewO. für das deutsche Reich. RGBl. S. 745, GVBl. 1896 S. 646 ff.; siehe auch unten Beil. II, III und IV zur Anw. Anh. X u. die Fußnote daselbst.

den Taxämtern der k. Regierungen, Kammern des Innern, im Gebühren-Register unter den Gebühren zu verrechnen.

München, den 19. November 1879.

v. Pfeufer. v. Riedel.

Der Generalsekretär:
Ministerialrat
Luber.

V.

Bekanntmachung vom 1. Februar 1881,

die Ausfertigung von Legitimationsscheinen[1]) zum Gewerbebetrieb im Umherziehen für Gesellschaften, welche Musikaufführungen, Schaustellungen 2c. darbieten wollen, betr.

(Nr. 1442. FinMinBl. S. 84.)

Kgl. Staatsministerium der Finanzen.

Nachstehend folgt im Abdrucke die Entschließung des k. Staatsministeriums des Innern, Abteilung für Landwirtschaft, Gewerbe und Handel vom 13. Januar lfd. Js. bez. Betreffs (Amtsblatt S. 9) zur Wissenschaft.

Hiebei wird im Einverständnisse mit dem genannten Staatsministerium bemerkt, daß die Gebührenbewertung der nach Ziff. 7 dieser Entschließung in dem Mitgliederverzeichnisse gemeinsamer Legitimationsscheine[1]) nachzutragenden Änderungen sich nach Art. 167 des GebührenG. vom 18. August 1879 zu bemessen habe.

München, den 1. Februar 1881.

v. Riedel.

Der General-Sekretär:
Ministerialrat
Luber.

Ministerialentschließung vom 13. Januar 1881,

die Ausfertigung von Legitimationsscheinen[1]) zum Gewerbebetrieb im Umherziehen für Gesellschaften, welche Musikaufführungen, Schaustellungen usw. darbieten wollen, betr.

(Nr. 15854. MinABl. d. J. 1881 S. 9.)

Kgl. Staatsministerium des Innern,
Abteilung für Landwirtschaft, Gewerbe und Handel.

Bei der Ausstellung von Legitimationsscheinen[1]) zum Gewerbebetrieb im Umherziehen für Gesellschaften, welche Musikaufführungen, Schaustellungen, theatralische Vorstellungen oder sonstige Lustbarkeiten

---

[1]) Für „Legitimationsscheine“ ist nunmehr durchweg „Wandergewerbeschein“ zu setzen.

öffentlich darbieten wollen (GewO. § 59), ist in Zukunft nach folgenden vom Bundesrate aufgestellten Grundsätzen zu verfahren:

I. Bei umherziehenden Gesellschaften der bezeichneten Art können sowohl gemeinsame Legitimationsscheine¹) für die Gesellschaft als solche, wie auch, an deren Stelle, besondere Legitimationsscheine¹) für die einzelnen Mitglieder ausgefertigt werden. In letztere kann ein Vermerk aufgenommen werden, nach welchem den Inhabern der Gewerbebetrieb nur im Verbande einer Gesellschaft überhaupt oder im Verbande einer bestimmten Gesellschaft gestattet sein soll. Wie hienach die Ausstellung im einzelnen Falle erfolgt, bleibt von dem Antrage des Gewerbetreibenden abhängig. In dem Legitimationsscheine¹) für den Unternehmer einer Schauspielergesellschaft ist ausdrücklich zu vermerken, daß der Gewerbetreibende als Unternehmer auftreten will.

II. In dem für den einzelnen Gewerbetreibenden ausgefertigten Legitimationsscheine¹) sind Vermerke, welche den Gewerbebetrieb auf die Ausübung in einem Gesellschaftsverband beschränken, beispielsweise der Vermerk: „als Mitglied einer Musik- (Schauspiel- usw.) Gesellschaft" oder „als Mitglied der Musikgesellschaft des N. N.", auf der ersten Seite des durch Beschluß des Bundesrates festgestellten Formulars A (bayer. GVBl. 1878 Stück 50 S. 473)²) in den für die nähere Angabe des beabsichtigten Gewerbebetriebs vorbehaltenen Raum einzutragen. In den für Gesellschaften ausgefertigten gemeinsamen Legitimationsscheinen¹) ist an der gleichen Stelle der Vermerk: „als Unternehmer einer Musik- (Schauspiel- usw.) Gesellschaft, welche aus den auf Blatt 2 bezeichneten Mitgliedern besteht", vorzutragen und auf dem zweiten Blatte des Formular A (nicht in dem für die Bezeichnung der Begleiter bestimmten Raume) ein Verzeichnis der Mitglieder nach Namen und Personenbeschreibung zu geben.

Für den Vollzug wird hiebei weiter folgendes bemerkt:

1. Die Ausstellung gemeinsamer Legitimationsscheine¹) (sog. Kollektivlegitimationen) ist hienach nur zulässig bei Gesellschaften der in § 59 der GewO. bezeichneten Art.

Dagegen bleibt das bisherige Verbot der Ausstellung von Kollektivlegitimationsscheinen¹) aufrecht erhalten bezüglich der Teilnehmer eines im Umherziehen betriebenen Handelsgeschäftes (§ 55 Abs. 1 Ziff. 1 mit 3 der GewO.). Soferne solche Geschäfte im Umherziehen durch eine Familie oder mehrere Personen gemeinsam betrieben werden wollen, bedarf jedes einzelne Mitglied der Familie oder der Gesellschaft, welches an der Ausübung des Gewerbebetriebes teilnimmt, auch fernerhin eines besonderen Legitimationsscheines.¹)

2. Die Ausfertigung von Kollektivlegitimationsscheinen¹) enthebt die Behörde nicht der Pflicht, „bezüglich jedes einzelnen Mitgliedes" einer Gesellschaft zu prüfen, ob die Voraussetzungen des § 57 der GewO., bzw., insoweit Nichtdeutsche in Frage stehen, die Voraussetzungen in Ziff. 3 der Bekanntmachung des Reichskanzlers vom 7. März 1877

²) Bundesrats-Bek. vom 27. November 1896, betreffend Ausführungsbestimmungen zur GewO. (RGBl. S. 745); siehe auch Anw. § 18 unten Anh. X, ferner § 17 Ziff. 10 a. a. O.

(Amtsblatt des k. Staatsministeriums des Innern von 1877 S. 387) gegeben sind.[3])

Hiebei wird besonders darauf aufmerksam gemacht, daß Nichtdeutschen überhaupt, ferner Reichsangehörigen dann, wenn sie das 21. Lebensjahr noch nicht überschritten haben oder innerhalb des Deutschen Reiches keinen festen Wohnsitz besitzen, der Legitimationsschein[1]) auch aus anderen als den in § 59 Abs. 1 Ziff. 1—4 bezeichneten Gründen versagt werden kann.

3. Ein gemeinsamer Legitimationsschein[1]) für eine ganze Gesellschaft ist nur dann auszustellen, wenn die Gewerbetreibenden ausdrücklich darauf antragen.

Dieser Kollektivschein wird auf den Namen des Unternehmers ausgefertigt und demselben der entsprechende Vermerk auf der ersten Seite des Formulars A, sowie das Mitgliederverzeichnis der Gesellschaft auf dem zweiten Blatte dieses Formulars beigesetzt.

4. Geht der Antrag auf die Ausstellung besonderer Legitimationsscheine[1]) für die einzelnen Mitglieder einer Gesellschaft, so ist in diese Individual-Legitimationsscheine[1]) zugleich ein Vermerk über die Zugehörigkeit zu einer Gesellschaft aufzunehmen und dieses nur dann zu unterlassen, wenn die Beteiligten ausdrücklich darauf antragen.

In Fällen der letzteren Art werden sich alsdann die Behörden vornehmlich veranlaßt sehen, die Frage, ob der Legitimationsschein[1]) überhaupt zu erteilen sei, mit besonderer Genauigkeit zu prüfen und, soferne Personen in Frage stehen, welchen ein gesetzlicher Anspruch auf Erteilung des Legitimationsscheines[1]) nicht zur Seite steht (vgl. die vorige Ziff. 2), in Erwägung zu ziehen, ob nicht aus allgemeinen polizeilichen Gründen der Legitimationsschein[1]) zu versagen ist.

5. Mit Rücksicht auf die Bestimmung in § 59 Abs. 3 der GewO., wonach der Unternehmer einer umherziehenden Schauspielergesellschaft neben dem Legitimationsscheine[1]) noch einer Erlaubnis für den stehenden Gewerbebetrieb nach § 32 ebendaselbst bedarf, ist in dem Legitimationsscheine[1]) für den Unternehmer einer solchen Gesellschaft vorausgesetzt, daß derselbe die Erlaubnis nach § 32 besitzt, immer, gleichviel, ob ein gemeinsamer Legitimationsschein[1]) für die Gesellschaft ausgestellt wird oder jedes Mitglied einen solchen erhält, ein ausdrücklicher Vermerk des Inhaltes aufzunehmen, daß der Inhaber als Unternehmer auftreten will.

6. Nachdem die durch das Gesetz vom 10. März 1879, betr. die Besteuerung des Gewerbebetriebes im Umherziehen, vorgeschriebene Steuer für die Mitglieder der vorbezeichneten Gesellschaften von dem Unternehmer der Gesellschaft entrichtet wird, so ist auf Verlangen der einzelnen Gesellschaftsmitglieder, insoferne für dieselben besondere Legitimationsscheine[1]) ausgefertigt werden, in letzteren nach Vorlage und Prüfung der hiefür erforderlichen Nachweise durch geeigneten Vermerk auf die gemeinschaftliche Besteuerung hinzuweisen.

7. Änderungen in dem Personalstande der vorbezeichneten Gesellschaften sind auf Verlangen der Beteiligten in dem Mitgliederverzeichnisse des gemeinsamen Legitimationsscheines[1]) entsprechend nachzu-

---

[3]) Vgl. Ziff. 5 der Bundesrats-Bek. vom 27. November 1896, ferner Anw. § 18 Abs. II Ziff. 2 unten Anhang X.

tragen, Zugänge selbstverständlich nur dann, wenn dem Zugehenden die Ausstellung eines besonderen Legitimationsscheines[1]) nicht versagt werden würde.

Ergibt sich hiebei Zweifel darüber, ob nicht infolge dieser Änderungen eine Erhöhung in der Besteuerung des Unternehmers der Gesellschaft einzutreten habe, so ist die Berichtigung von dem Nachweise der Entrichtung der höheren Steuer, bzw. von der Bestätigung des Rentamts, daß eine Änderung in der Besteuerung nicht eintrete, abhängig zu machen. (Art. 12 des Ges. vom 10. März 1879, die Besteuerung des Gewerbebetriebes im Umherziehen; § 19 Abs. III, IV der Bek. vom 16. März 1879, betr. den Vollz. dieses Gesetzes, GVBl. 1879 S. 149, 185.)

München, den 13. Januar 1881.

v. Pfeufer.

Der Generalsekretär:
v. Schlereth,
Ministerialrat.

VI.

Bekanntmachung vom 1. Februar 1882,

die Besteuerung des Gewerbebetriebs im Umherziehen, hier die Distrikts- und Gemeindeumlagen betr.

(Nr. 1043. FinMinBl. 1882 S. 29.)[1])

Kgl. Staatsministerium des Innern, Abteilung für Landwirtschaft, Gewerbe und Handel, und Kgl. Staatsministerium der Finanzen.

Hinsichtlich der Frage, bei welchem Rentamte und an welchem Orte die Steuerpflicht für den Gewerbebetrieb im Umherziehen begründet sei, haben sich Zweifel ergeben. Um in dieser Beziehung ein gleichmäßiges Verfahren herbeizuführen und durch Veranlagung der Steuer nach dem Gesetze vom 10. März 1879 eine entsprechende Unterlage für die Erhebung der Umlagen in einem bestimmten Distrikte oder einer bestimmten Gemeinde zu schaffen, wird Nachstehendes zur künftigen Beachtung bekannt gegeben.

1. Das Gesetz vom 10. März 1879, die Besteuerung des Gewerbebetriebes im Umherziehen betreffend, erteilt hinsichtlich der rentamtlichen und örtlichen Zuständigkeit für die Steueranlage ganz bestimmte Vorschriften:

a) in Ansehung derjenigen herumziehenden Gewerbtreibenden, welche ihren Wohnsitz in Bayern haben, indem es durch Art. 6 Abs. 2 ausspricht, daß die Steuerpflicht bei jenem Rentamte und an jenem Orte begründet sei, in welchem der Gewerbtreibende seinen Wohnsitz hat;

b) in Ansehung der Unternehmer von Wanderlagern und Wanderauktionen, indem es in Art. 15 Ziff. 6 bestimmt, daß die Festsetzung und Einhebung der Steuer ohne Rücksicht auf den Wohnort des Unternehmers demjenigen Rentamte zusteht, in dessen Be-

---

[1]) Siehe bezüglich der Umlagen auch Anm. 2 zu Art. 6.

zirk sich der Betriebsort des Wanderlagers bzw. der Wanderauktion befindet.

In diesen Fällen ist auch für die Erhebung der Distrikts- und Gemeindeumlagen durch den § 21 Abs. 2 und den § 27 Abs. 5 der Vollzugvorschriften vom 16. März 1879 (GVBl. S. 171 ff.) Vorkehrung getroffen.

2.[2]) Für herumziehende Gewerbtreibende (mit Ausnahme der Unternehmer von Wanderlagern und Wanderauktionen), welche einen Wohnsitz in Bayern nicht haben, ist die Steuerpflicht gemäß Art. 6 Abs. 2 und unter Vorbehalt der in Art. 8 gegebenen Vorschriften bei jenem Rentamte begründet, in dessen Bezirk der Gewerbebetrieb begonnen, bzw. der zu dem beabsichtigten Gewerbebetrieb nach den Vorschriften der Gewerbeordnung notwendige Legitimationsschein[3]) von einer bayerischen Behörde ausgestellt wird. Durch diese Gesetzesstelle in Verbindung mit Art. 8 wird die rentamtliche Zuständigkeit für die Steueranlage dahin geregelt, daß

a) in Fällen, in welchen es für den umherziehenden Gewerbtreibenden, welcher einen Wohnsitz in Bayern nicht hat, außer der Einholung des Besteuerungsnachweises noch einer Amtshandlung der bayerischen Verwaltungsbehörde hinsichtlich der Legitimations-[3]) scheinpflicht bedarf (§ 11 Ziff. I der Vollz.-Vorschr. vom 16. März 1879), jenes Rentamt für die Besteuerung zuständig ist, in dessen Bezirk die fragliche auf die Legitimationsschein[3])pflicht gerichtete Amtshandlung der Verwaltungsbehörde vorgenommen wird, während

b) in Fällen, in welchen es einer derartigen Amtshandlung der Verwaltungsbehörde nicht bedarf (§ 11 Ziff. II der Vollz.-Vorschr.), jenes Rentamt für die Besteuerung zuständig ist, in dessen Bezirk der Gewerbebetrieb begonnen wird. In Ansehung des Betriebsbeginnes ist jedoch im vorliegenden Falle von der allgemeinen Präsumtion auszugehen, daß der Gewerbetreibende den Betrieb in jenem Bezirke beginnt, wo er ihn nach Erfüllung der gesetzlichen Vorschriften beginnen darf, hienach also in jenem Rentamtsbezirke, in welchem er den Gewerbebetrieb im Umherziehen anmeldet und den Besteuerungsnachweis verlangt.

Sollten sich daher in einem Bezirksamtssprengel zwei Rentamtsbezirke befinden, so ist ein legitimations[3])scheinpflichtiger, in Bayern seinen Wohnsitz nicht habender Hausierer bei jenem Rentamt zu besteuern, in dessen Bezirk der Legitimationsschein[3]) ausgestellt oder mit einer Vormerkung über Entrichtung der besonderen Abgaben oder mit einer Ausdehnungsbewilligung versehen wird, in der Regel also bei jenem Rentamte, in dessen Bezirke die Verwaltungsbehörde ihren Sitz hat; steht dagegen eine Amtshandlung der Verwaltungsbehörde hinsichtlich der Legitimations[3])scheinpflicht nicht in Frage, dann ist von den beiden Rentämtern jenes zuständig, in dessen Bezirk der Gewerbe-

---

[2]) Bezüglich der Hausierer von Neukirchen s. FinMinE. vom 14. April 1896, FinMinBl. S. 42, bezüglich jener von Carlsberg d. FinMinE. vom 26. Dezember 1888, FinMinBl. S. 441, und vom 5. Oktober 1898, FinMinBl. S. 409; unten Anw. § 3 Anh. X.

[3]) Statt „Legitimationsschein" ist nunmehr „Wandergewerbeschein" zu setzen.

betrieb begonnen wird, bzw. bei welchem die Anmeldung zur Besteuerung stattfindet.

3. Die Frage, an welchem Orte für einen umherziehenden, in Bayern seinen Wohnsitz nicht habenden Gewerbetreibenden (mit Ausnahme der Unternehmer von Wanderlagern oder Wanderauktionen) die Steuerpflicht begründet sei, ist im Gesetze vom 10. März 1879 nicht durch eine ausdrückliche Bestimmung geregelt, sondern muß nach der Intention des Gesetzes entschieden werden. Die Intention des Gesetzes ist aber im Hinblicke auf den Art. 6 Abs. 2 und Art. 8 Abs. 4 dahin gerichtet, daß für die Feststellung des Ortes der Besteuerung der Betriebsort maßzugeben habe, und zwar zufolge der Eigentümlichkeiten des in Frage stehenden Gewerbebetriebs jener Art, auf welchen zunächst oder zuerst der Unternehmer den Gewerbebetrieb im Umherziehen zu erstrecken beabsichtigt.

Dabei müssen jedoch, je nach der Lage der obwaltenden Verhältnisse, mehrfache Unterscheidungen gemacht werden:

a) In der Regel ist die Absicht in bezug auf den Betriebsort eine unbestimmte, nicht auf eine einzelne Gemeinde, sondern auf einen, eine Mehrzahl von Gemeinden umfassenden Bezirk gerichtete. In diesem Falle ist, um zur Feststellung des Veranlagungsortes zu gelangen, von einer ähnlichen Präsumtion auszugehen, wie solche bereits zu Ziff. 2 lit. b oben erwähnt wurde; dieselbe begründet sich in der Annahme, daß der herumziehende Gewerbetreibende in jener Gemeinde den Betrieb beginnt, wo er nach Erfüllung der gesetzlichen Vorbedingungen in die Möglichkeit versetzt wird, sein Gewerbe auszuüben. Als Betriebsort gilt hienach im Falle der Notwendigkeit einer Amtshandlung seitens der Verwaltungsbehörde hinsichtlich der Legitimationsschein[3])pflicht jene Gemeinde, in welcher diese Amtshandlung vollzogen wird, außerdem jene Gemeinde, in welcher das den Besteuerungsnachweis ausstellende Rentamt seinen Sitz hat.

b) Die Absicht des Betriebsbeginnes kann im allgemeinen eine unbestimmte und nur mit Bezug auf den Ausschluß gewisser Gemeinden eine erkennbare sein. Dies ist z. B. dann der Fall, wenn der Legitimationsschein[3]) für einen Bezirk erholt wird, zu welchem der in einer unmittelbaren Stadt befindliche Sitz der Verwaltungsbehörde und des Rentamtes nicht gehört. In diesem Falle kann sich die Präsumtion des Betriebsbeginnes nicht auf den Sitz der Verwaltungsbehörde richten, sondern nur auf die nächstgelegene Gemeinde desjenigen Bezirkes, in welchem der Gewerbebetrieb im Umherziehen ausgeübt werden darf, und letztere ist als Betriebsort festzustellen.

c) Ausnahmsweise kann in einzelnen Fällen die Absicht, den Betrieb in einer bestimmten Gemeinde zu eröffnen, aus den obwaltenden Umständen unzweifelhaft hervorgehen. Dies wird dann vorkommen, wenn der Legitimationsschein[3]) nur mit Erstreckung des Betriebs auf einen bestimmten Ort erholt wird (§ 1 lit. a der Allerh. VO. vom 26. November 1875, GVBl. S. 732),[4]) oder wenn die

---

[4]) Vgl. nunmehr § 60 d. RGO., wonach der Wandergewerbeschein für das ganze Gebiet des Reichs Geltung hat, jedoch erst nach Entrichtung der darauf haftenden Landessteuern, Umlagen u. dgl.; siehe auch MinBek. vom 20. Juli 1897, FinMBl. S. 211, und oben S. 15 f.

Absicht des Betriebsbeginnes nach der Art des Unternehmens sich auf einen bestimmten Ort oder auf eine bestimmte örtliche Gelegenheit richtet (z. B. bei wandernden Schauspieltruppen oder bei der Darbietung von künstlerischen Leistungen und Schaustellungen auf Messen und Märkten). In solchen Fällen bemißt sich der Ort der Steuerpflicht nach der aus den obwaltenden Umständen zweifellos erkennbaren Absicht des Gewerbetreibenden.

4. Nach den unter Ziff. 3 angegebenen Direktiven ist für herumziehende Gewerbtreibende, welche in Bayern einen Wohnsitz nicht haben, eine bestimmte Gemeinde bei der rentamtlichen Steueranlage als Besteuerungsort zu bezeichnen, welche seitens des Rentamtes sowohl in Spalte 4 der Steuerliste als auch im Besteuerungsnachweise vorgemerkt werden muß.

Für die Erhebung der Distrikts- und Gemeinde-Umlagen sind in jenen hieher gehörigen Fällen, in welchen die Verwaltungsbehörden hinsichtlich der Legitimationsschein[3])pflicht in Tätigkeit zu treten haben, durch § 9 der Anweisung des k. Staatsministeriums des Innern zum Vollzuge der Bestimmungen über den Gewerbebetrieb im Umherziehen (Amtsbl. des k. Staatsministeriums des Innern pro 1881 Nr. 32 S. 409/410) die geeigneten Anordnungen bereits ergangen.

In allen übrigen von den obigen Vorschriften unter Ziff. 2 und 3 berührten Fällen, in welchen ohne Hinzutritt einer derartigen Tätigkeit der Verwaltungsbehörde lediglich ein rentamtlicher Besteuerungsnachweis auszustellen ist, haben die Rentämter darauf zu achten, daß den treffenden Gemeinden noch vor Aushändigung des Besteuerungsnachweises an den Gewerbtreibenden Kenntnis von der Anlage bzw. Erhebung der Steuer und Gelegenheit zur Erhebung der Gemeinde- und Distriktsumlagen gegeben werde.

München, den 1. Februar 1882.

v. Riedel. Frhr. von Feilitzsch.

Der Generalsekretär:
Ministerialrat
v. Luber.

VII.

Bekanntmachung vom 13. Dezember 1883,

den Vollzug des Gesetzes vom 10. März 1879 über die Besteuerung des Gewerbebetriebs im Umherziehen betr.

(Nr. 17 350. FinMinBl. 1884 S. 3.)

Kgl. Staatsministerium des Innern, Abteilung für Landwirtschaft, Gewerbe und Handel, und Kgl. Staatsministerium der Finanzen.

Unter Bezugnahme auf die gemeinschaftliche Ministerial-Entschließung vom 19. November 1879 (Amtsblatt des k. Staatsministeriums des Innern 1879 S. 604, FinMinBl. 1879 S. 527) wird hiemit bekannt gegeben, daß vom Jahre 1884 an bezüglich der vorgeschriebenen Beifügung des Besteuerungsnachweises zu den Legitimationsscheinen für den

Gewerbebetrieb im Umherziehen (künftig „Wandergewerbescheinen") folgendes zu beachten ist:

1. Die neuen Formulare A, B und C für die Wandergewerbescheine (BundesratsVO. vom 31. Oktober ds. Js., GVBl. 1883 S. 474 und 477 ff.)[1]) enthalten ein besonderes Blatt zur Aufnahme der „Bescheinigung über die Entrichtung der Landessteuer, soweit dieserhalb nicht eine besondere Bescheinigung erteilt wird", und zwar sind die von den bayerischen Distriktspolizeibehörden auszufertigenden Wandergewerbescheine künftig so eingerichtet, daß die Steuerquittung unmittelbar in den Wandergewerbeschein eingeschrieben werden kann, und enthalten zu diesem Zwecke auf dem letzten Blatte einen entsprechenden Vordruck.

2. Die Distriktspolizeibehörden, welche die Wandergewerbescheine, wie bisher die Legitimationsscheine, durch Vermittlung der k. Regierungen, Kammern des Innern, beziehen werden, haben jeweils einen entsprechenden Vorrat an die einschlägigen k. Rentämter gegen Bescheinigung abzugeben und mit letzteren von Zeit zu Zeit über den Materialverbrauch Abrechnung zu pflegen.

3. Die Rentämter haben sich zur Ausfertigung des Besteuerungsnachweises der Wandergewerbescheinformulare zu bedienen und den betreffenden Vordruck unter Beidrückung des Siegels entsprechend auszufüllen. Die in dieser Weise mit dem Besteuerungsnachweise versehenen Wandergewerbescheinformulare sind durch den Boten oder die Post — in keinem Falle durch den beteiligten Gewerbetreibenden selbst — an die Distriktspolizeibehörde zu übermitteln.[2])

Bezüglich des im einzelnen Fall zu wählenden Formulars (A, B oder C) wird auf Ziff. III der angeführten BundesratsVO. vom 31. Oktober ds. Js.[1]) verwiesen. Nötigenfalls haben die Distriktspolizeibehörden hierüber den Rentämtern die erforderlichen Erläuterungen zu geben.

4. Ergibt sich bei Prüfung des Gesuchs um Ausstellung des Wandergewerbescheines, daß der Wandergewerbeschein zu versagen ist, so hat die Distriktspolizeibehörde das Formular an das Rentamt behufs Rückgabe der Steuer zurückzusenden. Die auf diese Weise unbrauchbar werdenden Formulare sind von dem Rentamte einstweilen aufzubewahren und gelegentlich der Material-Abrechnung an die Distriktspolizeibehörde zurückzugeben, welche dieselben sodann vernichtet.

Ergeben sich dagegen keine Bedenken gegen die Ausstellung des Wandergewerbescheines, so hat die Distriktspolizeibehörde bezüglich der Kontrolle der Umlagen-Entrichtung, sowie bezüglich der Erhebung der besonderen Abgaben und Gebühren und der Bescheinigung hierüber nach den bisherigen Vorschriften zu verfahren.

5. Falls die Steuer nach den Bestimmungen des Gesetzes vom 10. März 1879 für eine Gesellschaft von dem Unternehmer entrichtet wird und ein gemeinsamer Wandergewerbeschein für die sämtlichen Mitglieder der Gesellschaft ausgestellt werden soll (§ 60d Abs. 3 der RGO.), so ist von dem Rentamte nur ein Formular mit dem Besteue-

---

[1]) Bundesrats-Bek. vom 27. November 1896, GVBl. 1876 S. 646; siehe auch Beil. II, III u. IV zur Anw. Anh. X.

[2]) Siehe auch FinMinE. vom 17. November 1882, FinMinBl. S. 324.

rungsnachweise versehen an die Distriktspolizeibehörde zu senden. Falls dagegen die Ausstellung besonderer Wandergewerbescheine für jedes Mitglied der Gesellschaft gewünscht wird, sind von dem Rentamte soviele Exemplare als die Gesellschaft Mitglieder zählt, an die Distriktspolizeibehörde zu senden, nachdem vorher in den einzelnen Formularen durch geeigneten Vermerk auf die gemeinsame Besteuerung hingewiesen worden ist.

6. In denjenigen Fällen, in welchen es sich nicht um Ausstellung eines Wandergewerbescheines durch eine bayerische Behörde handelt, sondern ein Gewerbtreibender, der sich im Besitze eines von einer außerbayerischen deutschen Behörde ausgestellten Wandergewerbescheines befindet, seinen Geschäftsbetrieb auf Bayern auszudehnen beabsichtigt und hiezu, sei es mit Rücksicht auf die zu bezahlenden besonderen Abgaben, sei es mit Rücksicht auf die Bestimmungen über die Darbietung von Lustbarkeiten (§ 60 Abs. 2 der GewO.) und über den Gewerbebetrieb der Ausländer im Umherziehen (angeführte Bundesrats-VO. vom 31. Oktober ds. Js. Ziff. II, 6)[1]), einer Vormerkung seitens einer bayerischen Distriktspolizeibehörde in seinem Wandergewerbeschein bedarf, verbleibt es bei den bisherigen Bestimmungen, wonach der Besteuerungsnachweis auf einem besonderen Formulare auszustellen, an die Distriktspolizeibehörde zu übersenden und von letzterer unter entsprechender Vormerkung dem Wandergewerbeschein beizuheften ist.

Ebenso ist im Falle des Betriebes eines Wanderlagers der für jeden Betriebsort nötige Besteuerungsnachweis wie bisher auf einem besonderen Formular auszufertigen.

München, den 13. Dezember 1883.

Dr. v. **Riedel.** **Frhr. v. Feilitzsch.**

Der Generalsekretär:
v. Schlereth,
Ministerialrat.

VIII.

Bekanntmachung vom 8. Februar 1885,

den Vollzug des Gesetzes vom 10. März 1879 über die Besteuerung des Gewerbebetriebs im Umherziehen betr.

(Nr. 17185. FinMinBl. S. 19.)

Kgl. Staatsministerium des Innern, Abteilung für Landwirtschaft, Gewerbe und Handel, und Kgl. Staatsministerium der Finanzen.

Das mit dem 1. Januar 1884 in Kraft getretene Reichsgesetz vom 1. Juli 1883, betreffend Abänderung der Gewerbeordnung (RGBl. S. 159), hat die früheren Vorschriften der Gewerbeordnung über den Gewerbebetrieb im Umherziehen in einzelnen Punkten abgeändert. Die Bestimmungen des bayerischen Gesetzes vom 10. März 1879 über die Besteuerung des Gewerbebetriebes im Umherziehen (GVBl. S. 148)[1])

---

[1]) Abgeändert durch die Novelle vom 20. Dezember 1897 (GVBl. S. 423).

stehen mit den fraglichen Vorschriften der Gewerbeordnung in mehrfacher Beziehung. Mit Rücksicht hierauf und nach den inzwischen gemachten Erfahrungen hat es sich als notwendig gezeigt, behufs Herbeiführung eines richtigen Gesetzesvollzugs auf nachstehende Punkte hinzuweisen.

1. Zu Art. 1 des bayer. Ges. und § 3 der Vollz.-Vorschr. mit § 55 der GewO.

Schon nach seitheriger Absicht des Gesetzes vom 10 März 1879 waren die Eingangsworte des Art. 1 „wer außerhalb seines Wohnortes" usw. auf den Gemeindebezirk des Wohnortes anzuwenden, und daher der Gewerbebetrieb außerhalb des Wohnortes, jedoch innerhalb des Gemeindebezirks desselben der Steuer vom Gewerbebetrieb im Umherziehen nicht zu unterwerfen (Verh. d. K. d. Abg. 1879 Sten. Ber. Bd. III S. 295). Diese Gesetzanwendung tritt auch für den § 55 der GewO. vorgesehenen Fall in Wirksamkeit, wenn durch besondere Anordnung der Kreisregierung, Kammer des Innern, dem Gemeindebezirke die nächste Umgebung desselben gleichgestellt werden sollte.

2. Zu Art. 1 Ziff. 1 des bayer. Ges. und § 2 der Vollz.-Vorschr. mit § 59 Ziff. 1 der GewO.

In Art. 1 Ziff. 1 ist ausgesprochen, daß der Steuer vom Gewerbebetrieb im Umherziehen das Feilbieten selbstgewonnener Erzeugnisse der Land- und Forstwirtschaft, des Garten- und Obstbaues, der Jagd und des Fischfanges nicht unterliegen. Diese Ausnahme kann unbedenklich auf selbstgewonnene Erzeugnisse der Geflügel- und Bienenzucht ausgedehnt werden, soferne deren Gewinnung mit dem Betriebe der Landwirtschaft oder auch (bei Erzeugnissen der Bienenzucht) mit dem Betriebe des Gartenbaues verbunden wird.

Unzulässig erscheint es dagegen, die für das Feilbieten selbstgewonnener Erzeugnisse in der allegierten Gesetzesstelle erteilte Vergünstigung auch auf das im Umherziehen stattfindende Feilbieten roher, aber nicht selbstgewonnener Erzeugnisse der vorbezeichneten Art in Anwendung zu bringen. Zwar bedarf es zu solchem Feilbieten keines Wandergewerbescheines, eine Ausnahme von der Steuerpflicht besteht jedoch nicht.

3.[2]) Zu Art. 2 Ziff. 1 des bayer. Ges. mit § 44 der GewO.

Gegenüber der früheren Fassung hat der § 44 der GewO. einige Einschränkungen erfahren. Dieselben bestehen darin, daß derjenige, welcher in Deutschland ein stehendes Gewerbe betreibt,

a) nur dann befugt sein soll, auch außerhalb des Gemeindebezirks seiner gewerblichen Niederlassung persönlich oder durch in seinem Dienste stehende Reisende Waren aufzukaufen und Bestellungen auf Waren zu suchen, wenn dies für die Zwecke seines Gewerbebetriebes geschieht, daß ferner

b) das Aufkaufen von Waren nur bei Kaufleuten oder solchen Personen, welche die Waren produzieren, oder in offenen Verkaufsstellen erfolgen darf.

Diese Einschränkungen sind mit der Wirkung verknüpft, daß die fraglichen Personen nach den Vorschriften der Gewerbeordnung eines

---

[2]) Vgl. Bek. d. K. Staatsmin. d. Inn. u. d. Fin. vom 23. Dezember 1897, GVBl. S. 423; siehe unten Anh. IX.

Wandergewerbescheines bedürfen, wenn sie zu a) nicht für die Zwecke ihres Gewerbebetriebes Waren aufkaufen oder Bestellungen suchen, oder zu b) bei anderen Personen als Kaufleuten oder solchen, welche die Waren produzieren, Waren aufkaufen.

Die unter lit. b angeführte Beschränkung ist für die Frage der Besteuerung vom Gewerbebetrieb im Umherziehen ohne Belang. Nur in dem Falle zu a), wenn sich aus den Umständen des Geschäftsbetriebes ergibt, daß außer dem im stehenden Betriebe ausgeübten Gewerbe noch ein weiteres Gewerbe im Umherziehen durch Aufkaufen von Waren oder Suchen von Bestellungen auf Waren betrieben wird, die mit ersterem Gewerbe in keinerlei Verbindung stehen, kann die gesonderte Besteuerung des zweiten, im Umherziehen betriebenen Gewerbes nach Maßgabe des Gesetzes vom 10. März 1879 erfolgen.

4. Zu Art. 2 Ziff. 1 des bayer. Ges. mit § 44 Abs. 2 der GewO.

Auf Grund des § 44 Abs. 2 der GewO. hat der Bundesrat mittelst Bekanntmachung vom 31. Oktober 1883 (GVBl. S. 470) folgendes bestimmt:[3])

„Gold- und Silberwaren-Fabrikanten und -Großhändler sind befugt, auch außerhalb des Gemeindebezirks ihrer gewerblichen Niederlassung, soferne diese im Inlande liegt, persönlich oder durch in ihrem Dienste stehende Reisende Gold- und Silberwaren an Personen, die damit Handel treiben, feilzubieten und zu diesem Zwecke mit sich zu führen, vorausgesetzt, daß die Waren, welche sie feilbieten, übungsgemäß an die Wiederverkäufer im Stücke abgesetzt werden. Dasselbe gilt von Taschenuhren- und Bijouteriewaren-Fabrikanten und -Großhändlern, sowie von Gewerbtreibenden, welche mit Edelsteinen, Kameen und Korallen Großhandel treiben."

Da hiemit zum Ausdruck gebracht ist, daß die vorstehende Art des Feilbietens zu den Befugnissen des *stehenden* Gewerbebetriebes gehört, finden auf dieselbe die Vorschriften des Gesetzes vom 10. März 1879 keine Anwendung.

5. Art. 2 Ziff. 4 des bayer. Ges. mit § 59 Ziff. 3 der GewO.

Die in § 59 Ziff. 3 der GewO. enthaltene Ausnahme von der Wandergewerbescheinpflicht für diejenigen, welche selbstgewonnene Erzeugnisse oder selbstverfertigte Waren, hinsichtlich deren dies Landesgebrauch ist, zu Wasser anfahren und von dem Fahrzeuge aus feilbieten, geht etwas weiter als die Steuerausnahme in Art. 2 Ziff. 4 des Gesetzes vom 10. März 1879, nach welcher nur *Gewerbetreibende*, welche *selbstgewonnene Waren*, hinsichtlich deren dies nach Landesgebrauch hergebracht ist, zu Wasser verfahren und vom Fahrzeuge aus feilbieten, der Steuer vom Gewerbebetrieb im Umherziehen nicht unterworfen sind. Da jedoch das im Umherziehen stattfindende Feilbieten selbstgewonnener Erzeugnisse der Land- und Forstwirtschaft, des Garten- und Obstbaues schon nach Art. 1 Ziff. 1 des Gesetzes vom 10. März 1879 von der Steuer ausgenommen ist, erscheint der Unterschied der beiderseitigen Gesetzesstellen wohl kaum von praktischer Bedeutung und könnte nur auf selbstgewonnene Erzeugnisse anderer Art, als von der

---

[3]) Siehe nunmehr Bundesrats-Bek. vom 27. November 1896 (oben S. 22); ferner Anw. § 24 Abs. VIII Ziff. 1 unten Anh. X.

Erzeugung im Gewerbe, der Land- und Forstwirtschaft usw. herrührend, beispielsweise hienach auf mineralische Erzeugnisse (Kohlen) wirksam werden.

6. Art. 2 Ziff. 5 des bayer. Ges. und § 59 Ziff. 2 der GewO.

Die Steuerausnahme in Art. 2 Ziff. 5 des Gesetzes vom 10. März 1879 für den Geschäftsbetrieb in nicht größerer Entfernung als fünfzehn Kilometer vom Wohnorte umfaßt ein wesentlich weiteres Gebiet, wie die analoge Begünstigung, welche die Gewerbeordnung hinsichtlich der Wandergewerbescheinpflicht innerhalb der gleichgroßen Entfernung gewährt. Die eingeschränktere Vorschrift der Gewerbeordnung ist jedoch nur für die Wandergewerbescheinpflicht, nicht für die Steuerpflicht maßgebend. Gewerbetreibende, welche daher in nicht größerer Entfernung als fünfzehn Kilometer vom Wohnorte zu den Gegenständen des Wochenmarktverkehrs gehörige, aber nicht selbstverfertigte Verzehrungsgegenstände feilbieten oder das Musikgewerbe ausüben, unterliegen der Steuer vom Gewerbebetrieb im Umherziehen nicht, bedürfen aber eines Wandergewerbescheines.

7. Zu Art. 3 des bayer. Ges. und § 6 der Vollz.-Vorschr. mit § 56d der GewO.

Unter den Gewerbebetrieb der Ausländer sind die erforderlichen Bestimmungen durch den Bundesrat mittelst Bekanntmachung vom 31. Oktober 1883, betreffend Ausf.-Best. z. GewO. für das Deutsche Reich (GVBl. S. 470) erlassen worden,[4]) in welcher Richtung sich die Allegate in § 6 Ziff. 2 der Vollz.-Bek. vom 16. März 1879 berichtigen.

8. Zu Art. 4 des bayer. Ges. nebst Tarif mit §§ 56 und 56b der GewO.

a) Gemäß § 56 der GewO. sind vom Ankauf oder Feilbieten im Umherziehen ausgeschlossen: Gold- und Silberwaren, Bruchgold und Bruchsilber, sowie Taschenuhren. Auf diese Gegenstände findet die Nr. 3c des Steuertarifs zum Gesetze vom 10. März 1879 keine Anwendung.

b) Dagegen bleibt die vorerwähnte Tarifnummer in Wirksamkeit für Bijouteriewaren, soferne dieselben nicht zu den Gold- und Silberwaren gehören, und falls auf solche nicht die unter Nr. 4 oben angeführte Bestimmung des Bundesrates vom 31. Oktober 1883 in Anwendung kommt.[5])

c) Die unter Tarifnummer 3c für Druckschriften vorgeschriebene Steueranlage bleibt trotz der durch § 56 der GewO. für das Feilbieten von Druckschriften im Umherziehen auferlegten Einschränkungen in Kraft.

d) Der Gewerbebetrieb der Gaureiter im Umherziehen kann vom 1. Januar 1885 ab nur ausnahmsweise nach Maßgabe der Allerh. VO. vom 2. November 1884, das Umherziehen mit Hengsten zur Deckung

---

[4]) Siehe nunmehr Ziff. II A 2 d. Bundesrats-Bek. vom 27. November 1896 oben Vorbem. S. 10ff.

[5]) Nach § 56 Abs. II d. GewO. in der Fassung der Novelle vom Jahre 1896 sind Bijouterien vom Gewerbebetrieb im Umherziehen ausgeschlossen und sind daher im jetzigen Tarif nicht mehr enthalten; siehe auch Anw. § 6 Ziff. 11 unten Anh. X.

der Stuten betreffend (GVBl. S. 489)[6]) vorkommen, worauf mit Bezug auf Nr. 4 des Steuertarifs aufmerksam gemacht wird.

9. Zu Art. 5 und 6 des bayer. Ges. mit § 60 der GewO.

Nach § 60 der GewO. können Wandergewerbescheine zu Musikaufführungen, Schaustellungen usw. (vgl. den § 55 Ziff. 4 der GewO.) auch für eine kürzere Dauer als das Kalenderjahr, oder für bestimmte Tage während des Kalenderjahres ausgestellt oder ausgedehnt werden. Für die Feststellung der Steuer und die Erteilung des Besteuerungsnachweises kommt eine derartige Beschränkung nur insoweit in Betracht, als dadurch den obwaltenden Umständen nach etwa die Anwendung eines ermäßigten Steuersatzes gemäß Art. 5 Abs. 1 des Gesetzes vom 10. März 1879 gerechtfertigt werden kann. Im übrigen bewendet es dabei, daß die Steuerentrichtung und Erteilung des Besteuerungsnachweises für das Kalenderjahr erfolgt.

10. Zu Art. 8 des bayer. Ges. mit §§ 43, 44a und 55 der GewO.

Durch die Gewerbeordnung ist für bestimmte Arten des Gewerbebetriebs das Mitführen eines auf den Namen des Inhabers lautenden Nachweises angeordnet und wird hiebei zwischen Legitimationsschein (§ 43 GewO.), Legitimationskarte sowie Gewerbelegitimationskarte (§ 44a GewO.) und Wandergewerbescheine (§ 55 GewO.) unterschieden. Zu bemerken ist, daß die Bezeichnung „Wandergewerbeschein" an Stelle der Bezeichnung „Legitimationsschein" im Sinne der früheren Fassung des § 55 der GewO. vom 21. Juni 1869 getreten ist, und daß überall, wo das Gesetz vom 10. März 1879 nebst Vollzugsvorschriften vom „Legitimationsscheine" spricht, hierunter der „Wandergewerbeschein" nach der Fassung des Reichsgesetzes vom 1. Juli 1883 zu verstehen ist.

11. Zu Art. 8 des bayer. Ges. und § 11 der Vollz.-Vorschr.

Im allgemeinen kann an der Regel festgehalten werden, daß diejenigen Gewerbebetriebe, zu welchen nach der Gewerbeordnung ein Wandergewerbeschein erforderlich ist, auch der Steuer vom Gewerbebetrieb im Umherziehen unterworfen sind. Ausnahmen ergeben sich in zweierlei Richtung, und zwar:

a) solche, nach welchen kein Wandergewerbeschein erforderlich ist, aber die Steuerpflicht besteht, und
b) solche, nach welchen zwar ein Wandergewerbeschein erforderlich, aber eine Steuer im Gewerbebetrieb im Umherziehen nicht zu entrichten ist.

Zu a) wird aufmerksam gemacht auf den Fall Nr. 2 Abs. 2 oben, dann auf den Fall des Art. 3 Ziff. 1 des Gesetzes vom 10. März 1879 im Zusammenhalte mit Ziff. II A, 2 der Bek. des Bundesrats vom 31. Oktober 1883;[4]) in diesem Falle sind Ausländer, welche ausschließlich den Verkauf roher Erzeugnisse der Land- und Forstwirtschaft, des Garten- und Obstbaues, der Geflügel- und Bienenzucht im gewöhnlichen Grenzverkehre betreiben wollen, zwar von dem Erfordernisse des Wan-

---

[6]) Aufgehoben durch Allerh. VO. vom 8. Juni 1890, das Gestütswesen betr. (GVBl. S. 425), §§ 55—63. Vgl. §§ 7, 16, 20 d. Vollz.-Anw. vom 1. Juli 1890 (MABl. S. 274 ff.); siehe hiezu oben Anm. 10 zum Steuertarif.

dergewerbescheines, nicht aber von der Steuer vom Gewerbebetrieb im Umherziehen befreit.

Zu b) wird aufmerksam gemacht auf den Fall Nr. 3 lit. b, dann auf den Fall Nr. 6 oben.

12. Zu Art. 8 des bayer. Ges. mit Nr. 3 und 4 der Bekanntmachung vom 13. Dezember 1883 Nr. 17350 (FinMinBl. 1884 S. 3).[7])

Hinsichtlich der Anfertigung des Besteuerungsnachweises und dessen Beifügung zu den Wandergewerbescheinen wird folgendes bekannt gegeben:

a) Um das Vorkommen von Rückerstattungen der beim Rentamte veranlagten Steuer vom Gewerbebetrieb im Umherziehen wegen distriktspolizeilicher Versagung des Wandergewerbescheins tunlichst zu vermindern, besteht kein Bedenken, wenn die Rentämter in Fällen, in welchen nach den obwaltenden Umständen Zweifel hinsichtlich der Genehmigung der Ausstellung oder Ausdehnung eines Wandergewerbescheines sich ergeben (z. B. bei Ausländern, bei Gewerbetreibenden der in §§ 55 Ziff. 4 der GewO. bezeichneten Art, dann bei Druckschriftenhändlern), vor Ausfertigung des in den Wandergewerbeschein einzutragenden Besteuerungsnachweises sich mit der einschlägigen Distriktspolizeibehörde benehmen und deren Mitteilung darüber abwarten, ob im gegebenen Falle der Wandergewerbeschein erteilt oder versagt werde.

b) In den Nr. 11 lit. b oben erwähnten Ausnahmsfällen, in welchen zwar die Wandergewerbescheinpflicht besteht, aber eine Steuer vom Gewerbebetrieb im Umherziehen nicht entrichtet wird, ist seitens des Rentamts der dem Wandergewerbeschein beigedruckten Bescheinigung über die Entrichtung der Landessteuern ein Vermerk etwa folgenden Inhaltes beizufügen: „Steuerfrei nach dem Gesetze vom 10. März 1879", und eventuell ist beizusetzen:[8]) „zur Gewerbsteuer nach dem Gesetze vom 19. Mai 1881 veranlagt nach Tar.-Nr. . . . mit
Normalanlage . . . ℳ . . ₰
Betriebsanlage . . . „ . . „
insgesamt usw."

c) Die mit dem Besteuerungsnachweise oder mit dem entsprechenden Vermerke versehenen Wandergewerbescheinformulare dürfen in keinem Falle dem Gewerbtreibenden zur Überbringung an die Distriktspolizeibehörde ausgehändigt werden; es hat vielmehr gemäß Nr. 3 der Bek. vom 13. Dezember 1883[7]) die Übersendung seitens des Rentamts durch den Boten oder die Post zu erfolgen.

13. Zu Art. 15 des bayer. Ges. und § 23 der Vollz.-Vorschr. mit § 42 Abs. 2 und § 56c der GewO.

In Ansehung der Wanderlager ist zu bemerken, daß derjenige nach dem Gesetze vom 10. März 1879 für den Wanderlagerbetrieb einzusteuern ist, welcher außerhalb seines Wohnortes und außer dem Meß- und Marktverkehr von einer festen Verkaufsstätte aus vorübergehend Waren feilbietet und daher an dem treffenden Orte ein zu dauerndem

---

[7]) Siehe Anhang Ziff. VII oben!
[8]) Siehe Anm. 2 zu Anhang X unten.

Gebrauche eingerichtetes, beständig oder doch in regelmäßiger Wiederkehr von ihm benutztes Lokal im Sinne des § 42 Abs. 2 der GewO. nicht besitzt.

An der Verkaufsstätte des Wanderlagerhalters muß gemäß § 56c der GewO. in einer für jedermann erkennbaren Weise ein den Namen und Wohnort des Gewerbetreibenden angebender Aushang angebracht werden.

14. Art. 15 des bayer. Ges. mit § 56c der GewO.

Das Feilbieten von Waren im Umherziehen in der Art, daß dieselben von einer festen Verkaufsstätte aus versteigert werden (Wanderauktionen) ist nach § 56c der GewO. nur ausnahmsweise gestattet.

München, den 8. Februar 1885.

Dr. **von Riedel.** **Frhr. von Feilitzsch.**

Der Generalsekretär:
Ministerialrat
Bauer.

IX.

Bekanntmachung vom 23. Dezember 1897,

den Vollzug des Gesetzes vom $\frac{\text{10. März 1879}}{\text{20. Dezember 1897}}$ über die Besteuerung des Gewerbebetriebs im Umherziehen betr.

(Nr. 24226. GVBl. S. 423 f.)

Kgl. Staatsministerium des Innern, Abteilung für Landwirtschaft, Gewerbe und Handel, und Kgl. Staatsministerium der Finanzen.

Auf Grund der in Art. VI des Gesetzes vom 20. Dezember 1897 wegen Änderung des Gesetzes vom 10. März 1879, betreffend die Besteuerung des Gewerbebetriebs im Umherziehen, enthaltenen Ermächtigung wird nachstehend der Text des Gesetzes vom 10. März 1879, wie er sich infolge der hiezu ergangenen abändernden Bestimmungen ergibt, bekannt gemacht.

Zugleich ergehen zum Vollzuge der abgeänderten Gesetzesbestimmungen folgende Vorschriften:

1. Die Befreiung von der Wandergewerbesteuer für die in Art. 2 Ziff. 1 des Gesetzes bezeichneten Kaufleute, Fabrikanten und anderen Personen, welche ein stehendes Gewerbe betreiben, sowie die in deren Diensten befindlichen Reisenden ist fortan auf diejenigen Formen des Aufsuchens von Warenbestellungen und des Warenaufkaufs beschränkt, zu denen es nach den Bestimmungen der Reichsgewerbeordnung eines Wandergewerbescheines nicht bedarf.

Erfolgt aber das Aufsuchen von Warenbestellungen und der Aufkauf von Waren in einer Weise, welche zur Führung eines Wandergewerbscheines verpflichtet, dann ist für den fraglichen Betrieb vom 1. Januar 1898 ab die Wandergewerbesteuer zu entrichten.

2. Das Rentamt ist nicht gehalten, sich mit einer Prüfung der Frage zu befassen, ob die tatsächlichen Voraussetzungen der Steuerpflicht in den vorangegebenen Fällen — und abgesehen von der Vorschrift in Art. 3 Ziff. 2 des Gesetzes — vorliegen. Maßgebend für die Steuerpflicht ist, daß seitens der zuständigen Verwaltungsbehörde ein Wandergewerbeschein für erforderlich erachtet und erteilt wird.

Die Verwaltungsbehörden haben vor Aushändigung (Art. 8 und 10 des Gesetzes) der Wandergewerbescheine oder vor der Erteilung einer Vormerkung auf denselben zum Zwecke der Ausdehnung des Gewerbebetriebs das treffende Rentamt in geeigneter Weise zu benachrichtigen und die Beteiligten behufs der Steuerveranlagung und Steuerentrichtung an das Rentamt zu verweisen.

3. Die Steuersätze für Musterreisende sind in Nr. 6 des Steuertarifs dahin abgestuft, daß

a) Musterreisende für Geschäfte von größerem Betriebsumfange mit einer Steuer von 60 ℳ und

b) Musterreisende für Geschäfte von kleinerem Betriebsumfange mit einer Steuer von 24 ℳ

zu belegen sind. Ob die Steuer mit 60 ℳ oder mit 24 ℳ in Ansatz zu bringen sei, unterliegt der Würdigung des Rentamts, welches hiebei, soferne der Gewerbsunternehmer dem Rentamtsbezirke angehört, von der eigenen Kenntnis der Verhältnisse, andernfalls aber von den bei der Steueranlage erbrachten Nachweisungen ausgehen wird. Im Zweifel ist der höhere Steuersatz in Berechnung zu bringen, und es dem Steuerpflichtigen anheimzugeben, allenfallsige Beschwerden hiegegen im vorgeschriebenen Rechtszuge anzubringen und zu begründen. — Man vgl. Verhandlung der Kammer der Abgeordneten vom Jahre 1897, Stenogr. Bericht Bd. IX S. 654 und 656. —

4. Bezüglich der weiteren Abänderungen wird auf Art. 4 Abs. 4, Art. 13 Abs. 4, Art. 15 Ziff. 3 und auf die Tarifbeilage des Gesetzes in der beifolgenden neuen Fassung unter dem Anfügen hingewiesen, daß die abgeänderten Steuersätze sofort mit dem 1. Januar 1898 in Wirksamkeit treten.

München, den 23. Dezember 1897.

Dr. **Frhr. v. Riedel.** **Frhr. v. Feilitzsch.**

X.

Bekanntmachung vom 7. März 1898,

den Gewerbebetrieb im Umherziehen betr.

(Nr. 4797. FMinBl. S. 77.)

Kgl. Staatsministerium der Finanzen.

Inhaltlich einer im **Amtsblatte des k.** Staatsministeriums des Innern für 1898 Nr. 7 veröffentlichten Entschließung vom 7. Februar lfd. Js. Nr. 2801 hat das genannte k. Staatsministerium Veranlassung genommen, die mit Entschließung vom 1. Juli 1890 erlassene Anweisung zum Vollzuge der Bestimmungen über den Gewerbebetrieb im Umherziehen einer Revision zu unterstellen.

Die neubearbeitete Anweisung wird hiemit zur Kenntnisnahme und geeigneten Wahrnehmung in nachstehendem Abdrucke bekannt gegeben.

München, den 7. März 1898.

Dr. Frhr. von Riedel.

Anweisung
zum Vollzuge der Bestimmungen über den Gewerbebetrieb im Umherziehen.

I. Der Gewerbebetrieb im Umherziehen im engeren Sinne.

Begriff.

§ 1. Eines Wandergewerbescheins zum Gewerbebetrieb im Umherziehen bedarf, vorbehaltlich der in § 2 angeführten Ausnahmen, wer persönlich

1. Waren feilbieten;
2. Warenbestellungen aufsuchen oder Waren bei anderen Personen als bei Kaufleuten oder an anderen Orten als in offenen Verkaufsstellen zum Wiederverkauf ankaufen;
3. gewerbliche Leistungen anbieten;
4. Musikaufführungen, Schaustellungen, theatralische Vorstellungen oder Lustbarkeiten, ohne daß ein höheres Interesse der Kunst dabei obwaltet, darbieten will, soferne der Betrieb ohne vorgängige Bestellung in einem Gemeindebezirke erfolgt, in welchem der Gewerbetreibende weder seinen Wohnort noch eine gewerbliche Niederlassung besitzt (§ 55 GewO.).

Als „Gemeindebezirk des Wohnortes" gilt auch jene nächste Umgebung desselben, welche durch die höhere Verwaltungsbehörde (in Bayern nach § 1 der Allerh. VO. vom 29. März 1892, GVBl. S. 61 durch die k. Kreisregierung) dem Gemeindebezirke des Wohnortes gleichgestellt worden ist.

Seinen Wohnort im Sinne des Gesetzes hat jemand nur in jenem Gemeindebezirke, in welchem er eine Wohnung unter Umständen inne hat, die auf die Absicht der dauernden Beibehaltung einer solchen schließen lassen.

Eine gewerbliche Niederlassung gilt nicht als vorhanden, wenn der Gewerbetreibende im Inlande ein zu dauerndem Gebrauche eingerichtetes, beständig oder doch in regelmäßiger Wiederkehr von ihm benutztes Lokal für den Betrieb seines Gewerbes nicht besitzt (§ 42 Abs. 2 GewO.).

Eines Wandergewerbescheines bedarf daher auch, wer ein sog. Wanderlager hält, d. h. außerhalb seines Wohnorts und außer dem Meß- und Marktverkehr vorübergehend von einer festen Verkaufsstätte (Laden, Magazin, Zimmer, Schiff u. dgl.) aus Waren zum Verkauf aus freier Hand feilbietet. Die Entscheidung darüber, ob ein feilgebotenes Warenlager nach den oben angegebenen Merkmalen als Wanderlager zu betrachten ist, richtet sich nach den tatsächlichen Verhältnissen des Gewerbebetriebes und es ist für dieselbe der Umstand, daß der Betrieb nach § 14 der GewO. als ein stehender angemeldet wurde, ebensowenig wie die vorübergehende Verlegung des Wohnsitzes in den Betriebsort maßgebend. Die sog. Saisongeschäfte in Badeorten zählen nicht zu den Wanderlagern, da die Inhaber derartiger Geschäfte am Badeorte ein in regelmäßiger Wiederkehr von ihnen benutztes Lokal zu besitzen pflegen.

Ausnahmen.

§ 2. Die in § 1 Abs. 1 angegebene Regel erleidet folgende Ausnahmen, indem eines Wandergewerbescheines zum Gewerbebetrieb im Umherziehen nicht bedürfen:

1. diejenigen Gewerbetreibenden, auf deren Gewerbe gemäß § 6 der GewO. entweder die Bestimmungen dieses Gesetzes überhaupt oder wenigstens die Bestimmungen des Titel III keine Anwendung finden;

2. Gewerbsleute und deren Reisende, welche Waren aufkaufen und Warenbestellungen aufsuchen, soferne sie die hiefür erforderliche Legitimationskarte (§ 44 a GewO.) besitzen und bezüglich des Aufsuchens von Warenbestellungen, des Mitführens der Waren, Muster und Proben sowie bezüglich der Aufkaufsstellen die einschlägigen Vorschriften beachten (siehe unten § 24);

3. diejenigen, welche ausschließlich im Meß- und Marktverkehr Waren aufkaufen oder verkaufen oder Warenbestellungen suchen (§ 64 GewO.);

4. diejenigen, welchen polizeilich ein gewisser Bezirk für ihren Gewerbebetrieb zugewiesen ist, wie z. B. Kaminkehrer;

5. diejenigen, welche selbstgewonnene oder rohe Erzeugnisse der Land- und Forstwirtschaft, des Garten- und Obstbaues, der Geflügel- und Bienenzucht sowie selbstgewonnene Erzeugnisse der Jagd und Fischerei feilbieten (§ 59 Ziff. 1 GewO.);

6. diejenigen, welche in der Umgegend ihres Wohnortes bis zu 15 Kilometer Entfernung von demselben selbstverfertigte Waren, welche zu den Gegenständen des Wochenmarktverkehrs (§ 66 GewO.) gehören, feilbieten oder gewerbliche Leistungen, hinsichtlich deren dies Landesgebrauch ist, anbieten; z. B. Müller, Glaser und ähnliche Gewerbetreibende, welche von Zeit zu Zeit auch ohne vorgängige Bestellung innerhalb eines bestimmten Bezirkes ihre gewerblichen Leistungen anbieten (§ 59 Ziff. 2 GewO.).

Das Feilbieten der in § 59 Ziff. 1 und 2 bezeichneten Gegenstände durch Kinder unter 14 Jahren kann von der Ortspolizeibehörde verboten werden (§ 60 b Abs. 3 GewO.);

7. jene, welche selbstgewonnene Erzeugnisse oder selbstverfertigte Waren, hinsichtlich deren dies Landesgebrauch ist, zu Wasser anfahren und von dem Fahrzeuge aus feilbieten (§ 59 Ziff. 3 GewO.);

8. diejenigen, welche bei öffentlichen Festen, Truppenzusammenziehungen oder anderen außergewöhnlichen Gelegenheiten mit Erlaubnis der Ortspolizeibehörde die von derselben zu bestimmenden Waren feilbieten (§ 59 Ziff. 4 GewO.).

Soferne durch das k. Staatsministerium innerhalb Bayerns der Gewerbebetrieb im Umherziehen mit weiteren Gegenständen des gemeinen Verbrauches ausdrücklich freigegeben wird, sind auch Gewerbetreibende mit solchen Gegenständen von der Lösung eines Wandergewerbescheines befreit (§ 59 Abs. 2 GewO.).

Die unter Ziff. 3 erwähnte Ausnahmebestimmung des freien Marktverkehrs findet keine Anwendung auf Musikaufführungen, Schaustellungen, theatralische Vorstellungen und sonstige Lustbarkeiten (§ 55 Abs. 2 GewO.); ferner tritt die Verpflichtung zur Lösung eines Wandergewerbescheines für diejenigen wieder ein, welche zwar ihre Waren im Meß- und Marktverkehr absetzen, den Ankauf derselben jedoch im

Umherziehen betätigen (Urt. des k. OLG. München vom 11. November 1884, Amtsbl. d. k. Staats-Min. d. J. 1885 S. 10).

Durch die Ausnahmebestimmung in Ziff. 3 bleiben ferner unberührt die Vorschriften über die auf Messen und Märkten zugelassenen Waren (§ 66 GO.) sowie jene Vorschriften, wonach zu gewissen Märkten nur Einheimische zugelassen werden dürfen (§ 30 Abs. 4 der Vollz.-VO. vom 29. März 1892 — GVBl. S. 61 ff.).

Zu Ziff. 5 wird bemerkt:

a) als rohe Erzeugnisse der Land- und Forstwirtschaft, des Garten- und Obstbaues sind zu betrachten inländische Bodenprodukte in ihrem natürlichen Zustande, d. h. wenn sie eine die herkömmlichen Grenzen der land- und forstwirtschaftlichen Tätigkeit überschreitende fabriks- oder handwerksmäßige Bearbeitung nicht erfahren haben; zu den rohen Erzeugnissen der Land- und Forstwirtschaft usw. sind daher nicht zu rechnen: größeres oder auch kleineres Vieh, Eier, verzuckerte, eingemachte, geröstete oder sonst zubereitete Früchte, dann Südfrüchte, Butter, Schmalz, Mehl, Holzwaren, aus selbstgewonnenen Tabaksblättern bereitete Zigarren usw.;

b) nur das Feilbieten, nicht auch das Ankaufen der dort bezeichneten Waren fällt unter diese Ausnahmebestimmung.

Für Ausländer gelten die vorstehend unter Ziff. 5—8 aufgeführten Ausnahmefälle nicht, vielmehr bedürfen diese zur Ausübung des Gewerbebetriebes im Umherziehen jederlei Art eines Wandergewerbescheines (BundesratsVO. vom 27. November 1896 II lit. A Ziff. 1, GVBl. S. 646). Nur dann sind dieselben von der Pflicht zur Lösung eines Wandergewerbescheines befreit, wenn sie ausschließlich den Verkauf roher Erzeugnisse der Land- und Forstwirtschaft, des Garten- und Obstbaues, der Geflügel- und Bienenzucht im gewöhnlichen Grenzverkehr betreiben wollen, doch bedürfen sie in diesem Falle eines von der zuständigen Zollbehörde ausgestellten Legitimationsscheines für den Hausierhandel im Grenzbezirke. Vgl. BundesratsVO. vom 27. November 1896 II A Ziff. 2; § 124 des VereinszollG.; Handelsvertrag mit Österreich-Ungarn vom 6. Dezember 1891, Art. 6 und Schlußprotokoll hiezu, RGBl. S. 3; Handelsvertrag mit der Schweiz vom 10. Dezember 1891, Art. 4 und Beilage hiezu, RGBl. S. 195. Sogar dieser Gewerbebetrieb eines Ausländers im Grenzgebiet kann übrigens durch die Distriktsverwaltungsbehörden verboten werden, wenn eine der in §§ 57 Ziff. 1—4, 57a oder 57b Ziff. 2—4 der GewO. bezeichneten Voraussetzungen vorliegt.

Zuständigkeit zur Ausstellung der Wandergewerbescheine.

§ 3. Die Wandergewerbescheine werden, vorbehaltlich der in Abs. 2 zu erwähnenden Ausnahmen, sowohl für Inländer als auch für Ausländer von jener Distriktsverwaltungsbehörde ausgestellt, in deren Bezirk der Nachsuchende seinen Wohnort oder seinen Aufenthalt hat und zwar in München, soferne es sich um einen Gewerbebetrieb im Umherziehen mit Preßerzeugnissen handelt, von der Polizeidirektion, in allen übrigen Fällen vom Magistrate. Übrigens ist die Distriktsverwaltungsbehörde des Aufenthaltsortes nach freiem Ermessen berechtigt, den Nachsuchenden an die Behörde seines Wohnortes zu verweisen. Insbesondere für die in Karlsberg, Bezirksamts Frankenthal, beheimateten Hausierer muß die Verweisung nach Karlsberg erfolgen bzw. die Distriktsverwaltungsbehörde hat, falls der in Karlsberg beheimatete Hausierer behauptet, daß er im rechtsrheinischen Bayern seinen Wohnsitz genommen habe, die Richtigkeit dieser Behauptung und die Zuverlässigkeit der gemeindlichen Zeugnisse aufs strengste zu prüfen (Min.-Entschl. vom 21. Dezember 1888, Amtsbl. d. k. StaatsMin. d. J. S. 467). Das gleiche Verfahren ist zu beachten bezüglich der in der Gemeinde Neukirchen Bezirksamts Kötzting wohnhaften Hausierer (Min.-Entschl. vom 10. April 1896 — Amtsbl. d. k. Staats-Min. d. J. S. 111).

Hat der Nachsuchende überhaupt in Bayern keinen Wohnsitz oder will derselbe im Umherziehen Musikaufführungen, Schaustellungen, theatralische Vorstellungen oder sonstige Lustbarkeiten, ohne daß ein höheres Interesse der Kunst dabei obwaltet, darbieten, so ist der Wandergewerbeschein von jener Distriktsverwaltungsbehörde auszustellen, in deren Bezirk der Gewerbebetrieb begonnen werden will (in München, soferne es sich im ersteren Falle um das Hausieren mit Preßerzeugnissen handelt von der Polizeidirektion, in allen übrigen Fällen vom Magistrate).

In denjenigen Fällen, in welchen ein Wandergewerbeschein nur für den Bezirk der ausstellenden Behörde gültig ist (vgl. nachfolgenden § 4), also insbesondere bei allen Wandergewerbescheinen für Ausländer, erfolgt die Ausdehnung auf andere Bezirke durch die Distriktsverwaltungsbehörde jenes Bezirkes, für welchen die Ausdehnung nachgesucht wird.

Über das Verfahren bei Ausstellung von Wandergewerbescheinen an solche Personen, welche den Gewerbebetrieb im Umherziehen gar nicht in Bayern ausüben wollen, siehe unten § 17 Abs. 4 Ziff. 6.

Geltungsgebiet der Wanderscheine.

§ 4. Der von der zuständigen Behörde unter Benützung des vorgeschriebenen Formulares (siehe unten § 17) ausgestellte Wandergewerbeschein gilt für das ganze Reich, folgende Fälle ausgenommen:

1. der Wandergewerbeschein für das Darbieten von Musikaufführungen, Schaustellungen, theatralischen Vorstellungen oder sonstigen Lustbarkeiten, bei welchen ein höheres Interesse der Kunst oder der Wissenschaft nicht obwaltet, gewährt die Befugnis zum Gewerbebetriebe nur in jenen Verwaltungsbezirken, für welche er von den Verwaltungsbehörden dieser Bezirke ausgestellt oder ausgedehnt ist und, soferne das Gewerbe an einem Orte von Haus zu Haus oder auf öffentlichen Wegen, Straßen, Plätzen oder an anderen öffentlichen Orten ausgeübt werden will, nur nach erlangter vorgängiger Erlaubnis der Ortspolizeibehörde (§ 60a der GewO. und § 25 der Allerh. VO. vom 29. März 1892);

2. der einem Ausländer erteilte Wandergewerbeschein berechtigt denselben nur zur Ausübung des Gewerbebetriebes in jenem Bezirke, dessen Distriktsverwaltungsbehörde den Wandergewerbeschein ausgestellt oder ausgedehnt hat (BundesratsVO. vom 27. November 1896 Abs. II lit. A Ziff. 6);

3. wer einen Wandergewerbeschein zum Feilbieten von Druckschriften, anderen Schriften oder Bildwerken besitzt, bedarf zur Ausübung dieses Gewerbes, abgesehen von dem Druckschriftenverzeichnisse (siehe unten § 20 Ziff. 11 lit. b), der Erlaubnis der Ortspolizeibehörde, soferne er seine Waren auf öffentlichen Wegen, Straßen, Plätzen oder an anderen öffentlichen Orten ausrufen, verkaufen, verteilen, anheften oder anschlagen will (§ 43 GewO.);

4. sämtliche Wandergewerbescheine sind bezüglich ihrer Wirksamkeit in Bayern insoferne beschränkt, als sie die Befugnis zum Hausieren nur nach vorgängiger Entrichtung der Landessteuern gewähren (§ 60 GewO.). Über die Steuer für den Gewerbebetrieb im Umherziehen, ferner die „besondere Abgabe" sowie die Gebühren siehe unten §§ 10, 11 und 31;

5. Wandergewerbescheine zum Betrieb des Feilbietens geistiger Getränke, soferne solches Feilbieten wegen eines besonderen Bedürfnisses vorübergehend von der Ortspolizeibehörde gestattet wurde, haben nur für jenen Bezirk Gültigkeit, auf welchen dieselben von der ausstellenden Behörde beschränkt wurden (§ 56 Abs. 2 Ziff. 1 und § 60 Abs. 1 GewO.);

6. Wandergewerbescheine zum Betriebe des Gaurittes haben nur für jenen Bezirk Gültigkeit, für welchen der Gauritt gestattet wurde (§§ 56 und 58 Abs. 2 der Allerh. Verord. vom 8. Juni 1890, das Gestütswesen betr., GVBl. S. 425 ff.).[1])

Geltungsdauer.

§ 5. Der Wandergewerbeschein gilt für das Kalenderjahr, für welches er ausgestellt wurde, soferne nicht dessen Zurücknahme schon vor Ablauf des Kalenderjahres wieder verfügt wird.

Die Geltungsdauer ist jedoch in nachstehenden Fällen eine kürzere:

1. Der Wandergewerbeschein für das Darbieten von Musikaufführungen, Schaustellungen, theatralischen Vorstellungen oder sonstigen Lustbarkeiten, bei welchen ein höheres Interesse der Kunst oder Wissenschaft nicht obwaltet, kann für eine kürzere Zeit als das Kalenderjahr oder sogar nur für bestimmte Tage während des Kalenderjahres ausgestellt werden; derartige Wandergewerbescheine gelten darum nur dann für das Kalenderjahr, wenn dies ausdrücklich im Scheine bemerkt ist (§ 60 Abs. 2 GewO.);

2. Wandergewerbescheine zur Ausübung des Gaurittes gelten nur für die Zeit vom 1. Februar bis 15. Juli des Kalenderjahres (§ 58 Abs. 4 der Allerh. Verord. vom 8. Juni 1890, GVBl. S. 425);[1])

3. Wandergewerbescheine für Ausländer können gleichfalls für eine kürzere Dauer als das Kalenderjahr oder für bestimmte Tage während des Kalenderjahres ausgestellt werden, gelten also nur dann auf die Dauer des Kalenderjahres, soferne nicht eine kürzere Gültigkeitsdauer im Scheine vorgemerkt ist (BRVO. vom 27. November 1896, Abs. II lit. A Ziff. 8);

4. auch der ausnahmsweise für das Feilbieten geistiger Getränke erteilte Wandergewerbeschein kann zeitlich beschränkt werden und gilt nur für jene Zeitdauer, welche von der ausstellenden Behörde ausdrücklich in dem Wandergewerbeschein vorgemerkt wird (§ 56 Abs. 2 Ziff. 1 und § 60 Abs. 1 GewO.).

Zu beachten ist, daß minderjährigen Personen im Wandergewerbeschein das Verbot der Gewerbeausübung nach Sonnenuntergang und minderjährigen Personen weiblichen Geschlechts das Verbot der Gewerbeausübung von Haus zu Haus auferlegt werden kann (§ 60 b GewO.).

Der Gewerbebetrieb im Umherziehen an Sonn- und Festtagen ist, soweit er unter § 55 Abs. 1 Ziff. 1 bis 3 der GewO. fällt und zwar auch für die im § 42 b der GewO. bezeichneten Personen, verboten (§ 55 a GewO.). Die nach Abs. 2 des § 55 a der GewO. zulässigen Ausnahmen

---

[1]) S. oben Anm. 10 zum Steuertarif.

sind nur unter ganz besonderen Verhältnissen zu gewähren (MinE. vom 18. April 1892 Ziff. III, MABl. S. 195).

Endlich ist zu beachten, daß eine zeitliche und räumliche Beschränkung der Wandergewerbescheine auch in solchen Fällen sich ergeben kann, wo durch ortspolizeiliche Vorschriften die Ausübung des Gewerbebetriebes aus bau-, feuer-, straßen-, gesundheits-, sitten- und preßpolizeilichen Rücksichten eine besondere Regelung gefunden hat. (Urteil des K. Oberlandesgerichtes München vom 28. Dezember 1886, ABl. des K. Staats-Min. d. J. Jahrg. 1887 S. 57).

Bezüglich der Fälle, in welchen der Wandergewerbeschein vor Ablauf des Kalenderjahres zurückgenommen werden kann, siehe unten § 22.

Verbotene Gegenstände.

§ 6. Der Hausierer soll nicht günstiger behandelt werden, als derjenige, welcher ein stehendes Gewerbe betreibt; alle Beschränkungen, welche letzterem hinsichtlich des Feilhaltens gewisser Waren auferlegt sind, gelten also auch für das Feilbieten im Umherziehen (§ 56 Abs. 1 GewO.).

Insbesondere aber sind ausgeschlossen

a) vom Ankauf sowohl sowie vom Feilbieten (§ 56 Abs. 2 GewO.):
1. geistige Getränke, soweit nicht das Feilbieten derselben von der Ortspolizeibehörde im Falle besonderen Bedürfnisses vorübergehend gestattet ist;
2. gebrauchte Kleider, gebrauchte Wäsche, gebrauchte Betten und gebrauchte Bettstücke, insbesondere Bettfedern, Menschenhaare, Garnabfälle, Enden und Dräumen von Seide, Wolle, Leinen oder Baumwolle;
3. Gold- und Silberwaren, Bruchgold und Bruchsilber, sowie Taschenuhren;
4. Spielkarten;
5. Staats- und sonstige Wertpapiere, Lotterielose, Bezugs- und Anteilscheine auf Wertpapiere und Lotterielose;
6. explosive Stoffe, insbesondere Feuerwerkskörper, Schießpulver und Dynamit;
7. solche mineralische und andere Öle, welche leicht entzündlich sind, insbesondere Petroleum, sowie Spiritus;
8. Stoß-, Hieb- und Schußwaffen;
9. Gifte und gifthaltige Waren; Arznei- und Geheimmittel;
10. Bäume aller Art, Sträucher, Schnitt-, Wurzel-Reben, Futtermittel und Sämereien, mit Ausnahme von Gemüse und Blumensamen;
11. Schmucksachen, Bijouterien, Brillen und optische Instrumente.

b) vom Feilbieten und Aufsuchen von Bestellungen im Umherziehen:
Druckschriften, andere Schriften und Bildwerke, insoferne sie in sittlicher oder religiöser Beziehung Ärgernis zu geben geeignet sind oder mittels Zusicherung von Prämien oder Gewinnen vertrieben werden, oder in Lieferungen erscheinen, wenn nicht der Gesamtpreis an jeder einzelnen Lieferung an einer in die Augen fallenden Stelle bestimmt verzeichnet ist.

Das Verbot des Gewerbebetriebes kann auf weitere Gegenstände durch Beschluß des Bundesrats, in dringenden Fällen durch Anordnung des Reichskanzlers ausgedehnt werden (§ 56 b Abs. 2 GewO.).

Die dem Verbote des Hausierens unterliegenden, vorstehend unter lit. a Ziff. 1—11 aufgeführten Gegenstände können ausnahmsweise durch den Bundesrat, soweit ein Bedürfnis obwaltet, zum Gewerbebetriebe im Umherziehen zugelassen werden. Den Landesregierungen steht die gleiche Befugnis für ihr Gebiet hinsichtlich der unter lit. a Ziff. 10 bezeichneten Gegenstände zu.

Das Feilbieten geistiger Getränke kann durch die Ortspolizeibehörden in vorübergehender Weise mit räumlicher und zeitlicher Beschränkung im Falle eines besonderen Bedürfnisses gestattet werden (§ 60 Abs. 1 GewO.).

In beiden vorbezeichneten Fällen bedarf übrigens der Hausierer, wenn ausnahmsweise der hausiermäßige Vertrieb derartiger Gegenstände von der zuständigen Behörde erlaubt wurde, eines Wandergewerbescheines.

Bezüglich des Verkehrs mit Sprengstoffen wird auf das Reichsgesetz vom 9. Juni 1884 (RGBl. S. 61) verwiesen.

Verbotene Gewerbsarten.

§ 7. Wandergewerbescheine dürfen nicht erteilt werden zum Gewerbebetrieb im Umherziehen:

1. für die Ausübung der Heilkunde, insoweit der Ausübende für dieselbe nicht approbiert ist (§ 56 a Ziff. 1 GewO.);

2. für das Aufsuchen und die Vermittelung von Darlehensgeschäften und von Rückkaufsgeschäften ohne vorgängige Bestellung, ferner für das Aufsuchen von Bestellungen auf Staats- und sonstige Wertpapiere, Lotterielose und Bezugs- und Anteilscheine auf Wertpapiere und Lotterielose (§ 56 a Ziff. 2 GewO.);

3. für das Aufsuchen von Bestellungen auf Branntwein und Spiritus bei Personen, in deren Gewerbebetriebe dieselben keine Verwendung finden (§ 56 a Ziff. 3 GewO.);

4. für das Feilbieten von Waren, sowie das Aufsuchen von Bestellungen auf Waren, wenn solche gegen Teilzahlungen unter dem Vorbehalt veräußert werden, daß der Veräußerer wegen Nichterfüllung der dem Erwerber obliegenden Verpflichtungen von dem Vertrage zurücktreten kann (§§ 1 und 6 des Gesetzes über die Abzahlungsgeschäfte vom 16. Mai 1894).

5. für das Feilbieten von Waren in der Art, daß dieselben versteigert (Wanderauktion) oder im Wege des Glücksspieles oder der Ausspielung (Lotterie) abgesetzt werden (§ 56 c Abs. 1 GewO.);

6. für das Umherziehen mit Zuchthengsten zur Deckung von Stuten (§ 56 b Abs. 3 GewO., § 55 Allerh. Verord. vom 8. Juni 1890, GVBl. S. 425).[1]

Ausnahmen von dem Verbote können bewilligt werden

a) bei dem in Ziff. 5 bezeichneten Gewerbsbetriebe durch die nach Maßgabe der Allerh. Verord. vom 10. Juli 1867 (RegBl. S. 810) zuständigen Behörden unter Beachtung der MinE. vom 25. Juli 1878 (Amtsbl. des K. St.-Min. d. J. S. 263) und der MinBek. vom 9. Januar 1884 (GVBl. S. 34); bei Versteigerungen durch die Distriktsverwaltungsbehörden gemäß § 25 der Allerh. Verord. vom 29. März 1892, jedoch nur bei Waren, welche dem raschen Verderben ausgesetzt sind (Art. 15 der Novelle vom 6. August 1896);

b) bei dem in Ziff. 6 bezeichneten Gewerbebetrieb von der Distriktspolizeibehörde des Wohnortes des Gewerbetreibenden nach vorgängiger Äußerung des Körausschusses (§§ 57 und 58 der Allerh. Verord. vom 8. Juni 1890).

Persönliche Versagungsgründe.

§ 8. Für Inländer (Deutsche) gilt folgendes:

I. Der Wandergewerbeschein muß versagt werden:

1. wenn der Nachsuchende mit einer abschreckenden oder ansteckenden Krankheit behaftet oder in einer abschreckenden Weise entstellt ist;

2. wenn er unter Polizeiaufsicht steht;

3. wenn er wegen strafbarer Handlungen aus Gewinnsucht, gegen das Eigentum, gegen die Sittlichkeit, wegen vorsätzlicher Angriffe auf das Leben und die Gesundheit der Menschen, wegen Land- oder Hausfriedensbruchs, wegen Widerstands gegen die Staatsgewalt, wegen vorsätzlicher Brandstiftung, wegen Zuwiderhandlungen gegen Verbote oder Sicherungsmaßregeln, betreffend Einführung oder Verbreitung ansteckender Krankheiten oder Viehseuchen, zu einer Freiheitsstrafe von mindestens drei Monaten verurteilt ist, und seit Verbüßung der Strafe drei Jahre noch nicht verflossen sind;

4. wenn er wegen gewohnheitsmäßiger Arbeitsscheu, Bettelei, Landstreicherei, Trunksucht übel berüchtigt ist;

5. in dem Falle des § 55 Ziff. 4 der GewO., sobald der den Verhältnissen des Verwaltungsbezirks der zuständigen Verwaltungsbehörde entsprechenden Anzahl von Personen Wandergewerbescheine erteilt oder ausgedehnt sind (§ 60 Abs. 2 GewO.).

Das Verbot der Ausstellung von Wandergewerbescheinen in diesen Fällen ist ein unbedingtes. Die Bedürfnisfrage bei den Gesuchen um Ausstellung eines Wandergewerbescheines für den in § 55 Ziff. 4 der GewO. bezeichneten Gewerbebetrieb ist strengstens zu prüfen, um jegliche Belästigung durch allzuviele und allzuhäufige Produktionen hintanzuhalten.

II. Der Wandergewerbeschein ist in der Regel zu versagen:

1. wenn der Nachsuchende das fünfundzwanzigste Lebensjahr noch nicht vollendet hat, es sei denn, daß er der Ernährer einer Familie ist, und bereits 4 Jahre im Wandergewerbe tätig gewesen ist.

2. wenn er blind, taub oder stumm ist oder an Geistesschwäche leidet.

Von dieser Vorschrift unter 1 ist der ausgiebigste Gebrauch zu machen und außer dem in Art. 17 Abs. 2 der Novelle vom 6. August 1896 berührten Falle nur dann davon abzusehen, wenn der Nachsuchende volljährig ist, bereits früher einen Wandergewerbeschein besessen hat und seinen oder der seinigen Unterhalt auf andere Weise nicht zu erwerben vermag.

Denjenigen Personen gegenüber, welche mit körperlichen Gebrechen behaftet sind, darf ein Wandergewerbeschein nur dann erteilt werden, wenn die Behörde der wohlbegründeten Überzeugung ist, daß das körperliche oder geistige Gebrechen nicht lediglich zum Zwecke der Bettelei mißbraucht wird oder daß die Ausübung des Gewerbes für den blinden, tauben, stummen oder geistesbeschränkten Hausierer eine besondere Gefahr beim Verkehr auf öffentlichen Straßen, Wegen und Plätzen nicht mit sich bringen werde.

III. Nicht verpflichtet, wohl aber berechtigt sind die Distriktsverwaltungsbehörden, die Ausstellung eines Wandergewerbescheines zu versagen:

1. wenn der Nachsuchende im Inlande einen festen Wohnsitz nicht hat;

2. wenn er wegen strafbarer Handlungen aus Gewinnsucht, gegen das

Eigentum, gegen die Sittlichkeit, wegen vorsätzlicher Angriffe auf das Leben und die Gesundheit der Menschen, wegen Hausfriedensbruchs, wegen Widerstands gegen die Staatsgewalt, wegen vorsätzlicher Brandstiftung, wegen Zuwiderhandlungen gegen Verbote oder Sicherungsmaßregeln, betreffend Einführung oder Verbreitung ansteckender Krankheiten oder Viehseuchen, zu einer Freiheitsstrafe von mindestens einer Woche verurteilt ist, und seit der Verbüßung der Strafe fünf Jahre noch nicht verflossen sind;

3. wenn er wegen Verletzung der auf den Gewerbebetrieb im Umherziehen bezüglichen Vorschriften im Laufe der letzten drei Jahre wiederholt bestraft ist;

4. wenn er ein oder mehrere Kinder besitzt, für deren Unterhalt und, soferne sie im schulpflichtigen Alter stehen, für deren Unterricht nicht genügend gesorgt ist.

Auch in diesen Fällen ist mit besonderer Strenge zu verfahren und namentlich inländischen Zigeunern gegenüber von der Befugnis zur Versagung des Wandergewerbescheines ausgiebiger Gebrauch zu machen. (MinE. vom 5. Oktober 1889, Amtsbl. des K. St.-Min d. J. S. 289).

Für umherziehende Schauspielergesellschaften darf der Wandergewerbeschein nur dann ausgestellt werden, wenn zuvor dem Unternehmer die nach § 32 der GewO. erforderliche Erlaubnis seitens der Distriktsverwaltungsbehörde (in München seitens der Polizeidirektion) für das genau bezeichnete Unternehmen erteilt worden ist (§ 60d Abs. 4 GewO.).

1. Jedem Antrage auf Erteilung eines Wandergewerbescheines ist ein Zeugnis der Ortspolizeibehörde des Wohnsitzes, oder falls der Antragsteller einen festen Wohnsitz im Inland nicht hat, des Aufenthaltsorts beizufügen. Das Zeugnis ist nach einem Formular aufzustellen, welches sich auf die in der Anlage (Beilage 1) aufgeführten Punkte erstreckt. Die zur Erteilung der Wandergewerbescheine zuständigen Behörden haben auf die genaue Beantwortung dieser Fragen zu halten und die etwa nötige Ergänzung erforderlichenfalls durch Benehmen mit der Strafregisterbehörde herbeizuführen.

Bei Personen, welche sich bereits im Besitz eines gültigen Wandergewerbescheins befinden, genügt in der Regel die Bescheinigung, daß seit der Ausstellung des letzten Scheins keine Veränderung in den Verhältnissen eingetreten, namentlich keine Bestrafung wegen Übertretung der auf den Gewerbebetrieb im Umherziehen bezüglichen Vorschriften und keine Verurteilung zu einer Freiheitsstrafe von mindestens einer Woche erfolgt ist.

2. Von der Bestimmung des § 57b Ziff. 4 der GewO., wonach der Wandergewerbeschein versagt werden darf, wenn für den Unterhalt der Kinder des Wandergewerbetreibenden und den Schulunterricht seiner schulpflichtigen Kinder nicht genügend gesorgt ist, ist streng Gebrauch zu machen.

Die Erlaubnis zur Mitführung von Kindern unter vierzehn Jahren gemäß § 62 Abs. 5 der GewO. ist, sofern es sich nicht um die eigenen Kinder oder Enkel handelt, nur in besonders dringenden Ausnahmefällen zu erteilen.

Die Erlaubnis zur Mitführung schulpflichtiger Kinder ist gemäß § 62 Abs. 4 der GewO. stets zu versagen, wenn der ausreichende Unterricht derselben nicht durch besondere Vorkehrungen gesichert ist; vor Erteilung der Erlaubnis ist in der Regel eine Äußerung der Schulaufsichtsbehörde einzuholen.

3. Wird die Erlaubnis zur Mitführung von Kindern unter vierzehn Jahren erteilt, so ist auf den zu handschriftlichen Eintragungen freigelassenen Seiten des Wandergewerbescheines zu bemerken, daß die Mitführung nicht zu gewerblichen Zwecken erfolgen darf (§ 62 Abs. 3, § 148 Ziff. 7 d GewO.).

4. An der in Ziff. 3 bezeichneten Stelle sind etwaige Beschränkungen einzutragen, welche minderjährigen Personen hinsichtlich des Gewerbebetriebes auf Grund des § 60 b Abs. 1 der GewO. auferlegt sind.

5. Bei Beaufsichtigung des Gewerbebetriebes im Umherziehen ist u. a. darauf zu achten,

a) daß Kinder, für welche die ausdrückliche Erlaubnis zur Mitführung nicht unter genauer Bezeichnung in dem Wandergewerbeschein ausgesprochen ist, nicht mitgeführt werden;

b) daß eine Vernachlässigung der mitgeführten Kinder hinsichtlich des Unterhalts, der körperlichen und sittlichen Pflege und, soweit sie schulpflichtig sind, hinsichtlich des Unterrichts nicht stattfindet;

c) daß die Mitführung der im Wandergewerbeschein aufgeführten Kinder unter vierzehn Jahren nicht zum Zwecke ihrer Verwendung im Gewerbebetriebe des Wandergewerbetreibenden, namentlich auch nicht zur Mitwirkung bei Vorstellungen umherziehender Künstler niederer Gattung, oder zu Schaustellungen als Naturmerkwürdigkeiten (Riesenkinder u. dgl.) erfolgt. Jede Verwendung zu gewerblichen Zwecken ist zu verhindern, soweit nicht besondere Gründe die Überzeugung ergeben, daß es sich im einzelnen Falle nur um eine einmalige gelegentliche, bei der Mitführung nicht bezweckte geringe Hilfeleistung handelt.

6. Wenn Wandergewerbetreibende zur Unterbringung der Familie Wagen oder Buden benutzen, so ist deren Zustand und Benutzung in gesundheits- und sittenpolizeilicher Beziehung zu überwachen.

7. Werden Zuwiderhandlungen gegen die Bestimmungen über die Mitführung von Kindern festgestellt, so hat die zuständige Behörde regelmäßig das Strafverfahren und, sofern die gesetzlichen Voraussetzungen vorliegen, die Zurücknahme des Wandergewerbescheins (§ 58 GewO.) oder der Erlaubnis zur Mitführung der Kinder (§ 62 Abs. 4 und 5 daselbst) herbeizuführen.

Bei Verfolgung der Zuwiderhandlungen haben die Polizei- und Sicherheitsbeamten von ihrer Befugnis zur vorläufigen Festnahme innerhalb der gesetzlichen Grenzen (§§ 127, 113, 112 Nr. 2 und 3 der StPO., Art. 102 des bayer. AG. hiezu) Gebrauch zu machen. Es ist zu beachten, daß die Fortsetzung der unbefugten Mitführung von Kindern nach erfolgter Bestrafung zum Gegenstand eines neuen Strafverfahrens gemacht werden kann.

8. Es sind Anordnungen zu treffen, daß von jeder rechtskräftigen Verurteilung eines Wandergewerbetreibenden, welche für die Zurücknahme des Wandergewerbescheines gemäß § 58 der GewO. von Belang ist, derjenigen Behörde, welche den Wandergewerbeschein ausgestellt hat, unter Angabe der Nummer des letzteren Mitteilung gemacht werde.

9. Wird der Wandergewerbeschein oder die Erlaubnis zur Mitführung von Kindern von einer anderen höheren Verwaltungsbehörde als derjenigen, welche den Schein ausgestellt oder die Erlaubnis erteilt hat, zurückgenommen, so ist der letzteren ebenfalls Mitteilung zu machen.

§ 9. Die in § 8 angeführten Versagungsgründe mit Ausnahme jenes des Mangels eines festen Wohnsitzes im Inlande (III, 1) gelten auch für den Fall, daß ein Ausländer um Ausstellung oder Ausdehnung eines Wandergewerbescheines nachsucht.

Außerdem muß aber Ausländern gegenüber der Wandergewerbeschein gemäß der Bundesratsverordnung vom 27. November 1896 noch versagt werden:

1. wenn der Nachsuchende zu den Zigeunern gehört;

2. wenn der Nachsuchende das 25. Lebensjahr noch nicht überschritten hat oder durch seine Persönlichkeit zu erheblichen polizeilichen Bedenken Anlaß gibt;

3. wenn ein Bedürfnis zur Ausstellung von Wandergewerbescheinen für Ausübung des betreffenden Gewerbes, gleichviel welcher Art, im Bezirke der Behörde nicht besteht oder sobald für das Gewerbe, für welches der Schein nachgesucht wird, die den Verhältnissen des Verwaltungsbezirkes der Behörde entsprechende Anzahl von Wandergewerbescheinen bereits erteilt oder ausgedehnt worden ist.

Die in Ziff. 2 bezeichnete Voraussetzung wird meist dann als gegeben zu erachten sein, wenn der Nachsuchende der deutschen Sprache gänzlich unkundig ist, oder wenn angenommen werden muß, daß sich derselbe ohne Inanspruchnahme fremder Unterstützung seinen Unterhalt nicht werde verschaffen können.

Topfbindern, Kesselflickern, Händlern mit Blech- und Drahtwaren und ähnlichen Gegenständen, Drehorgelspielern und Dudelsackpfeifern darf ein Wandergewerbeschein nur dann ausgefertigt werden, wenn — vorausgesetzt, daß keine sonstigen Versagungsgründe vorliegen — der Nachsuchende bereits in dem nächst vorangegangenen Kalenderjahre einen Wandergewerbeschein für dasselbe Gewerbe erhalten hatte. (Bundesratsverordnung v. 27. November 1896 Abs. II lit. A Ziff. 4 Abs. 2.) Durch diese Vorschrift ist bezweckt, neue ausländische Gewerbetreibende dieser Art überhaupt im Inlande nicht mehr zuzulassen. Diese Vorschrift wird neuerdings ausdrücklich in Erinnerung gebracht und deren strengster Vollzug angeordnet.

Die Ausdehnung des einem Ausländer erteilten Wandergewerbescheines auf den Bezirk einer anderen Behörde ist zu versagen, wenn ein Bedürfnis zur Ausübung des betreffenden Gewerbes in dem Bezirk der Behörde überhaupt nicht besteht oder sobald für die den Verhältnissen des Bezirkes entsprechende Anzahl von Personen Wandergewerbescheine bereits erteilt oder auf den betreffenden Bezirk ausgedehnt sind.

Ausländer, welche um einen Wandergewerbeschein nachsuchen, haben mit ihrem Gesuche vorzulegen:

1. einen Paß oder Heimatschein, dessen Gültigkeit noch nicht abgelaufen ist und aus welchem sich neben der Heimatangehörigkeit das Alter des Nachsuchenden ergibt;

2. ein durch die Gesandtschaft oder das Konsulat beglaubigtes, nicht über 6 Monate altes Zeugnis ihrer Heimatbehörde darüber, daß gegen den Betreffenden nichts Nachteiliges vorliegt. Über die Beglaubigung solcher Zeugnisse in Österreich-Ungarn siehe MinEntschl. v. 13. Januar 1882, Amtsbl. d. k. StMin. d. J. S. 10. Bei Ausländern, welche im Reichsgebiete ihren Wohnsitz haben und welche sich bereits im Besitze eines noch nicht abgelaufenen Wandergewerbescheines befinden, ist nach Maßgabe der Vorschriften in § 8 zu verfahren.

Steuern und Umlagen.

§ 10. Den Behörden ist untersagt, einen Wandergewerbeschein zum Gewerbebetrieb im Umherziehen auszustellen oder auszudehnen oder mit einer Vormerkung über die Zahlung der besonderen Abgabe (siehe § 11 unten) zu versehen, solange nicht der um die Ausstellung bzw. Ausdehnung des Wandergewerbescheines Nachsuchende die nach den Bestimmungen des Gesetzes vom $\frac{\text{10. März 1879}}{\text{20. Dezember 1897}}$, die Besteuerung des Gewerbebetriebes im Umherziehen betr., von ihm zu entrichtende Steuer bezahlt hat. Die einschlägigen Ministerialbekanntmachungen vom 1. Februar 1882, 13. Dezember 1883, 8. Februar 1885 (Amtsbl. d. k. StMin. d. J. 1882 S. 74, 1883 S. 392, 1885 S. 57) bleiben aufrecht erhalten, wobei an Stelle des Gesetzes vom 10. März 1879 das abgeänderte in der Textierung vom 23. Dezember 1897 (GVBl. S. 424 ff.) und an Stelle der Bundesratsverordnung vom 31. Oktober 1883 jene vom 27. November 1896 zu treten hat.

Im einzelnen wird folgendes bemerkt:

Die örtliche Zuständigkeit der k. Rentämter zur Erhebung der Steuer vom Gewerbebetrieb im Umherziehen richtet sich nach der Ministerialbekanntmachung vom 1. Februar 1882.

Die Rentämter haben sich zur Ausfertigung des Besteuerungsnachweises der Wandergewerbescheinformulare zu bedienen, welche sie von den Distriktsverwaltungsbehörden in entsprechendem Vorrat gegen spätere Verrechnung beziehen (MinBekanntm. v. 13. Dezember 1883, Amtsbl. d. k. StMin. d. J. S. 392).

Wird in den Fällen des Art. 2 lit. a und b des Wandergewerbesteuergesetzes die Erteilung eines Wandergewerbescheines oder die Ausdehnung eines solchen auf Bayern von der zuständigen Verwaltungsbehörde für erforderlich erachtet, so hat letztere hievon dem Rentamte unter Bezeichnung des Reisenden und der Firma, für deren Rechnung der Betrieb erfolgt, Kenntnis zu geben und hiemit die Steueranlage und die Entrichtung der Steuer nebst Umlagen zu veranlassen (MinBekanntmachung v. 23. Dezember 1897, GVBl. S. 423).

Die mit dem Besteuerungsnachweise versehenen Formulare sind durch den Boten oder die Post — in keinem Falle durch den beteiligten Gewerbetreibenden selbst — an die Distriktspolizeibehörden zu übermitteln.

Ergibt sich bei Prüfung des Gesuches um Ausstellung des Wandergewerbescheines, daß der Wandergewerbeschein zu versagen ist, so hat die Distriktsverwaltungsbehörde das Formular an das Rentamt behufs Rückgabe der Steuer zurückzusenden. Die auf diese Weise unbrauchbar werdenden Formulare sind von dem Rentamte einstweilen aufzubewahren und gelegentlich der Abrechnung an die Distriktspolizeibehörde zurückzugeben, welche sie alsdann vernichtet (Ziff. 4 der MinBekanntm. v. 13. Dezember 1883 Amtsbl. des k. StMin. d. J. S. 392).

Um übrigens das Vorkommen derartiger Rückerstattungen der beim Rentamte veranlagten Steuer vom Gewerbebetrieb im Umherziehen wegen distriktspolizeilicher Versagung des Wandergewerbescheines tunlichst zu vermindern, besteht kein Bedenken, wenn die Rentämter in Fällen, in welchen nach den obwaltenden Umständen hinsichtlich der Genehmigung, der Ausstellung oder Ausdehnung eines Wandergewerbescheines Zweifel sich ergeben (z. B. bei Ausländern, bei Gewerbetreibenden der in § 55 Ziff. 4 der GewO. bezeichneten Art) vor Ausfertigung des in den Wandergewerbeschein einzutragenden Besteuerungsnachweises sich mit der einschlägigen Distriktspolizeibehörde benehmen und deren Mitteilung darüber abwarten, ob im gegebenen Falle der Wandergewerbeschein erteilt oder versagt werde.

Ehe die Behörden den Wandergewerbeschein ausstellen, haben sie solchen Personen gegenüber, welche in Bayern einen Wohnsitz nicht haben, nicht bloß über die erfolgte Entrichtung der Staatssteuern, sondern auch über die vorherige Bezahlung der Kreisumlagen, welche ohnehin von den Rentämtern gleichzeitig mit der Staatssteuer perzipiert werden, sowie der Distrikts- und Gemeindeumlagen sich Nachweis erbringen zu lassen.[2])

Bei der Berechnung dieser Umlagen ist, wenn der Prozentsatz für das Jahr, für welches der Wandergewerbeschein gilt, noch nicht feststeht, der Prozentsatz des nächstvorhergegangenen Jahres zugrunde zu legen.

Die Bescheinigung über die bezahlten Distrikts- und Gemeindeumlagen ist unmittelbar an die rentamtliche Steuerquittung im Wandergewerbescheine anzuschließen, zu welchem Zwecke der Besteuerungsnachweis behufs Erhebung der Umlagen durch einen Boten oder durch die Post an die hiezu berechtigte Gemeindebehörde zu senden ist.

Ausnahmsweise kann sich ergeben, daß für solche, welche ein Gewerbe im Umherziehen betreiben wollen,

1. zwar kein Wandergewerbeschein erforderlich ist, aber die Steuerpflicht besteht,

2. zwar keine Steuerpflicht besteht, wohl aber die Lösung eines Wandergewerbescheines vorgeschrieben ist.

Vgl. über diese Ausnahmsfälle Ziff. 11 der MinBekanntm. vom 8. Februar 1885 (Amtsbl. d. k. StMin. d. J. S. 57ff.).

In den unter 2 genannten Fällen ist seitens des Rentamts der dem Wandergewerbeschein beigedruckten Bescheinigung über die Entrichtung der Landessteuern ein Vermerk etwa folgenden Inhalts beizufügen:

„Steuerfrei nach dem Gesetze vom $\frac{\text{10. März 1879}}{\text{20. Dezember 1897}}$"

und eventuell ist beizusetzen:[3])

„zur Gewerbesteuer nach dem Gesetze vom 19. Mai 1881 veranlagt nach Tar.-Nr. . . . . . . mit

Normalanlage . . . . . M . . . ₰
Betriebsanlage . . . . . M . . . ₰
insgesamt . . . . . M . . . ₰"

Für die unter 1 genannten Fälle, in welchen eine Tätigkeit der Distriktsverwaltungsbehörden nicht eintritt, ist hinsichtlich der Erhebung der Staatssteuern, Distrikts- und Gemeindeumlagen das weitere Verfahren geregelt durch § 4 der Ministerial-Bekanntmachung vom 1. Fe-

[2]) Über Umlagen siehe oben Anm. 2 zu Art. 6, siehe auch bez. der Hausierer von Karlsberg, Bez.-A. Frankenthal, und Neukirchen, Bez.-A. Kötzting, oben § 3 der Anw.

[3]) Nunmehr etwa folgender Zusatz: „veranlagt nach den Gesetzen vom 14. August 1910 mit . . . . . . M . . ₰ Einkommensteuer,
. . . . . . M . . ₰ Gewerbsteuer."

bruar 1882 und § 11 der Ministerial-Bekanntmachung vom 8. Februar 1885 (Amtsbl. d. k. StMin. d. J. 1882 S. 74 und 1885 S. 57).

Die Bestimmungen über Besteuerungsnachweise bei Ausstellung von sog. Kollektiv-Wandergewerbescheinen (siehe unten § 18), von einzelnen Wandergewerbescheinen für jedes Mitglied einer Gesellschaft sowie für den Fall der Ausdehnung eines von einer nichtbayerischen Behörde ausgestellten Wandergewerbescheines für einen Bezirk innerhalb Bayerns, sind enthalten in Ziff. 5 und 6 der MinBekanntm. vom 13. Dezember 1883 (Amtsbl. d. k. StMin. d. J. S. 394) und bleiben gleichfalls aufrecht erhalten.

Die vorherige Beibringung eines Besteuerungsnachweises ist nicht erforderlich, wenn der Wandergewerbeschein nachgesucht wird für den Betrieb des Musikergewerbes oder für das Feilbieten von nicht selbstgefertigten Verzehrungsgegenständen des Wochenmarktverkehrs, soferne diese Gewerbe in nicht größerer Entfernung als 15 Kilometer vom Wohnorte des Gewerbetreibenden betrieben werden wollen (Ziff. 6 der MinEntschl. vom 8. Februar 1885, Amtsbl. d. k. StMin. d. J. S. 57).

Die Besteuerung der Ausländer, welche ein Gewerbe im Umherziehen betreiben wollen, geschieht nach den bisher geltenden Bestimmungen (Art. 3 des Ges. vom $\frac{\text{10. März 1879}}{\text{20. Dezember 1897}}$; § 6 der Vollzugsbekanntmachung v. 16. März 1879 und Ziff. 7 der MinBekanntm. v. 8. Februar 1885, Amtsbl. d. k. StMin. d. Innern S. 57).

Besondere Abgaben.

§ 11. Personen, welche in Bayern einen Gewerbebetrieb im Umherziehen beabsichtigen, wozu nach dem oben in §§ 1 und 2 Erörterten ein Wandergewerbeschein erforderlich ist, haben hiefür außer der nach dem Gesetze vom $\frac{\text{10. März 1879}}{\text{20. Dezember 1897}}$ sie treffenden Steuer nebst Umlagen eine besondere Abgabe zu entrichten (Art. 23 Abs. 1 des Gewerbsgesetzes vom 30. Januar 1868, Art. 26 des Gesetzes vom 10. März 1879, § 26 der Vollzugsvorschriften zur GewO. v. 29. März 1892.

Von dieser besonderen Abgabe ist jedoch befreit

1. die Verrichtung gewerblicher Arbeiten und das Aufsuchen von Arbeitsbestellungen,
2. der Aufkauf von Waren,
3. das Feilbieten künstlerischer Leistungen und Schaustellungen, auch wenn hiebei ein höheres wissenschaftliches und Kunstinteresse nicht obwaltet.

Soferne keine Verpflichtung besteht, für den Wandergewerbebetrieb in gewissen Bezirken und mit bestimmten Waren einen Wandergewerbeschein zu lösen, entfällt damit auch die Pflicht zur Entrichtung der besonderen Abgabe.

Die besondere Abgabe beträgt (Verordn. vom 29. März 1892, GVBl. S. 61), wenn der Gewerbebetrieb erstreckt werden soll

a) auf *eine* Gemeinde fünf Mark,
b) auf mehrere Gemeinden oder *einen* Verwaltungsbezirk zwölf Mark,
c) auf mehrere Verwaltungsbezirke oder *einen* Regierungsbezirk zwanzig Mark,
d) auf zwei Regierungsbezirke dreißig Mark,
e) auf drei Regierungsbezirke sechsunddreißig Mark,

f) auf vier Regierungsbezirke zweiundvierzig Mark,
g) auf fünf Regierungsbezirke achtundvierzig Mark,
h) auf sechs Regierungsbezirke vierundfünfzig Mark,
i) auf sieben Regierungsbezirke sechzig Mark,
k) auf das ganze Königreich vierundsechzig Mark.

Die besondere Abgabe hat zur Erhebung zu gelangen ohne Rücksicht darauf, ob der Gewerbebetrieb nur auf einen Teil des Gebiets der in Betracht kommenden Verwaltungs- bzw. Regierungsbezirke erstreckt werden soll.[4])

§ 12.[5]) Für die Bewohner einzelner Orte und Bezirke sowie für gewisse Gegenstände ist von dem k. Staatsministerium des Innern auf Grund der in § 26 Abs. 2 der Allerhöchsten Verordnung vom 29. März 1892 erteilten Ermächtigung die Begünstigung einer *ermäßigten Abgabe* bewilligt worden. Jedoch sind nur jene Ermäßigungen gültig, welche seit 1. Januar 1873 neu bewilligt worden und nicht bereits wieder abgelaufen sind. Insoweit Nichtbayern für den Handel mit gewissen inländischen Produkten eine solche Begünstigung zugestanden worden ist, hat es hiebei auch fernerhin sein Verbleiben.

Das k. Staatsministerium des Innern wird die Begünstigung einer ermäßigten Abgabe auch in Zukunft nur dann erteilen, wenn die sorgfältigste, die Verhältnisse jedes einzelnen in Betracht kommenden Ortes oder Bezirks gesondert behandelnde Instruktion solches ausnahmsweise rechtfertigt. In den von den Kreisregierungen, Kammern des Innern, nach Einvernahme der Handels- und Gewerbekammer zu erstattenden Gutachten sind folgende Fragen besonders zu berücksichtigen:

1. wie groß die Zahl der Einwohner der einzelnen Gemeinden ist und wie viele von denselben voraussichtlich durch den Hausierhandel ihren Erwerb suchen werden;
2. ob der betreffende Hausierhandel bisher einträglich war oder nicht;
3. ob die betreffenden Personen in der Lage wären, sich und ihrer Familie anderweitig ihren Lebensunterhalt zu verdienen;
4. ob die nachgesuchte Begünstigung im Interesse der Förderung eines lokalen Industriezweiges wünschenswert erscheint;
5. wie hoch sich das Gesamt-Steuersoll und die Umlagen-Prozente in der betreffenden Gemeinde belaufen;
6. ob den betreffenden Gewerbetreibenden bereits eine Ermäßigung der Steuer nach Art. 5 Abs. 2 des Gesetzes vom $\frac{\text{10. März 1879}}{\text{20. Dezember 1897}}$ zugestanden ist;
7. welchen Einfluß eine etwa bisher schon bewilligt gewesene Abgaben- oder Steuer-Ermäßigung auf die wirtschaftlichen und sittlichen Verhältnisse des Ortes gehabt hat;
8. für welche Orte oder Regierungsbezirke, für welche Zeitdauer und in welchem Maße die Begünstigung gewährt und ob sie etwa bloß Personen, die ein bestimmtes Alter überschritten haben, zugestanden werden soll.

Einzelnen Personen wird von Seite des k. Staatsministeriums des

---

[4]) Siehe auch Entsch. d. Min. d. Innern vom 27. Oktober 1885, MinABl. S. 287, FMBl. S. 801; ferner Entschl. dess. Ministeriums vom 12. Dezember 1900 Nr. 26864. Vgl. auch Art. 212a Abs. III des GebG. in der Fassung vom 18. Juli 1910.

[5]) Wegen Ermäßigung siehe auch oben Anm. 2 und 8b zu Art. 5 und Anm. 2 zu Art. 26.

Innern die besondere Abgabe grundsätzlich nicht nachgelassen und ebensowenig ist es den Distriktspolizeibehörden gestattet, in einzelnen Fällen Nachlässe zu bewilligen. Jedoch kann, wenn wegen unvorhergesehener, von dem Willen des Inhabers des Wandergewerbescheins unabhängiger Ereignisse der Beginn oder die Fortsetzung des Gewerbebetriebs unterblieben bzw. unterbrochen worden ist, bei dem k. Staatsministerium des Innern die vollständige oder teilweise Rückerstattung der Abgabe beantragt werden.

§ 13. Wird bei einer Distriktsverwaltungsbehörde die Ausstellung eines Wandergewerbescheins, für welchen die besondere Abgabe zu entrichten ist, oder die Ausdehnung eines solchen, einem Ausländer außerhalb Bayerns ausgestellten Wandergewerbescheins auf den Bezirk der Behörde nachgesucht, so darf die Ausstellung oder Ausdehnung des Scheins, auch wenn sonstige Bedenken nicht vorliegen, solange nicht erfolgen, als nicht jene Abgabe bezahlt ist. Ausländern ist hiebei die Vorausbezahlung der Abgabe für mehrere Verwaltungs- oder Regierungsbezirke nicht zu gestatten. In dem Wandergewerbeschein ist zu bemerken, für welchen Bezirk oder für welche Bezirke und in welchem Betrage die Abgabe entrichtet wurde (Vollzugs-Verordnung vom 29. März 1892 § 27 Abs. 4, Bundesratsverordnung vom 27. November 1896).

Reichsangehörige, welche auf Grund eines von einer nichtbayerischen deutschen Behörde ausgestellten Wandergewerbescheins in Bayern einen Gewerbebetrieb im Umherziehen beabsichtigen, für welchen die besonderen Abgaben zu entrichten sind, haben die sie treffende Abgabe bei jener Distriktsverwaltungsbehörde, in deren Bezirk sie das Königreich betreten oder den Gewerbebetrieb beginnen wollen, zu erlegen, worauf ihnen die Behörde, vorausgesetzt, daß sie sich auch über die Bezahlung der Steuer nebst Umlagen auszuweisen vermögen, auf dem Wandergewerbescheine entsprechende Vormerkung zu machen hat (VV. vom 29. März 1892 § 27 Abs. 5).

Will der Inhaber eines Wandergewerbescheins später, aber noch innerhalb des Kalenderjahrs, für welches der Schein ausgestellt wurde, seinen Geschäftsbetrieb auf weitere Bezirke erstrecken, so muß er, falls er ein Ausländer ist, bei jener Distriktsverwaltungsbehörde, bei welcher er um Ausdehnung seines Wandergewerbescheins nachsucht, außerdem aber bei einer beliebigen Distriktsverwaltungsbehörde die Differenz nachbezahlen, welche zwischen der bereits entrichteten und der für den größeren Bezirk bestimmten Abgabe besteht. Über diese Nachzahlung ist entsprechender Vermerk auf dem Wandergewerbescheine zu machen (VV. vom 29. März 1892 § 27 Abs. 4).

Die auf Grund vorstehender Bestimmungen erhobenen Abgaben, welche für den gewerblichen Unterricht verwendet werden, sind allmonatlich an die k. Regierungen, Kammern des Innern, und von diesen in längstens halbjährigen Terminen an das k. Staatsministerium des Innern für Kirchen- und Schulangelegenheiten einzusenden. Die richtige Einhebung und Verrechnung dieser Abgaben ist von den Amtsvorständen einer regelmäßigen Kontrolle zu unterstellen.

Hausierhandel im Grenzzollbezirk.

§ 14. Im Grenzzollbezirk, dessen Binnenlinie durch die Bekanntmachungen vom 4. März 1834 (RegBl. S. 177 ff.), 1. September 1859 (RegBl. S. 857), 30. September 1878 (GVBl. S. 433), 10. Dezember

1886 (GVBl. S. 645) festgesetzt ist, dürfen nach § 124 des Vereinszollgesetzes (GesBl. 1869 S. 1474) Hausiergewerbe, zu denen auch das Halten von Wanderlagern zu rechnen ist, nur mit besonderer Erlaubnis des zuständigen k. Hauptzollamtes und unter den zum Zwecke des Zollschutzes erforderlichen, von dem k. Staatsministerium der Finanzen anzuordnenden Beschränkungen betrieben werden. Auf Material- und Spezereiwaren, sowie auf Zeuge, ganz oder teilweise aus Baumwolle, Wolle oder Seide, soll sich der Regel nach die Erlaubnis nicht erstrecken. Es können indes von dem k. Staatsministerium der Finanzen für einzelne Grenzstrecken in bezug auf solche Waren, welche dort keinen Gegenstand des Schleichhandels bilden, Ausnahmen zugelassen werden.

Ausländern darf nach den dermalen getroffenen Anordnungen von den Zollbehörden die Erlaubnis zum Hausierhandel im Grenzzollbezirk überhaupt nicht erteilt werden, ausgenommen den Tirolern, die mit Nördlinger Teppichen und den Bewohnern von Steiermark und Tirol, die mit Sensen und Wetzsteinen sowie mit Töpferwaren aus dem Bezirke Kröning in Niederbayern handeln. Auch erstreckt sich dieses Verbot nicht auf solche Ausländer, welche ausschließlich den Verkauf oder Ankauf roher Erzeugnisse der Land- und Forstwirtschaft, des Garten- und Obstbaues, der Geflügel- und Bienenzucht im gewöhnlichen Grenzverkehr betreiben wollen und für ihren Geschäftsbetrieb eines Wandergewerbescheines nicht bedürfen (vgl. oben § 2 Abs. 2).

Von den Behörden, deren Bezirke ganz oder teilweise im Grenzzollbezirke liegen, ist auf die angeführten, aus der Zollgesetzgebung hervorgehenden Beschränkungen des Hausierhandels bei Verbescheidung von Gesuchen um Ausstellung oder Ausdehnung von Wandergewerbescheinen geeignete Rücksicht zu nehmen. Wenn sich ergibt, daß der Nachsuchende im Grenzzollbezirk hausieren oder ein Wanderlager betreiben will, so ist ihm, falls er ein Ausländer ist, die Ausstellung oder Ausdehnung des Wandergewerbescheines, vorbehaltlich der in Abs. 2 oben erwähnten Ausnahme, zu versagen; andernfalls aber ist er zur vorherigen Beibringung der Erlaubnis des zuständigen k. Hauptzollamts zu veranlassen.

Mitführung von Begleitern.

§ 15. Wenn mehrere Personen gemeinsam ein Gewerbe im Umherziehen betreiben, bedarf jedes Mitglied der Gesellschaft oder Familie, welches an der Ausübung des Gewerbes teilnimmt, vorbehaltlich der unten (§ 18) zu erwähnenden Ausnahme eines besonderen Wandergewerbescheines.

Für denjenigen dagegen, welcher nicht bei dem eigentlichen Gewerbebetriebe als Teilhaber oder Gehilfe mitwirkt, sondern den Gewerbetreibenden zu irgend einem anderen Zwecke (behufs Beförderung von Waren, Wartung des Gespannes usw. usw.) begleitet, ist zwar nicht ein Wandergewerbeschein, wohl aber eine ausdrückliche, behördliche Genehmigung notwendig (§ 62 GewO.).

Zuständig zur Erteilung dieser Genehmigung ist jene Behörde, welche den Wandergewerbeschein ausgestellt hat oder in deren Bezirk sich der Nachsuchende befindet. Die Genehmigung wird in dem Wandergewerbeschein unter näherer Bezeichnung der mitzuführenden Personen vorgemerkt. Die nämlichen Gründe, aus welchen die Versagung des Gewerbebetriebes erfolgen muß (§ 57), soll (§ 57a) oder kann (§ 57b), verpflichten bzw. berechtigen auch zur Versagung des Mitsichführens von Begleitern; es ist deshalb vor Erteilung der Genehmigung das Vorhandensein der gesetzlichen Voraussetzungen unter Erhebung der erforderlichen Zeugnisse strenge zu prüfen (§ 62 der GewO., Ziff. 10 der Bundesratsverordn. vom 27. November 1896).

Außerdem ist noch folgendes zu beachten:

I. Unbedingt verboten ist

1. das Mitsichführen von Kindern unter 14 Jahren zu gewerblichen Zwecken;
2. das Mitsichführen von schulpflichtigen Kindern überhaupt, soferne nicht für einen ausreichenden Unterricht dieser Kinder gesorgt ist.

II. Zulässig, dem freien Ermessen der Behörde anheimgestellt ist das Verbot

1. des Mitsichführens von Kindern unter vierzehn Jahren überhaupt;
2. des Mitsichführens von Personen anderen Geschlechts mit Ausnahme der Ehegatten und der über 14 Jahre alten eigenen Kinder und Enkel.

III. Ausländern, welche einen Inländer, oder Inländern, welche einen Ausländer als Begleiter mit sich führen wollen, muß die Bewilligung des Mitführens des Begleiters versagt werden, wenn dem Begleiter, falls er um Ausstellung eines Wandergewerbescheines nachsuchen würde, die Ausstellung aus den in §§ 8 und 9 gegenwärtiger Anweisung enthaltenen Gründen versagt werden müßte. (Bundesratsverordnung v. 27. November 1896 II lit. A Ziff. 10.)

Selbst dann übrigens, wenn derartige Versagungsgründe nicht vorliegen, ist es dem Ermessen der Behörden anheimgestellt, Ausländern überhaupt die Genehmigung zur Mitführung von Personen anderen Geschlechts zu versagen, ausgenommen Ehegatten und eigene über 21 Jahre alte Kinder und Enkel.

Ergeben sich bei Gesuchen um nachträgliche Zulassung von Begleitern Zweifel darüber, ob nicht infolge hievon eine Erhöhung der Besteuerung des Inhabers des Wandergewerbescheines einzutreten habe, so ist die Genehmigung von dem Nachweise der Entrichtung der höheren Steuer nebst Umlagen, bzw. von der Bestätigung des Rentamts, daß eine Änderung in der Besteuerung nicht eintrete, abhängig zu machen (Art. 10 u. 12 des Ges. vom $\frac{\text{10. März 1879}}{\text{20. Dezember 1897}}$ § 19 Abs. 3 u. 4 der Vollzugs-Vorschr. vom 16. März 1879).

Verfahren.

§ 16. Wer die Ausstellung eines Wandergewerbescheines wünscht, hat, falls er ein Ausländer ist oder einen Wohnsitz in Bayern nicht hat, persönlich vor der zuständigen Behörde zu erscheinen. Die Erteilung von Wandergewerbescheinen im Korrespondenzwege ist daher an solche Personen unstatthaft. Reichsangehörige dagegen, deren Wohnsitz sich in Bayern befindet, können das Gesuch um Ausstellung eines Wandergewerbescheines durch Vermittelung der Gemeindebehörde ihres Wohnsitzes einbringen. Wird dem Gesuche stattgegeben, so ist dem Nachsuchenden der Wandergewerbeschein durch die Gemeindebehörde zustellen zu lassen, welche gleichzeitig für die Beifügung der Personalbeschreibung und Unterschrift des Empfängers, sowie für die Beglaubigung der letzteren Sorge zu tragen hat.

Die Behörde muß dem Nachsuchenden entweder den Wandergewerbeschein erteilen, oder unter kurzer Begründung schriftlich versagen, wobei auf tunlichst rasche Erledigung des Gesuches Bedacht zu nehmen ist. Wenn der Nachsuchende persönlich vor der Behörde erschienen ist, so sind etwaige Bedenken demselben zunächst mündlich zu eröffnen und ist erst dann, wenn er sich hiebei nicht beruhigt, schriftlicher Bescheid zu erlassen. Gegen die Versagung steht der Rekurs zu, welcher stets an die Kreisregierung, Kammer des Innern, zu richten ist.

Vorstehende Anordnungen sind auch zu beachten, wenn um die Genehmigung zur Mitführung von Begleitern oder um die Ausdehnung eines Wandergewerbescheines auf den Bezirk einer anderen Behörde nachgesucht wird.

Der Rekurs, welchem eine aufschiebende Wirkung nicht zukommt, ist im Verwaltungsrechtsstreitverfahren zu verbescheiden; ausnahmsweise ist das einfache, für Beschwerden im allgemeinen geltende Verfahren einzuschlagen, wenn:

1. die Ausstellung eines Wandergewerbescheines oder die Ausdehnung desselben auf einen anderen Bezirk versagt wurde, weil eine den Verhältnissen des Bezirkes entsprechende Zahl von Wandergewerbescheinen des beabsichtigten Gewerbebetriebes bereits ausgestellt oder ausgedehnt ist (§ 57 Ziff. 5, § 60 Abs. 2 GewO.);

2. wenn der Wandergewerbeschein für längere Zeit als beantragt, ausgestellt bzw. ausgedehnt oder nur auf bestimmte Tage im Kalenderjahre beschränkt wurde;

3. wenn die für minderjährige Personen zulässigen Beschränkungen (§ 60b GewO.) in den Wandergewerbeschein aufgenommen wurden;

4. wenn die Erlaubnis zur Mitführung von Kindern oder Personen anderen Geschlechts beim Gewerbebetrieb im Umherziehen versagt wurde (§ 62 Abs. 4 u. 5 GewO.);

5. wenn die Beschwerde von einem Ausländer angebracht ist.

Gegen die Versagung des Wandergewerbescheines für die Ausübung des Gaurittes auf Grund des Ausspruches des verstärkten Köransschusses oder gegen die Beschränkung desselben für einen kleineren als den erbetenen Bezirk findet eine Berufung überhaupt nicht statt (§ 61 der Allerh. Verord. v. 8. Juni 1890).[1])

Im übrigen wird auf die allgemeinen Bestimmungen über das Verfahren in Gewerbspolizei- bzw. Verwaltungsrechtssachen verwiesen. (GewO. §§ 62 Abs. 2, 63, 20 u. 21; VollzVerord. v. 29. März 1892 §§ 53, 54. Ges. v. 8. Aug. 1878 Art. 8 Ziff. 8, Art. 16ff. u. 27ff. u. Vollzugsvorschriften hiezu v. 1. Sept. 1879.)

Formulare.

§ 17. Im Falle der Erteilung eines Wandergewerbescheines ist darauf zu achten, daß das richtige Formular angewendet werde.

Die Formulare sind festgestellt durch Bundesratsverordnung vom 27. November 1896 (GVBl. S. 646ff.).[6])

Anzuwenden ist:

das gelbe Formular A (Beilage II) für den Gewerbebetrieb der Inländer sowie der Ausländer in den Fällen des § 55 Ziff. 4 der Ge-

[6]) Siehe auch Bek. des Reichskanzlers vom 13. Januar 1909, RGBl. S. 259.

werbeordnung (Darbietung von Schaustellungen, Aufführung von Musikproduktionen usw. usw.);

das graue Formular B (Beilage III) für den Gewerbebetrieb der Reichsangehörigen in allen Fällen, in welchen nicht das Formular A anzuwenden ist;

das rote Formular C (Beilage IV) für den Gewerbebetrieb der Ausländer in allen Fällen, in welchen nicht das Formular A anzuwenden ist.

Bei der Ausfüllung und Ausfertigung der Formulare ist namentlich folgendes zu beachten:

1. Die Nummer des Wandergewerbescheines muß mit der entsprechenden Nummer in Spalte 1 des von der Behörde über die ausgestellten und ausgedehnten Wandergewerbescheine zu führenden Verzeichnisses (siehe unten § 19) genau übereinstimmen.

2. Vor- und Zuname, Personalbeschreibung, Wohnort (und wenn möglich auch die Heimat, wenn diese nicht mit dem Wohnort zusammenfällt) sowie Staatsangehörigkeit des Wandergewerbeschein-Inhabers sowie der zugelassenen Begleiter sind richtig und vollständig anzugeben. Insbesondere ist auch die Zahl der mitgeführten Kinder, deren Namen, Alter und sonstiges Personalverhältnis vollständig einzutragen.

3. Der Inhaber des Wandergewerbescheines und die etwa zugelassenen Begleiter haben ihre Unterschrift in Gegenwart der Behörde, welche den Schein ausstellt oder aushändigt (vgl. vorstehende Ziff. 16 Abs. 1), in den Wandergewerbeschein zu setzen.

4. Wenn Begleiter nicht zugelassen werden, sind in den gedruckten Formularen die bezüglichen Stellen zu durchstreichen.

5. Der beabsichtigte Gewerbebetrieb ist unter Angabe der Warengattungen, bzw. der beabsichtigten gewerblichen oder künstlerischen Leistungen in dem Wandergewerbescheine näher zu bezeichnen; hiebei ist sich eventuell an die Ausdrucksweise des Besteuerungsnachweises zu halten, außer wenn diese so unbestimmt ist, daß sie auch solche Waren umfassen würde, deren Ankauf und Verkauf im Umherziehen untersagt ist., z. B. gebrauchte Bettfedern; in solchen Fällen ist eine Bezeichnung zu wählen, welche die verbotenen Gegenstände ausschließt. Will der Hausierer nicht bloß Waren feilbieten, sondern solche auch im Tauschhandel aufkaufen, so ist dieser doppelte Gewerbebetrieb im Wandergewerbeschein einzutragen (§ 60 Abs. 4 GewO.).

6. Erfolgt in den Fällen des § 55 Ziff. 1—3 der GewO. die Ausstellung eines Wandergewerbescheines in Bayern ohne vorgängige Steueranlage daselbst, weil der Wandergewerbeschein-Inhaber sein Gewerbe nur außerhalb Bayerns ausüben will, so ist an Stelle der dem Wandergewerbeschein beigedruckten Bescheinigung über die Entrichtung der Landessteuern von der Distriktsverwaltungsbehörde nachstehender Vermerk beizufügen:

„Ohne Steueranlage für Bayern, da ... (folgt Name und Wohnort) den Gewerbebetrieb im Umherziehen in Bayern nicht auszuüben beabsichtigt.“[7])

Bei Erteilung solcher steuerfreier Wandergewerbescheine sind die Inhaber ausdrücklich darüber zu belehren, daß sie bei der etwaigen späteren Ausübung des Gewerbes in Bayern der Steuerpflicht nach

---

[7]) Siehe Vorbem. Ziff. VI, C, 7.

dem Gesetze vom $\frac{\text{10. März 1879}}{\text{20. Dezember 1897}}$ über die Besteuerung des Gewerbebetriebs im Umherziehen bei Vermeidung der in diesem Gesetze vorgesehenen Strafen nachzukommen haben.

7. Soferne der Gewerbebetrieb im Umherziehen nur mit zeitlicher oder räumlicher Begrenzung genehmigt wird, ist Zeitdauer (ev. Reihenfolge der einzelnen Tage) und Bezirk (Örtlichkeit) im Wandergewerbescheine in deutlicher Bezeichnung einzutragen.

8. Die Formulare A, B und C sind nicht nur auf der ersten Innenseite sondern auch auf der vorletzten Seite unmittelbar nach dem jeweiligen Nachweise über die erfolgte Steuerzahlung bzw. Entrichtung der besonderen Abgabe von der den Wandergewerbeschein ausstellenden Behörde unterschriftlich zu fertigen.

9. In jenen Fällen, in welchen der Besteuerungsnachweis nicht im Wandergewerbeschein enthalten ist, sondern auf einem gesonderten Formulare beigebracht wird (Ziff. 6 der MinEntschl. v. 13. Dez. 1883, Amtsbl. d. Min. d. J. S. 392), ist der Besteuerungsnachweis dem Wandergewerbescheine beizuheften.

10. Für den Eintrag des Besteuerungsnachweises in den Wandergewerbeschein bei Ausstellung eines gemeinsamen Wandergewerbescheines für eine Gesellschaft oder bei Ausstellung von Einzelwandergewerbescheinen für jedes Mitglied der Gesellschaft gelten die Bestimmungen in Ziff. 5 der MinBekanntm. v. 13. Dez. 1883 (MinAmtsbl. S. 392).

11. Auf der vorletzten Seite des Formulars B und C ist, wie der Vordruck andeutet, die Entrichtung der Gebühr und der besonderen Abgabe (siehe oben § 11) unter Beifügung der Nummer des Gebührenregisters zu bescheinigen.

12. Im Falle der Ausdehnung eines Wandergewerbescheines auf einen anderen Bezirk oder der nachträglichen Zulassung von Begleitern hat die Bestätigung der Behörde auf den zu diesem Zweck unbedruckt gelassenen Blättern der Formulare unter Beifügen der erhobenen Gebühren und Abgaben und der Nummer des Gebühren-Registers zu erfolgen.

Kollektivwandergewerbescheine.

§ 18. Bei der Ausstellung von Wandergewerbescheinen für Gesellschaften, welche Musikaufführungen, Schaustellungen, theatralische Vorstellungen oder sonstige Lustbarkeiten, ohne daß ein höheres Interesse der Kunst oder der Wissenschaft dabei obwaltet, darbieten wollen (§§ 55 Ziff. 4, 60a und 60d Abs. 3 und 4 GewO.), ist nach folgenden Grundsätzen zu verfahren:

I. Bei umherziehenden Gesellschaften der bezeichneten Art können sowohl gemeinsame Wandergewerbescheine für die Gesellschaft als solche, wie auch an deren Stelle für die einzelnen Mitglieder besondere Wandergewerbescheine ausgefertigt werden. In letztere kann ein Vermerk aufgenommen werden, nach welchem dem Inhaber der Gewerbebetrieb nur im Verbande einer Gesellschaft überhaupt oder im Verbande einer bestimmten Gesellschaft gestattet sein soll. Wie hienach die Ausstellung im einzelnen Falle erfolgt, bleibt von dem Antrage des Gewerbetreibenden abhängig. In dem Wandergewerbeschein für den Unternehmer einer Schauspielergesellschaft ist ausdrücklich vorzumerken, daß der Gewerbetreibende als Unternehmer auftreten will.

II. In dem für den einzelnen Gewerbetreibenden ausgefertigten Wandergewerbeschein sind Vermerke, welche den Wandergewerbeschein auf die Ausübung in einem Geschäftsverbande beschränken, beispielsweise der Vermerk: „als Mitglied einer Musik- (Schauspiel- usw.) Gesellschaft" oder „als Mitglied der Musikgesellschaft des N. N." auf der ersten Seite des Formulars A in den für die nähere Angabe des beabsichtigten Gewerbebetriebs vorbehaltenen Raum einzutragen. In den für Gesellschaften ausgefertigten gemeinsamen Wandergewerbescheinen ist an der gleichen Stelle der Vermerk „als Unternehmer einer Musik- (Schauspiel- usw.) Gesellschaft, welche aus den auf Blatt 2 bezeichneten Mitgliedern besteht," vorzutragen und auf dem zweiten Blatte des Formulars A (nicht in dem für die Bezeichnung der Begleiter bestimmten Raume) ein Verzeichnis der Mitglieder nach Namen und Personenbeschreibung zu geben.

Für den Vollzug wird hiezu weiter bemerkt:

1. Die Ausstellung gemeinsamer Kollektivwandergewerbescheine ist nur zulässig bei Gesellschaften der in § 55 Abs. 4 der Gewerbeordnung bezeichneten Art (vgl. oben § 15).

2. Die Ausfertigung von Kollektivwandergewerbescheinen enthebt die Behörden nicht der Pflicht, bezüglich jedes einzelnen Mitgliedes einer Gesellschaft zu prüfen, ob die Voraussetzungen der §§ 57, 57a, 57b der GewO., bzw. insoweit Nichtdeutsche in Frage stehen, ob außerdem auch die Voraussetzungen in Ziff. 5 der Bundesratsverordnung vom 27. November 1896 gegeben sind. Es sind deshalb von jedem Mitgliede die erforderlichen Zeugnisse zu erheben (vgl. oben §§ 8 u. 9).

3. Geht der Antrag auf Ausstellung besonderer Wandergewerbescheine für die einzelnen Mitglieder einer Gesellschaft, so ist in diese Individualwandergewerbescheine zugleich ein Vermerk über die Zugehörigkeit zu einer Gesellschaft aufzunehmen und dieses nur dann zu unterlassen, wenn die Beteiligten ausdrücklich darauf antragen. In letzterem Falle werden sich alsdann die Behörden veranlaßt sehen, die Frage, ob der Wandergewerbeschein überhaupt zu erteilen sei, jedem einzelnen Gesellschaftsmitgliede gegenüber mit besonderer Genauigkeit zu prüfen.

4. Da die durch das Gesetz vom $\frac{\text{10. März 1879}}{\text{20. Dezember 1897}}$ vorgeschriebene Steuer für die Mitglieder solcher Gesellschaften von dem Unternehmer der Gesellschaft entrichtet wird, so ist, falls für die einzelnen Gesellschaftsmitglieder besondere Wandergewerbescheine ausgefertigt werden, in letzteren auf die gemeinschaftliche Besteuerung hinzuweisen (vgl. Ziff. 5 der MinBekanntmachung vom 13. Dezember 1883, MinAmtsbl. S. 392 und oben § 17 Abs. 4 Ziff. 10).

5. Treten zu dem Personalstande solcher Gesellschaften neue Mitglieder hinzu, welche einen Wandergewerbeschein für ihre Person noch nicht besitzen, so müssen dieselben, falls ihre Zulassung überhaupt gestattet wird, entweder einen eigenen Wandergewerbeschein sich lösen oder in dem Mitgliederverzeichnisse des gemeinsamen Wandergewerbescheines für die Gesellschaft nachgetragen werden. Ergibt sich hiebei Zweifel darüber, ob infolge dieser Änderungen eine Erhöhung in der Besteuerung des Unternehmers der Gesellschaft einzutreten habe, so ist nach den oben in § 15 letzter Absatz gegebenen Direktiven zu verfahren.

Der geschehene Nachtrag eines Mitgliedes in den gemeinsamen Wandergewerbeschein kann später aus den nämlichen Gründen, aus welchen die Zurücknahme eines Wandergewerbescheines zulässig ist, zurückgenommen werden. Für das Beschwerdeverfahren in solchen Fällen gelten die oben unter Ziff. 16 enthaltenen Bestimmungen.

Verzeichnisse der ausgestellten Scheine.

§ 19. Die Behörden haben über die von ihnen ausgestellten bzw. auf ihren Bezirk ausgedehnten Wandergewerbescheine fortlaufende, jährlich abzuschließende Verzeichnisse nach dem anliegenden Formulare J (Beilage VIII) zu führen (Verordn. v. 29. März 1892 § 25 Abs. 3).

Zu diesen Verzeichnissen sind die Atteste, auf Grund deren die Scheine ausgestellt wurden (s. oben §§ 8 u. 9), als Beilagen zu nehmen.

Bezüglich der Anwendung des Formulares J wird folgendes bemerkt:

1. Im Fälle der Ausdehnung eines Wandergewerbescheines ist die Spalte 2 unausgefüllt zu lassen.

2. Als Fälle der Ausdehnung eines Wandergewerbescheines, welche in Spalte 3 des Verzeichnisses einzutragen sind, gelten nicht bloß die nach § 60 Abs. 2 der GewO. und Ziff. II, A, 6 der Bundesratsverordnung vom 27. November 1896 erfolgenden Ausdehnungen, sondern auch diejenigen Fälle, in welchen gemäß § 27 der Allerh. Verordnung vom 29. März 1892 die besondere Abgabe nachbezahlt wird. Ferner sind in Spalte 3 auch jene Fälle einzutragen, in welchen andere Personen nachträglich zur Mitführung zugelassen werden.

Neben der vorbezeichneten Verpflichtung zum Eintrage im Verzeichnisse besteht für die Distriktsverwaltungsbehörden bei jeder Erteilung und Zurücknahme eines Wandergewerbescheines zum Betriebe des Gaurittes noch die Vorschrift, den einschlägigen Landgestüten hievon unverzüglich Nachricht zu geben (§ 62 der Allerh. Verordn. v. 8. Juli 1890).[1])

Verhaltungsvorschriften für den Inhaber des Wandergewerbescheines.

§ 20. Der Inhaber eines Wandergewerbescheines ist im allgemeinen berechtigt, in dem ganzen Gebiete des Deutschen Reiches nach Entrichtung der darauf haftenden Landessteuern das im Wandergewerbeschein bezeichnete Gewerbe zu betreiben. Doch bestehen nachfolgende Beschränkungen:

1. Jene, welche eines der in § 55 Ziff. 4 der GewO. bezeichneten Gewerbe betreiben, sowie alle Ausländer müssen ihren Gewerbebetrieb auf jene Bezirke beschränken, deren Behörde den Wandergewerbeschein ausgestellt oder ausgedehnt hat (§ 149 Abs. 1 Ziff. 3 GewO.).

2. Der Inhaber eines Wandergewerbescheines darf das Gewerbe im Umherziehen nur mit solchen Warengattungen betreiben oder nur solche Leistungen darbieten, welche im Wandergewerbescheine bzw. Besteuerungsnachweise bezeichnet sind (§ 149 Abs. 1 Ziff. 4 GewO., Art. 12 u. 17 des Gesetzes v. $\frac{\text{10. März 1879}}{\text{20. Dezember 1897}}$).

3. Nur das Mitführen solcher Personen als Begleiter ist gestattet, welche im Wandergewerbeschein ausdrücklich als Begleiter benannt, bzw. zugelassen sind (§ 149 Abs. 1 Ziff. 5 GewO.); das gleiche gilt für das Mitführen von Kindern.

5. Sind dem Inhaber eines Wandergewerbescheines räumliche oder

zeitliche Beschränkungen hinsichtlich des Gewerbebetriebes gemäß §§ 60 und 60b und 60d Abs. 3 der GewO. auferlegt, so hat er sich jeder Überschreitung derselben zu enthalten (§ 148 Abs. 1 Ziff. 7c GewO.).

6. Der Inhaber eines Wandergewerbescheines ist verpflichtet, solchen samt Besteuerungsnachweis während der tatsächlichen Ausübung des Gewerbes bei sich zu führen, auf Erfordern der zuständigen Behörden oder Beamten bzw. der Vollzugsorgane derselben vorzuzeigen und die von ihm geführten Waren vorzulegen. Durch das Vorzeigen einer beglaubigten Abschrift wird dieser Verpflichtung nicht genügt. (§§ 60c und 149 Abs. 1 Ziff. 2 GewO., Art. 11 u. 19 des Gesetzes vom $\frac{\text{10. März 1879}}{\text{20. Dezember 1897}}$.)

7. Verboten ist dem Inhaber eines Wandergewerbescheines der Eintritt in fremde Wohnungen ohne vorgängige Erlaubnis sowie das Betreten fremder Häuser und Gehöfte zur Nachtzeit (§§ 60c Abs. 2 und 148 Abs. 1 Ziff. 7b GewO.).

8. Der Gewerbebetrieb im Umherziehen darf nicht durch Stellvertreter ausgeübt werden und es ist daher nicht erlaubt, den Wandergewerbeschein einer anderen Person zu überlassen (§ 60d Abs. 1 u. § 148 Abs. 1 Ziff. 5 GewO., RStrGB. § 363, Gesetz v. $\frac{\text{10. März 1879}}{\text{20. Dezember 1897}}$ Art. 11 u. 19).

9. Wanderlagerbesitzer und andere umherziehende Gewerbetreibende, welche zum Zwecke der Ankündigung ihrer Unternehmung auf Straßen oder öffentlichen Plätzen Plakate u. dgl. anbieten, ausstreuen oder anheften lassen wollen, bedürfen hiezu nach Art. 12 des Ausführungsgesetzes zur Reichs-Strafprozeßordnung vom 18. August 1879 der Erlaubnis der zuständigen Preßpolizeibehörde. Die letztere hat strenge zu prüfen, ob oder unter welchen Bedingungen solche Plakate zulässig sind. Plakate, die von Wanderlagerbesitzern ausgehen, sind zurückzuweisen, wenn dieselben geeignet erscheinen, das Publikum zu irrigen Meinungen über den Ursprung der Waren oder die Person des Verkäufers zu veranlassen.

Jede öffentliche Ankündigung des Gewerbebetriebes im Umherziehen darf nur unter dem Namen des Gewerbetreibenden mit Hinzufügung seines Wohnortes erlassen werden. Insbesondere muß, soferne eine Verkaufsstelle für den Gewerbebetrieb im Umherziehen benützt wird, an derselben, namentlich bei Wanderlagern, in einer für jedermann erkennbaren Weise ein den Namen und Wohnort des Gewerbetreibenden angebender Aushang angebracht werden. (§§ 56c Abs. 2 und 148 Abs. 1 Ziff. 7b GewO.)

10. Dem Inhaber eines Wandergewerbescheines ist untersagt, seine Waren im Wege der Versteigerung (sogen. Wanderauktion) oder unter Formen des Glückspieles oder der Ausspielung (Lotterie) abzusetzen. Über Ausnahmebewilligungen vgl. oben § 7 letzter Absatz lit. a.

11. Der Inhaber eines Wandergewerbescheines ist verpflichtet,

a) soferne er eines der in § 55 Ziff. 4 der GewO. bezeichneten Gewerbe an einem Orte von Haus zu Haus oder auf öffentlichen Wegen, Straßen, Plätzen, oder an anderen öffentlichen Orten ausüben will, vorher sich die Erlaubnis der Ortspolizeibehörde zu erholen (§ 60a und § 148 Abs. 1 Ziff. 7b GewO.);

b) soferne er Druckschriften, andere Schriften oder Bildwerke feilbieten will, ein von der Distriktsverwaltungsbehörde (in München von der Polizeidirektion) genehmigtes Druckschriftenverzeichnis stets bei sich zu führen, solches auf Verlangen den zuständigen Behörden und Beamten oder deren Vollzugsorganen vorzuzeigen und den Vertrieb auf die in diesem Verzeichnisse enthaltenen Schriften und Werke zu beschränken (§§ 56 Abs. 4 u. 149 Ziff. 2 GewO.), ferner bei der Ortspolizeibehörde gemäß § 43 GewO. sich einen Legitimationsschein zu lösen und stets bei sich zu führen (§ 149 Abs. 1 Ziff. 1 GewO.);

c) soferne er den Gauritt betreiben will, unmittelbar vor Beginn der Deckzeit und sodann während derselben in Zwischenräumen von 14 Tagen seinen Hengst der Untersuchung des beamteten Tierarztes des jeweiligen Deckungsbezirkes zu unterstellen und die von demselben ausgefertigte Bescheinigung über die vorgenommene Untersuchung stets bei sich zu führen (Ziff. 8 der MinBekanntm. vom 24. März 1881, GVBl. S. 134ff.), auch den Körschein stets bei sich zu haben und auf Verlangen den beteiligten Stutenbesitzern und den zur Kontrolle berechtigten Personen, wozu außer den Polizeibeamten auch sämtliche Gestütsbeamte und Gestütsaufseher zählen, vorzuzeigen (§ 59 der Allerh. Verord. vom 8. Juni 1890).[1])

12. Hausierer, welche ihre Waren nach Maß und Gewicht absetzen, müssen die erforderlichen, mit dem gesetzlichen Eichungsstempel versehenen Maße und Gewichte im Besitze haben. (Allerh. Verord. vom 19. Dez. 1869, RegBl. S. 2330 und § 369 Ziff. 2 des RStGB.)

Selbstverständlich sind auch die übrigen strafgesetzlichen Bestimmungen, von denen hier nur noch die Vorschrift des § 123 Abs. 1 RStGB. über das widerrechtliche Betreten fremder Räume hervorgehoben wird, von den Personen, welche ein Gewerbe im Umherziehen betreiben, zu beobachten.

Erteilung neuer Ausfertigungen von Wandergewerbescheinen.

§ 21. Wenn glaubhaft nachgewiesen wird, daß ein Wandergewerbeschein verloren, vernichtet oder unbrauchbar geworden ist, so kann die Erteilung einer neuen Ausfertigung desselben gegen Ersatz der Auslagen einschließlich der etwaigen Amortisationskosten verlangt werden, soferne der Besteuerungsnachweis noch vorhanden ist oder eine neue Ausfertigung des letzteren beigebracht wird (Art. 11 Abs. 4 des Ges. vom $\frac{\text{10. März 1879}}{\text{20. Dezember 1897}}$.

Zurücknahme des Wandergewerbescheines.

§ 22. Schon vor Ablauf des Kalenderjahres oder der kürzeren Zeit, für welche der Wandergewerbeschein ausgestellt wurde, kann derselbe wieder zurückgenommen werden, wenn sich ergibt, daß eine der in § 57 Ziff. 1—4, § 57a oder § 57b der GewO. bezeichneten, unter § 8 gegenwärtiger Anweisung aufgeführten Voraussetzungen erst nach Ausstellung des Scheines eingetreten ist oder schon vorher zwar vorhanden, jedoch der ausstellenden Behörde unbekannt geblieben war. Insbesondere gilt dies auch bei solchen Wandergewerbescheinen, welche für das Hausieren mit Druckschriften ausgestellt wurden.

Der für die Ausübung des Gaurittes ausgestellte Wandergewerbeschein muß zurückgenommen werden, wenn der Körschein, auf Grund dessen die Ausstellung des Wandergewerbescheines erfolgte, nach Maßgabe des Art. 3 Abs. 2 des Gesetzes v. 26. März 1881, die Körordnung betreffend, zurückgezogen wurde (§ 60 der Allerh. Verord. v. 8. Juni 1890).[1])

Die Zurücknahme der Wandergewerbescheine kann verfügt werden von der Distriktsverwaltungsbehörde des Wohnortes oder von jener des Aufenthaltsortes der Inhaber. (In München vom Magistrate, bei Preßerzeugnissen von der k. Polizeidirektion.)

Gegen die Zurücknahme des Wandergewerbescheines steht der Rekurs offen.

Das Verfahren über Einlegung und Verbescheidung des Rekurses entspricht jenem bei Beschwerden wegen Versagung eines Wandergewerbescheines. Siehe oben § 16.

Ist der Inhaber eines Wandergewerbescheines ein Ausländer, so kann die Zurücknahme auch dann erfolgen, wenn sich nachträglich ergibt, daß derselbe das 25. Lebensjahr noch gar nicht überschritten hat oder daß derselbe schon vor oder erst nach der Ausstellung des Wandergewerbescheines zu erheblichen polizeilichen Bedenken Anlaß gegeben hat. Der Wandergewerbeschein ist in solchen Fällen dem Inhaber abzunehmen und der ausstellenden Behörde zurückzusenden. Befindet sich bei dem Wandergewerbeschein ein gesonderter Besteuerungsnachweis, so ist solcher dem Rentamte zurückzugeben. Wenn jedoch der Wandergewerbeschein unter offenbarer Nichtachtung der für Ausländer bestehenden Beschränkungen ausgestellt wurde, so ist derselbe der Kreisregierung, Kammer des Innern, oder wenn die Ausstellung durch eine außerbayerische Behörde erfolgt ist, dem k. Staatsministerium des Innern, Abteilung für Landwirtschaft, Gewerbe und Handel, behufs weiterer Verfügung in Vorlage zu bringen.

Im Falle der Zurücknahme des einem Ausländer ausgestellten Wandergewerbescheines ist auch die Heimweisung des Betreffenden in Erwägung zu ziehen und eventuell zu betätigen. Namentlich ist diese Maßregel in Gemäßheit der Ministerial-Entschließungen v. 28. Februar 1870 Nr. 1672, 23. Oktober 1874 (MinABl. S. 436) und 11. Mai 1875 (MinABl. S. 243) gegen Individuen, welche jugendliche Personen italienischer Herkunft unter 18 Jahren bei umherziehenden Gewerben verwenden, sowie gegen diese jugendlichen Personen selbst vorzukehren.

Die Zurücknahme eines einem Ausländer erteilten Wandergewerbescheines kann von diesem nur durch Beschwerde an die unmittelbar vorgesetzte Aufsichtsbehörde angefochten werden.

Zurücknahme der Ausdehnung eines Wandergewerbescheines und der Bewilligung zur Mitführung von Begleitern.

§ 23. Aus den nämlichen Gründen, aus welchen der Wandergewerbeschein eines Inländers oder Ausländers zurückgenommen werden kann (vgl. vorstehenden § 22), kann auch die Ausdehnung eines solchen widerrufen werden (§ 60 Abs. 3 GewO.).

Zuständigkeit und Verfahren richtet sich nach Maßgabe der für die Zurücknahme eines Scheines geltenden Vorschriften.

Das gleiche gilt hinsichtlich der Erlaubnis zur Mitführung von Begleitern beim Gewerbebetrieb im Umherziehen (§ 62 Abs. 2 GewO.).

Insbesondere aber kann außerdem noch zurückgenommen werden:

1. die Erlaubnis zur Mitführung schulpflichtiger Kinder, wenn sich ergibt, daß nicht für einen ausreichenden Unterricht der Kinder gesorgt ist (§ 62 Abs. 4 GewO.);

2. die Erlaubnis zur Mitführung von Kindern unter 14 Jahren oder von Personen anderen Geschlechts (ausgenommen Ehegatten und über 14 Jahre alte eigene Kinder und Enkel) soweit nach eigenem Ermessen der Behörden diese Mitführung nachträglich zu erheblichen Bedenken Anlaß gab (§ 62 Abs. 5 GewO.).

Bezüglich des Rekurses und des Verfahrens gilt das oben in § 16 Gesagte.

II. Der Gewerbebetrieb der Handelsreisenden.[8])

Allgemeines.

§ 24. Jeder, der ein stehendes Gewerbe selbständig in befugter Weise betreibt, darf sowohl persönlich als auch durch in seinem Dienste stehende Reisende außerhalb des Gemeindebezirkes seiner gewerblichen Niederlassung Waren aufkaufen oder Bestellungen aufsuchen. In diesem Falle bedarf aber sowohl der Gewerbetreibende selbst als auch jeder seiner Reisenden einer nach Maßgabe des § 44a der Gewerbeordnung von der zuständigen Behörde ausgestellten Legitimationskarte oder einer auf Grund der betreffenden Zoll- und Handelsverträge ausgefertigten Gewerbelegitimationskarte für Handelsreisende. (Beilage V.)

Die Legitimationskarten für Inländer gelten für das Gebiet des ganzen Deutschen Reiches. Die auf Grund der bestehenden Zoll- und Handelsverträge ausgestellten Gewerbelegitimationskarten ferner haben, soferne sie von der zuständigen Behörde ausgestellt sind, Gültigkeit im Gebiete des ganzen Deutschen Reiches, ferner in Luxemburg, Belgien, Italien, Österreich-Ungarn, Rumänien, Rußland, Serbien, in der Schweiz, und bis auf weiteres in Portugal, gleichviel, ob die Ausstellung der Legitimationskarte in einem deutschen Bundesstaate oder in einem der vorbenannten nichtdeutschen Staaten geschah.

Der Inhaber eines ausländischen Gewerbebetriebes[9]) oder dessen Handlungsreisende, welche zwar nicht den Staaten Belgien, Italien, Luxemburg, Österreich-Ungarn, Portugal, Rumänien, Rußland, Serbien, Schweiz, wohl aber solchen Staaten, welchen vertragsmäßig das Recht der Meistbegünstigung eingeräumt ist, angehören, bedürfen zum Geschäftsbetriebe im Deutschen Reiche einer nach Beilage VI auszustellenden Gewerbelegitimationskarte. Die Ausstellung muß von der zuständigen Behörde eines deutschen Bundesstaates erfolgt sein, die Gültigkeit der Karte erstreckt sich dann auf das Gebiet des ganzen Deutschen Reiches.

Von einer vorgängigen Bezahlung der Steuer für den Gewerbebetrieb im Umherziehen ist die Ausstellung der Gewerbelegitimationskarte nicht abhängig zu machen, weil inländische Reisende nach Art. 2 Ziff. 1 des Gesetzes vom $\frac{\text{10. März 1879}}{\text{20. Dezember 1897}}$ von der Steuer vom Gewerbebetrieb im Umherziehen befreit sind und diese Befreiung bzw. das Recht der Behandlung auf dem Fuße der meistbegünstigten Nation auch den Angehörigen einer Reihe von auswärtigen Staaten zugestanden ist.

---

[8]) Siehe auch oben Vorbem. Ziff. VI, A.

[9]) Über ausländische Gewerbetreibende s. oben die Anm. zu Art. 3.

Ausländer, welche Staaten angehören, mit denen Verträge weder über Ausstellung von Legitimationskarten noch über die Behandlung auf dem Fuße der meistbegünstigten Nation abgeschlossen sind, bedürfen, auch wenn sie nur als Reisende den Geschäftsbetrieb ausüben wollen, eines Wandergewerbescheines, wie solcher für Ausländer auszustellen ist.

Die Gewerbelegitimationskarten jeder Art für Reisende werden für das betreffende Kalenderjahr ausgestellt.

Der Inhaber einer Gewerbelegitimationskarte hat folgendes zu beachten:

a) derselbe hat die Legitimationskarte während der Ausübung des Gewerbebetriebes stets bei sich zu führen, auf Erfordern der zuständigen Behörden oder Beamten und ihrer Vollzugsorgane vorzuzeigen (§§ 44 a Abs. 2 u. 148 Ziff. 5 GewO.);
b) der Reisende darf seine Karte nicht einem andern überlassen;
c) der Reisende darf für andere als in der Gewerbelegitimationskarte bezeichnete Gewerbetreibende Geschäfte weder abschließen noch vermitteln (§ 44 Abs. 1 GewO.);
d) der Reisende darf aufgekaufte Waren nur behufs deren Beförderung nach dem Bestimmungsorte mit sich führen und von Waren, auf welche er Bestellungen sucht, nur Proben oder Muster mit sich führen (§ 44 Abs. 2, § 148 Ziff. 5 GewO.);
e) der Abschluß und die Vermittelung der Geschäfte darf nur für solche Zwecke geschehen, welche der in der Legitimationskarte bezeichnete Gewerbebetrieb verfolgt (§ 44 Abs. 1 GewO.);
f) das Aufsuchen von Bestellungen auf Waren mit Ausnahme von Druckschriften, anderen Schriften und Bildwerken, sowie der sonst vom Bundesrat zugelassenen Waren darf ohne vorgängige ausdrückliche Aufforderung nur bei Kaufleuten in deren Geschäftsräumen oder bei solchen Personen geschehen, in deren Geschäftsbetriebe Waren der angebotenen Art Verwendung finden;
g) der Aufkauf darf nur bei Kaufleuten oder bei den Produzenten der betreffenden Waren oder in offenen Verkaufsstellen erfolgen (§ 44 Abs. 3 GewO.).[10])

Ausnahmsweise kann durch Bundesratsbeschluß für bestimmte Waren nicht nur das Mitsichführen von Proben und Mustern, sondern auch von Waren, deren Abgabe an die Käufer sofort geschieht, genehmigt werden. In dieser Richtung sind durch die Bundesratsverordnung vom 27. November 1896 folgende Ausnahmen zugelassen:

1. Gold- und Silberwaren-Fabrikanten und -Großhändler sind befugt, auf Grund der nach § 44 a erteilten Legitimationskarte auch außerhalb des Gemeindebezirks ihrer gewerblichen Niederlassung, sofern diese im Inlande liegt, persönlich oder durch in ihrem Dienste stehende Reisende Gold- und Silberwaren an Personen, die damit Handel treiben, feilzubieten und zu diesem Zweck mit sich zu führen, vorausgesetzt, daß die

[10]) Siehe auch Bek. des Reichskanzlers vom 25. März 1897, RGBl. S. 96, wonach den Fabrikanten von überwebten Holzrouleaux gemäß § 44 Abs. III GewO. die Erlaubnis erteilt wurde, außerhalb des Gemeindebezirks der Niederlassung, sofern diese im Inland liegt, persönlich oder durch in ihrem Dienste stehende Reisende ohne vorgängige ausdrückliche Aufforderung Bestellungen auf überwebte Holzrouleaux bei anderen Personen aufzusuchen als bei Kaufleuten und solchen Personen, in deren Geschäftsbetrieb Waren der angebotenen Art Verwendung finden, sowie bei Kaufleuten an anderen Orten als in deren Geschäftsräumen. Vgl. auch Vorbem. zu Art. 1 Ziff. VI oben.

Waren, welche sie feilbieten, übungsgemäß an die Wiederverkäufer im Stück abgesetzt werden. Dasselbe gilt von Taschenuhren-, Bijouterie- und Schildpattwaren-Fabrikanten und -Großhändlern, sowie von Gewerbetreibenden, welche mit Edelsteinen, Perlen, Kameen und Korallen Großhandel treiben.

2. Weinhändler sind befugt, auf Grund der nach § 44a der GewO. erteilten Legitimationskarte auch außerhalb des Gemeindebezirks ihrer gewerblichen Niederlassung, sofern diese im Inlande liegt, persönlich oder durch in ihrem Dienste stehende Reisende ohne vorgängige ausdrückliche Aufforderung Bestellungen auf Wein (Traubenwein einschließlich Schaumwein) bei anderen Personen zu suchen, als bei Kaufleuten oder solchen Personen, in deren Geschäftsbetriebe Waren der angebotenen Art Verwendung finden, sowie bei Kaufleuten an anderen Orten als in deren Geschäftsräumen. Das gleiche gilt für den Handel mit Erzeugnissen der Leinen- und Wäschefabrikation und mit Nähmaschinen.

Der nach Zeichnung, Gewicht und Feingehalt stattfindende Handel mit silbernen Löffeln, Gabeln, Trinkbechern usw. nimmt an dieser Vergünstigung nicht teil, weil der Absatz dieser Waren an Wiederverkäufer nicht stückweise erfolgt. Auch der Absatz von Taschenuhren an Private ist unzulässig, da das Feilbieten nur an Wiederverkäufer erfolgen darf.

Ausländer, welche die in der Bundesratsverordnung vom 27. November 1896 II lit. B Ziff. 2 vorgeschriebene Legitimationskarte besitzen, dürfen nur Warenmuster, niemals Waren mit sich führen, auch dürfen dieselben ihre Warenbestellungen nicht überall, sondern nur bei solchen Kaufleuten und Personen aufsuchen, in deren Gewerbebetrieb Waren der angebotenen Art Verwendung finden.

Im übrigen wird auf die auf der Rückseite der jeweiligen Gewerbelegitimationskarten abgedruckten Verhaltungsvorschriften Bezug genommen.

Zuständigkeit und Verfahren.

§ 25. Die Ausstellung und Zurücknahme der Gewerbelegitimationskarten erfolgt durch die Distriktspolizeibehörden, in München durch den Magistrat (§ 22 der Allerh. Verordnung v. 29. März 1892).

Im einzelnen Falle ist zuständig zur Ausstellung:

1. gegenüber Inländern diejenige Behörde, zu deren Bezirk der Niederlassungsort des betreffenden Gewerbetreibenden gehört (§ 44a GewO.);

2. gegenüber Ausländern jene Behörde, in deren Bezirk der Nachsuchende seinen Gewerbebetrieb beginnen will (Bundesrats-Verordnung v. 17. November 1896 II B Ziff. 2 Abs. 3).

Zur Zurücknahme ist jene Behörde zuständig, welche die Legitimationskarte ausgestellt hat; ausgeschlossen ist die Zurücknahme solcher Legitimationskarten der Ausländer, welche im Auslande ausgestellt, aber auf Grund von Staatsverträgen auch im Deutschen Reiche Geltung haben; hier kann nur die Untersagung des Betriebes verfügt werden.

Es muß die Ausstellung einer Legitimationskarte gemäß § 44a Abs. 3 der GewO. versagt werden, wenn derjenige, für welchen die Ausstellung der Karte verlangt wird:

1. mit einer abschreckenden oder ansteckenden Krankheit behaftet oder in einer abschreckenden Weise entstellt ist;

2. wenn er unter Polizeiaufsicht steht;

3. wenn er wegen strafbarer Handlungen aus Gewinnsucht, gegen das Eigentum, gegen die Sittlichkeit, wegen vorsätzlicher Angriffe auf das Leben und die Gesundheit der Menschen, wegen Land- oder Hausfriedensbruchs, wegen Widerstands gegen die Staatsgewalt, wegen vorsätzlicher Brandstiftung, wegen Zuwiderhandlungen gegen Verbote oder Sicherheitsmaßregeln, betreffend Einführung oder Verbreitung ansteckender Krankheiten oder Viehseuchen, zu einer Freiheitsstrafe von mindestens drei Monaten verurteilt ist und seit Verbüßung der Strafe drei Jahre noch nicht verflossen sind;

4. wenn er wegen gewohnheitsmäßiger Arbeitsscheu, Bettelei, Landstreicherei, Trunksucht übel berüchtigt ist.

Nach freiem Ermessen darf die Behörde die Ausstellung der Legitimationskarte außerdem nur dann versagen, wenn derjenige, für welchen die Karte bestimmt wäre, wegen strafbarer Handlungen aus Gewinnsucht, gegen das Eigentum, gegen die Sittlichkeit, wegen vorsätzlicher Angriffe auf das Leben und die Gesundheit der Menschen, wegen Hausfriedensbruchs, wegen Widerstands gegen die Staatsgewalt, wegen vorsätzlicher Brandstiftung, wegen Zuwiderhandlungen gegen Verbote oder Sicherungsmaßregeln, betreffend Einführung oder Verbreitung ansteckender Krankheiten oder Viehseuchen, zu einer Freiheitsstrafe von mindestens einer Woche verurteilt ist und seit Verbüßung der Strafe fünf Jahre noch nicht verflossen sind.

Die Zurücknahme der einem Inländer ausgestellten Legitimationskarte kann erfolgen, wenn sich ergibt, daß eine der Voraussetzungen, unter welchen ihm die Ausstellung der Legitimationskarte hätte versagt werden müssen, entweder schon vor der Ausstellung, ohne daß dies der Behörde bekannt war, vorlag oder erst hinterher eintrat, ferner wenn der Inhaber verbotswidrig außer Proben und Mustern auch andere Waren mit sich führt, Wareneinkäufe oder Warenbestellungen bei Personen vornimmt, bei denen ihm dies nicht gestattet ist, oder Bestellungen auf Waren aufsucht oder Ankäufe von Waren vornimmt, die nicht dem Zwecke des in der Legitimationskarte eingetragenen Gewerbebetriebes dienen.

Gegenüber Ausländern, denen eine deutsche Legitimationskarte ausgestellt wird, gelten bezüglich der Erteilung, Zurücknahme und Versagung der Gewerbelegitimationskarten die nämlichen Bestimmungen wie hinsichtlich der Erteilung, Zurücknahme und Versagung von Wandergewerbescheinen gegenüber Inländern (ausgenommen der Versagungsgrund wegen Mangel eines festen Wohnsitzes im Inlande), siehe oben §§ 8 und 22, Bundesratsverordnung vom 27. November 1896 lit. B Ziff. 2 Abs. 3. Hienach sind ausländische Handelsreisende gegenüber den inländischen insbesondere insoferne ungünstiger gestellt, als ersteren die Legitimationskarte auch dann versagt oder wieder entzogen werden kann, wenn dieselben noch nicht 25 Jahre alt sind, an einem körperlichen oder geistigen Gebrechen leiden oder wenn die in § 57 b Ziff. 3 und 4 der GewO. bezeichneten Voraussetzungen gegeben sind.

Inländer, die um eine Legitimationskarte nachsuchen, haben in der Regel sich über ihre Identität entsprechend auszuweisen. Waren dieselben schon im vorhergehenden Jahre im Besitz einer Legitimationskarte, so kann von weiteren Erhebungen über das Nichtvorhandensein von Versagungsgründen Umgang genommen werden, zumal wenn anzunehmen ist, daß etwaige Versagungsgründe der Behörde zur Kenntnis gekommen wären. Glaubt jedoch die um Ausstellung der Legitimationskarte angegangene Behörde aus triftigen Gründen Erkundigungen einziehen zu müssen, ob nicht Versagungsgründe bestehen, so hat die Anfrage bei den betreffenden Gemeinde- und Strafregister-Behörden im Offizialverfahren mittelst einfacher Requisition zu geschehen.

Welche Ausweise von ausländischen Handelsreisenden, die in Bayern um eine Legitimationskarte nachsuchen, zu fordern seien, bleibt im allgemeinen dem Ermessen der Distriktspolizeibehörden anheimgegeben. Jedoch sind, da Klagen über die Behandlung deutscher und insbesondere bayerischer Handelsreisender im Auslande zurzeit nicht vorliegen, alle unnötigen Belästigungen ausländischer Handelsreisender zu vermeiden. Bezüglich der bei Angehörigen gewisser Staaten jedenfalls für genügend zu erachtenden Ausweise wird auf die betreffenden besonderen Bestimmungen verwiesen (für Niederländer: aut. MinEntschl. vom 24. Dez. 1852 Nr. 12089; für Franzosen: Schlußprotokoll vom 2. August 1862, Bayer. RegBl. 1865 Beil. zu Nr. 31 S. 377, dann MinEntschl. vom 17. Juli 1865 Nr. 7407 und am 7. Sept. 1871 Nr. 9951, endlich Art. 18 der Zusatzkonvention vom 11. Dez. 1871 zum Frankfurter Friedensvertrage, RGBl. 1872 S. 19).

Die Bestimmungen über das Verfahren in Rekursfällen bei Versagung oder Zurücknahme eines Wandergewerbescheines (siehe oben § 16) gelten auch bei Verbescheidung der Beschwerden wegen Versagung und Zurücknahme der Gewerbelegitimationskarten; ist der Beschwerdeführer ein Ausländer, so steht ihm lediglich der Beschwerdeweg an die unmittelbar vorgesetzte Aufsichtsbehörde offen.

Formulare und Benützung derselben.

§ 26. Inländischen Gewerbetreibenden und deren Reisenden sind in Bayern für den in §§ 44, 44a der GewO. bezeichneten Gewerbebetrieb stets Gewerbelegitimationskarten nach anruhendem Formulare Nr. IV auszufertigen (Allerh. Verordn. vom 29. März 1892 § 22 Abs. 2).

Behufs richtiger Anwendung des für Inländer bestimmten Formulars wird auf folgendes aufmerksam gemacht:

a) die Karte ist, wenn sie auch die Überschrift „Gewerbelegitimationskarte für Handlungsreisende" trägt, nicht nur solchen Personen auszustellen, welche im Dienste einer fremden Firma reisen, sondern auch denjenigen selbständigen Gewerbetreibenden, welche persönlich für ihre eigene Firma Geschäfte machen wollen;

b) die Karte ist sowohl solchen Personen auszufertigen, welche nur in Bayern oder nur im Reichsgebiete Waren aufkaufen und Warenbestellungen suchen, als auch denjenigen, welche in Luxemburg, Belgien, Italien, Österreich-Ungarn, Portugal, Rumänien, Rußland, Serbien oder der Schweiz diese Geschäfte betreiben wollen;

c) auf die erste Seite sind außer der Nummer der Karte, welche mit der entsprechenden Nummer des zu führenden Verzeichnisses (s. § 27 unten) übereinstimmen muß, Vor- und Zuname des Inhabers, Ort und Datum der Ausstellung, die Fertigung und das Siegel der ausstellenden Behörde und endlich der Betrag der erhobenen Gebühr nebst der Nummer des Gebührenregisters zu setzen;

d) die Eintragung auf der zweiten Seite hat verschieden zu lauten, je nachdem der Inhaber für seine eigene Firma oder für eine fremde Firma oder für mehrere Firmen zu reisen beabsichtigt, jedenfalls aber sind die betreffenden Firmen genau zu bezeichnen; z. B.:

„Es wird hiemit bescheinigt, daß Inhaber dieser Karte eine (Art der Fabrik oder Handlung) in . . . . . unter der Firma . . . . besitzt. Ferner wird, da Inhaber für Rechnung dieser Firma und außerdem nachfolgender Firmen:

1. . . . . . (Art der Fabrik oder Handlung) in . . . .

2. . . . . . (Art der Fabrik oder Handlung) in . . . .

Warenbestellungen aufzusuchen und Wareneinkäufe zu machen beabsichtigt, bescheinigt, daß für den Geschäftsbetrieb vorgedachter Firma (Firmen) im hiesigen Lande die gesetzlich bestehenden Abgaben zu entrichten sind."

Oder:

„Es wird hiemit bescheinigt, daß Inhaber dieser Karte als Handlungsreisender im Dienste der Firma . . . . . in . . . . . steht, welche eine (Art der Fabrik oder Handlung) daselbst besitzt. Ferner wird, da Inhaber für Rechnung dieser Firma und außerdem der Firma . . . . (Art der Fabrik oder Handlung) in . . . . Warenbestellungen aufzusuchen und Wareneinkäufe zu machen beabsichtigt, bescheinigt, daß für den Geschäftsbetrieb vorgedachter Firma (Firmen) im hiesigen Lande die gesetzlich bestehenden Abgaben zu entrichten sind."

e) Auf der dritten Seite ist das Signalement des Inhabers einzutragen und hat derselbe seine Unterschrift beizusetzen. Die Anmerkung „Zur Beachtung" ist entsprechend auszufüllen, je nachdem der Geschäftsbetrieb für eine oder für mehrere Firmen erfolgt.

Ausländer erhalten in Bayern für das Aufkaufen von Waren und Aufsuchen von Warenbestellungen Legitimationskarten nach anruhendem Formulare VI (Bundesratsverordnung vom 27. November 1896 II lit. B Ziff. 2).

Bezüglich der Verwendung dieses Formulars wird bemerkt:

a) Auf der ersten Seite sind, außer der Nummer der Karte, welche mit der entsprechenden Nummer des zu führenden Verzeichnisses (siehe § 27) übereinstimmen muß, die Zahl des Kalenderjahres, Vor- und Zuname des Inhabers, Wohnort desselben sowie die Firma oder die Firmen, für welche der Inhaber zu reisen beabsichtigt, einzutragen.

b) Die Karte ist ferner auf der ersten Seite mit der Fertigung und dem Siegel der ausstellenden Behörde zu versehen; auch ist der Betrag der erhobenen Gebühr nebst der Nummer des Gebührenregisters auf der ersten Seite zu vermerken.

c) Bei Ausfüllung der Rückseite ist die obenstehende Anordnung unter lit. e zu beachten.

Verzeichnis der ausgestellten Ausweise.

§ 27. Über die ausgestellten Gewerbelegitimationskarten zum Aufkauf von Waren und Aufsuchen von Warenbestellungen haben die Distriktspolizeibehörden ein fortlaufendes jährlich abzuschließendes Verzeichnis nach dem unter Nr. IX angefügten Formular D (§ 22 Abs. 3 der VV. vom 29. März 1892) zu führen.

III. Schaustellungen und Produktionen.

§ 28. Wer Musikaufführungen, Schaustellungen, theatralische Vorstellungen oder sonstige Lustbarkeiten darbieten will, ohne daß ein höheres Interesse der Kunst oder Wissenschaft dabei obwaltet, bedarf, wenn er diese Produktionen außerhalb des Gemeindebezirkes seines Wohnortes und ohne vorgängige Bestellung (§ 55 GewO.) an einem Orte von Haus zu Haus oder auf öffentlichen Wegen, Straßen, Plätzen oder an anderen öffentlichen Orten ausüben will, neben dem in § 1 Ziff. 4 gegenwärtiger Anweisung erwähnten Wandergewerbeschein auch noch jeweils der vorgängigen Erlaubnis der Polizeibehörde des Ortes, an welchem die Produktion beabsichtigt wird. In München ist zur Erteilung dieser Erlaubnis die Polizeidirektion zuständig (§ 60a GewO., § 25 Abs. 2 der Allerh. Verordnung vom 29. März 1892, Bundesratsverordnung v. 31. Oktober 1883 II A Ziff. 3). Schauspielunternehmer müssen ferner die erforderliche Konzession besitzen (§§ 32 u. 60d Abs. 4 GewO.).

Auch derjenige, der im Gemeindebezirke seines Wohnortes oder seiner gewerblichen Niederlassung, also nicht auf dem Wege eines Wandergewerbes, aber doch gewerbsmäßig Musikaufführungen, Schaustellungen, theatralische Vorstellungen oder sonstige Lustbarkeiten, ohne daß ein höheres Interesse der Kunst oder Wissenschaft dabei obwaltet, von Haus zu Haus oder auf öffentlichen Wegen, Straßen und Plätzen darbieten will, bedarf der Genehmigung der Ortspolizeibehörde, in München der Polizeidirektion (§ 33b GewO., § 14 der Allerh. Verordnung vom 29. März 1892).

Wenn auch unter diese Bestimmungen der Gewerbeordnung jene Fälle nicht subsumiert werden können, in welchen auf vorgängige Bestellung und in öffentlichen Wirtshäusern Schau- und Vorstellungen der genannten Art dargeboten werden, so ist doch auch hier das Erfordernis der ortspolizeilichen Bewilligung auf Grund landespolizeilicher Vorschriften, nämlich des Art. 32 und 33 des Polizeistrafgesetzbuches und der Allerh. Verordnung vom 3. Juli 1868 die Schau- und Vorstellungen betr. (RegBl. S. 1161) vorbehaltlich der darin zugestandenen Ausnahmefälle gegeben. (Vgl. oberstrichterliches Erkenntnis v. 3. Juni 1885, Amtsbl. des k. StMin. d. Innern S. 185.)

Die nach §§ 33b und 60a der Gewerbeordnung für Produktionen, Schauspielunternehmungen und Schaustellungen erforderliche ortspolizeiliche Erlaubnis kann in jederzeit widerruflicher Weise oder auf bestimmte Zeit und unter Bedingungen erteilt werden.

Bei Verbescheidung der Gesuche um Produktionsbewilligungen usw. ist das freie Ermessen der Ortspolizeibehörden maßgebend. Hiebei ist auf möglichste Beschränkung der Bewilligungen Bedacht zu nehmen und die Erlaubnis jedenfalls zu versagen, nicht nur wenn sicherheitsgefährliche Individuen hierum nachsuchen, sondern auch wenn Schaustellungen und Produktionen dargeboten werden wollen, welche das religiöse und Sittlichkeitsgefühl verletzen oder sonst Anstoß erregen können. Es sind deshalb, wenn tunlich, Schaugegenstände, die vorgezeigt werden wollen, vorher zu prüfen. Im Falle der Erteilung einer Erlaubnis ferner ist stets zu erwägen, ob nicht zugleich dem Unternehmer die Einhaltung sachgemäßer Bedingungen vorzuschreiben sei. Gibt sich im Verlaufe der Produktionen Anlaß zu Bedenken, so ist die erteilte Erlaubnis sogleich wieder zurückzunehmen.

Gegen Beschlüsse der Ortspolizeibehörden, durch welche die Erlaubnis versagt wird, ist Beschwerde an die nächstvorgesetzte Behörde oder Stelle zulässig. Das einzuhaltende Verfahren ist das für Polizeisachen vorgeschriebene.

Die Erteilung des nach Art. 32 und 33 des Polizeistrafgesetzbuches erforderlichen Erlaubnisscheines richtet sich nach den Vorschriften der erwähnten Allerh. Verord. v. 3. Juli 1868.

IV. Verbreitung von Schriften und Bildwerken.

§ 29. Wer gewerbsmäßig Druckschriften oder andere Schriften oder Bildwerke auf öffentlichen Wegen, Straßen, Plätzen, oder an andern öffentlichen Orten, z. B. in Wirtshäusern, auf Bahnhöfen usw., ausrufen, verkaufen, verteilen, anheften oder anschlagen will, bedarf dazu, sei es daß er das Gewerbe selbständig oder daß er es als Gehilfe eines andern betreiben will, eines von der Ortspolizeibehörde, in München der Polizeidirektion, zu erteilenden besonderen Legitimationsscheines (§ 43 GewO., § 21 VB. vom 29. März 1892).

Außerdem bedarf, wer Druckschriften, andere Schriften oder Bildwerke ohne Bestellung an einem Orte feilbietet, an welchem er weder einen Wohnsitz, noch eine gewerbliche Niederlassung besitzt, eines Wandergewerbescheines (§ 55 GewO., Bundesratsverordnung vom 27. November 1896 II lit. A Ziff. 1) sowie eines von der Distriktsverwaltungsbehörde seines Wohnortes genehmigten Druckschriftenverzeichnisses, in welchem sämtliche Druckschriften, andere Schriften und Bildwerke, mit denen hausiert werden will, eingetragen sein müssen (§ 56 letzter Abs. GewO.).

Nur dann ist der eingangs erwähnte Legitimationsschein nicht notwendig, wenn

1. in der Zeit von der amtlichen Bekanntmachung des Tages der Wahl zu gesetzgebenden Körperschaften bis zur Beendigung des Wahlaktes Stimmzettel und Druckschriften zu Wahlzwecken verteilt werden wollen (§ 43 Abs. 3 GewO.),
2. in geschlossenen Räumen Druckschriften, andere Schriften oder Bildwerke nicht gewerbsmäßig verteilt werden sollen (§ 43 Abs. 5 GewO.).

Die Ausnahme unter 1 bezieht sich sowohl auf das gewerbsmäßige, als auch auf das nicht gewerbsmäßige Verteilen der Stimmzettel und Druckschriften, gilt jedoch nicht für das Verkaufen, Anheften oder Anschlagen derselben. Die Erteilung des Legitimationsscheines muß, kann und soll versagt werden, je nachdem die Voraussetzungen des § 57 Ziff. 1, 2 und 4 oder jene des § 57a oder des § 57b Ziff. 1 und 2 der GewO. gegeben sind.

Eine Ausnahmebestimmung besteht für das Anheften und Anschlagen von Schriften insoferne, als die Tatsache der abschreckenden Entstellung eines Menschen für diesen Gewerbebetrieb keinen Versagungsgrund bildet.

Eine Zurücknahme des Legitimationsscheines ist nicht zulässig, weshalb mit besonderer Vorsicht bei Ausstellung des Scheines zu prüfen ist, ob keine Versagungsgründe vorliegen. Insbesondere ist auf Fernhaltung der Ausländer Bedacht zu nehmen (§ 57b Ziff. 1 GewO.).

Hinsichtlich des Verfahrens bei Versagung des Legitimationsscheines haben die Vorschriften in §§ 8, 9 und 16 gegenwärtiger Anweisung sinngemäße Anwendung zu finden. Rekurse gegen Entscheidungen, durch welche die Ausstellung eines Legitimationsscheines versagt wurde, sind von den k. Kreisregierungen, Kammern des Innern, unter Einhaltung der Bestimmungen des § 20 und 21 der GewO. zu verbescheiden.

Im Falle der Erteilung der Erlaubnis im Sinne des § 43 der GewO. haben sich die Ortspolizeibehörden des nachstehenden Formulars K, Beilage VII zu bedienen (§ 21 Abs. 3 der Allerh. Verord. vom 29. März 1892). Wie das Formular entnehmen läßt, ist die Erlaubnis in keinem Falle für längere Zeit als für das betreffende Kalenderjahr zu erteilen. Es wird vielfach Anlaß gegeben sein, diese Genehmigung sogar auf kürzere Zeit oder einzelne Tage zu beschränken, in welchem Falle diese Zeitbeschränkung ausdrücklich in den Legitimationsschein einzuschreiben ist.

Über die Erteilung der Legitimationsscheine haben die Ortspolizeibehörden in jedem einzelnen Falle dem k. Kommissär, bzw. der mit dieser Funktion betrauten Behörde Mitteilung zu machen und außerdem fortlaufende alljährlich abzuschließende Verzeichnisse nach dem anliegenden Formulare L, Beilage X zu führen.

Der Inhaber eines nach § 43 GewO. ausgestellten Legitimationsscheines hat denselben stets bei sich zu führen und auf Verlangen der zuständigen Behörde und ihrer Organe vorzuzeigen. (§§ 43, 149 Ziff. 1 GewO.)

Für Ausländer gelten hinsichtlich des in § 43 der GewO. bezeichneten Gewerbebetriebes die nämlichen Bestimmungen wie für Inländer vorbehaltlich anderweitiger Regelung durch die k. Kreisregierungen, Kammern des Innern, auf Grund der denselben in § 42b Abs. 4 der GewO. und § 1 der Allerh. Verord. vom 29. März 1892 eingeräumten Befugnis.

Das Druckschriftenverzeichnis, welches die Hausierer neben dem Wandergewerbeschein bei sich zu tragen haben, müssen dieselben der Distriktsverwaltungsbehörde ihres Wohnortes (in München der Polizeidirektion) vor Beginn ihres Gewerbes zur Genehmigung vorlegen (§ 25 der Allerh. Verordnung vom 29. März 1892). Sämtliche Schriften und Bildwerke, mit denen Hausierhandel getrieben werden will, müssen in demselben verzeichnet sein; nur dann, wenn diese Schriften strafrechtlich nicht zu beanstanden sind und auch in sittlicher oder in religiöser Beziehung zu einer Erinnerung keinen Anlaß geben, darf die Genehmigung für das Gebiet des ganzen Deutschen Reiches erfolgen.

Gegen die Versagung der Genehmigung des Druckschriftenverzeichnisses überhaupt oder einzelner Druckschriften oder Bildwerke desselben steht der Rekursweg offen; die Beschwerde ist von der k. Regierung, Kammer des Innern, unter Beachtung der Vorschriften der §§ 20, 21 der GewO. zu verbescheiden. Ausländern steht jedoch lediglich der Beschwerdeweg an die unmittelbar vorgesetzte Aufsichtsbehörde offen. (Bundesratsverordnung vom 27. November 1896 II lit. A Ziff. 11).

Bezüglich der Kolportage auf Bahnhöfen gelten außerdem die hiefür in der autographierten Entschließung des k. Staatsministeriums des Innern vom 1. März 1881 Nr. 2085 und vom 4. Juli 1890 Nr. 9281 getroffenen besonderen Bestimmungen.

V. Hausieren am Sitze einer gewerblichen Niederlassung.

§ 30. Derjenige, welcher zum selbständigen Betriebe eines Gewerbes befugt ist, hat im allgemeinen auch **das Recht**, im Gemeindebezirke seiner gewerblichen Niederlassung persönlich oder durch dritte Personen (Boten, Platzreisende usw.) außerhalb seines Geschäftslokales im Umherziehen sein Gewerbe auszuüben. Ausnahmen bestehen nur in folgenden Richtungen:

1. Waren, deren Ankauf oder Feilbieten im Umherziehen außerhalb des Gemeindebezirkes des Wohnortes oder der gewerblichen Niederlassung eines Gewerbetreibenden verboten ist, also sämtliche in § 6 gegenwärtiger Anweisung aufgeführten Gegenstände dürfen von den Gewerbetreibenden auch nicht im Gemeindebezirke ihres Wohnortes oder ihrer gewerblichen Niederlassung von Haus zu Haus oder auf öffentlichen Wegen, Straßen, Plätzen oder an anderen öffentlichen Orten feilgeboten oder zum Wiederverkauf angekauft werden — ausgenommen Bier und Wein in Fässern und Flaschen und vorbehaltlich der nach § 33 der Gewerbeordnung erforderlichen Konzession für den Schankbetrieb (§ 42a GewO.).

2. Kinder unter vierzehn Jahren dürfen, auch wenn eine Bestimmung nach § 42b Abs. 1 der GewO. nicht getroffen ist, auf öffentlichen Wegen, Straßen, Plätzen oder an öffentlichen Orten oder ohne vorgängige Bestellung von Haus zu Haus Gegenstände nicht feilbieten. In Orten, wo ein derartiges Feilbieten durch Kinder herkömmlich ist, darf die Ortspolizeibehörde ein solches für bestimmte Zeitabschnitte, welche in einem Kalenderjahre zusammen vier Wochen nicht überschreiten dürfen, gestatten. (Art. 8 der Gewerbenovelle vom 6. August 1896.)

3. Durch die höhere Verwaltungsbehörde (Regierung, Kammer d. J.) nach Anhörung der Gemeindebehörde oder durch Beschluß der Gemeindebehörde mit Genehmigung der höheren Verwaltungsbehörde kann für die betreffenden Gemeinden bestimmt werden, daß Personen, trotzdem sie im Gemeindebezirke einen Wohnsitz oder eine gewerbliche Niederlassung inne haben, einer besonderen Erlaubnis dann bedürfen, wenn sie innerhalb des Gemeindebezirkes auf öffentlichen Wegen, Straßen, Plätzen oder an anderen öffentlichen Orten oder ohne vorgängige Bestellung von Haus zu Haus

a) Waren feilbieten;
b) Waren bei anderen Personen, als bei Kaufleuten oder solchen Personen, welche die Waren produzieren oder an anderen Orten, als in offenen Verkaufsstellen zum Wiederverkauf ankaufen. oder Warenbestellungen bei Personen, in deren Gewerbebetriebe Waren der angebotenen Art keine Verwendung finden, aufsuchen oder
c) gewerbliche Leistungen, hinsichtlich deren dies nicht Landesgebrauch ist, anbieten wollen (§ 42b GewO.).

Nicht erforderlich ist, daß diese Erlaubnis für alle unter lit. a—c erwähnten Waren und Leistungen obligatorisch gemacht wird, sondern es kann diese Vorschrift auf einzelne Gattungen derselben sowie auf einzelne Teile des Gemeindebezirks beschränkt werden. Darüber, welche Behörde die Erlaubnis zu erteilen hat, ist in der Regierungsentschließung und in dem Beschlusse der Gemeindebehörde ausdrückliche Bestimmung zu treffen. Die Genehmigung ist mittels Erlaubnisscheines zu erteilen, dessen Gebührenbewertung nach Art. 175 Ziff. 3 und 188 des Gebührengesetzes erfolgt.

Die unter Ziff. 3 erwähnte Befugnis, auch den ambulanten Gewerbebetrieb im Wohn- bzw. Niederlassungsbezirke von einer Erlaubnis abhängig zu machen, erstreckt sich jedoch nicht auf

a) rohe Erzeugnisse der Land- und Forstwirtschaft, des Garten- und Obstbaues, der Geflügel- und Bienenzucht sowie auf Erzeugnisse der Jagd und Fischerei;
b) Waren des Wochenmarktverkehrs und gewerbliche Leistungen, deren Anbieten landesgebräuchlich ist;
c) Druckschriften, andere Schriften und Bildwerke, insoweit der Gewerbebetrieb hiemit von Haus zu Haus stattfindet;
d) Gold- und Silberwaren-Fabrikanten oder Großhändler, Taschenuhren- und Bijouterie- und Schildpattwaren-Fabrikanten und Großhändler sowie Gewerbetreibende, welche mit Edelsteinen, Perlen, Kameen und Korallen Großhandel treiben, soferne die Waren, welche von diesen Personen feilgeboten werden, übungsgemäß an die Wiederverkäufer im Stück abgesetzt werden.

Nur insoferne untersteht der Gewerbebetrieb mit den unter lit. a und b bezeichneten Gegenständen einem behördlichen Einwirken, als
) der ambulante Gewerbebetrieb solchen Personen untersagt werden darf, bei denen die in § 57 Ziff. 1—4 der Gewerbeordnung bezeichneten Voraussetzungen vorliegen;
β) minderjährigen Personen, welche mit diesen Gegenständen ein Gewerbe treiben, das Feilbieten nach Sonnenuntergang, und insoferne sie dem weiblichen Geschlechte angehören, das Feilbieten von Haus zu Haus untersagt werden darf;
γ) allen Gewerbetreibenden dieser Art verboten werden kann, ohne vorgängige Erlaubnis in fremde Wohnungen einzutreten sowie zur Nachtzeit fremde Häuser und Gehöfte zu betreten.

Die Erteilung, Versagung und Zurücknahme der Erlaubnis kann unter den nämlichen Voraussetzungen erfolgen, unter denen die Erteilung, Versagung und Zurücknahme eines Wandergewerbescheines zu geschehen hat. Auch der Inhaber eines solchen Erlaubnisscheines ist wie jener eines Wandergewerbescheines verpflichtet, den Schein bei Ausübung des Gewerbes stets bei sich zu führen, und niemals denselben einem anderen zu überlassen (§ 42b Abs. 2 GewO.).

Gegen die Versagung und Zurücknahme der Erlaubnis, sowie gegen die Untersagung des Betriebes steht das Rechtsmittel des Rekurses offen, welcher von den Kreisregierungen, Kammern des Innern, im Verwaltungsrechtsverfahren zu verbescheiden ist; im Falle jedoch Beschwerde wegen Beschränkung der Betriebsausübung nach Sonnenuntergang und von Haus zu Haus ergriffen wird, ist lediglich Beschwerde an die Aufsichtsbehörde zulässig.

Gegenüber Ausländern, welche eines der unter 3 lit. a—c benannten Gewerbe im Gemeindebezirke ihres inländischen Wohnortes oder ihrer inländischen Niederlassung ausüben wollen, kann durch Verfügung der k. Kreisregierungen für ihre Bezirke oder einzelne Teile derselben, ohne daß es eines Beschlusses der beteiligten Gemeinden bedarf, angeordnet werden, daß diese hiezu einer besonderen Erlaubnis bedürfen und daß bezüglich der Voraussetzungen für die Erteilung, Versagung und Zurücknahme dieser Erlaubnis, sowie bezüglich des Verfahrens einschließlich der Beschwerdefälle die Bundesratsverordnung vom 27. November 1896 sinngemäße Anwendung zu finden habe (§ 42b Abs. 4 GewO.).

Schließlich ist noch zu erwähnen, daß das Feilbieten von selbstgewonnenen oder rohen Erzeugnissen der Land- und Forstwirtschaft, des Garten- und Obstbaues, der Geflügel- und Bienenzucht sowie von selbstgewonnenen Erzeugnissen der Jagd und Fischerei, ferner das Feilbieten selbstverfertigter, zu den Gegenständen des Wochenmarktes gehöriger Gegenstände in der Umgegend des Wohnortes des Feilbietenden bis zu 15 Kilometer Entfernung sowie das landesübliche Anbieten gewerblicher Leistungen innerhalb vorbezeichneter Grenzen überhaupt, es mag dasselbe nach §§ 42, 42a oder 55 der GewO. stattfinden, minderjährigen Personen durch die Ortspolizeibehörde ihres Aufenthaltsortes eventuell des Gewerbebetriebsortes für die Zeit nach Sonnenuntergang und minderjährigen Personen weiblichen Geschlechts in der Art des Umherziehens von Haus zu Haus untersagt werden kann und daß jeder, der diese Gewerbe betreibt, ohne vorgängige Erlaubnis nicht in fremde Wohnungen eintreten, sowie zur Nachtzeit fremde Häuser und Gehöfte nicht betreten darf (§ 60b Abs. 2, § 60c Abs. 2 und § 42b Abs. 3 GewO.). Gegen die minderjährigen Personen auferlegte Beschränkung dieser Art kann Beschwerde an die unmittelbar vorgesetzte Aufsichtsbehörde ergriffen werden.

VI. Gemeinsame und Schlußbestimmungen.

Gebühren.[11])

§ 31. Bezüglich der Gebührenbewertung der für den Gewerbebetrieb im Umherziehen erforderlichen Genehmigungen und der Verhandlungen über die Erteilung solcher Genehmigungen, dann bezüglich der Erhebung und Verrechnung der Gebühren wird auf das Gesetz über das Gebührenwesen in der Textierung vom 6. Juli 1892[12]) sowie auf die ergangenen Vollzugsvorschriften, insbesondere auf:

die Allerh. Verordnung vom 20. Sept. 1879, die Ausführung des Reichs-Gerichtskostengesetzes und des Gesetzes über das Gebührenwesen betr. (GVBl. 1879 S. 1195),

die Instruktion vom 21. Sept. 1879 (Amtsbl. des k. StM. d. Innern S. 461 ff.),

die Allerh. Verordnung vom 20. Sept. 1879, die gebührenpflichtigen Angelegenheiten der einer Distriktspolizeibehörde untergeordneten Gemeindebehörden betr. (GVBl. 1879 S. 1187),

endlich die Finanzministerial-Entschließung vom 1. Februar 1881 Nr. 1442, die Ausfertigung von Legitimationsscheinen für Gesellschaften usw. betr. (Finanzministerialblatt 1881 S. 84),

verwiesen.

Bezüglich des Betrages[11]) der Gebühren ist folgendes hervorzuheben:

1. Für Wandergewerbescheine jeder Art ist eine Gebühr von 2 Mark zu entrichten.

Die Gebühr für Legitimationsscheine, welche gemäß § 43 der GewO. und § 21 der VB. vom 29. März 1892 von den einer Distriktspolizeibehörde untergeordneten Gemeindebehörden ausgestellt werden, ermäßigt sich indes auf 1 Mark (GebGes. Art. 175 Abs. 1 Ziff. 3 und Art. 188 Abs. 1).

2. Für die Ausdehnung der Gültigkeit eines Wandergewerbescheines zum Gewerbebetrieb im Umherziehen auf einen anderen Bezirk durch

---

[11]) S. über „Gebühren" oben Anm. 1 zu Art. 26.

[12]) Nun in der Fassung vom 13. Juli 1910.

die zuständige Behörde dieses Bezirkes wird eine Gebühr von 50 Pfennig erhoben (GebGes. Art. 172 Ziff. 1).[13])

3. Die Gebühr für Gewerbelegitimationskarten der Handelsreisenden beträgt 2 Mark (GebGes. Art. 175 Abs. 1 Ziff. 2).

4. Für nachträgliche Zulassung eines Begleiters, für nachträgliche Genehmigung der Änderung des Personalstandes einer Gesellschaft durch Eintrag in den Kollektivwandergewerbeschein sowie für Genehmigung des Druckschriftenverzeichnisses hat die Gebührenbewertung nach Maßgabe des Art. 169 des Gebührengesetzes zu erfolgen.

5. Für die ortspolizeiliche Erlaubnis, auf den Straßen oder sonst im Umherziehen usw. öffentlich Vor- und Schaustellungen, Musikaufführungen usw. darzubieten (§ 33b und 60a GewO.), für die ausnahmsweise Genehmigung des hausiermäßigen Feilbietens geistiger Getränke im Falle des § 56 Ziff. 1 der GewO. oder anderer Waren bei öffentlichen Festen, außergewöhnlichen Gelegenheiten usw. (§ 59 Ziff. 4 GewO.) wird in der Regel eine Gebühr von 2 Mark (von den einer Distriktspolizeibehörde untergeordneten Gemeindebehörden eine Gebühr von 1 Mark; zu erheben sein (GebGes. Art. 165 und 188).

Gesuchen um einstweilige Befreiung von der Gebühr (Art. 4 des GebGes. und § 11 der VB. v. 20. Sept. 1879) ist nur ganz ausnahmsweise stattzugeben.

Eine besondere Formularvergütung darf zufolge Art. 190 des Gebührengesetzes von dem Empfänger des Legitimations- und Wandergewerbescheins sowie der Gewerbelegitimationskarte nicht gefordert werden und zwar auch nicht von den Gemeindebehörden, welchen, wo sie zum Bezuge der Gebühren berechtigt sind, die Herstellungskosten der Formulare zur Last fallen.

Herstellung der Formulare.

§ 32. Die Formulare für die Wandergewerbescheine A, B und C, dann für die Gewerbelegitimationskarten der Handelsreisenden sind auch fernerhin von dem k. Staatsministerium des Innern durch Vermittelung der k. Regierungen, Kammern des Innern, zu beziehen. Der Bedarf an diesen Formularen ist von den Kreisstellen jeweils bis zum 20. September für das nächstfolgende Kalenderjahr zu bestellen.[14]) Dabei ist der noch vorhandene Vorrat von Wandergewerbescheinen und Gewerbelegitimationskarten anzugeben.

Die Gemeindebehörden haben die Herstellungskosten der von ihnen bezogenen Wandergewerbescheine (Formular A, B und C) und Gewerbelegitimationskarten für Handelsreisende der Staatskasse zu ersetzen. Diese Kosten betragen für die Formulare A und C sechs Pfennig und für das Formular B vier Pfennig per Stück. Die Vergütung für die vorgeschriebenen Formulare für die Gewerbelegitimationskarten der Handelsreisenden ist auf fünf Pfennig per Stück festgesetzt. Die Verrechnung der Formularvergütungen hat seitens der Taxämter der k. Regierungen, Kammern des Innern, im Gebühren-Register unter den

---

[13]) Die Gebühr für die Ausdehnung auf einen anderen Bezirk kommt selbstverständlich dann nicht zur Erhebung, wenn der Legitimationsschein (Wandergewerbeschein) ohnehin bereits für das ganze Reichsgebiet Gültigkeit hat. Bek. d. Min. d. K. Hauses u. d. Äußern vom 22. Dezember 1911, MinABl. 1912 S. 1.

[14]) Der Bedarf an Formularien ist nunmehr jeweils bis zum 15. Juni für das nächstfolgende Kalenderjahr anzuzeigen. Entschl. vom 8. Februar 1907 MABl. S. 105.

Gebühren zu erfolgen (MinE. vom 19. Nov. 1879 Ziff. 4, Amtsbl. des k. StM. d. J. 1879 S. 604).

Schlußbemerkungen.

§ 33. Die Behörden haben bei Erledigung der Gesuche um Wandergewerbescheine, Legitimationskarten, Druckschriftenverzeichnisse und ortspolizeiliche Bewilligungen für Produktionen, für Betrieb von Preßerzeugnissen an Ort und Stelle gewissenhaft nach vorstehenden Direktiven zu verfahren und das mit der Ausfertigung der Ausweise beschäftigte Hilfspersonal hiebei sorgfältig zu kontrollieren.

Ferner ist Sorge zu tragen, daß die Vollzugsorgane (Gendarmen, Polizeimannschaft, Gemeindediener) der Überwachung der umherziehenden Gewerbetreibenden stets die erforderliche Aufmerksamkeit widmen.

Dieselben sind insbesondere anzuweisen, jeden Unternehmer eines Gewerbes im Umherziehen, der von ihnen in Ausübung seines Gewerbes angetroffen wird, zur Vorzeigung seines Wandergewerbescheines und Besteuerungsnachweises aufzufordern und genaue Kontrolle darüber zu üben, ob den bestehenden Vorschriften genügt sei (§ 18 der Vollzugsvorschriften zum Gesetze über die Besteuerung des Gewerbebetriebes im Umherziehen).

Die polizeiliche Aufsicht hat sich namentlich darauf zu erstrecken, ob nicht Personen, die zu ihrem Geschäftsbetriebe eines Wandergewerbescheines und Besteuerungsnachweises oder wenigstens eines von beiden bedürfen, ohne diese Papiere oder mit fremden Ausweisen oder mit Papieren, deren Gültigkeit abgelaufen ist, oder mit einem Wandergewerbeschein, der wegen noch nicht erfolgter Abgabenzahlung bzw. Ausdehnung für den betreffenden Bezirk nicht gilt, oder mit Begleitern und Kindern, deren Mitführung im Wandergewerbeschein nicht genehmigt ist, oder mit Waren, welche im Besteuerungsnachweis nicht genannt sind oder deren An- und Verkauf im Umherziehen verboten ist, oder an Orten und Zeiten, an denen Minderjährigen bzw. Frauenspersonen das Hausieren verboten ist, oder endlich in fremden Wohnungen, Häusern und Gehöften, deren Betreten nur nach vorgängiger Erlaubnis bzw. zur Tageszeit gestattet ist, ein Gewerbe im Umherziehen betreiben.

Auch ist eine fortwährende Kontrolle zu üben, ob nicht seitens nicht approbierter Personen eine hausiermäßige Ausübung der Heilkunde stattfindet, ob nicht Bestellungen auf Waren und Vermittelungen von Geschäften im Umherziehen gesucht werden, deren hausiermäßiger Betrieb verboten ist, ob nicht die Art des Gewerbebetriebes in verbotene Formen (Lotterie, Auktion) übergeht und ob nicht ein Mitführen von Kindern zu gewerblichen Zwecken stattfindet.

Beim Wandergewerbebetrieb mit Druckschriften, anderen Schriften und Bildwerken ist insbesondere zu kontrollieren, ob der Inhaber des Wandergewerbescheines auch das genehmigte Druckschriftenverzeichnis bei sich trägt und ob derselbe nicht auch solche Preßerzeugnisse bei sich führt, welche in diesem Verzeichnisse gar nicht eingetragen sind, insbesondere Druckschriften verbotenen oder strafbaren Inhaltes, unsittliche Schriften oder Bilder. Die Vollzugsorgane sind ferner anzuweisen, unverzüglich Anzeige zu erstatten, sobald sie wahrnehmen, daß ausländische Hausierer ein Verhalten zeigen, welches zu polizeilichen Bedenken Anlaß gibt oder daß inländische Hausierer sich derartiger Überschreitungen ihrer Verhaltungsmaßregeln (siehe oben § 20) schuldig machen, welche die Berechtigung zur Zurücknahme des Wandergewerbescheines geben.

Gegenüber den Handelsreisenden hat sich die Kontrolle nicht nur darauf zu beziehen, ob sie den vorgeschriebenen Ausweis mit sich führen, sondern auch und zwar hauptsächlich darauf, ob sie nicht in verbotener Weise Waren unterwegs verkaufen oder solche Waren ankaufen und Bestellungen auf solche Waren entgegennehmen, die dem Zwecke ihres in der Legitimationskarte bezeichneten Gewerbebetriebes gar nicht dienen, oder Bestellungen bei Privatpersonen aufsuchen, wozu sie eines Wandergewerbescheines bedürfen.

Gegenüber Ausländern ist die Kontrolle noch weiter dahin auszudehnen, ob dieselben nicht den Warenaufkauf in verbotener Weise auch bei Nicht-Kaufleuten, in nicht offenen Verkaufsstellen oder bei Nicht-Produzenten der Ware betätigen und ob sie nicht Warenbestellungen auch bei Privatpersonen oder bei Kaufleuten suchen, in deren Gewerbebetriebe Waren der angebotenen Art gar keine Verwendung finden.

Bei Personen, welche angeben, daß sie eines Wandergewerbescheines nicht bedürfen, weil sie am betreffenden Orte eine gewerbliche Niederlassung oder in einer Entfernung von weniger als 15 Kilometer ihren Wohnsitz haben oder weil sie solche Waren, deren hausiermäßiger Betrieb freigegeben sei, feilbieten, ist in Zweifelsfällen die Prüfung der Richtigkeit dieser Angabe, bzw. der erfolgten Gewerbsanmeldung und Steuerzahlung nach den hierüber bestehenden oder ergehenden besonderen Vorschriften zu veranlassen.

Bei umherziehenden Musikanten, Budenbesitzern u. dgl. endlich ist hauptsächlich zu beachten, daß sie die Bedingungen der erforderlichen ortspolizeilichen Erlaubnis nicht überschreiten und bei ihren Produktionen und Schaustellungen den Anstand nicht verletzen.

§ 34. Im Falle der Ermittelung von Zuwiderhandlungen gegen die Vorschriften über den umherziehenden Gewerbebetrieb ist von den Polizeiorganen nach den einschlägigen allgemeinen gesetzlichen Bestimmungen, von denen insbesondere der Art. 102 des Ausführungsgesetzes zur Reichsstrafprozeßordnung hervorgehoben wird, zu verfahren.

Bei Zuwiderhandlungen gegen die Bestimmungen des Gesetzes über die Besteuerung des Gewerbebetriebes im Umherziehen jedoch kommen die Bestimmungen der gemeinschaftlichen Bekanntmachung der K. Staatsministerien des Innern, Abteilung für Landwirtschaft, Gewerbe und Handel, und der Finanzen vom 25. Oktober 1879 (GVBl. S. 1467 ff.) zur Anwendung, namentlich folgende:

a) die Kontraventionen sind demjenigen Rentamte zur Anzeige zu bringen, innerhalb dessen Bezirk die betreffende Verfehlung entdeckt wird;

b) wenn Unternehmer von umherziehend betriebenen Gewerben in Ausübung der nach Art. 16 und 17 des Gesetzes strafbaren Handlungen auf frischer Tat betroffen werden, so sind dieselben, soferne sie sich über ihre Person nicht befriedigend auszuweisen vermögen oder die Festnahme nötig ist, um die Fortsetzung der strafbaren Tat zu verhindern, vorläufig festzunehmen und nebst den zum Gewerbebetrieb im Umherziehen mitgeführten Gegenständen dem Rentamte behufs Feststellung des Tatbestandes vorzuführen;

c) der auf frischer Tat ergriffene Beschuldigte kann behufs Feststellung des Tatbestandes auch der Staatsanwaltschaft oder dem Amtsrichter vorgeführt werden, soferne er ausdrücklich darauf anträgt und der Sitz des Rentamtes weiter entlegen ist als der Amtsgerichtssitz; dem einschlägigen Rentamte ist gleichzeitig von dem Vorfalle Anzeige zu erstatten;

d) soferne der Verbringung der zum Gewerbebetrieb im Umherziehen mitgeführten Gegenstände an das Rentamt besondere Hindernisse entgegenstehen, so sind dieselben auf Anregung des mit der Vorführung des Beschuldigten befaßten Aufsichtsorgans vorbehaltlich weiterer rentamtlicher Verfügung von dem Vorstande jener Gemeinde, in deren Bezirk der Beschuldigte betreten wurde, in Verwahrung zu nehmen; in solchen Fällen ist dem Rentamte lediglich ein Verzeichnis der beschlagnahmten Gegenstände einzuliefern.

§ 35. Vorstehende Instruktion tritt an Stelle der der Ministerial-Entschließung vom 1. Juli 1890 (Amtsbl. des K. St.-Min. d. J. 1890 S. 263) beigegebenen Anweisung.

Beilage I.

1. Personenbeschreibung:
   a) Vor- und Zuname?
   Tag der Geburt?
   Geburtsort?
   Wohnort?
   Staatsangehörigkeit?
   b) Gestalt?
   Augen?
   Haar?
   Besondere Kennzeichen?
2. Welches ist die Art des beabsichtigten Wandergewerbes?
3. Ist der Nachsuchende mit einer abschreckenden oder ansteckenden Krankheit behaftet oder in einer abschreckenden Weise entstellt?

   Ist er blind, taub, stumm oder geistesschwach?
4. Steht der Nachsuchende unter Polizeiaufsicht?

   Ist er wegen gewohnheitsmäßiger Arbeitsscheu, Bettelei, Landstreicherei, Trunksucht übel berüchtigt?
5. Ist der Nachsuchende
   a) im Laufe der letzten drei Jahre wegen Verletzung der auf den Gewerbebetrieb im Umherziehen bezüglichen Vorschriften bestraft und wie oft?
   b) bereits zu einer Freiheitsstrafe von mindestens einer Woche verurteilt; wegen welcher Handlungen ist er verurteilt und zu welcher Strafe?
6. Hat der Nachsuchende einen festen Wohnsitz?
7. Hat der Nachsuchende Kinder und in welchem Alter stehen dieselben?
8. Welche Personen beabsichtigt der Nachsuchende beim Gewerbebetriebe im Umherziehen mitzuführen?

   (Hier ist die Personenbeschreibung (Frage 1a und b) einer jeden mitzuführenden Person sowie, wenn sie beim

Wandergewerbe mitwirken soll, die Zweckbestimmung der Mitführung anzugeben.)

9. Wie sind die Fragen zu Ziffer 3, 4 und 5 hinsichtlich der mitzuführenden Personen zu beantworten?

10. Für den Fall, daß Kinder unter vierzehn Jahren mitgeführt werden sollen:
  a) Liegt Grund zu der Annahme vor, daß die körperliche Pflege der Kinder durch die Mitführung beeinträchtigt werden wird?
  b) Sind die Kinder, welche mitgeführt werden sollen, schulpflichtig, und in welcher Weise ist für ihren Unterricht gesorgt?

11. Für den Fall, daß fremde Kinder unter vierzehn Jahren mitgeführt werden sollen:
  Welche besonderen Gründe sprechen ausnahmsweise für die Genehmigung dieser Mitführung?

12. Für den Fall, daß der Gewerbetreibende Kinder unter vierzehn Jahren hat, welche nicht mitgeführt werden sollen:
  In welcher Weise ist für den Unterhalt der Kinder und für den Unterricht der Schulpflichtigen unter ihnen gesorgt?

13. Für den Fall, daß der Nachsuchende das 25. Lebensjahr noch nicht vollendet hat:
  Ist er der Ernährer einer Familie und bereits vier Jahre im Wandergewerbe tätig gewesen?

Die pflichtmäßige Beantwortung vorstehender Fragen wird hiedurch bescheinigt.

(Ort und Datum.)

(Bezeichnung und Unterschrift der Behörde.)

Beilage II.

Formular A
für Inländer und Ausländer
in den Fällen des § 55 Ziffer 4
der Gewerbeordnung.

(Seite 1 des Formulars.)

A Nur für das Jahr 1 . . . . Nr. . . . .

Nur für die Zeit vom . . . . bis . . . .

Nur für folgende Tage:

Wandergewerbeschein

gültig, vorbehaltlich der Entrichtung der Landessteuern, zunächst nur

für den Bezirk . . . .

für andere Bezirke erst, wenn er darauf ausgedehnt ist.

. . . .

wohnhaft zu . . . . .

staatsangehörig in . . . .

ist befugt, unter Mitführung der umstehend bezeichneten Personen,

., den . . . . .

Bemerkung. Die Formulare A, B, C werden in Buchform ausgefertigt, Formular A auf gelbem, B auf grauem, C auf rotem Papier. Der Abdruck dieser Formulare ist nur für den Wortlaut maßgebend.

(Seite 2.)

Beschreibung der Person des Inhabers.

Gestalt: . . . . Augen: . . . . Haar: . . . . . .

Alter: . . . . Besondere Kennzeichen: . . . .

. . . . Unterschrift: . . . .

Zur Mitführung sind folgende Personen zugelassen:

1\. . . . . aus . . . .

Gestalt: . . . . . . Augen: . . . . . . Haar: . . . . . .

Alter: . . . . . . Besondere Kennzeichen: . . . .

. . . . Unterschrift: . . . .

2\. . . . . aus . . . .

Gestalt: . . . . . Augen: . . . Haar: . . . . . .

Alter: . . . . . . Besondere Kennzeichen: . .

. . Unterschrift: . . . . .

3\. . . . aus .

Gestalt: . . . . . Augen: . . . . . Haar: . . . .

Alter: . . . . . Besondere Kennzeichen: . . .

. Unterschrift: . . . . . .

(Seite 3 bis 14 leeres Papier.)

(Seite 15.)

Bescheinigung über die Entrichtung der Landessteuern, soweit dieserhalb nicht eine besondere Bescheinigung erteilt wird.

Besteuerungs-Nachweis

für . . . .

aus . . . ., welche . . den

Betrieb nachstehenden Gewerbes im Umherziehen beabsichtiget:

. . . .

Normalanlage nach Tar.-Nr. . ℳ ₰

Betriebsanlage für . . . . ℳ ₰

Summe . . . ℳ ₰

Bezahlt sind:

ℳ ₰ Steuer für das Jahr[15]) . . . .

ℳ ₰ Kreisumlage nach . . . Prozent

ℳ ₰ Summe.

. ., den . . . .

Königliches Rentamt.

Die Gemeinde- und Distriktsumlagen sind bezahlt mit:

(Seite 16.)

Die Gebühr zu 2 ℳ[16]) (Geb.-Reg.-Nr. . . . .) ist bezahlt.

. . . ., den . . .

. . . . . .

---

[15]) Wegen der prot. Kirchensteuer s. S. 65 und 68.
[16]) Siehe oben S. 122.

(Auf der Innenseite des Umschlags.)

Zur Beachtung.

Der Inhaber dieses Scheines hat bei dem Gewerbebetriebe die reichs- und landesgesetzlichen Vorschriften zu beobachten. Insbesondere:

1. Er hat den Schein während der Ausübung des Gewerbebetriebes stets bei sich zu führen, auf Erfordern der zuständigen Behörden oder Beamten vorzuzeigen und, sofern er hierzu nicht imstande ist, auf deren Geheiß den Betrieb bis zur Herbeischaffung des Scheines einzustellen. Er darf den Schein anderen nicht überlassen.

2. Er darf bei dem Gewerbebetriebe keine Person mit sich führen, die in dem Scheine nicht genannt ist.

3. Mit anderen als den auf der ersten Seite des Scheines bezeichneten Leistungen darf das Gewerbe nicht betrieben werden.

4. In einem anderen, als dem auf der ersten Seite des Scheines genannten Bezirke darf der Inhaber das Gewerbe nicht betreiben, bevor ihm durch einen Vermerk der zuständigen Behörde in dem Scheine solches gestattet ist.

5. Bevor der Inhaber den Gewerbebetrieb an einem Orte von Haus zu Haus oder auf öffentlichen Wegen, Straßen, Plätzen oder an anderen öffentlichen Orten (z. B. öffentlich in Wirtshäusern) beginnt, hat er die Erlaubnis der Ortspolizeibehörde einzuholen.

6. Zum Zwecke des Gewerbebetriebes ist ohne vorgängige Erlaubnis der Eintritt in fremde Wohnungen, sowie zur Nachtzeit das Betreten fremder Häuser und Gehöfte nicht gestattet.

7. In jedem Bundesstaate muß der Inhaber dieses Scheines, bevor er den Gewerbebetrieb beginnt, den für den Staat geltenden Steuervorschriften genügt haben. Insbesondere hat er die Landessteuern (Steuern, Gebühren und sonstige Abgaben) zu entrichten.

Beilage III.

Formular B
für Inländer.

(Seite 1 des Formulars.)

B Nur für das Jahr 1 . . . . Nr. . . . . .

Wandergewerbeschein

gültig, vorbehaltlich der Entrichtung der Landessteuern, für das ganze Reichsgebiet.

. . . .

wohnhaft zu . . . .

staatsangehörig in . . . .

ist befugt, unter Mitführung der umstehend bezeichneten Personen,

. . . .

. . .

., den . 1 . . .

(Seite 2.)

Beschreibung der Person des Inhabers.

Gestalt: . . . . Augen: . . . . Haar: .

Alter: . . . . Besondere Kennzeichen: .

. . . . Unterschrift: . . . .

Zur Mitführung sind folgende Personen zugelassen:

1. . . . . aus . . . .

Gestalt: . . . . . Augen: . . . . . . Haar: .

Alter: . . . . . Besondere Kennzeichen: . . . .

. . . . Unterschrift: . . . .

2. . . . . aus . . .

Gestalt: . . . . . Augen: . . . . . . Haar: .

Alter: . . . . . Besondere Kennzeichen: . . .

. . . . Unterschrift: . . . .

3. . . . . aus . . .

Gestalt: . . . . . Augen: . . . . . . Haar: . . .

Alter: . . . . . Besondere Kennzeichen: . . .

. . . . Unterschrift: . . . .

(Seite 3 bis 6 leeres Papier.)

(Seite 7.)

Bescheinigung über die Entrichtung der Landessteuern, soweit dieserhalb nicht eine besondere Bescheinigung erteilt wird.

Besteuerungs-Nachweis

für . . . .

aus . . . ., welche . . den

Betrieb nachstehenden Gewerbes im Umherziehen beabsichtiget:

. . . .

Normalanlage nach Tar.-Nr. . ℳ ₰

Betriebsanlage für . . . . ℳ ₰

Summe . . . ℳ ₰

Bezahlt sind:

ℳ ₰ Steuer für das Jahr[15]) . . . .

ℳ ₰ Kreisumlage nach . . . Prozent

ℳ ₰ Summe.

. . . ., den .

Königliches Rentamt.

Die Gemeinde- und Distriktsumlagen sind be-

(Seite 8.)

zahlt mit:

Gebühr[16]) (Geb.-Reg.-Nr. . . .) bezahlt mit 2 ℳ — ₰

Die Abgabe nach der Verordnung vom 29. März 1892 bezahlt für d . . Ort .

. . . . mit ℳ ₰

für d . . . Verwaltungsbezirk .

. . . . mit ℳ ₰

für d . . . Regierungsbezirk . .

. . . . mit ℳ ₰

Summe . . . ℳ ₰

. . ., den .

(Auf der Innenseite des Umschlags.)

Zur Beachtung.

Der Inhaber dieses Scheines hat bei dem Gewerbebetriebe die reichs- und landesgesetzlichen Vorschriften zu beobachten. Insbesondere:

1. Er hat den Schein während der Ausübung des Gewerbebetriebes stets bei sich zu führen, auf Erfordern der zuständigen Behörden oder Beamten vorzuzeigen und, sofern er hierzu nicht imstande ist, auf deren Geheiß den Betrieb bis zur Herbeischaffung des Scheines einzustellen. Er darf den Schein anderen nicht überlassen.
2. Er darf bei dem Gewerbebetriebe keine Person mit sich führen, die in dem Scheine nicht genannt ist.
3. Er darf mit anderen als den auf der ersten Seite des Scheines bezeichneten Waren und Leistungen das Gewerbe nicht betreiben.

Ausgeschlossen vom Ankauf oder Feilbieten im Umherziehen sind: geistige Getränke, soweit nicht das Feilbieten derselben von der Ortspolizeibehörde im Falle besonderen Bedürfnisses vorübergehend gestattet ist; gebrauchte Kleider, gebrauchte Wäsche, gebrauchte Betten und gebrauchte Bettstücke, insbesondere Bettfedern, Menschenhaare, Garnabfälle, Enden und Dräumen von Seide, Wolle, Leinen oder Baumwolle; Gold- und Silberwaren, Bruchgold und Bruchsilber, sowie Taschenuhren; Spielkarten; Staats- und sonstige Wertpapiere, Lotterielose, Bezugs- und Anteilsscheine auf Wertpapiere und Lotterielose; explosive Stoffe, insbesondere Feuerwerkskörper, Schießpulver und Dynamit; solche mineralische und andere Öle, welche leicht entzündlich sind, insbesondere Petroleum, sowie Spiritus; Stoß-, Hieb- und Schußwaffen; Gifte und gifthaltige Waren, Arznei- und Geheimmittel; Bäume aller Art, Sträucher, Schnitt-, Wurzel-Reben, Futtermittel und Sämereien, mit Ausnahme von Gemüse- und Blumensamen; Schmucksachen, Bijouterien, Brillen und optische Instrumente; soweit nicht gemäß § 56 b Abs. 1 der Gewerbeordnung einzelne dieser Waren zugelassen sind.

Ausgeschlossen vom Feilbieten und Aufsuchen von Bestellungen im Umherziehen sind ferner: Druckschriften, andere Schriften und Bildwerke, insofern sie in sittlicher oder religiöser Beziehung Ärgernis zu geben geeignet sind, oder mittels Zusicherung von Prämien oder Gewinnen vertrieben werden, oder in Lieferungen erscheinen, wenn nicht der Gesamtpreis auf jeder einzelnen Lieferung an einer in die Augen fallenden Stelle bestimmt verzeichnet ist.

Endlich sind von dem Gewerbebetriebe im Umherziehen ausgeschlossen: die Ausübung der Heilkunde, insoweit der Ausübende für dieselbe nicht approbiert ist; das Aufsuchen sowie die Vermittelung von Darlehnsgeschäften und von Rückkaufsgeschäften ohne vorgängige Bestellung, ferner das Aufsuchen von Bestellungen auf Staats- und sonstige Wertpapiere, Lotterielose und Bezugs- und Anteilscheine auf Wertpapiere und Lotterielose; das Aufsuchen von Bestellungen auf Branntwein und Spiritus bei Personen, in deren Gewerbebetriebe dieselben keine Verwendung finden; das Feilbieten von Waren, sowie das Aufsuchen von Bestellungen auf Waren, wenn solche gegen Teilzahlungen unter dem Vorbehalt veräußert werden, daß der Veräußerer wegen Nichterfüllung der dem Erwerber obliegenden Verpflichtungen von dem Vertrage zurücktreten kann (§§ 1 und 6 des Gesetzes, betreffend die Abzahlungsgeschäfte, vom 16. Mai 1894).

4. Im Zollgrenzbezirk ist für den Handel im Umherziehen[17]) noch besondere Erlaubnis nötig; in der Erlaubnis werden das Gebiet und die Waren, für welche sie gilt, ausdrücklich bezeichnet.

5. Zum Zwecke des Gewerbebetriebes ist ohne vorgängige Erlaubnis der Eintritt in fremde Wohnungen, sowie zur Nachtzeit das Betreten fremder Häuser und Gehöfte nicht gestattet.

6. In jedem Bundesstaate muß der Inhaber dieses Scheines, bevor er den Gewerbebetrieb beginnt, den für den Staat geltenden Steuervorschriften genügt haben. Insbesondere hat er die Landessteuern (Steuern, Gebühren und sonstige Abgaben) zu entrichten.

7. Wer Druckschriften, andere Schriften oder Bildwerke im Umherziehen feilbieten will, hat ein Verzeichnis derselben der zuständigen Verwaltungsbehörde seines Wohnortes zur Genehmigung vorzulegen. Der Gewerbetreibende darf nur die in dem genehmigten Verzeichnisse enthaltenen Druckschriften, anderen Schriften oder Bildwerke bei sich führen, und ist verpflichtet, das Verzeichnis während der Ausübung des Gewerbebetriebes bei sich zu führen, auf Erfordern der zuständigen Behörden oder Beamten vorzuzeigen und, sofern er hierzu nicht imstande ist, auf deren Geheiß den Betrieb bis zur Herbeischaffung des Verzeichnisses einzustellen.

---

[17]) Hinter dem Worte „Umherziehen" ist, erstmals bei den Formularen 1910, einzuschalten: „wenn die Waren gleichzeitig weitergeführt werden". Bek. d. Reichskanzlers vom 13. I. 1909, RGBl. S. 259.

Beilage IV.

Formular C
für Ausländer.

(Seite 1 des Formulars.)

C Nur für das Jahr 1.... Nr.......

Nur für die Zeit vom . . . . bis . . . .

Nur für folgende Tage:

Wandergewerbeschein

gültig, vorbehaltlich der Entrichtung der Landessteuern, zunächst nur

für den Bezirk . . . .,

für andere Bezirke erst, wenn er darauf ausgedehnt ist.

. . . .

wohnhaft zu . . . .,

staatsangehörig in . . . .,

ist befugt, unter Mitführung der umstehend bezeichneten Personen,

. . . .

., den . . . 18 . . . .

(Seite 2.)

Beschreibung der Person des Inhabers.

Gestalt: . . . . Augen: . . . . Haar: . . . .

Alter: . . . . . Besondere Kennzeichen: . .

. . . . Unterschrift: . . . .

Zur Mitführung sind folgende Personen zugelassen:

1\. . . . . aus . . . .

Gestalt: . . . . . Augen: . . . . . Haar: . .

Alter: . . . . Besondere Kennzeichen: . . . . . .

. . . . Unterschrift: . . . .

2\. . . . . aus . . . .

Gestalt: . . . . . Augen: . . . . Haar: . . . . . .

Alter: . . . . Besondere Kennzeichen: . . . .

. . . . Unterschrift: . . . .

3\. . . . . aus . . . .

Gestalt: . . . . . Augen: . . . . . Haar: . . . . .

Alter: . . . . . Besondere Kennzeichen: . . . .

. Unterschrift: . . . .

(Seite 3 bis 14 leeres Papier.)

(Seite 15.)

Bescheinigung über die Entrichtung der Landessteuern, soweit dieserhalb nicht eine besondere Bescheinigung erteilt wird.

Besteuerungs-Nachweis

für

aus . . . ., welche . . den

Betrieb nachstehenden Gewerbes im Umherziehen beabsichtiget:

Normalanlage nach Tar.-Nr. . . . . ℳ ₰

Betriebsanlage für . . . . ℳ ₰

Summe . . . ℳ ₰

Bezahlt sind:

ℳ ₰ Steuer für das Jahr[15]) . . . .

ℳ ₰ Kreisumlage nach . . . Prozent

ℳ ₰ Summe.

., den .

Königliches Rentamt.

Die Gemeinde- und Distriktsumlagen sind be-

(Seite 16.)

zahlt mit:

Gebühr[16]) (Geb.-Reg.-Nr. . . .) bezahlt mit 2 M — ₰

Die Abgabe nach der Verordnung vom 29. März 1892 bezahlt für d . . Ort . . .

. . . . mit M ₰

für d . . . Verwaltungsbezirk . . . . . .

. . . .

. . . . mit M ₰

für d . . . Regierungsbezirk . . . .

. . . . mit M ₰

Summe . . . M ₰

. . ., den . . . .

(Auf der Innenseite des Umschlags.)

Zur Beachtung.

Der Inhaber dieses Scheines hat bei dem Gewerbebetriebe die reichs- und landesgesetzlichen Vorschriften zu beobachten. Insbesondere:

1. Er hat den Schein während der Ausübung des Gewerbebetriebes stets bei sich zu führen, auf Erfordern der zuständigen Behörden oder Beamten vorzuzeigen und, sofern er hierzu nicht imstande ist, auf deren Geheiß den Betrieb bis zur Herbeischaffung des Scheines einzustellen. Er darf den Schein Anderen nicht überlassen.
2. Er darf bei dem Gewerbebetriebe keine Person mit sich führen, die in dem Scheine nicht genannt ist.
3. Er darf mit anderen als den auf der ersten Seite des Scheines bezeichneten Waren und Leistungen das Gewerbe nicht betreiben.

Ausgeschlossen vom Ankauf oder Feilbieten im Umherziehen sind: geistige Getränke, soweit nicht das Feilbieten derselben von der Ortspolizeibehörde im Falle besonderen Bedürfnisses vorübergehend gestattet ist; gebrauchte Kleider, gebrauchte Wäsche, gebrauchte Betten und gebrauchte Bettstücke, insbesondere Bettfedern, Menschenhaare, Garnabfälle, Enden und Dräumen von Seide, Wolle, Leinen oder Baumwolle; Gold- und Silberwaren, Bruchgold und Bruchsilber, sowie Taschenuhren; Spielkarten; Staats- und sonstige Wertpapiere, Lotterielose, Bezugs- und Anteilscheine auf Wertpapiere und Lotterielose; explosive Stoffe, insbesondere Feuerwerkskörper, Schießpulver und Dynamit; solche mineralische und andere Öle, welche leicht entzündlich sind, insbesondere Petroleum, sowie Spiritus; Stoß-, Hieb- und Schußwaffen; Gifte und gifthaltige Waren, Arznei- und Geheimmittel; Bäume aller Art, Sträucher, Schnitt-, Wurzel-Reben, Futtermittel und Sämereien, mit Ausnahme von Gemüse- und Blumensamen; Schmucksachen, Bijouterien, Brillen und optische Instrumente; soweit nicht gemäß § 56 b Abs. 1 der Gewerbeordnung einzelne dieser Waren zugelassen sind.

Ausgeschlossen vom Feilbieten und Aufsuchen von Bestellungen im Umherziehen sind ferner: Druckschriften, andere Schriften und Bildwerke, insofern sie in sittlicher oder religiöser Beziehung Ärgernis zu geben geeignet sind, oder mittelst Zusicherung von Prämien oder Gewinnen vertrieben werden, oder in Lieferungen erscheinen, wenn nicht der Gesamtpreis auf jeder einzelnen Lieferung an einer in die Augen fallenden Stelle bestimmt verzeichnet ist.

Endlich sind von dem Gewerbebetriebe im Umherziehen ausgeschlossen: die Ausübung der Heilkunde, insoweit der Ausübende für dieselbe nicht approbiert ist; das Aufsuchen sowie die Vermittelung von Darlehnsgeschäften und von Rückkaufsgeschäften ohne vorgängige Bestellung, ferner das Aufsuchen von Bestellungen auf Staats- und sonstige Wertpapiere, Lotterielose und Bezugs- und Anteilscheine auf Wertpapiere und Lotterielose; das Aufsuchen von Bestellungen auf Branntwein und Spiritus bei Personen, in deren Gewerbebetriebe dieselben keine Verwendung finden; das Feilbieten von Waren, sowie das Aufsuchen von Bestellungen auf Waren, wenn solche gegen Teilzahlungen unter dem Vorbehalt veräußert werden, daß der Veräußerer wegen Nichterfüllung der dem Erwerber obliegenden Verpflichtungen von dem Vertrage zurücktreten kann (§§ 1 und 6 des Gesetzes, betreffend die Abzahlungsgeschäfte, vom 16. Mai 1894).

4. In einem anderen, als dem auf der ersten Seite des Scheines genannten Bezirke darf der Inhaber das Gewerbe nicht betreiben, bevor ihm durch einen Vermerk der zuständigen Behörde in dem Scheine solches gestattet ist.

5. Im Zollgrenzbezirk ist für den Handel im Umherziehen [18]) noch besondere Erlaubnis nötig; in der Erlaubnis werden das Gebiet und die Waren, für welche sie gilt, ausdrücklich bezeichnet.

6. Zum Zwecke des Gewerbebetriebes ist ohne vorgängige Erlaubnis der Eintritt in fremde Wohnungen, sowie zur Nachtzeit das Betreten fremder Häuser und Gehöfte nicht gestattet.

7. In jedem Bundesstaate muß der Inhaber dieses Scheines, bevor er den Gewerbebetrieb beginnt, den für den Staat geltenden Steuervorschriften genügt haben. Insbesondere hat er die Landessteuern (Steuer, Gebühren und sonstige Abgaben) zu entrichten.

8. Wer Druckschriften, andere Schriften oder Bildwerke im Umherziehen feilbieten will, hat ein Verzeichnis derselben der zuständigen Verwaltungsbehörde seines Wohnortes zur Genehmigung vorzulegen. Der Gewerbetreibende darf nur die in dem genehmigten Verzeichnisse enthaltenen Druckschriften, anderen Schriften oder Bildwerke bei sich führen, und ist verpflichtet, das Verzeichnis während der Ausübung des Gewerbebetriebes bei sich zu führen, auf Erfordern der zuständigen Behörden oder Beamten vorzuzeigen und, sofern er hierzu nicht imstande ist, auf deren Geheiß den Betrieb bis zur Herbeischaffung des Verzeichnisses einzustellen.

---

[18]) Siehe oben die Fußnote Nr. 17 bei Form. B, die auch hier zutrifft.

Beilage V.

1. Seite.

Für das Jahr 1898.

Gewerbe-Legitimationskarte

für Handlungsreisende

No. der Karte . . . .

(Königreich Wappen Bayern)

Gültig im Deutschen Reich und in Luxemburg, in Belgien, Italien, Oesterreich-Ungarn, Rumänien, Rußland, in der Schweiz, und in Serbien, sowie bis auf weiteres in Portugal.

Inhaber:

. . . .

. . . ., den . . . . . 189 . .

. . . .

. . . .

2. Seite.

Es wird hiemit bescheinigt, daß Inhaber dieser Karte . . .

. . . .

. . . .

. . . .

. . . .

. . . .

Ferner wird, da Inhaber für Rechnung dieser Firma . . . .

. . . .

. . . .

. . . .

. . . .

Warenbestellungen aufzusuchen und Warenankäufe zu machen beabsichtigt, bescheinigt, daß für den Gewerbebetrieb vorgedachter Firm . . im hiesigen Lande die gesetzlich bestehenden Abgaben zu entrichten sind.

3. Seite.

Bezeichnung der Person des Inhabers:

Alter: . . . . Gestalt: . . . . Haare: . . . .

Besondere Kennzeichen: . . . .

. . . .

Unterschrift: . . . .

Zur Beachtung.

Inhaber dieser Karte ist ausschliefslich im Umherziehen und ausschliefslich für Rechnung der vorgedachten Firm . . . . berechtigt, Warenbestellungen aufzusuchen und Wareneinkäufe zu machen. Er darf nur Warenmuster, aber keine Waren mit sich führen, Aufserdem hat er die in jedem Staate gültigen Vorschriften zu beachten; insbesondere umstehende.

---

4. Seite.

1. Für das Deutsche Reich und Luxemburg.

Inhaber deutscher oder luxemburgischer Legitimationskarten sind befugt, beim Warenankauf die aufgekauften Waren behufs deren Beförderung nach dem Bestimmungsorte mit sich zu führen.

Das Aufkaufen von Waren darf in Deutschland nur bei Kaufleuten oder solchen Personen, welche die Waren produzieren, oder in offenen Verkaufsstellen erfolgen. Ingleichen darf das Aufsuchen von Bestellungen auf Waren, mit Ausnahme von Druckschriften, anderen Schriften und Bildwerken und, soweit nicht der Bundesrat noch für andere Waren oder Gegenden oder Gruppen von Gewerbetreibenden Ausnahmen zuläßt, ohne vorgängige ausdrückliche Aufforderung nur bei Kaufleuten in deren Geschäftsräumen oder bei solchen Personen geschehen, in deren Geschäftsbetriebe Waren der angebotenen Art Verwendung finden. Inhaber ist verpflichtet, die Karte während der Ausübung des Gewerbebetriebes bei sich zu führen, auf Erfordern der zuständigen Behörden oder Beamten vorzuzeigen und, sofern er hierzu nicht imstande ist, auf deren Geheiß den Betrieb bis zur Herbeischaffung der Karte einzustellen. Er darf dieselben anderen nicht überlassen.

In Luxemburg dürfen Bestellungen nur bei Personen gesucht werden, welche mit Waren, deren Muster der Inhaber dieser Karte bei sich führt, Handel treiben oder diese Waren in der Ausübung ihres Gewerbes gebrauchen.

2. Für Oesterreich-Ungarn.

Ein Handlungsreisender hat nur das Recht, mit Kaufleuten, Fabrikanten und Gewerbsleuten in Gegenständen des beiderseitigen Geschäftsbetriebes Geschäfte anzuknüpfen, ihnen zu diesem Behufe Warenmuster zur Einsicht vorzulegen und Preise der Waren seiner Vollmachtgeber mitzuteilen, von ihnen Bestellungen auf solche Waren anzunehmen und gemachte Bestellungen an seine Kommittenten zu überschreiben, sowie für Rechnung derselben Einkäufe zu machen.

Derselbe ist dagegen nicht berechtigt, Geschäfte für Rechnung anderer als des eigenen oder des Vollmacht gebenden Handels- oder Fabrikhauses und Gewerbeunternehmers einzuleiten oder abzuschließen. Er darf sich nicht durch einen anderen vertreten lassen, sondern hat die Geschäfte persönlich zu betreiben und es ist ihm nicht gestattet, außer den Mustern noch andere Waren mit sich zu führen, Warenlager oder Magazine zu halten, irgendeinen Warenverschleiß zu treiben und in Agenturgeschäfte mit Personen zu treten, welche dem Handels- oder Fabrikstande nicht angehören.

Zusatz für Ungarn: Die Beschränkungen des Rechts der Handlungsreisenden auf den Verkehr mit Kaufleuten und Gewerbetreibenden haben in Ungarn derzeit bis auf weitere Verfügung keine Geltung.

---

5. Seite.

3. Für die Schweiz.

Ein Handlungsreisender, welcher Bestellungen annimmt, bedarf neben der Gewerbelegitimationskarte einer Ausweiskarte. Diese wird unentgeltlich in demjenigen Kanton ausgestellt, welchen der Handlungsreisende zuerst besucht.

Bestimmungen für ausländische Handlungsreisende, die nach Rußland kommen.

Ausländische Handlungsreisende sind beim Betreten des Gebietes des russischen Reiches verpflichtet, in einem Grenzzollamt einen Kommisschein I. Klasse zu lösen und für einen solchen Schein die vorgeschriebene Steuer zu bezahlen. Dieser Schein, der vom Tage seiner Ausfertigung bis zum 1. (13.) Januar des nächsten Jahres Gültigkeit hat, wird an den Nationalpaß des Handlungsreisenden angenäht und muß zusammen mit einer Legitimationskarte vor dem Beginn der kommerziellen Operationen des Handlungsreisenden behufs eines zu machenden Vermerkes bei einem der Kameralhöfe oder einem der Steuer-Inspektoren des Ortes vorgezeigt werden, welchen der Handlungsreisende zunächst besucht.

Die der Verzollung unterliegenden Gegenstände, welche von den Handlungsreisenden als Warenproben eingeführt werden, werden zollfrei herein- und herausgelassen unter der Bedingung, daß diese Gegenstände, falls sie nicht verkauft werden sollten, innerhalb einer sechsmonatlichen Frist, gerechnet vom Tage ihrer Einfuhr, wieder ausgeführt werden.

Die zur Reise nach Rußland angefertigten Pässe ausländischer Juden, welche als Handlungsreisende protokollarisch verzeichneter und überhaupt in Gemäßheit der Landesgesetze registrierter Handelsfirmen fungieren, werden seitens der kaiserlichen russischen Konsulate visiert, nachdem die Handlungsreisenden eine bezügliche Bescheinigung ihrer Firmen eingereicht haben; hierbei wird auf dem Passe vermerkt, daß der Inhaber desselben Handlungsreisender ist, ferner die Nummer seiner Legitimationskarte und der Ort, wo dieselbe ausgefertigt worden ist.

Ein ausländischer Jude darf während der Frist, auf welche der Paß visiert worden ist, und bei einem fristlosen Passe im Laufe von sechs Monaten unter Beobachtung der für Ausländer zur Reise nach Rußland bestehenden allgemeinen Vorschriften die Grenze mehrfach passieren.

Beilage VI.

(Vorderseite.)

Deutsches Reich.

Auf das Jahr 1 . . . . (Königreich Wappen Preussen) Nr. der Karte . . . .

Gewerbe-Legitimationskarte
für
ausländische Handlungsreisende.

Gültig in dem Deutschen Reich,
vorbehaltlich der Entrichtung der Landessteuern.

Herr . . . .,

wohnhaft zu . . . .,

ist befugt, für Rechnung . . . .

. . . .

. . . .

Waren aufzukaufen und Bestellungen auf Waren aufzusuchen.

. . . . den . . . . ten 18

. . . .

. . . .

(Rückseite.)

Bezeichnung der Person des Inhabers:

Alter: . . . . Gestalt: . . . .

Haare: . . . . Besondere Kennzeichen . . . .

. . . .

Unterschrift: . . . .

Zur Beachtung.

Der Inhaber dieser Karte ist ausschließlich für Rechnung der vorgedachten Firm . . berechtigt, Waren aufzukaufen und Bestellungen aufzusuchen. Das Aufkaufen von Waren darf in Deutschland nur bei Kaufleuten oder solchen Personen, welche die Waren produzieren, oder in offenen Verkaufsstellen erfolgen. Das Aufsuchen von Bestellungen auf Waren, mit Ausnahme von Druckschriften, anderen Schriften und Bildwerken, sowie der sonst vom Bundesrat zugelassenen Waren, darf ohne vorgängige ausdrückliche Aufforderung nur bei Kaufleuten in deren Geschäftsräumen oder bei solchen Personen geschehen, in deren Geschäftsbetriebe Waren der angebotenen Art Verwendung finden.

Die aufgekauften Waren dürfen nur behufs deren Beförderung nach dem Bestimmungsorte mitgeführt werden; von den Waren, auf welche Bestellungen gesucht werden, dürfen nur Proben und Muster mitgeführt werden.

Er ist verpflichtet, die Karte während der Ausübung des Gewerbebetriebes bei sich zu führen, auf Erfordern der zuständigen Behörden oder Beamten vorzuzeigen, und sofern er hierzu nicht imstande ist, auf deren Geheiß den Betrieb bis zur Herbeischaffung der Karte einzustellen. Er darf dieselbe anderen nicht überlassen.

Beilage VII. | **Formular K.**

Nr. des Verzeichnisses § 43 Abs. 1 der Gewerbeordnung.

. . . .

Legitimations-Schein.

De . . . .
von . . . .
. . . Jahre alt, wird die ortspolizeiliche Erlaubnis zum gewerbsmäßigen Ausrufen, Verkaufen, Verteilen, Anheften und Anschlagen von Druckschriften oder anderen Schriften oder Bildwerken auf den öffentlichen Wegen, Straßen, Plätzen und anderen öffentlichen Orten der Gemeinde . . . . für das laufende Jahr erteilt.

. . . . . . den . . . . 18 . .

(L. S.) . . . .

. . . .

Beschreibung der Person des Inhabers: Gebühr bezahlt mit:

Statur . . . .

Augen . . . .

Haare . . . .

Besondere Kennzeichen . . . . . .

Unterschrift des Inhabers:

Beilage VIII. Formular J.

Verzeichnis

der im Jahre .... bei (Behörde) .... zum Gewerbebetrieb im Umherziehen erteilten, beziehungsweise ausgedehnten Wandergewerbescheine.

Fortlaufende Nummer	Tag der		Vor- und Zuname des Gewerbetreibenden	Wohnort beziehungsweise Heimat	Gewerbe unter Angabe der Steuer-Tarifnummer	(Formular A, B oder C)	Gesellschafter oder zur Mitführung zugelassene andere Personen			Gültigkeitsdauer der Ausstellung oder Ausdehnung (§ 60 Abs. 2)	Die besondere Abgabe wurde bezahlt			Gebühr bezahlt mit	
	Erteilung	Ausdehnung					Vor- und Zuname	Wohnort bez. Heimat	Alter		für Bezirk	mit			
												Mk.	Pf.	Mk.	Pf.

Beilage IX. Formular D.

Verzeichnis

der im Jahre . . . . von dem K. Bezirksamte (Magistrate) . . . . an Handelsreisende ausgestellten Gewerbelegitimationskarten.

Fortlaufende Nummer	Tag der Ausstellung	Art der Karte (für Inländer oder Ausländer)	Vor- und Zuname des Reisenden	Wohnort	Firmen	Geschäftszweige	Sitze	Bemerkungen (Vermerk über bezahlte Gebühren)
					der von dem Reisenden vertretenen Häuser			

Beilage X.

Formular L.

§ 43 Abs. 1 der Gewerbeordnung.

Verzeichnis

der im Jahre 18 . . bei (Behörde) . . . . zum gewerbsmäßigen Vertrieb von Schriften und Bildwerken an öffentlichen Orten erteilten Legitimationsscheine.

Fortl. Nr.	Tag der Erteilung	Vor- und Zuname des Gewerbetreibenden	Heimat	Vermerk über Einhebung der Tage-Gebühr	Bemerkungen

Alphabetisches Sachregister.

Die Zahlen bedeuten die Seiten.

B.

H.

N.

O.

P.

Q.

R.

S.

W.

Z.

Kolibri 360 GmbH
Ferdinand-Jühlke-Straße 7
99095 Erfurt, Deutschland
produktsicherheit@kolibri360.de